Philosophy for Girls:
An Invitation to the Life of Thought

Melissa M. Shew and Kimberly K. Garchar

女の子のための西洋哲学入門

思考する人生へ

メリッサ・M・シュー＋キンバリー・K・ガーチャー＝編
三木那由他＋西條玲奈＝監訳

フィルムアート社

Philosophy for Girls: An Invitation to the Life of Thought, First Edition
Edited by Melissa M. Shew and Kimberly K. Garchar

カイラ・マーフィーへ――愛を込めて

監訳者まえがき

『女の子のための西洋哲学入門』へようこそ！　この本は、西洋哲学に含まれるいろいろな分野について、各分野を専門とする女性哲学者たちがときに熱く、ときにユーモラスに、そして何よりも哲学的に語る内容になっています。どの章もほかの章とは切り離して読めるようになっているので、ぜひまずは目次を眺めて、気になる章から読んでみてください。「プロローグ」や「はじめに」ではこの本の思い描いているイメージや掲げている目的が語られていたり、この本を読むうえでの簡単なガイドがあったりするので、そこから読んでいただくのもいいかと思います。

目次からもわかるかと思いますが、この本は過去の哲学者の思想を解説するタイプの入門書ではありません。現代の哲学者が議論しているトピックを挙げ、各章でそれに関してどんな考え方があり、どんな論点があるのかといったことを解説し、さらにはそこから先の思考へといざなうものとなっています。ですから、例えば数学や自然科学が好きなひとは6章の論理学の話や、8章の科学の話を読んでみると面白いかもしれません。芸術が好きなひとには10章に芸術についての話題があります。そんなふうに、自分自身の関心に合わせて読んでいってもらえると嬉しいです。もちろん、初めから順に読んだり、あえて普段なら関心を持たない章から読むのも楽しいでしょう。

ところで、「女の子のための」とわざわざタイトルに書かれると、ぎょっとするひとや眉をひそめたくなるひともきっといるだろうと思います。実際、世の中の「女の子のための」ものや「女性のための」ものは、女の子や女性を「こういうことが好きなはず」と決めつけ、枠に押し込むような手合いが多く、率直に言うとあまり愉快でないことが大半です。でも、この本が「女の子のための」と名乗っているのは、そういうのとは違う目的があってのことです。

「はじめに」でも書かれているように、西洋哲学の歴史はおおむねシスジェンダーの、ヘテロセクシュアルの、白人の男性たちの思考の歴史でした。もちろん実際には優れた女性哲学者は何人もいたのですが、西洋哲学の解説のなかで彼女たちが話題になることは、ごく最近の哲学者の場合を除くとあまりありません。日本で西洋哲学について解説するひとも、ほとんどはシスジェンダーで、ヘテロセクシュアルで、人種的・民族的マジョリティの男性たちでした。そしてそうした男性たちが、自分自身の経験を具体例として挙げたりしながら、過去の男性哲学者たちの思想を引用し、哲学への導入を用意してきました。

だから、これまでの西洋哲学の入門書は言ってみればずっと『男の子のための西洋哲学入門』ばかりになっていました。男性が、男性哲学者の話を、男性である自身の経験を例として使いながら解説していたのです。そんな入門だらけだと、どうしても女性や女の子にとってはどうにも入りづらい門ばかりになってしまいますよね。だからこそ、この本はあえて「女の子のための」と銘打っています。もともとどの性別向けでもなかったもののなかに「女の子用」をつくるためではなく、もともと「男の子用」だった世界に「男の子用」でない場所をつくるためです（本当は『ノンバイナリーの若者のための西洋哲学入門』もあってしかるべきなのですが、残念ながらいまのところ実現していません）。

ですので、この『女の子のための西洋哲学入門』は、性別を制限するためでなく、むしろそうした制限から解き放たれ、女の子や女性が思う存分、自由に思考を広げるための場所のひとつとなってくれるはずです。いままさに女の子であるひと、かつて女の子だったひと、これから女の子になっていくひと、そして女の子とみなされた経験をもつひとたちすべてをこの本は歓迎します。さあ、楽しく、旨味たっぷりの、思考をする人生を歩んでいきましょう。

女の子のための西洋哲学入門

思考する人生へ

メリッサ・M・シュー＋キンバリー・K・ガーチャー＝編
三木那由他＋西條玲奈＝監訳

目次

凡例

- 〔　〕は訳者による補足説明を表わす。ただしそれ以外にも、文意に即して最低限の範囲で語を補う。
- [　] は原著者による補足・省略をあらわす。
- 原著者による注は(　) 付きの数字で、訳者による注は*付きの数字で示し、各章末ごとに掲載した。
- 強調の意味でのイタリック体は傍点強調とした。
- 本文中で言及されている書名、詩および小説作品タイトルにおいて、日本語訳が刊行されていないものについては本書訳者による日本語タイトルを記載した。ただし文意に応じて原題のみを記載した場合もある。
- 本文中の引用に関して、既訳がある場合は適宜参考にした(特記がある場合を除く)。既訳を参考にした場合、引用の該当ページを注に記載した。
- 書籍名、新聞・雑誌名、長編小説タイトル、映画タイトルは『　』、詩・エッセイ・短編小説タイトルおよび論文タイトルは「　」、アート作品のタイトルは《　》で示した。

謝辞

オックスフォード大学出版局に、特に担当編集のルーシー・ランドールとその助手のハンナ・ドイルに、女の子たちが哲学を発見し、大好きになるための道をこのように切り開いてくれたことへの感謝を示したく思います。匿名の査読者にも感謝しています。いただいたコメントのおかげで私たちのプロジェクトに磨きがかかりました。この本の最初の校正を受け持ってくれたマイケル・ニューベックには、感謝してもしきれません。きっと、この共同プロジェクトの価値を本気で信じてくれていたというのは言うまでもないことですし、顕微鏡でも覗くようにしてこの本を何度も何度も、何時間にもわたって細かく読んでくれたことでしょう。

私たちふたりにとっては初めての編著だったので、デボラ・バーンバウム、ケヴィン・ギブソン、ジョン・ライセイカー、ジェイムズ・サウスと知り合い、いろいろと教えてもらえたことにも感謝しています。この四人は出版を目指して動き出したころに、親切にアドバイスをしてくれました。アメリカ哲学協会（APA）のダイバーシティ&インクルージョン基金から、いくつかの重大な局面で私たちが対面で共同作業をするための支援をいただいたことにも感謝いたします。ケント州立大学の大学院生であるヒョウォン・ソが熱心に働いてくれたことにも心から感謝しています。ヒョウォンは、この本を読者にとって見通しがよくなるよう理解し、整理するような、しっかりとしていて、それでいて細部にわたる索引をつくってくれました。そんなヒョウォンを雇用するための資金を提供してくれた、ケント州立大学の研究／委託プログラム部門にも感謝いたします。最初に提出したザクロの記号的な画像をこの本の素敵な表紙へと仕立て上げてくれたリリー・ピッカート、並びにそれをデジタル化してくれたピーター・ベックにも感謝を伝えます。

寄稿者のみなさんが熱心に、そして活気と対話をもたらすような仕方で進んでこのプロジェクトを完遂すべく執筆してくれたことにも、感謝の気持ちでいっぱいです。最後に、読者のみなさんと、みなさんを支えてくれる方々に感謝をささげます。私たちはあなたがこの本を読み、そしてこの本を開くあらゆる機会に自分の考えを探求してくれていることを思い浮かべています。

*

実を言うと、この本のアイデアがしっかりと形をなしたのは十年ほども前のことです。一気に思いついたものの、生活状況や大学の業務がお察しの通りの状況で、頑張りはしましたがやり遂げることができませんでした。ですが二年前になって、「私ひとりでこの本を書き切ることよりも、この本がそもそも存在することのほうがずっと必要なのでは」と思い至り、親友であり素晴らしい共編者でもあるキム・

ガーチャーに協力を求め、最初の構想を複数の著者による共著というかたちに代え、改めて実現することにしました。出版と編集に関わるとんでもなくたくさんのステップのあらゆる面でいろいろと教えてもらいたいひとなんて、ほかにはいません。彼女の友情にも、知性にも、正義を求める心にも、このうえなく熱心な仕事ぶりにも心の底から感謝しています。彼女のそうした資質のおかげで、この本はこんなにも力強く、価値あるものとなりました。

この本の難易度や論調、想定読者の範囲を決めていき、周囲に伝える過程では、多くの素晴らしい若い女性たちのことがはっきりと視界に残り続けていました。ナジャ・バック、タミア・フォルクス、ニコール・フシェッティ、ミア・ゲイツ、ジャッキー・ゲーリンガー、ジョーディン・ゴンザレス、マギー・ヘンシエン、クリスティーナ・カイザー、ジェナ・ノードネス、ブルック・マカードル、テス・マーフィ、ミーガン・クァドラッチ、ノラ・レイノルズ、ジャスミン・ロドリゲス、ソフィア・ロメロ、マイア・サラメ、アリッサ・トレップマン、グレース・トルマッジ、エリザベス・ウェラン、カル・イェル、そのほか大勢がそこに含まれます。私にはみなさんの姿が見え、声が聞こえます。また、サポートの合唱隊《コロス》としてとても長い期間にわたって私の背中を、そしてこのアイデアの背中を押してくれた方々もいます。トリッキー・バーンズ、カーティス・カーター、アレクサンドラ・クランプトン、ジュリア・デュボア、ケイティ・イーガン、チャーリー・ギブス、オーウェン・ゴールディン、エリス・スパンといった人々で、みな自分自身も根底にある哲学的なコミットメントを反映する生き方をしています。マーケット大学保育センターの女性保育士たちは、二〇一八年の秋に私が素敵でささやかな朝を彼女たちと過ごせるようにしてくれました。ペルセポネーの物語を最初に読み上げたのはその機会でのことでした。

両親のアーチー・シューとナンシー・シューは、小さな頃から私の内にある大事な好奇心を育ててくれ、また娘である私をいつでも支えてくれています。思いやりあふれる我が姉妹マリアンヌ・シューは、私を含め女性たちをエンパワーする活動をするとともに、甥っ子たちにとっての「パンクな叔母」でもあります。マイケル・ニューバックの明確な文章へのこだわりと書き言葉への愛情を見ると、足がすくんでしまいます。彼が私のことをしっかりと信じてくれていなかったなら、この本はきっとまだオレゴン州の岸辺でだらだらとしていたことでしょう。最後に、私のまばゆく好奇心に満ちたお星さまのセバスチャンとガブリエルへ。きみたちと一緒にザクロの絵を描くのが大好きだよ。

メリッサ（メリッサ・M・シュー）

＊

最初にありがとうの気持ちを伝えたいのは、親友であり、ともに哲学をする仲間でもあるメリッサです。メリッサは長年この企画を温めていて、それをかたちにするにあたり私を誘ってくれました。メリッサの夫であるマイケルにもお礼を言いたいと思います。マイケルは私たちとこの企画を数えきれないくらいいろいろなかたちで応援してくれましたし、彼の専門知を惜しみなく提供してくれました。それから私のお母さんのダイアン。あなたはいまも農園の女の子として身につけた立ち直る力と強さを備えていますね。「女の子はきついことも、汚いことも、きれいなことでも絶対になんでもできる」と私に示してくれてありがとうと言いたいと思います。同じことをいつも私に思い出させてくれたお父さんもありがとう。そして初等、中等教育で出会った何人もの熱心な先生たち。なかでもテンプルトン先生とムーア先生は私の好奇心を養い、読書と美術と科学が好きな気持ちを伸ばしてくれました。数学の教授であるロン・ルーザー博士とマリリン・ルーザー博士は、私にこの分野を教えてくれました。本当にありがとう。オレゴン大学の先生やメンターのみなさん、特に、私の指導教員であるスコット・プラット博士は私の調子が低空飛行のときに絶えず叱咤激励してくれました。大学院生の優秀な女性哲学者である仲間たち。私をフェミニズムと出会わせてくれ、思考する人生という、この生きるに値する素晴らしさを持つものへと誘《いざな》ってくれました。それから本当に数多くの学生のみなさん。あなたたちは私に刺激を与え励みになる存在であり、そのおかげでさまざまなことを考えられるようになりました。私は一人のときよりも優れたかたちで哲学をすることができたと思います。最後に、私が友情を感じる多くの力強いスーパーウーマンたち。あなたたちのおかげで私は前よりもよい人間になれたと思います。名前をあげるには数があまりにも多過ぎるのでマンシ、シェリー、サラ、デボラ、デブをあげるに留めます。みんな賢くて素晴らしい人たちです。そして最後にケント州立大学に、私のキャリアを通じて支援してくれたことにありがとうの気持ちを伝えたいと思います。

キム（キンバリー・K・ガーチャー）

プロローグ
ペルセポネー——あなたへの招待状

メリッサ・M・シュー
西條玲奈 訳

汝自身を知れ《グノーシセアウトン》[1]

たくさんの優れた物語と同じように、この本は一人の女の子から始まります。私たちが出会うその子は、生き方を一変させる扉の向こうへと歩き出したばかり。その子は見知らぬ世界に足を踏み入れ、その世界が自らの世界へと変身するなかで、ほんものの自分になっていきます。この女の子がペルセポネーです。

ペルセポネーの物語の輪郭を描くとおおむねこんなふうです。エウロペやオレイテュイアといった、神話に出てくる他の花摘む乙女たちと変わらず、ペルセポネーは、年老いた男性の餌食になる若い女性たちのリストにのる一人にすぎません。もともとの古代ギリシャの神話[2]でペルセポネーは黄泉の国の王ハデスに誘拐されるのですが、細部については諸説違いがあります。とはいえ、ペルセポネーが誘拐された後にたどる神話の展開はほとんどどのバージョンでも変わりません。ペルセポネーはハデスの伴侶になり、彼と共に死者を統治する権限が与えられたということが知られています。また、ペルセポネーは自分を確立したのち、ギリシャ神話のさまざまな英雄たちがその人生の旅路で出会う、出番は少ないけれども決然とした人物として登場するようになる[3]こともわかっています。そういうわけで、この神話のこうした基本的な点は心得ているのですが、でも実のところ、ペルセポネーとその物語については、とりわけ本人の視点から見たものについては、ほとんど何も知られていません。

　むしろ、よく知られているのはペルセポネーの母親、猛々しくも荒ぶる女神デメテルでしょう。デメテルがどんな感情をもち、どのように物事を見ているかははっきりしています。彼女は包み隠すことがありません。例えば、娘が行方不明になったとき、デメテルは悲嘆に暮れ、激怒し、困惑し、ひとを遠ざけます。わが身を引き裂かんばかりに虚空に向けて叫び声を上げます。錯乱状態に陥る彼女の怒りはとどまるところを知らず、身の毛もよだつ恐ろしさ。地の草でさえ、その怒りに身をふるわせます。デメテルは知る由もなかったのですが、彼女の蛮行を目撃する者もいたのです。ですが、そうした人々もあえてハデスに告げることはしませんでした。こうしてデメテルは、本当に探し回るべき場所は冥界なのに[4]娘を求めて地上をさまよってしまいます。あるときデメテルは、神々しいその力をすべて解き放ち、育ちいく万物の息の根を止めようとします。大地を枯らし、生き物たちはみな飢えに苦しみます。さながら娘を奪い去られたデメテルのように。神々はデメテルが繰りひろげた恐るべき所業を知ると、限りある命の人間という神々の玩具を再び手に入れるべく、母と娘が再開できるように命令したのでした。結局のところ、力ある女神は、思った通りのかたちでではなかったとしても、自ら望むものを手に入れるものなのです。

ついに叶った母と娘の再会から、ごくわずかですがペルセポネーの視点、特に母親が何を聞きたい、聞かなければならないと思っているのか、その一端をうかがうことができます。ペルセポネーは母にこう語ります。友人と遊んでいたら誘拐されたこと。女王という支配者の座に就いたこと。そして、冥界でザクロの実を口にしたこと。デメテルはザクロの実のことを耳にしたとき、はっと息を飲み後ずさりました。ザクロには秘密の力が満ちており、ペルセポネーは地上と冥界の両方につなぎとめられ、それゆえデメテルにとってはとうてい我慢できないくらい遠い存在になったのだとデメテルはすぐに理解したのです。神話では、こうして親子の別離と再会を通じ、人々は季節の移り変わりを経験するようになったとされます。ザクロが実るとともに新たな年が始まり、秋と冬はデメテルが娘を奪ったこの世界を罰する日々を表しています。そしてもちろん、春と夏が表すのは、娘を再び自分のもとへ帰らせてくれたこの世界へデメテルが贈りとどける喜びに満ちた賜物ということになります。

いくつもの対比を含む複雑な物語です。デメテルは自身の怒りと悲しみを地上の世界に爆発させ、娘が突然いなくなったことですべての生命の息の根を止めようとします。一方、そのときペルセポネーは新しい環境で、支配者たる存在に成長しています。デメテルは生命に満ちた世界で、生が自分の手から逃れていく感覚を覚えています。その娘はむしろ、自らの生を発見し、死に満ちた世界で自分自身になるのです。地上で友人たちと戯れているとき、ペルセポネーは「女の子」や「娘」としか呼ばれません(ちなみにギリシャ語では「女の子」も「娘」もコレー［korē］と言います)。しかし、女王になった彼女は、「ペルセポネー」という自分の名で呼ばれています。その名前が登場するときには、ほとんどいつもその前に「思慮深い」、「慎重な」、「気高い」、「賢い」、「聖なる」といった意味のギリシャ語がつけられています(5)。彼女はもはや、単なる「女神の娘」ではなく、自分だけの力を備える複雑さをもつ神なのです。事実を明かすと、ペルセポネーはこうした自分の話を母親との会話では詳しく語りません。

目覚め

そなたのもとから攫《さら》われたあのときと、
今の私が同じペルセポネーと思うのですか。

——ペルセポネーからデメテルへ「ざくろの実」イーディス・ウォートン(一九一二年)(6)

すでに記した通り、冥界のペルセポネーについてはほとんど記述が残されていないのですが、その姿を想像することはできるでしょう。新たに叙せられた地底の女神は、地下の世界で目覚めました。体にはかすり傷が少しあり、そして「少し」ではすまないくらいの怖さを感じています。彼女が知っている世界はそこにはありません。友人も消えてしまいました。そして母親、愛すべきひとですが少なからず高圧的なあのひともいません。かつては花々と遊びと光の場所にいたのに、今やまわりにあるのは土にはる根と洞窟と暗闇です。最初にいちばん彼女の注意を引いたのは、その場所の匂いでした。それは悠久の時から生まれた古くかび臭い、図書館のようでした。すべてがどこか湿っぽく、自分の衣服すら例外ではありません。どこで発せられたのかわからない始原の叫びが洞窟に響きます。ペルセポネーはただひとり。「こんな場所が新しい家だなんてことないよね？」と彼女は胸のうちで思います。その考えを打ち消しながら、彼女は豪華にしつらえられたベッドを見つけ、眠りに落ちます。

目覚めてみると、泥の上にいてベッドのかたわらには石の感触があります。この場所にある他のものと同じく冷たく湿っています。ペルセポネーは自分の巡り合わせを呪いました。松明は赤々と燃えています。すると隅のところにうずくまり、いろいろなものの影に包まれるようにしてこちらを見ているひとつの人影が目に入りました。この男には見覚えがあります。目を凝らすと、テーブルがほの暗いろうそくの光に照らされているのが見えました。ロウが食べ物や飲み物にしたたりおちています。食事はスミレ色と深紅の織物の上に準備されていたのですが、のちに彼女はそれがこの場所ではおおっぴらには使われない色であることに気づくことになります。ペルセポネーは冥界の話を聞いたことがありました。ですから、ここがゼウスの兄弟であり母の兄弟でもあるハデスに支配されていることは知っています。さらに、天界、地上、地下の三大領域の一つを支配することは誉れ高いことだとも聞かされていましたが、そのような名誉はペルセポネーの望むところではなく、彼女の忌み嫌う、死んだような生活を伴うものでした。ふたたび人影を一瞥します。それは間違いなくあの男。ペルセポネーは壁を蹴り、土をなぞってそこに花々や川の姿を描きます。そうして再び眠りについたのです。

ペルセポネーが目覚めるとそこは変わらずほこりっぽく、同じ匂いのする同じ場所でした。それでも気は休まりません。女の子は、心と体が動き出すともはやじっとしていられないものです。少し好奇心を覚え、少なからず空腹を感じました。言われた通りこれが彼女の運命なのだとしたら、ペルセポネーもまた好奇心にあふれた女の子のひとりとして、その運命について学び、知ろうとするでしょう。ペルセポネーは母を思い、そしてどれだけ心配しているだろうかと思いました。母の気性と支配欲は知っています。地上にいるとき母はめったに娘の名前を呼びませんでした。代わりにほとんどいつも自分自身や自分の支配欲と関係づけた仕方で、「娘、こっちにおいで」「うちの子はどこ?」という言い方をしていました。けれど、それでも。いまや第三領域の新たな女王となったペルセポネーは母の気持ちを思って胸を痛め、そして育てた娘が行方知れずになってしまうことが一体どんなものかどこから想像してよいかもわかりませんでした。

けれど、それでも。ここでは誰も彼女に何をすべきか、どのようであるべきか、どこで遊びどんな服を着るのか口を出しません。彼女は立ち上がり、体を伸ばし、低めた声を小さく発してこだまの中に自分の声を聞いてみました。思いがけず、ペルセポネーはその声音が気に入りました。共鳴し、周囲に溶け込み、その音は横笛というよりは竪琴の音色でした。テーブルの方に歩み寄り食べ物をじっくりと見まわすと、彼女は自分の欲しいものを手に取りました。オリーブ、いちじく、はちみつのかかったケーキなどで空腹を満たします。死者の国にも彼女のために王にふさわしいごちそうを準備する者がいる。これもまた思いがけないことでした。髪を簡単にいじりました。こんなふうにからまってぼさぼさになっているのを見ると、母は嫌がるだろうな。ペルセポネーにはそれがわかっていました。髪を大きく一つに結び、襟首のところでお団子を作ります。とりあえずはこれでいこう、とペルセポネーは決めます。たぶん明日には髪を切り落とすことになるだろうから。

時間ならありました。というより彼女にあるのは時間だけです。地上では、力を備えた女神に従順に従う娘の役割を果たしていて、あれこれと忙しくしていました。そのおかげで得をすることもあったけれど、そのせいで自分のことや自身の望むことを後回しにせざるを得ない場合もありました。ここでは自分のために世界を探求し、考える時間があります。向こうの世界からこの世界に飛び込んでいるさなかには、自分がこんな道を選ぶなんて、こんなわがままでとんでもないことをするようになるとは、まさか思ってもいませんでした。ですがペルセポネーには好奇心があります。この気質のおかげで、故郷で母親の監視から逃れることができました。この世界で何ができるか確かめてみよう。結局、自分のほかに誰も知識を与えることはできず、この世界も向こうの世界も理解するのは自分次第なのだから。自分のために感じ取り、学び、生きなければなりません。

ペルセポネーは探検をして日々を過ごし、川、草原、洞窟、戸口の地図を描き、そのそれぞれが持つほかにないはたらきや仕組みをその隣に書き留めました。表を作り、記録を続けました。周りには誰もペルセポネーの人生やペルセポネーが置かれた状況について、本当はこういうことなのだと教える者はいません。この世界と元の世界の違いについて考え、こうすればうまくつながるだろうか、こうしたらつながらないだろうかと思いを巡らせました。日ごと、ほとんど責任を持たずにすんだ元の世界の楽しげな記憶がなお痛むことはありましたが、それとは違う種類の喜びに気づき始めました。心が今の世界を理解し、健全で見事な判断を繰り広げるときに感じる喜びです。彼女は自分自身の名前に馴染んでいきます。ペルセポネーという名前に。

数多の名をもつ冥界の王でさえ、彼女のことはただペルセポネーと呼びます。ただ、最初に言った通り、ときにこの名には、やがて世の人々が知ることとなるさまざまな形容が冠せられました。思慮深きペルセポネー、用心怠らぬペルセポネー、聖なるペルセポネー。どこか野性的なきらめきもある彼女の健全な判断力によせられる評判を基に、ともに地上で恐れられ崇められるペルセポネーとその母に敬意を払う儀礼や秘儀がやがて人々によって定められることになります。ひとは知識を手にし、求める者を恐れがちです。特に知識を求めるのが人間の世界で定められた場所から飛び出そうとする若い女性であったり、あるいは神々の世界で定められた場所から飛び出そうとする若い女神であったりする場合、これは顕著になります。数多を統べる者ハデスは力を有する自分の花嫁が備える不気味な洞察力と反骨精神に気づきます。彼もまた彼女が確固たる決意のもとでこの国に自分の居場所を見出だすさまを崇拝するひとりでした。本音を言えば、ペルセポネーが自分のもとを去ってしまうことを少し恐れてもいるのです。

自分になること

ひとは言う
人間の魂には
生の支配およばぬ
積み上げられた地層があると

――「放浪者ペルセポネー」ルイーズ・グリュック(一九四三年)(7)

ホメロス版の場合、ハデスはゼウスたちがペルセポネーと母親の再会を企てていることを知ります。むろんそれは神々の利益のため、デメテルの傍若無人な殺戮をやめさせたいからです。ともあれ、そんなわけでハデスも措置を講じ、自分なりの計画を捻り出しました。ペルセポネーとデメテルが再会する計画の直前に、ハデスは自分の配偶者にこう告げます。ペルセポネーは「生きて地を這うすべてのものを統べる力を手にし」そしてまた「神々のあいだでもこの上なく大きな誉れを受けることになる」のだ、と。(8) というのも彼女はすでに力を備え敬意を要する思慮深きペルセポネーとなったのですから。ハデスの賞賛は間違いではありません。ペルセポネーはこうした力を持つ女神にまさしくなったことを自分でも自覚しています。彼女は自分自身に、そしてひとりの神としての自分に成長したのです。ああしろこうしろと言われる、名もなき娘として地上に帰る気などありません。彼女は豊かな素質を備えた完全な女神として帰るのです。

しかしハデスの発言はペルセポネーの目をごまかすものでもありました。その言葉は真実ですし、言われる通りの力をペルセポネーは備えているのですが、ハデスは自分のもとに彼女をとどめておくために罠も仕掛けていました。聖なる花嫁を褒め称えると、ハデスは周りから気づかれないところでザクロの実をペルセポネーに差し出します。見た目には無害と言えそうなこの実には、実際には秘密が隠されていました。ザクロの実を食べると、彼女は完全には地上に帰れなくなるのです。強大な力を持つこの実は、ペルセポネーが母親と再会したのち、再び冥界に戻るようペルセポネーの運命を支配してしまいます。しかし彼女の目に、この熟れた果実は日々の食卓に上がる料理に付け加えるのにちょうどいい一品で、だから彼女は喜んでこの深紅の実を口にします。その実に潜む秘密の力を知る由もありません。ザクロの実を食べたことで彼女の運命は封じ込められると同時に解放されます。これから先の悠久の時間にわたって、確かにペルセポネーは冥界に権威を誇る統治者のひとりとしてとどまることになりました。

けれどそれと同時に、生命の国でもやはり力を分ち持つことになります。事実、生者の国と死者の国を統べる二重の力は、ペルセポネーを神々のなかでも両者を支配する唯一の者として特に際立たせるしるしとなっています。彼女を封じ込めようというこの秘密の計略は、逆に彼女を解き放つものになったのです。

オウィディウス版では、地下の牧草地の一つにある果樹園を抜けながら、ペルセポネーは、樹木からザクロの実をもぎ取り、ほろ苦い果汁に満ちた秘密の房を口にしたいという欲求と好奇心に駆られます。彼女はザクロの実を貪り食べたるのですが、後悔はしませんでした。もちろん、冥界でものを食べるとかかる呪いのことは知りませんでした。ザクロを食べたとき、ペルセポネーは知らずに自分の運命を決定づけていました。彼女はそのときに、自分が生者の世界に帰ることは永久に禁じられるのだと理解したのでした。ここでのペルセポネーの欲求は自身の運命を封じ込めると同時に解き放つものでもあります。ペルセポネーは境界に位置する者、「二つの世界にまたがる唯一の神(9)」となります。オウィディウス版でも、彼女の運命を決める呪いが実は彼女を自由にするのです。

ザクロというこの厄介な存在。その力についてはいろいろなことが言われてきました。ザクロを欺きの象徴と見なして、「知らない者が差し出す飲み物に手をつけるべきではない」という忠告に似たものと捉えるなら、その教訓の一つは「警戒し、用心せよ」とでもなるでしょう。特に若い女性に向けて。別の解釈ではザクロは、パンドラやプシュケー、そのほかそれに連なる姉妹たちが手にしたような、若い女性には禁じられている知識、女性が本当は恐ろしいほど強い存在なので、男性にとって女性がわきまえた立場にいることが重要だといった、現実にもほとんどの場合に触れることを禁じられている知識とみなされます。またザクロは死の象徴とみなされることもあります。というのも、この果実のためにペルセポネーは生者の国に完全に帰ることができなくなったからです。それゆえ、ザクロは後悔、悲哀、憂うつを表象してもいます。

こういった類の解釈はまったく妥当なものですし、ザクロが何を「客観的に」表象するかという点について語るべきことはたくさんあります。もちろんザクロが絶対にこれを指し示していると言えるようなたった一つのものなどありません。むしろ、文脈のなかでその意味するものを考えなければならないでしょう。いまこの本でこうしてこの物語を語ってきた文脈、望んだわけでもない場所で、望んだわけでもない力を手にすることになった若い女神の物語。彼女はそれでも成長し、その両方に馴染んでいくという物語の文脈で、ザクロを心惹きつけるものとして考えてみるのはどうでしょうか。何といっても、ペルセポネーが好奇心の強い冒険を好む性格であることを私たちは見てきたのですから。

ザクロの実が何を表しているのかということだけでなく、ペルセポネーがどれだけ自律的にザクロを食べているのかという点も、いろんな答えがありうる問題です。何といっても、ペルセポネーが欲したこと、支配者になったこと、母を恋しがることはあってもデメテルが娘を渇望するほど強烈な思いではないこと、自分の力を満喫していること、ささいな罪を恐れないこと、そして見知らぬ世界で自分がなりつつある姿に自信があることを私たちは知っているのですから。この物語は、私たちの多くがそれぞれの仕方で同じ経験をしてきたように、戸口に立つ女の子から始まったことを思い出しましょう。そしてわれわれもまた自分が置かれた（人間としての）状況の全容を知りたいと欲していることを思い出しましょう。ペルセポネーがザクロの実をむさぼるとき、自分の状況に屈することなく、それを受け入れようと試み、そのなかで彼女の欲望が頂点に達していることが見て取れます。神話の中では、ペルセポネーが現状を受け入れたのは、自分が死者の国と生者の国の両方に支えられ、その両方で力を持っていると十分に気づいたときのことです。このプロローグの目的にあわせて象徴的に言えば、この気づきは、少なくともある程度は、自分自身、世界、そして自己と世界について知る自らの力に十分気づくことでもたらされるものでしょう。

だからこそザクロは、この物語のなかで二つ目の分岐点になります。このザクロは、ペルセポネーが二つの国で生きるなかでどれだけの課題を引き受けねばならないかを象徴するとともに、私たちもまた私たちの仕方で学ぶことを引き受けるのだということの象徴にもなっています。たとえ自分が好奇心に駆り立てられて選んだことであったとしても、それでもおよそ楽しいとはいえない通過儀礼のしるしでもあるザクロの実を食べることで、私たちはわくわくするような知識の領域へと飛び込むことになります。ですが、それと同時にその知識は「われわれは何を知ることができるのか」、「われわれはそれをどのように知ることができるのか」を理解する義務を私たちに負わせるのですから。そうした知識は脅威にもなりえます。なぜなら、矛盾するようですが、そうした知識は、われわれがいかにわずかのことしか知らないかを明らかにしながらも、それと同時にそれでもなおその追求に身をささげるよう私たちに命じるからです。

幸いにして、ペルセポネー同様私たちには時間があります。なるほどペルセポネーのたどった道はときに孤独なものです。地上と冥界を忙しなく移動しているあいだ、ペルセポネーは思い惑います。誰からも本当には理解されていないのではないか、二つの世界でよせられる期待にこたえているだろうか、自分の場所を作りながら母親を愛することができるだろうか、そして、二つの世界どちらも自分の世界でありながらそのどちらにも完全には帰属していない奇妙な状態で存在することはできるのだろうか。ここまでで私たちは冥界にいるペルセポネーの様子を思い描いてきましたが、そこでも語られてきたように、彼女は母親をどこか思わせるような仕方でさまよい歩きつづけながら、それでも母親とは明らかに違いがあります。ペルセポネーは自分のなくしたものを探すよりも、今自分がどこにいるのか、そして何者であるかを理解することに強い一念を抱いているのです。なるほどペルセポネーはむりやり誘拐され、多くのことを永久に失いました。女の子、乙女、そして母の子としての生活です。その一方で、冥界を探索して自律性を高めたり、知識を伝えると同時にその知識の帰結への責任をも負わせるザクロの実を口にしたりして成長を遂げることで、ペルセポネーは成長が始まる前の自分にも、自分の置かれた状況の広がりを知る前の自分にも戻れなくなった、ということも同様に確かです。あのころにはもう戻れない、まだあまり物事に気づかなかった自分にはもう戻れないと知ることは、ときに悲しいものですが、自分が何者になりつつあるのか、そして何を知ることができるかを知ることには大いなる力もあります。

みなとは言わないまでも、私たちの多くが、こうした点でペルセポネーと関わる面があります。この点は、自分に向けられる期待にどう答えるか、自分を気にかけるひとたちのことをどう考えるか、そして職場、家庭、学校、ふさわしい役割、人間関係、夢中になれるものなどなどといった、私たちの存在が帰属する異なる複数の場のあいだでどう舵取りすればよいのか、ということを実際に自問するかどうかによりません。このように、ペルセポネーがまずはこちらに、次はあちらにと二つの世界をさまよい歩きながら自らに問いかけたことは、どうしようもなく、かつ現実的な仕方で私たち自身の問題にもなるのです。要するに、彼女の行く道は哲学の道にたどり着くものです。思索に満ち、慎重を要する、そして好奇心を掻き立てる道です。

ペルセポネーは自分の髪を切り、それをベッドの下に詰め込みました。母デメテルは快く思わないでしょう。ペルセポネーは再び果樹園を目指し、今回は何が見つかるだろうと思いを巡らせます。

その子の名はペルセポネー。

私たちはみんなそれぞれにペルセポネーです。

あなたもまたペルセポネー。あなたもこの輪に招かれているのです。

［原注］

（1）古代ギリシャ語では「グノーシセアウトン（γνῶθι σεαυτόν）」。この警句は、古代ギリシャのデルフォイ神殿のてっぺんに書かれたもの。神々から託された知恵はすべて、もしそれを知恵と理解するのであれば、人間が自己を知るという仕事、すなわち生涯をかけた哲学の旅を始めることを求めていると示唆されています。

（2）「古代ギリシャ神話のオリジナル」とは、第一にホメロスとオウィディウスの作品のこと。ホメロスの作品では、すべての神々の頂点に立つゼウスが、友人や花々と戯れているペルセポネーを誘拐するよう命じます。ゼウスは、「数多のものへの宿主」として知られる冥界の神ハデスにペルセポネーを譲り渡します。オイディウスの作品では、気まぐれな愛の女神ウェヌスが他の女性たちの力で脅され、息子のクピドに命じてその矢の一つを使ってペルセポネー誘拐を手助けさせます。オウィディウス版では、ペルセポネーの友人であるニンフの一人が、手を広げて飛び出し、冥界の神から自分の体を壁にして彼女を守り、この数多のものへの宿主を止めようとします。ですがこの友人は救出しに失敗し、冥界の神の力によって、泣き叫んだまま水たまりに変えられてしまうのです。力のある神々は自分のえてして望むものを手に入れるのです。

　ペルセポネーはオウィディウスの物語ではラテン語で「プロセルピナ」と呼ばれますが、わかりやすさを優先し、ギリシャ名のペルセポネーをこのプロローグでは採用しました。ギリシャ神話の原典を読みたいと思ったなら次のものを参照してみてください。Homer, *The Homeric Hymn to Demeter: Translation, Commentary,* and Interpretive Essays, ed. and trans. by Helene P. Foley (Princeton, NJ: Princeton University Press, 1994).〔ホメロス『ホメーロスの諸神讃歌』沓掛良彦訳、ちくま学芸文庫、二〇〇四年〕。Ovid's *Metamorphoses,* especially Bk. V, lines 341–642, Ovid, *Metamorphoses,* trans. by David Raeburn (New York: Penguin Putnam, 2004).〔オウィディウス『変身物語1』高橋宏幸訳、京都大学出版会、二〇一九年〕

（3）ペルセポネーは脇役としても古代の神話物語で重要な人物として登場します。中でも特に有名なのは次の話でしょう。ペルセポネーはハデスの管轄下でアフロディテの息子アドニスの世話をします。彼女は吟遊詩人オルフェウスに、その亡き妻エウリュディケーと再会のチャンスを与えます。ただしオルフェウスの物語は悲劇的な結末を迎えます。またペルセポネーはテセウスの一味が企てた誘拐から逃げ出することができました。テセウスたちはハデスによって冥界でしばらく石にされてしまいます。シーシュポスが妻に会えるよう生者の国に返してあげます。そしてヘラクレスが難題の一つを成し遂げるときに手を貸すこともします。ほぼすべての場合で、ペルセポネーは賢明な判断を与え、人間も神も等しく直面する問題や困難を正しく見通す力を発揮するのです。

（4）この賢い女神は自分が神であることを隠し、人間として地上に現れ、娘を探し求めました。デメテルは最終的に、王と王妃の息子を、失った我が子のいわば身代わりとして世話するようになります。ある夜宮殿で、その子どもの母親メタネイラがデメテルのところに忍び込むと、息子を神にするための儀式として女神デメテルが炎の中にくべようとしている光景が目に飛び込んできます。息子の世話人が女神であることを知らなかったのですから、メタネイラがデメテルに飛びかかってやめさせようとしたのも無理のないことでしょう。

（5）例えばHomer, *Hymn* ll. 337, 348, 359, 370を参照。

（6）Edith Wharton "The Pomegranate Seed," *Scribner's Magazine* 51(Mar. 1912): 284-291.

（7）多くの詩人や作家、その大抵は女性が、ペルセポネーとその物語を讃える詩を作ってきたし、今も作られつづけています。例えば次のような作品です。アリス・オストリカーの詩「デメテルからペルセポネーへ」、Alice Ostriker's poem "Demeter to Persephone"; Alice Ostriker, *The Book of Seventy* (Pittsburgh: University of Pittsburgh Press, 2009), 37.

（8）Homer, *Hymn* II. 365-366.

（9）Ovid, Metmorphoses V.566-567.

はじめに

メリッサ・M・シュー＆キンバリー・K・ガーチャー
三木那由他 訳

この本は、哲学を専門とする女性たちが将来の女性哲学者たる若者たちへ向けて書いたエッセイを集めたものですが、私たち編者はこの本への寄稿を依頼する際の執筆要綱で、著者たちにこんなふうに伝えていました。「自分がだいたい十八歳から二十歳くらいだった頃を思い浮かべてください。自分自身の疑問を見出し、知的に成長しつつあるその時期に、どんな本があったらよかったと思いますか？　その本にどんな章があったらよかったと思いますか？　いまこそその章を書くときです」。

いまあなたが手に取っているこの本は、この問いかけに込められた想いと、この問いかけがもたらす難しさとを、しっかりと受け取ってくれた二十人の女性哲学者たちの努力の結晶であって、それぞれの専門領域から最重要の哲学的テーマに取り組んだエッセイを、素晴らしく多種多様に集めたものとなっています。ほとんどすべての哲学分野がこの本には収められていて、形而上学や認識論から、実存主義、社会哲学や政治哲学、倫理学などなどが扱われています。著者たちはそれぞれの担当した章で、主に女性哲学者を引用し、取り上げた哲学分野やその他の哲学分野で女性たちがいかに独創的な思想や業績をもたらしているかにスポットを当ててくれています。さらに言えば、この本の執筆者たちの顔ぶれも、現在の女性哲学者の多様性をスナップショット的に写し取るものとなっています。執筆者はそれぞれ別々の哲学の教育を受け、さまざまな大学で、それぞれ異なる身分で働いていて、それぞれが持っている背景も多様で、それぞれが哲学での自分自身の経験や関心を手掛かりに話をしてくれていますが、それでも全員がひとつの同じ思いを胸にこの本に参加しています。あなたに知ってもらいたいのです。私たちがあなたについて考えているということ、そしてあなたにも私たちと一緒に哲学の思考へ足を踏み出してほしいと思っているということを。

　いまこの本を読んでいるあなたは、「考えすぎだ」と誰かから言われる経験をしているかもしれません。ひょっとしたら、あなたが好奇心旺盛で、人生の内奥へと切り込むような問いかけをよくするひとだと知っている親戚や友達が、あなたにこの本を贈ってくれたのかもしれませんね。それか、あなたは大学や高校の課題としてこの本を読むことになっていて、目次を指先でなぞりながら、ひとつかふたつ、目を惹く章があることに気づいて、「もしかしたらこの本もそんなに悪くないかも」と思っているところかもしれません。それともあなたは大学上級生向けの哲学の演習授業に向けて、この本の認識論に関する章のどれかを紹介するための準備をしているところかもしれません。あるいは、本屋さんやオンライン書店でたまたまこの本を見つけて冒頭の逸話を読み、どこかで聞いた覚えがあるような、けれど聞きなれているのとは違った語り口になってもいるようなその物語に興味を惹かれた、ということがあったのかもしれません。あなたは自分が女の子であるとも若い女性であるとも（さらには男の子であるとも若い男性であるとも）認識していないけれど、「優れた哲学者であることにジェンダーによる制限などない」と知っているからこの本を読んでいる、ということもあるかもしれません。もしくは、あなたは哲学クラブや読書クラブに所属していて、活発な議論と対話をもたらすためにこの本を選んだのかもしれません。余白にメモを記したり、ノートに自分の疑問を書き込んだりする準備をしていることでしょう。

どういったいきさつでこの本に出会ったのであれ、私たちがあなたについてどれほどちゃんと知っているのか、知っておいてください。あなたは好奇心に満ちたいきものであって、だから私たちはあなたのためにこの本を書いたのだ、と。

さて、ここからの四つの節では、まず手短にこの本が思い描いている展望を説明して、次に哲学においてジェンダーが持つ位置づけや意味について取り上げ、続いてこの本が哲学でのジェンダー・ギャップの解消にどのように役立つかを説明したうえで、最後にこの本で取り上げる話題について読んだり語ったりするためのヒントを記すことにします。

展望

この本は、女の子や若い女性を哲学的な思考へと招き入れ、哲学的に物事を考えてみるよう勇気づけようとするものです。そしてまた、この本は、専門の女性哲学者が将来の女性哲学者たる若者たちに向けて書いたさまざまなエッセイを通じて浮かび上がる、哲学のスナップショットでもあります。どのエッセイも、読者が哲学的な仕方でじっくりと考え、疑問を持ち、分析をおこなうのを歓迎しています。この本で目指しているのは、女の子や若い女性が、本のなかで取り上げられる事例やエピソードにおいても、参照される業績やこの本全体の構成においても、自分たち自身が、そして自分たちの生活がはっきりとそこに含まれ、正面から語りかけられるような仕方で、哲学的思考へ安心して入門できるようにすることです。ですので、この本には認識に関わる目的と倫理に関わる目的という二つの目的があることになります。私たちとしては、女の子たちに〈考える主体〉として自分の存在を受け止めるようになってほしいし、そしてその過程でこの世界がより良いものとなってほしいとも思うのです。

私たちはこの本を『女の子のための西洋哲学入門』と名づけましたが、これは考えがあってのことで、「女の子《ガール》」という呼び名がありとあらゆる世代の女性を子どものように見なしたり、蔑ろにしたり、突っぱねたりするためにときに用いられるというのも、このうえなくしっかりと意識したうえでこのタイトルを選びました。そうした状況があるにもかかわらず私たちがあえてこの言葉を選び、このタイトルを選んだのは、この本にはあえてそうするだけのガッツがあり、そしてこの本はそうしたガッツのある読者のためにこそ書いたものだからです。さらに言えば、私たちは「女の子」という言葉にそれ自体として問題のあるところなど何もないと信じていて、「女の子」と呼ばれることが否応なしに侮蔑であるなどという考えかたには断固として反対しています。女の子のラベルを張られたなら否応なしに相手から蔑ろにされていることになると信じるひとがいるなら、そのひとはミソジニー的な文化規範を反復してしまっているのではないかと気になっています。「クィア」という言葉を、かつてはその言葉を使って侮辱され、沈黙させられてきた当の人々が力強いラベルとして取り戻したのと同じ仕方で、「女の子」という言葉をあらゆる年代の女性が自らの呼び名として、「これこそ自分のアイデンティティなのだ」というプライドの印として取り戻すわけにはいかないだろうか、と私たちは思っているのです。実際、英語では

「やっちゃえ！」とか「いいよ、その調子！」といった意味で「You go, girl!《ユー ゴー ガール》」や「get it, girl!《ゲットイットガール》」といった言い回し[*1]が用いられるのを日常的によく見かけますし、さまざまな性別のひとがそうした言葉を口にします。「女の子《ガール》」という言葉をこのように取り戻し、意味を変えていこうという動きは、現代の社会運動のなかで「女の子」という言葉が多用されているところにも見て取れて、例えば「#likeagirl」、ガール・パワー、ゲリラ・ガールズ、エイミー・ポーラーのスマート・ガールズ、アメリカ女子サッカー代表チームの「女の子みたいなプレイ」などがあります。[*2]

「女の子」を取り戻そうというこうした運動は、あらゆる年代の女性たちを勇気づけるものですが、それだけでなくそのエンパワメントは、単に男らしさを女性たちに模倣させるのとは違った仕方でなされるものとなっています。歴史的に見ると、女性たちはこれまで、生き延びるための手段やうまく競争していくための工夫として、典型的に〈男らしさ〉と結びつけられてきたような特性を、良いものも悪いものもひっくるめてしばしば自らのものとしてきました。それとは反対に、「女の子」という言葉は女性たちに力を与える新たな場所を、つまりは〈男らしさ〉という規範を持ち出すことなく定義されるような場所を、印づけるものとなっています。私たちが訴えているのは、女の子たちも、哲学という領域のうちに自分たちのアイデンティティが肯定的に描き出されているのを見出すことができて然るべきだ、ということであって、女の子たちも自分自身や自分の暮らすこの世界について、哲学的に疑問を抱き、内省し、思考する機会を持って然るべきだ、ということです。要するに、女の子たちも、自分たちにまっすぐに語りかけるような本を見出せて然るべきなのです。

ジェンダーと哲学

歴史的に見れば、女性や女の子は、自分たちを代表するひとが少ないという点においても、あるいは自分たち自身がそれに参加しづらいという点においても、西洋哲学の伝統から広い範囲にわたって排除されてきました。もしも哲学でジェンダー間の平等が実現されていたとしたら、あらゆる段階の学生やあらゆる段階の教員のおおよそ半分が女の子であったり女性であったりするものと期待できたでしょう。けれども現実はそうはなっていなくて、というのも、女の子や女性は学生においても教員においてもあまりに数が少ないのです。この不均衡を「ジェンダー・ギャップ」と呼ぶことにします。[1]

「ジェンダー・ギャップの原因はあれかもしれない」だとか「ジェンダー・ギャップに取り組むためにこんな戦略を採ろう」だとかと論じる前の準備として、この本の執筆者の多くがこのあとの章でさらに突き詰めてくれるであろうポイントをいくつか、述べておくのがよいでしょう。第一点目として、女性や女の子は西洋哲学から排除されてきた唯一の人々ではありません。哲学はその歴史を通じて、「それに携わるひとといえば何らかの仕方で特権を持った人間だ」というようなものでしたし、その点でほかの分野と変わるところはありません。哲学をしていたのは、たいていは男性で、たいていは白人で、たいていは富裕層のひとだったし、たいていは自分をキリスト教徒だと位置づけるようなひとで、そしてたいていは異性愛者でした。哲学における排除と抑圧にはたくさんの軸があり、それらが網の目状に織り合わさっている、と私たちは見ています。

第二点として、これまでの歴史を通じて、ジェンダーは二者択一《バイナリー》的なカテゴリーであるはずだと決めつけられてきました。ひとは女性的か男性的か、女性か男性か、女の子か男の子かというかたちで識別される、ということです。またジェンダーはこれまでの歴史を通じて、二者択一的な生物学的性と一対一対応するものであると決めつけられてきていて、つまりは性染色体がXX型かXY型かだとか、ヴァギナかペニスかだとかの問題だとされてきました。いまでは人間には遺伝型においても表現型においてもたくさんのバリエーションがあって、生物学的な性差というのが二者択一的ではないということがわかっています。性染色体がXX型かXY型かというこれまで自明視されてきた二者択一が成り立たないことの傍証となるような遺伝的条件は(2)、いくつも存在しています。さらに言えば、インターセックス[*3]のひとたちは、ヴァギナかペニスかというこれまで思われてきたような二者択一も成り立たないような、生殖腺や外性器のさまざまな組み合わせを備えて生まれてきます。

第三点として、生物学的性に関してこれまで自明視されてきた二者択一が突き崩されたなら、二者択一的な生物学的性と一対一対応するとされていたジェンダーの概念もまた二者択一的ではないことになります。ジェンダーというのは、厳密に二者択一的なのではなく、その社会環境が、あるいはそのひと自身が、そのひとをどのようなアイデンティティを持つものと見なし、どのように振る舞い、どのような期待を持ち、持たれるかといったことが、流動的かつ複雑な仕方で集まったものなのです。それでも確かに「女性」と「男性」というのがいまもってジェンダーに関して主流をなすカテゴリーであるとは言えますが、現在の私たちは、単に女性か男性かというのを超えて、クィア、アンドロジナス、トランスジェンダーなどといったジェンダーに関するさまざまなアイデンティティ[*4]がずらりと並んでいて、ひとはそのどれを表現したり身に宿したりしてもいいのだと理解しています。

私たちはジェンダー・アイデンティティ（性自認、性同一性）[*5]が流動的な性質を持つということを声を大にして言うとともに、さまざまな人々が現在進行形で学術の場から排除されているということも明言したく思います。とはいえこの本では、ジェンダーに焦点を当てて、自分を女性や女の子と認識しているひとたちが哲学において占める割合の少なさという問題に取り組むことにします。歴史的に言えばやはり私たちの世界には主に二つのジェンダーがあって、そうしたジェンダーのうちの一方が哲学という分野では構造的に排除されたり、抑圧されたりしてきたというのは、確かなわけですから。

哲学におけるジェンダー・ギャップ

ジェンダーと排除に関するいま見たような複雑な事情について頭に入れておきつつ、今度は哲学の場にしつこく残り続けるジェンダー・ギャップに目を向けることにしましょう。学部での哲学教育から哲学者というアカデミックな専門職における成功に至るまでのルートをたどっていくと、そのなかにジェンダー・ギャップが悪化するいくつかのポイントが見つかります。アカデミックな哲学でのジェンダー・ギャップについては、博士号を獲得してから学術界で職を得るまでに生じるギャップと同様に、すでに多くの注目が集まっています（とはいえ十分ではないのですが）。ですが、本書のプロジェクトで望んでいるのは、大学生より前の段階で哲学を学んだり、大学生という段階のある時点で哲学を学んだり、あるいは大学生という段階を通じて哲学を学び続けたり、という女の子の数を増やすことです。

女の子や女性が学部の哲学の授業に男の子や男性と等しいくらいに参加しないのはなぜかという点については、いくつかの説があります。女性は単に女性であるからというだけでそもそも哲学に向いていないだとか、少なくとも男性ほどには向いていないだとかという意見を言うひともいます。けれど経験科学の証拠はこのような主張を支持していません。抽象的思考の能力において、考慮に値するだけの性差など率直に言って存在しないのです。さらに先ほどのような主張は別の点でも間違っています。例えばこの本に寄せられている優れた論考や、私たちの学生のうちで女の子であるひとたちが一貫して示す優れた成績を見れば、それがわかります。さらに付け加えると、女性が何らかの仕方で「その自然なありかたからして」男性ほど哲学をする能力を持たないという考えは、ひとつにはジェンダーにはただ二つのものしかないということを前提としていますが、これはすでに批判した見方ですし、また他方で二者択一的なジェンダーのそれぞれと結びついた変更不可能なスキルや特性といったものがあって、それによって男性には○○ができるが○○しかできず、女性には□□ができるが□□しかできない、というふうになっているということを前提としてもいます。シャーロット・ウィットが本書に寄稿した章で論じていることですが、ただ二つのジェンダーしか存在しないなどと信じる理由がないのと同じくらいに、そのジェンダーに結びつけられた生まれつきの特徴などというものが存在すると信じる理由もないのです。

哲学をするときのやりかたがそもそもジェンダー的な偏りを持っていて、哲学の方法論にはどこかいかにも男性的なところがあるのではないか、とも言われています。人間の慣行というのはそのもとで活動する人々の特徴を引き継ぐものだと理解されることからすると、この仮説には根拠がないわけではありません。けれど、サブリナ・E・スミスは、この本に収録された科学に関する章で、おそらく分野そのものの変化こそが求められるべきなのではないかと主張しています（その章では科学についての話になっていますが、この本が取り組む大きなプロジェクトにおいては哲学がそうした分野に当たります）。それなのに方法論ばかりに注目するようでは、一個の分野としての哲学という活動の場におけるギャップを是正することにはなりません。

結果的に手と手を取り合ってジェンダー・ギャップをもたらすようになる社会的な要因にはさまざまなものがある、と私たちは思っています。ルイーズ・アントニーはこれを「パーフェクト・ストーム」と呼んでいます。[(3)][*6]そうした要因のなかでとりわけはっきりと目につきやすく、また強力でもあるものを二つ挙げるならば、暗黙のバイアス[*7]とステレオタイプ脅威[*8]がそれに当たりますが、これらはいずれもジェンダー・スキーマと言われるものに根差しています。ジェンダー・スキーマというのは、ジェンダー分けされた人々にとってどの行動が適切であるかを決定したり指示したりする、基礎的な社会的構築物のことです。とはいえ、スキーマというのはぬるぬると摑みどころのないいきものです。「この社会で受け入れられるのはこういった振る舞いだ」と指示していたかと思ったら、いつの間にやらそれが「社会において期待されるそうした振る舞いは、そのジェンダーに生まれながらに備わっているものなのだ」とか、「それはそのジェンダーに「自然と」生じるものなのだ」とかという主張に変わっている、という具合に、気づかぬうちに姿を変えていく傾向を持っています。例えば、これまで女性は子どもや高齢者、病人の世話をする仕事を課せられ、他方で男性は社会に寄与するようなその他の仕事（狩猟から組み立てラインでの作業に至るありとあらゆること）をするというかたちで、分業がなされてきました。そこまでは、まあいいとしましょう。しかしここで、女性は「自然と」世話が上手になるものであって、世話をするひとにしかなれないのだとか、男性は「自然と」狩猟や労働が上手になるものであって、狩猟や労働をするひとにしかなれないのだなどと信じるようになったら、問題が発生します。そんなことはまったくもって真実でないのです。ジェンダー・スキーマがどれだけ虚構的でひとを欺くようなものであるかを例示するような証拠がほしければ、家族の世話を焼く父親だとかリベット打ちのロージー[*9]だとかを考えてみるだけで済みます。ジェンダー・スキーマが露わにしているのはその社会が選ぶ価値や優先順位であって、変えようのない生物学的な特徴や能力などといったものではありません。

　とはいえ、私たちが暮らす西洋文化でも、いくらかのジェンダー・スキーマが効力を持っているということは認めなければなりません。私たちは、ジェンダー・スキーマや、あるいは人種、宗教、階級などに関するものを含むさまざまなその他のスキーマを持っていますが、暗黙のバイアスとはそうしたスキーマに根差す信念や行為のことを指します。それが暗黙のものだというのは、私たちがそうしたバイアスを簡単にはバイアスとして認識しないためです。私たちはずっと、スキーマが「正しい」ものであり、それゆえそうしたスキーマに根差す行為は「自然」なものなのだと決めて疑わないように躾けられてきたのですから。いま考えるべきバイアスは、女の子は哲学が苦手だという決めつけです。もしこの社会全体として、女の子は「自然と」哲学に不向きなひとになるのだと信じられているならば、哲学を学んだり哲学に取り組んだりする女の子がほとんどいなかったとしても、それは驚くに値しないこと、つまりは「自然」なことと言えるでしょう。このスキーマに順応してしまうと、ジェンダー・ギャップは初めから起こるとわかっている、問題のない事柄になってしまいます。暗黙のバイアスはステレオタイプ脅威をもたらし、バイアスのかかった〈自分たちは哲学に向いていない〉という決めつけを自ら実証してしまいはしないか、と女の子や女性を恐れさせるようになります。哲学を学ぶ女の子は、自分は優れた哲学者であると示すときにもただ単にそれだけで済ませることはできず、それと一緒に、自分は女の子にしては優れた哲学者であるとも示さざるをえなくなるのです。このことには二つの面があります。第一にこれは、男性こそ普通の優れた哲学者であると決めつけているがゆえに女性の過小評価につながりますし、第二に、「ステレオタイプをどうにかして『打破』しないと」という並々ならぬプレッシャーをもたらすことにもなるのです。

　暗黙のバイアスとステレオタイプ脅威はともにこの社会で構築されたジェンダー・スキーマに根差すわけですが、そうすると問題は、この両者がもたらすパーフェクト・ストームを前に、いかにしてそれに反撃し、女の子が哲学を学べるよう勇気づけるかだ、ということになります。真っ先にすべきこととして、私たちは女の子たちを哲学という分野に招き、迎え入れることができます。女の子たちを応援することができます。女の子たちがこの分野に存在し、そこに参加することを正当なものとすることができます。サリー・レイサムが述べているように、「今度若い女性が自室で何時間もぶっ続けで哲学を学んでいることがあれば、『そんなふうに学んでもよいし、学ぶべきなのだ』と教えてあげること。そしてそのひとをひとりにすること。彼女はいままさに訓練中なのであり、自分の時間をうまく使っているのだから[4]」。

　もちろん、それ以外にもできる対策はあって、そのうちには女の子たちにいわゆるSTEM分野（科学・技術・工学・数学の諸分野）へ来てもらうためになされている工夫を参考にできるものもあるでしょう。女性のロール・モデルを提示するよう心がけることもできますが、ただそのためには学術分野としての哲学におけるジェンダー・ギャップにも取り組む必要があります。女の子たちが包摂されていて、女の子たちの人生に関わるような例を用いることによって、女の子たちが哲学を自分事《じぶんごと》とできるように心がけることもできます。授業計画に多様性をもたらして女性の哲学者を扱うようにすることもできます。ジェンダー・スキーマに自覚的になり、それが哲学の方法論や、権威あると見なされる文献の選び方、どういった哲学が正統で重要なものと信じられているかといったことに、どのように影響しているかを意識するよう心がけることもできます。教授法やカリキュラム、課題の出し方、成績評価の仕方を改めて反省し、哲学をする際に作用するジェンダー・スキーマに反撃することもできます。

最後にもうひとつ挙げるなら、若い女性が自分の人生を哲学的に思考するよう勇気づけることもできます。この本はまっすぐに女の子たちへ向けた招待状であって、それによって女の子たちに「吟味を重ねる人生[*10]という、大変だけれど活力をもたらすような知的仕事へあなたも加わってみませんか」と誘いかけようとしています。そういうわけで、女の子や女性に哲学へ来てもらえるようにするために採用できるもうひとつの対策として、女の子や女性と一緒にそのひとたち自身が抱《いだ》いている考えについて話し合うという方法もあって、その際にはひょっとしたらこの本を出発点にしてもよいかもしれません。

哲学の小道

この本は四つの部（セクション）に分かれていて、そのそれぞれが哲学で長きにわたって関心を持たれ、疑問を向けられてきた何らかの話題と対応しています。具体的には、「自分とは何か」、「知識とは何であり私たちはいかにしてそれを求めるのか」、「社会構造や権力関係はいかにして私たちの現実をかたちづくっているのか」、「私たちの行為や態度に関する倫理」、の四つです。各部に収録されている章はそれぞれ、その部で取り上げる話題にほかの章とは異なる独自の観点から取り組むようになっていて、それによって哲学における重要なアイデアにいろいろな側面から応答したり接近したりするようになっています。

とはいえ、それぞれの部の見出しやそのなかに含まれる章だけでは、いま挙げた四つの話題に関する哲学的な思考のすべてを尽くせてはいない、という点は断っておきたいところです。というより、本書に含まれる部や章は、そこからさらに、場合によっては章と章のあいだをつなぐようなかたちで、探究を進めたり疑問を持ったりするための出発点を指し示し、描き出すものとなっています。例えば知識を幅広く扱っている部を考えてみるなら、芸術を通じて獲得され経験される知識は、技術を介して何かを知る経験と似ているだろうか、と自問することもできるでしょう。ほかにも、科学の章と論理学の章で取り上げる話題として、「こうした分野は社会政治上の関心から切り離されているものだ」というありがちな考えを突き崩すかひっくり返すかするような仕方で「客観的知識」なるものを批判する議論を紹介しますが、これはこの本のほかの箇所でも生じる問いかけです。また、疑いに関する章で詳しく論じることですが、そもそも知識なんて得られるのか、それとも根底的な懐疑に陥るしかないのかと考えることさえできるでしょう。知識の部に含まれる五つの章をひとまとめに捉えるなら、これらの章は知識という話題にたくさんの視点から接近し、それと同時に読者がそれらの章のあいだに見られる哲学的に意義深い類似点や違い、そして疑問について考えるよう手招きするものとなっています。

どの部のどの章も、そんなふうに書かれています。それぞれの部のうちで、いかにさまざまな考えがある章から次の章へと伝わり、結びつくか、あるいは結びつかないかということを見て取るよう、私たちは読者であるあなたを招いています。それだけでなく、部から部へとまたがる探究や、部と部の狭間《はざま》での探究を進めるためのたくさんのさらなる小道が、この本には書かれています。アラクネーがしたようにそうしたいくつもの道を織物にして女神たちに挑むのであれ、あるいは大胆な決意をまとった不確実性に身を震わせながらアリアドネーの糸をたどるのであれ、読者はこの本で語られるさまざまなアイデアに分け入る自らの道を作り出し、そして繰り返し作り直す可能性へと開かれているのが望ましいでしょう。[*11]

テーマをたどる小道

声：執筆者の何人かは、神話や歴史、宗教における女の子や女性を取り上げ、彼女たちについての物語が彼女たちの天分を見えづらくしたり、彼女たちの力を脇に追いやったりしようとするただなかで、彼女たちが声を上げられるように、そしてその声が聞こえるように試みています。例えばペルセポネー、カサンドラ、ヴィーナス、ヤエル、メドゥーサといった人物[*12]は悪く語られ疑念を持って見られるのが普通ですが、関連する章の著者たちはそうした見方を超えた注目をこれらの人物に向けており、それとともに彼女たちはみな自分自身の権利のもとで思い描かれるようになっています。各章の議論の端緒となっている他の女の子や女性たちの物語だけでなく、彼女たち神話上の人物の物語も聞き取る、ということの重要性について考えてみましょう。

エンパワメント：どの章も、自分の知性に対する信頼を促したり知的な能力を育んだりすることを通じて読者をエンパワーしようとしているわけですが、いくつかの章ではさらに具体的に、どんなふうに個々の女の子や若い女性を、あるいは女性というグループ全体をエンパワーするのか、エンパワーできるのかということが扱われています。個人へのエンパワメントもグループのエンパワメントも互いが互いを内包していることを考えると、この両者のあいだに明確な線を引くわけにはいかないのですが、とはいえここに挙げる章では、自分自身やこの世界についてもっと明確な知識を得る能力は、まさにその知識に従って行動することで私たち個々人において育むことができるのだとしており、その意味で、特に個人のエンパワメントに焦点を当てています。該当するのは自律、プライド、自己知、問い、疑い、芸術、論理学、技術、ツェデク、承認、怒り、勇気の各章です。アイデンティティ、科学、信用性、言語、人種、ジェンダー、コンシャスネス・レイジング（意識高揚）、共感といった他の章も個人のエンパワメントを取り上げてはいますが、それとともに私たちが自分の属すコミュニティを通じて、場合によっては人間以外の動物たちとともにエンパワーされ、いまよりも公平な社会へと向けたグループ全体での社会変革に参加し、それを動かすことができるようになる道筋を扱ってもいます。

問い：この本は、みずみずしく食べ応えのあるあらゆる種類の問いでいっぱいです。実際、多くの章が、そこで扱っている個別のトピックに関して「それについて問うべきことや答えるべきことはまだまだたくさんある」と最後に語って締めているわけですが、これこそが哲学というものなのです。哲学ではときに、明快だと思っていた話題が最初に思っていたほどには単純ではないとわかったりします。例えば正義、行為者性、自由、善悪などといった話題は、表面だけを見れば曖昧なところなど何もないように見えるかもしれませんが、ちょうど砂の一粒がそうであるみたいに、顕微鏡でじっくりと覗いたなら細かな造形と色彩が織りなす広大な世界の数々を見せてくれます。哲学は、哲学内のさまざまな分野から専門家を呼び集めて、一粒の砂としか見えていなかったもののさまざまな面に注意を向け、この小さな堆積物のなかにある本当に大事なものを味わうのです。それぞれの章で掲げられているような疑問について考え、それらのあいだにどういった共通点があるか見てみましょう。芸術は知識にどう関係しているのか、技術は私たちの自己の感覚に何を告げてくれるのか、第二部に収録されている章のすべてを合わせたなら、知識について大枠ではどのように注目していることになるのか。それぞれの部に含まれる章のすべてについて、あるいはこの本に含まれる部のすべてについて、それらがどのような視点を持ち寄りひとつの話題に向けているか、異なる分野の哲学者たちが自分の取り組む話題にどのようなアプローチを取っているか、章の終わりや部の終わり、本全体の終わりにおいてまだ問われることなく残っていて、これから問うていくべき疑問はどのようなものなのか、といったことを考えてみましょう。

問いをたどる小道

ここでは、この本の内容全体にまたがりつつも表立っては語られていない疑問の例をいくつか挙げてみましょう。章と章の垣根を越えてさまざまな姿で現れるこれらの話題は、それぞれが別のアリアドネーの糸であったり、一粒の砂に含まれるちょっとした石片だったりするわけですから、ぜひここで挙げる話題について読者のみなさんで「何が？」、「どのようにして？」、「なぜ？」と考えてみてください。

・**アイデンティティ**：私とは誰？　私たちとは誰？　そもそも存在を持つとか存在しているとかというのは、どういうことなのでしょう？　私たちはどうやってこの現実の私たちになったのでしょうか？　アイデンティティの問題について、抽象的な形而上学や論理学の原理だけでなく、社会政治上の疑問や社会政治的アイデアの実地での応用がいかに目を向けているかを考えてみましょう。

・**正義**：他人や自分をきちんと扱うというのはどういうことで、なぜ私たちはそのようなことをすべきなのでしょうか？　いくつもの不平等や不公正があるなかで、私たちはどのような世界を目指して進むべきなのでしょうか？　私たちが出くわす問題に、私たちの属す共同体のなかに、そしてこの世界のあらゆる場所に存在しているとわかっている問題に、私たちはどのように向き合うことができるのでしょうか？　正義とは何か、ひとが思うがままに存在し自らを表明するのを禁じることができるのはどのような条件のもとでか、もっと公平な世界をつくりあげ、それによって個々人においてもまたグループとしてももっと自由になっていくために、どのようにすればもっとうまく互いを力づけたり、自分自身を力づけたりできるのか、といったことを考えてみましょう。

・**驚嘆の念**：哲学者はどうして面倒くさい疑問をこんなにたくさん問うてくるのでしょう？　驚嘆の念はどのように哲学的な疑問をもたらし、好奇心へと結びつき、疑いへと至ったり、技術の未来や実在の本性、形而上学や存在論の疑問などなどといったものをじっくりと考えることへと至ったりするのでしょう？　驚嘆の念と好奇心と知識のあいだの関係について考えてみましょう。各章の内部で哲学的な論争の的や緊張関係、疑問となっているものが、特に注目すべきポイントです。そういったものはしばしば哲学者自身が持つ驚嘆の念を教えてくれるのですから。

・**徳**：善い行為や善い習慣の特徴となっていて、そうした行為や習慣を「これぞ倫理的」、「これぞ有徳」と言えるものにしているのは何なのでしょうか？　勇気や共感、ツェデク、プライド、怒りといった具体的な徳を考えてみると、それらは社会における規範や期待に真っ向から反することもあるわけですが、それでもなおこれらの徳を育むことが私たちの人生において重要だとしたら、それはどのようにしてなのでしょうか？　徳そのものだけでなく、こういった徳の必要性に関して提起される倫理学や存在論におけるほかの疑問についても考えてみましょう。また、これらの徳がどのように他の倫理学説からもたらされるアイデアに結びついていたり、またそれだけでなくどのようにこの本で扱うエンパワメント、正義、同一性、自己知識といったテーマにも結びついていたりするか、考えてみましょう。

・**実在**：何が実在するのでしょうか？　私たちはそれをどうやって知ることができるのでしょうか？　実在に関する私たちの考えは、客観的知識についての主張、主観的経験についての主張、そしてその両者のあいだにある物事についての主張を介して、どのようにかたちづくられるのでしょうか？　技術や人間の合理性、科学、美的経験、知識それ自体などなどといったことに関するさまざまな考えが、実在の本性に関する私たちの理解の仕方の特徴をどのようにつくりあげているか考えてみましょう。

・**熟慮**：私たちは自由に物事を選択しているのでしょうか？　長い時間にわたって自ら進んで自分自身を反省すれば、私たちは以前と同じ自分にとどまったままでいながら、それでもなお成長するということができるものなのでしょうか？　熟慮は私たちが自分自身をどう理解するかという点においてだけではなく、私たちがどのような行為をするかという点にも関わってきますが、そのとき熟慮はどのような役割を果たしているのでしょうか？　また、反省はひとりでじっと考えに沈むときにも行為をするときにも何らかの役割を果たしますが、どのようにしてその役割を果たすのか考えてみましょう。

もちろん、あなたたち読者は自分自身のテーマや問いをたどっていく小道を生み出して、あなたにこの本を与えてあなたの知的な成長と発展を支えようというひとたちに、あなた自身の声やあなた自身の哲学的な思索を言い添えることでしょう。ぜひ、この本で読んだことのどこかに同意したり、どこかに反対したりしながら、他人との哲学的な対話や、自分自身との哲学的な対話に加わっていってください。あなたのうちに共鳴を呼ぶのはどの問いなのか、いろいろな話題に対するどのアプローチなのかと考えながら、じっくりとひとの話を聞き、そしてそれ以上にじっくりと思考してほしいと思います。あなたの反応を聞きたいのです。私たちはあなたの合唱隊《コロス》[*13]であり、あなたの声は私たちの耳に届くのですから。

[原注]

（1）学士号や博士号を取るためのプログラムを見ると、その登録者内での女の子の比率は、だいたい三〇％あたりを上下しています（Garry 2009; Crasnow 2009）。これは人文学系の専攻のうちではもっとも低い女性比率で（Ma et al. 2018, 68; Crasnow 2009, 8）、女性比率がこれよりも低い専攻というと、工学、計算科学、物理学くらいしかありません(Ma et al. 2018, 68)。しかも専攻学生における女性比率が哲学ではまったく変わらずにいる期間のあいだに、ほかの分野での女性比率は増加してきています（Crasnow 2009, 9)。初めからこんなふうであるわけではありません。入門的な哲学の授業に登録する学生を見ると、そのうち女の子はだいたい半数になるのですが、入門コースと専攻決定のあいだで女の子の参加がはっきりと減少してしまうということがわかっています（Thompson 2017, 2)。専門職のレベルに目を向けると、英国哲学会は教授職中の女性の比率を一九％と見積もっています（Latham 2018, 132）。アメリカ哲学協会（APA）は二〇一一年において教授のうちたった二一％しか女性ではなかったと述べており（Ma et al. 2018）、APA東部支部の前会長であるサリー・ハスランガーは、データの収集がそもそも足りていないと述べています。

（2）どのような遺伝的な変異がありうるのか、そしてその現代における事例はどのようなものなのかを簡潔に論じたものとしては、世界保健機構が遺伝学とジェンダーについてまとめた資料をご覧ください。https://www.who.int/genomics/gender/en/index1.html.〔二〇二四年一月現在はリンク切れ〕

（3）Antony (2012).

（4）Latham (2018, 143).

[訳注]

＊1 主に女性への応援のための声かけとして使われる。

＊2 #likeagirlは米国P&G社が始めたキャンペーンであり、このハッシュタグとともに女の子が力いっぱい体を動かす様子を撮影した動画を広め、世間で言う「女の子らしさ」のステレオタイプがいかに偏っているかをあらわにする試みだ。ガール・パワーは女の子や若い女性が自らの足で立って発揮する力であり、しばしば女性同士の連帯の言葉として用いられる。ゲリラ・ガールズは一九八五年にニューヨークで結成されたアーティスト集団であり、美術業界にはびこる性差別や人種差別に反旗を翻した。エイミー・ポーラーはアメリカ合衆国の俳優・映画監督であり、『俺たちフィギュアスケーター』の出演や、『モキシー〜私たちのムーヴメント〜』の監督・出演で知られる。そのポーラーが始めたウェブサイトがスマート・ガールズであり、そこでは若い女性が日常で遭遇するさまざまな事柄に関わる情報が幅広く集められている（https://amysmartgirls.com/）。「女の子みたいなプレイ」は、従来はプレイがうまくないことを指して使われる言葉であったが、二〇一五年FIFA

女子ワールドカップで女子サッカーアメリカ代表チームが活躍の末に優勝したときに、「女の子みたいなプレイ」の意味を変える出来事として話題になった。

*3 インターセックスとは性染色体や外性器、内性器などが典型的な女性と典型的な男性のいずれとも異なるひと、ないしそうしたありかたを表す言葉である。それと関連する医療上の用語として「性分化疾患（DSD）」があり、「インターセックス」よりこちらの名称を自身の記述として好む当事者もいる。詳しくは石田仁『はじめて学ぶLGBT 基礎からトレンドまで』（ナツメ社、二〇一九年）などを参照してほしい。

*4 単に「クィア」と言われる場合には、「女性は男性を愛し、男性は女性を愛するもの」という異性愛規範や「性別には女性と男性しかなく、しかもそれは出生時に体の形状を見て医師などが判定する性別と必ず対応する」というシスジェンダー規範の外に置かれる人々が、自分たちを総称する言葉として用いられている。ただここではジェンダーに関するアイデンティティとして言及されているので、特に「ジェンダークィア」を指しているものと思われる。「ジェンダークィア」は、女性か男性かという二者択一に適合しないノンバイナリーなアイデンティティのありかたを幅広く包括する言葉である。

「アンドロジナス」はもともと「両性具有」と訳され、しばしばインターセックスやDSDの人々の身体的特徴を（しばしば偏見を込めて）語るのに用いられてきた言葉だが、英語圏ではこの言葉を身体的特徴ではなくジェンダーに関するアイデンティティのありかたやのひとつとして用いる人々もいる。これもまた、ノンバイナリーなアイデンティティのひとつに位置づけられる。

トランスジェンダーは出生時に分類された性別とは異なる性別で暮らす、あるいはそのように暮らすことを志向するさまざまな人々を包括する言葉で、そのなかには出生時には男性と見なされたが女性として生きる（生きようとする）トランス女性や、逆に出生時には女性と見なされたが男性として生きる（生きようとする）トランス男性のように、女性か男性かという二者択一的なジェンダー観のうちに収まるようなひとたちもいるが、他方でさまざまなノンバイナリー・アイデンティティを持つ人々も含まれる。

クィアやトランスジェンダーについても、詳しくは石田仁『はじめて学ぶLGBT 基礎からトレンドまで』（ナツメ社、二〇一九年）などを参照してほしい。

*5 アイデンティティとは、ひとが主に青年期を通じて「自分は何者なのか」という問いへの答えを見つけようとしていくなかで獲得していくものだが、ジェンダー・アイデンティティは特に性別に関わるアイデンティティを指す。生まれたときに分類された性別に合致したジェンダー・アイデンティティを獲得していったひとはシスジェンダーと呼ばれる。獲得されたジェンダー・アイデンティティが生まれたときの分類と合致しなかったり、あるいはそもそもジェンダー・アイデンティティの獲得がうまくいかなかったりし

た場合などに生じる不整合の感覚は「性別違和」と呼ばれ、トランスジェンダーの人々がしばしば経験する。「gender identity」という訳語は「性自認」と訳されることが多く、まれに「性同一性」とも訳されているが、ここでは「アイデンティティ」をほかの箇所でも用いているため、カタカナで訳すことにした。ジェンダー・アイデンティティについて詳しく知りたいひとは、佐々木掌子『トランスジェンダーの心理学』（晃洋書房、二〇一七年）を読んでみてほしい。

*6 複数の気象条件が珍しい仕方で組み合わさった結果としてとてつもない嵐が起きることを指す。転じて、複数の要因が重なった結果として最悪の事態が起きることを「パーフェクト・ストーム」と言うようになった。

*7 何らかの社会集団に対して抱いている無自覚の偏見や思い込みが、知らないうちにそのひとの行動や態度に影響を与える現象。「無意識のバイアス」とも言う。具体例を含めた詳しい解説としては、ジェニファー・エヴァーハート『無意識のバイアス』（山岡希美訳、明石書店、二〇二〇年）がある。

*8 ステレオタイプとは、特定の集団に対して広まっている先入観や型にはまった理解のことを指す。そのなかには、「女性は数学が苦手」のようなネガティブな内容を伴ったものがある。ステレオタイプ脅威とは、否定的なステレオタイプが向けられている集団のメンバーが、そのステレオタイプを補強するような振る舞いを自分がしてしまわないかと意識した結果として、パフォーマンスが低下し、実際にそのステレオタイプに合致した結果をもたらしてしまう現象を指す。例えば、「女性は数学が苦手」というステレオタイプを意識し、そのことで不安が生じて認知的なリソースを奪われ、数学のテストで悪い成績を収めてしまう、といった場合にステレオタイプ脅威が生じていると記述される。詳しくはクロード・スティール『ステレオタイプの科学』（藤原朝子訳、英治出版、二〇二〇年）が参考になる。

*9 一九四二年にJ・ハワード・ミラーがウェスティングハウス・エレクトリック社のために制作した「We Can Do It!」というポスターがある。このポスターに描かれた女性が一九八〇年代以降にフェミニズムにおける一種のアイコンとして受け入れられるようになり、「リベット打ちのロージー」と呼ばれるようになった。このポスターについては、国立アメリカ歴史博物館のサイトでも見ることができる。（https://americanhistory.si.edu/collections/search/object/nmah_538122）

*10 古代ギリシャの哲学者ソクラテスは、異端の神々を信じて若者を堕落させたという罪状で公開裁判にかけられ、処刑された。そしてその死の直前に、「吟味のない人生は生きるに値しない」と語ったという。ここではこのソクラテスのエピソードを想起させる言葉として「吟味を重ねる人生」が用いられている。ソクラテスのこのエピソードについては、プラトンの『ソクラテスの弁明』を読んでみてほしい。現在だと納富信留訳の光文社古典新訳文庫版などが手に入

れやすいだろう。

*11 アラクネーとアリアドネーはともにギリシャ神話に登場する人物。アラクネーは織物の名手であり、アテナに織物の勝負を挑み、その驕りを諭され憤死し、のちにアテナの力でクモの姿に変化させられた。アリアドネーはクレタ島のミノス王の娘であるが、英雄テセウスがミノタウロス退治のために迷宮に挑む際に糸を渡し、入り口に結びつけた糸をたどって迷宮を脱出するよう助言した。アラクネーについてはオウィディウスの『変身物語』(高橋宏幸訳、京都大学出版会、二〇一九年)、アリアドネーについてはアポロドートスの『ギリシア神話』(高津春繁訳、岩波文庫、一九七八年)やオウィディウスの『ヘーローイデス』(高橋宏幸訳、平凡社ライブラリー、二〇二〇年)に詳しい。

*12 ペルセポネーはギリシャ神話の女神であり、ゼウスの娘。冥界の王ハデスに連れ去られその妻となった。カサンドラはギリシャ神話に登場するトロイの王女であり、予言の力を授かったにもかかわらずその予言を誰にも信用されなかったとされる。ヴィーナスはローマ神話の女神だが、ローマがギリシャの文化を取り入れるなかでギリシャ神話の女神アフロディーテと同一視されるようになった。アフロディーテは多くの愛人を持ったとされる。ヤエルは旧約聖書の士師記に登場する人物で、カナンの将軍シセラをかくまうふりをして殺害したとされる。メドゥーサはギリシャ神話に登場するゴルゴン三姉妹のひとりで、頭髪の一本一本が毒蛇となっており、見たものを石に変えるとされる。

*13 古代ギリシャ劇での合唱隊。いまの場面の状況や舞台上の人物の心理を歌にして観客に伝えた。ここでは読者であるあなたがこの哲学という舞台の主演であり、執筆者たちはあなたの声を聞き、広く響かせるためにいるのだと伝えているのだろう。むろん訳者たちもまた、この本を日本語で読むあなたのための合唱隊《コロス》だ。

［参考文献］

Antony, Louise. 2012. “Different Voices or Perfect Storm: What Are There So Few Women in Philosophy?” *Journal of Social Philosophy* 43, no. 3 (Fall): 227–255.

Crasnow, Sharon. 2009. “Women in the Profession: The Persistence of Absence.” *The APA Newsletter on Feminism and Philosophy* 9, no. 1 (Fall): 8–10.

Dodds, Susan, and Eliza Goddard. 2013. “Not Just a Pipeline Problem.” In *Women in Philosophy: What Needs to Change?*, edited by Katrina Hutchinson and Fiona Jenkins, 143–163. New York: Oxford University Press.

Garry, Ann. 2009. “What Is on Women Philosophers’ Minds?” *The APA Newsletter on Feminism and Philosophy* 9, no. 1 (Fall): 4–7.

Goguen, Stacey. 2018. “Is Asking What Women Want the Right Question? Underrepresentation in Philosophy and Gender Differences in Interests.” *Dialogue* 57, no. 2: 409–441.

Haslanger, Sally. 2013. “Women in Philosophy? Do the Math,” *New York Times*, September 2, https://opinionator.blogs.nytimes.com/2013/09/02/women-in-philosophy-do-the-math/.

Hutchinson, Katrina, and Fiona Jenkins. 2013. *Women in Philosophy: What Needs to Change?* New York: Oxford University Press.

Holland, Nancy J. 2014. "Humility and Feminist Philosophy." *The APA Newsletter on Feminism and Philosophy* 13, no. 2 (Spring): 18–22.

Latham, Sally. 2018. "It's Not Brains or Personality So It Must Be Looks: Why Women Give up on Philosophy." *Think* 48, no. 17 (Spring): 131–143.

Leuschner, Anna. 2015. "Social Exclusion on Academia through Biases in Methodological Quality Evaluation: On the Situation of Women in Science and Philosophy." *Studies in History and Philosophy of Science* 54, December: 56–63.

Ma, Debbie, Clennie Webster, Nanae Tachibe, and Robert Gressis. 2018. "21% versus 79%: Explaining Philosophy's Gender Disparities with Stereotyping and Identification." *Philosophical Psychology* 31, no. 1: 68–88.

Rooney, Phyllis. 2014. "An Ambivalent Ally: On Philosophical Argumentation and Diversity." *The APA Newsletter on Feminism and Philosophy* 13 no. 2 (Spring): 36– 42.

Schouten, Gina. 2015. "The Stereotype Threat Hypothesis: An Assessment from the Philosopher's Armchair, for the Philosopher's Classroom." *Hypatia* 30, no. 2 (Spring): 450–466.

Schouten, Gina. 2016. "Philosophy in Schools: Can Early Exposure Help Solve Philosophy's Gender Problem?" *Hypatia* 31, no. 2 (Spring): 275–292.

Thompson, Morgan. 2017. "Explanations of the Gender Gap in Philosophy." Philosophy Compass 12, no. 3: 1–12.

World Health Organization. n.d. "Gender and Genetics," accessed September 13, 2018. https://www.who.int/genomics/gender/en/index1.
html.

第I部

自己

第1章

アイデンティティ（同一性）——世界内存在と生成

ミーナ・ダンダ
酒井麻依子 訳

テセウスの船は船板の修理が必要になるにつれて、ひとつまたひとつと部品ごとに取り替えられていったが、やがてもはや元の船の部品を一つも残していないところにまでなった。それならば、これはまだ同じ船なのだろうか。もし廃棄された部品を使って新しい船を作ったなら、仮にどちらかが本物のテセウスの船なのだとして、それは二隻のうちどちらなのだろうか。

時間を跨いだ同一性《アイデンティティ》のこの有名な逆説についての言説は、古代の著述家であるプルタルコス（四五–一二〇）が記したもので、トマス・ホッブズ（一五八八–一六七九）が発展させ、映画『テセウスの船』（二〇一三年）[*1]のエピローグになりました。エピローグの中では人間の隠喩として船が登場してはいるものの、その映画が人間を主題にしていることからして、この逆説は私たちに、一人の人間のアイデンティティを安定させているものについて考えることを要求します。その映画は三人の人物の物語を描いており、それらの物語の間のつながりは最後になって初めて明かされます。その物語はそれぞれ、盲目の写真家アリヤ、ジャイナ教の僧メイトリヤ、株式仲買人ナヴィンという、主にインドで活動する三人を取り上げたものとなっています。

アイデンティティの謎をめぐる道を歩んでいくにあたって、まずはこの三人の物語に触れていくことにしましょう。そのうえで、「アイデンティティにおいて何が重要なのか」という問いに対する客観的な答えを見出すために、分析哲学という流派において提示された身体の同一性問題[1]について議論し、この流派内部でなされたさまざまな批判[2]を検討することにしましょう。次に、ヨーロッパ大陸での哲学の流派から身体的存在というまったく別の見方[3]を提示し、この見方を現代のフェミニスト哲学者たち[4]が活用して女性の身体的アイデンティティとでもいうべきものを解き明かそうとするさまについて論じます。ヨーロッパ大陸の哲学流派では、しばしばアイデンティティを世界内存在とは何かという問題の立て方によって取り上げてきました。したがって、映画の三人の物語を参照しつつ、我々は次のように問いましょう。もし生きられる身体がアイデンティティの軸であるというならば、どのような変化ならば、その人のアイデンティティが脅かされることのない形で、経験されうるのでしょうか。

三つの物語

最初に描かれるのはアリヤの物語で、アリヤは角膜感染症で視力を失った後で写真を撮り始めました。

彼女は音を頼りに写真の被写体を見つけ出し、スキャンした対象の色彩について「話す」携帯型色認識装置といったものを用います。カーテンは鮮やかなオレンジと黄色、彼女がふざけて色認識装置で触るおばの着ているサリーは赤です。パートナーのオーランドは時々、彼女が撮った写真の中に何が写っているかを解説します。二人は一緒に写真を編集します。口論をすることもあります。彼女は「自分自身のアートに関する意見だとか自信だとかを、私は他の人が言うことから引き出さなくてはならない」とこぼします。しかし、彼女は視覚の欠如を自分のアートにとっての制限とはみなしていません。

角膜移植の後、アリヤの視覚は回復します。彼女が以前よりも優れた写真家になったものと期待する人もいるかもしれませんが、実際にはそうはなりませんでした。ありていに言って、彼女の写真は凡庸なものになったのでした。彼女はもはや被写体の本質を捉えていないのです。優れた写真家であったかつての自分に戻るために、彼女は目隠しを用いるようになり、そのようにして目が見えないことによる芸術的才能を取り戻し、その成果を、より望ましいものと見なします。彼女はもう一度自分自身になったのです。

二つ目はメイトリヤの物語であり、メイトリヤは動物実験に反対する裁判を争っているジャイナ教(5)の僧侶です。その物語は、慌ただしい高等裁判所の廊下から始まります。そこでは、絶え間ない雑踏の中で、一匹のムカデが重いブーツに踏み潰されまいとしています。そこにメイトリヤがやってきて、そのムカデを裁判資料の上に乗せてブーツを履いた足が行きかう場所から救い出し、踏みつぶされないです む緑の葉っぱの安全地帯に移します。

メイトリヤは肝硬変の診断を受けており、肝臓移植を受けなければ命が危ない状態にあります。そして自分の置かれたこうした状況をどうにかしたければ、自らの指針である思いやりという基本原理を諦めて、動物の「拷問」を経てつくられてきた医薬品を消費しなければならなくなってしまっています。自分に処方される医薬品がどれもこれも、動物実験を取りやめる誓約もしておらず、したがって動物の拷問を取りやめる誓約もしていないような会社がつくったものであるために、彼は治療を拒否します。こうして彼の容態は劇的に悪化するのですが、彼が自分への誠実さ《インテグリティ》を生きるという英雄的な決心をしていたにもかかわらず、死に直面したときには、自分の身を犠牲にしようとする彼を、彼の身体が押しとどめてしまいます。最後には彼も移植を受けることに同意します。

　三つ目は、株式仲買人で腎臓移植のレシピエントであるナヴィンの物語です。彼はたまたまシャンカールという貧困労働者に出会うのですが、シャンカールは腎臓を片方盗まれています。最初はパニックになったものの、盗まれたのは自分が移植された腎臓ではないと知って、ナヴィンはすぐに安堵します。しかし違法な腎臓移植をめぐる謎めいたドラマに巻き込まれ、彼はシャンカールに同情し、この貧しい男が腎臓泥棒を見つける手助けをしようと決意することになります。調査によって、ナヴィンはストックホルムの老人の家へと行き着きます。自分にシャンカールの盗まれた腎臓が移植されているという事実を突きつけられ、この老人はこのように訴えます。「もしかしたら、私の家族は、それが盗まれた腎臓であると知らせないことで、私が苦しまないで済むようにしていたのかもしれない。もしかしたら病院側はクライアントを失うと思ったのかもしれない。でも、もし仮に、腎臓が誰かから盗まれたものであると告げられていたとしても、私に何ができたというのだ」。ナヴィンは老人がシャンカールの腎臓を返すことを正義のために求めているのですが、老人はお金で解決します。シャンカールは、法廷闘争に巻き込まれたくなかったため、そのお金を法廷外の補償金として受け取ることに同意します。ナヴィンは自分が正しい側であるという確信のもとで「あなたの腎臓を取り戻そう〔…〕。正義を実現するのだ」と主張します。スラム街の狭い壁に挟まれて、シャンカールは嘆きます。「腎臓をどうしろって言うんだ？〔闇〕市場で腎臓は三万、彼は俺に六十五万くれた。放っておいてくれ。月々の支払いがようやく安定するようになってきたんだ。どうしてあんたはかき回すんだ」。

この物語は自分への誠実さ《インテグリティ》についての二つの考え方の間の溝を示しています。簡単にお金を稼ぐことができるナヴィンにとって、つまりは「正義とは過ちに対する埋め合わせだ」という正義についての自分の狭い考え方を譲らなくて済むだけの金銭的な余裕があるこの株式仲買人にとっては、自分への誠実さというのはある一つのことを意味します。あからさまに不正なところのある会社と取引するときに、はたしてナヴィンはどのようにして正義を守れているのかと、首をかしげたくもなります。実際、社会主義者である彼の祖母は、映画の中ではじめに、彼が株式仲買人という職業を選んだことをたしなめています。こうした特権的な背景と、政治に踏み込むまでもなく権力の諸構造とうまくやってきた経験からして、彼の自分への誠実さについての考え方は、腎臓を取り戻すためにすべてをかけるということであって、それゆえに彼はシャンカールがおこなった実利的な選択に共感することができないのです。現実に合法的な取引でその腎臓が売られていたとすれば、ナヴィンはそこになんら誤りを見出さなかったことでしょう。同意なく腎臓が取られたからこそ、彼にとってそれは不正になるのです。不安定な生活をするシャンカールにとっての自分への誠実さは、正義を追求するというナヴィンの考え方、つまりシャンカールにとって非常に難儀な道とはつながりません。もし自分に誠実であることが自分自身に嘘をつかないことであるとするならば、ナヴィンの特権的な観点からすると、シャンカールの自分への誠実さは損なわれていることになります。しかし、シャンカールが生きる現実という観点からすれば、彼の選択は合理的なものであり、現実的に彼が取りうる選択肢を考慮したうえでのものとなっています。メイトリヤの物語において、訴訟事件というのは判決が出ないまま長引くものであって、違犯者というのは裁かれないものとなっています。シャンカールにとって、実現しない「正義」を追求するのは無益なことです。実りのない骨の折れる法廷闘争に関わり合いになる代わりに、シャンカールは、さまざまな力を奪われて過ごしてきた自分の人生の残りを、ちょっとした財政的保障と共に送ることを選びます。彼の人間としての全体性、彼のアイデンティティは、彼が何を選ぼうが脅かされています。腎臓の盗難について責任を負う人物から法廷外の補償金を受け取ることで、シャンカールは、そうしないよりも生きていきやすくなるような選択をしたのです。

この映画の終盤で、アリヤ、メイトリヤ、ナヴィンという三人の主人公たちが、洞窟探検家であった一人のドナーの体を通して互いに結びついていることがわかります。三人は、洞窟探検の最中に頭部の怪我で亡くなった一人の男性の体の一部を受け取った、年齢もエスニシティもジェンダーもばらばらな幸運な八人の中にいたのでした。(6)

人格的同一性《アイデンティティ》と身体的同一性《アイデンティティ》

映画の展開をもとに、一人の人物の同一性《アイデンティティ》の本性についていくつかの疑問を呈することができます。

もし身体の部分が変化した場合、それは以前と同じ身体なのでしょうか？　そして、もしそれが同じ身体ではないのならば、それは同じ人物でありうるのでしょうか？　アリヤの人生は、彼女が視覚を失ってから著しく変化しました。はたしてアリヤはたくさんの身体的変形を経てもなお同じ人物であり続けるのかと私たちは頭を悩ませることもできます。もしかするとアリヤは視覚を失ったとき、別の人間になったのかもしれません。彼女が視覚を回復したとき、彼女は視覚を失う前と同じ人物に戻ったのでしょうか、それともいずれとも違う新たな人物になったのでしょうか。色を「見る」ために携帯型色認識装置を用いる盲目の写真家アリヤは、視覚が回復した後のアリヤと同じアリヤなのでしょうか。この疑問への一つの答え方は、私たちはアリヤに対して起こった変化を描写しているのだから、アリヤはこれらの著しい変化を被った同じ一人の人物である、というものです。さらに、アリヤが変化以前の自分の状態のことを覚えており、彼女の以前の写真を自分の写真として見返す以上は、彼女は同一人物であり続けているに違いないと言うこともできます。しかし、我々は「彼女は自分を同じ自分として理解しているのか」と問うこともできます。

　メイトリヤの物語は、同一性《アイデンティティ》の本質とは何かという疑問に、規範という側面から光を当てます。メイトリヤは、医療処置を受け入れ、それによって動物に対する暴力から利益を得るようになった後でも、以前と同じ、動物を苦痛から守ることにかつて自分の人生を捧げていたジャイナ教の僧侶なのでしょうか。映画の終盤で、私たちは彼が、ジャイナ教の托鉢僧の格好ではなく、普通の服を着ているのを見ることになりますが、これは、この疑問に対して彼が否という答えを出したことをほのめかしています。

　ナヴィンの物語は、人の身体部位の所有権と取引についての物語です。私たちが人格の同一性《アイデンティティ》を、身体は単なる所有物でしかないというかたちで考えるのであれば、私たちが「所有する」他のものと同じように、身体部位は同一性を損なうことなく交換できるというふうに見えます。このような同一性についての考え方は、身体部位の売却ではなく、身体部位の使用権の売却が問題であるような場合に特に用いられるようなものです。

ジョン・ロック以降の分析哲学者もまた、人格の同一性《アイデンティティ》についての疑問を提起し、それに答えてきましたが、部分と全体という話によってではなく、記憶がどこまで及ぶかという観点からそうしてきました。ロックは人格を「理性と反省能力を持ち、異なる時間と場所において、自分自身を同じ思考するものとしてみなすことができる、思考する知的な存在者」[7]として定義しました。ロックのこのような観点は、同一性の「記憶にもとづく基準」[8]を提供するものとみなされています。靴職人と王子の魂の入れ替わりを想像しつつ、ロックは、身体と魂が結びついて生じるヒトというものについては、身体がその同一性において役割を果たすことを認めますが、そのようにして生じる人格のほうに関しては、身体はその同一性に役割を果たしていないとしました。

それ以外には、根本的で、人生が一変するような変化が起きたときに何が生じるかということを記述しようとしてきた哲学者たちがいます。彼らは、同一性を担っているのは記憶や意識ではないとして、むしろ身体が同じであることと記憶とが一緒になって、人格の同一性を規定しているのだと提唱します。「これこそ、時間を跨いで一人の人格を同じその人にしているものだ」という私たちの信念は、ある人格における身体と心から成る複合物に極端な変化が生じたときに、吟味の対象となります。キャスリーン・ウィルクスはミス・ビーチャムの多重人格の事例を詳細に論じ、次のように結論しています。「多重人格の患者が我々に提示する状況は、関連する事実がすべて出そろっているようなものとなっている［…］。そしてそこにおいて、いったい何を言うべきなのか、何ら明確な合意はないように思われる。人格の概念は、この特有の厄介な課題においては、うまく物事を処理することができない[9]」。彼女は、人格の同一性をめぐるアイデアは、「一つの身体＝一人の人格」であれ、「一つの精神＝一人の人格」であれ、いずれもこの事例によって厳しい状況に置かれてしまうことを示しました。その患者の治療にあたっていた精神科医は、目の前に現れる交代人格に感情移入することができたし、それゆえに人格は単一ではなく複数だとする主張を支持していたのですが、彼はそれでも、自分が手を伸ばし助けるべき本物のミス・ビーチャムはどれなのかを特定することに苦心していました[10]。

　複雑な脳状態に関する医学的知識もまた同一性《アイデンティティ》についての疑問を提起してきました。例えば、脳梁離断術を受けたてんかん患者に対する実験の数々は、一つの身体の中に意識の中心が二つ存在する可能性を明らかにしました。その実験のセッティングにおいて、患者の左手は右手のやっていることをまさに文字通り知らなかったのです[11]。認知的に健常に統合された人であればいま抱いている目標を目指す一つの生物として調和的な仕方で振る舞うと予想されるのに対して、その分離脳のてんかん患者は、しばしば互いに対立する、一つの体に入った二人の人として振る舞っているように見えたのでした。

　同一性《アイデンティティ》に対してロックが与えた「記憶にもとづく基準」は、二〇世紀においてバーナード・ウィリアムズによって異議を唱えられました。ウィリアムズは想像上のさまざまな事例を挙げ、ロックとは別のやり方で、そこで起こっていそうなことを記述する方法を提示しています。例えば、魔術師が超自然的な力による取り換えを施した後で、皇帝は小作人の記憶を持った状態で目覚め、そして小作人は皇帝の記憶を持った状態で目覚めたとしましょう。ロックによる記憶にもとづく基準を用いると、人格は記憶のあるところにある、ということになります。ロックとは違う仕方で語られるウィリアムズの記述においては、人格の同一性にとって身体の同一性は必要不可欠だとされていて、それによると、人格は身体があるところにあるのだ、ということになります。ロックの考えに賛同する人々は、小作人は皇帝の体で目覚めたのであり、皇帝は小作人の身体で目覚めたのだと言うでしょう。しかし、ウィリアムズは取り換えの物語をもっともらしいものにする前提が首尾一貫しているだろうか、と疑問視します。その前提とは、我々は「人のパーソナリティをその人の身体から区別することができる」というものです。彼は、あるパーソナリティを表現するような声や、顔の特徴や、所作といったものを示せるかどうかは、身体のあり方に制約されていると論じます。

現在、もともと小作人であった者がどれほど皇帝の過去を覚えていると主張しようとも、記憶云々というのよりももっと単純な、もともと皇帝であった者と同じ種類の人格でなければならないという要件を満たすことができないのであれば、入れ替えのトリックは成功したことにはならない。もし彼が皇帝に相応しく微笑むことができなかったとすれば、この要求を満たすことができるだろうか。ましてや、彼がその皇帝の特徴的な微笑みと同じに微笑むことができないのだとすれば、彼は同一の人格でありうるだろうか(12)。

私たちの同一性《アイデンティティ》は私たちの過去にもとづいていてもいいますが、それとともに、私たちが未来においてどういったことを望んだり恐れたりするのが理に適っているかという点にもとづいているところがありそうです。成長というのもまた奇術師のトリックが生み出すものに負けず劣らず魔法のようなもので、そんなふうにして私たちが成長していくなかで私たちに生じる身体的な変化は、ある人が以前と同じ人であるかどうかについての疑問を突きつけることがあります。安定性や信頼性といったものを考えたなら、「意識の持続性（ある人の自己知）こそが人をその人生の道程を通じて同じその人にするものなのだ」というロックの構想に頼るのは、魅惑的ではあります。とはいえ、人は身体的に成長し、発達するにしたがって、物の見方もまた変化させていきます。物の見方という言葉で私が意味しているのは、思想や信念や価値観ではなく、むしろもっと基礎的な「知覚から生じるもの」のことです。子ども時代以来、とても久しぶりに年長のいとこに会うという平凡な体験を考えてみましょう。このいとこは、いつの間にか記憶していたほど大きく見えなくなっています。五フィート三インチ〔約一六〇センチメートル〕の背丈から見た場合と、三フィート五インチ〔約一〇四センチメートル〕の背丈から見た場合とで、世界は違って見えます。同様に、ハンマーのような、子どものときには自分でも手に余ると感じ、周りからも手を触れないように注意されていた対象の数々が、若い成人にとっては簡単に使用できるものとなります。世界についての物の見方の変化に応じて、行為と同一性に新たな可能性が生じるのです。

世界内存在[*2]と身体図式

人格の同一性《アイデンティティ》の問題を、まるでそれが複合的な対象、つまり身体＋記憶の同一性という複雑なケースの話であるかのような形で提起してしまうと、同一性の概念を適用する際の数々の問題に行き着くことになります。これは多重人格をめぐるウィルクスの議論によって、そして小作人と皇帝の思考実験によって示唆されることです。いずれの事例においても、誰が「本物の」ミス・ビーチャムかを、あるいは誰が「本物の」皇帝かを決定するのは、難しいことです。人間の同一性についてのもっとずっと納得のいく説明が見つかるのは、もうひとつの西洋哲学の流派において、つまりは、「大陸」哲学という呼び名を、ただただこのやり方で哲学をする哲学者たちの地理的な場所（例えば、フランス、ドイツ、イタリア）を理由に与えられている流派においてです。この流派では、人間の同一性に関する共通の疑問が、根本的に別の仕方で概念化されています。

ヨーロッパ大陸哲学の流派において、決定的な転回は人間の存在論的立場についての疑問——我々の言葉で言えば、ホモ・サピエンスであるという立場についての疑問——に答えるなかで生じました。この流派において、人間の同一性《アイデンティティ》は身体的存在を軸にしており、身体的存在は表現とコミュニケーションを含むものとして広く理解された行為の空間に常に巻き込まれています。人間は感覚を持つ存在であるだけではなく、常に行為する存在なのです。大陸哲学の流派において身体の概念化についてなされた主張のうち、もっとも明快なものはメルロ＝ポンティによるものでした。彼は、「身体とは世界内存在の媒質であり、身体を持つことは、ある生物にとって、一定の環境に適合し、いくつかの企てと一体となり、そこに絶えず自己を参加させていくことである」(13)と述べています。メルロ＝ポンティは世界内存在を「前客観的な展望」であるとしています。このことが第一に意味しているのは、私たちの意識が私たちの身体から切り離せるものではないということであり、私たちの意識が、世界という、意識をその一部として含んでいるものに先立つとでもいうようなかたちで、すでに与えられているわけでもない、ということです。むしろ、意識は世界との我々の関わりを通して構成されるのです。メルロ＝ポンティの言葉が第二に意味するのは、私たちがここで述べられているような没入から身を引いて、身体と世界の間の関係を反省するとき、私たちは世界をしっかりと捉え続けることができなくなってしまうだろう、ということです。習慣的で日常的な世界内存在は意識の働きではなく、むしろ世界内存在とは「〈心的〉なものと〈生理学的〉なものの合一に作用する[14]」ことができるものなのです。

身体が世界内存在することを説明するために使われる便利な概念のひとつが「身体図式」（ボディイメージと混同しないようにしましょう）です。身体図式というのは、認知云々以前の段階で私が自分自身の生きられる身体を熟知しているというあり方のことです。私の身体図式は私に、世界の中で行動するノウハウを与えてくれます。例えば、私の身体図式は私にどのくらいの水たまりなら飛び越えられるかを教えてくれるし、どのくらいの重さのスーツケースなら持ち上げられるか、ある特定の状況で私が怒りの波をうまく鎮めることができるかどうか、あるいは爆笑をどのくらいしっかりと我慢できるかということも教えてくれます。身体の「分割のきかない所有」は身体図式によって与えられるのですが、とはいえこの身体図式というのはダイナミックなものなのであって、つまりは「私の身体は特定の現実的なあるいは可能的なタスクに対する一つの態度として私に現れる[15]」ということになります。私が階段を一段のぼるために自分の足を持ち上げるとき、私の身体はすでに、そのタスクを完遂するために必要な筋収縮をするべく調整されています。私が歳をとるにつれて（あるいは私が病気になったときには）、この同じタスクに対しても、それを無反省に完遂するための私の能力は働きを妨げられることになるでしょう。時間をかけて、私の身体図式は、私の新たな脆さにダイナミックに順応するのでなくてはなりません。私たちは身体図式が持つこうした柔軟性を、病気や怪我のときに体験することができます。例えば、足を挫いたなら、身体図式がかき乱されることになるので、私は普通に階段をのぼるときに要していた労力を再調整しなくてはならなくなります。

身体的アイデンティティの種類

二〇世紀の大陸哲学における中心的なフェミニスト哲学者シモーヌ・ド・ボーヴォワールは「世界内に現存することは、世界内の物質的なものであると同時に世界に対する一視点であるような身体が存在するということを厳密に意味している[16]」と述べています。人間は世界への一つの視点を持っており、それがその人の行動の空間となっています。つまり、視点は常にある位置からのものであり、常に限界を持っており、ときには移行することもあるような地平に囲まれています。その身体が操作可能な対象からなる世界に目的意識を持って向けられるとき、身体はある態度を持つことになり、つまりは行為する準備をおこなうことになります（運動的な志向性）。それとは対照的に、身体が単なる対象に還元されるとき、その態度は変貌させられ、その運動的志向性は抑制されるのです。

アイリス・マリオン・ヤングはメルロ゠ポンティとボーヴォワールを近接させ、女性の身体行動に関するある見方を考案しました。彼女は、女性にとっての可能性は、特定のタイプの身体を持っていることそのものによってではなく、身体がある仕方で使用されることによって限定されているのだと明らかにします[17]。ボールを投げるときの幼い女の子たちの身体の使いかたと幼い男の子たちの力いっぱいの身体の使いかたを照らし合わせた観察結果が報告されているのですが、ヤングはこの結果をもとに、女の子たちが自分の身体的な能力を信頼できないがゆえに動きを妨げられていると述べます。また失敗の怖れによっても、女の子たちは「抑制された志向性」とともに成長することを余儀なくされます。彼女らは、世界内に自分を投企するために力のすべてを使いません。彼女らは傷つけられることへの怖れから、防御的になることを身につけます。なぜなら彼女らは自分たちがか弱いということを信じるように社会化されるからです。彼女は「女性はしばしば、おずおずと、心もとなく、ためらいがちに、事物との身体を介した交流に臨む。たいていの場合、自分の体が自分をきちんと目標に連れて行ってくれるかという点に関して、私たちは全幅の信頼を持てずにいる[18]」。たいていはこうなるからと言って、全員がそうだというわけではありません。他の人たちの援助があれば、人々は与えられたものを超える世界内存在のあり方を編み出すことができるのです。

例の映画において、アリヤの目が見えないとしても、それによってアリヤの自己実現、つまり彼女の世界内存在の発現の可能性が閉ざされはしないということを見ました。彼女の身体図式は、彼女が写真を撮ろうと選んだ被写体の本質を捉えるように適応しています。実際には、彼女の方向感覚を奪い、彼女が慣れ親しんだ地平の置き方を彼女が自らの製作をおこなえない程にまで歪めてしまったのは、視覚の回復のほうなのです。さらに、アリヤは盲目の女性であったために、自分を見るまなざしを彼女が見ることはありません。彼女は自分自身が見られることで消耗させられたり、抑制されたりすることがなかったのであり、そのことは彼女の場合には、解放へとつながっていました。別の事例をあげると、ヒジャブを被る女性は、見られることなく見るというその力を、解放的なものとして語ることがあります[19]。アリヤが特権的な生い立ちであること、それもあって、視覚の欠如というすぐにそれとわかる「制限」を持つにもかかわらず、自分の職業上の専門的な技術について自信を高めることができたことは、指摘しておかなければなりません。物質的に貧しい社会環境の場合、盲目の女の子は攻撃される恐怖のうちで生活しています。ジェンダー化された地平は階級によって異なる響きを持ちます。裕福な女の子たちにとって容易に入手可能ないくつかのアイデンティティは、貧しい女の子たちにとっては手の届かないところにあるのです。社会的および経済的な規範が女の子たちや女性たちを制限する仕方はさまざまであって、その特定の位置で自分が得た生きられる経験に基づいて、女性たちは自分のいろいろなアイデンティティをさまざまな仕方でうまく処理したりもするのです[20]。

哲学者のリンダ・アルコフ[21]は、地平が「どのようにある人の世界の経験の仕方に、そしてその人の知覚と解釈に影響するか」について注意深く説明しています。「地平には完成形がなく、絶えず運動している。そして私たちの地平の諸側面は、不可避的に集団に関わっており、つまりはある社会的アイデンティティのメンバー間で共有されている。[…]私たちは地平というものが具体的な状況に埋め込まれているということを、物質的で身体的に状況づけられていることとして理解せねばならないのであって、単に精神には特定の観点があるといった風に、あるいはイデオロギー的に状況づけられていることとして理解してはならない[22]」。社会的アイデンティティを分析するために、私たちは身体が持つ役割や身体の「可視的なアイデンティティ」が持つ役割に注意を払わなければならない、とアルコフは述べます。身体化された状況性は、アリヤとメイトリヤによるアイデンティティの選択を理解するために有用な考え方でしょう。

私たちの身体的アイデンティティはありとあらゆる種類の社会的な規範化の影響下にあります。キャスリーン・レノンはそのような規範化の例を挙げています。「縮毛矯正、青いカラーコンタクトレンズ、鼻と唇の整形手術は、そこにおいて私たちの身体の物質的な形が社会的な理想に合わせて整えられるという実践であり、その社会的な理想は、特定の種類の身体、たいていは白人で常に健常な身体が占めている特権的な地位を反映している[23]」。しかし、自分の身体を念入りに形づくることもまた、いわゆる自然なものの所与性に対する反逆でありうる、ということも指摘しておきましょう。ダナ・ハラウェイは三十年前の「サイボーグ宣言」において、いち早く「人間対動物」、「動物対機械」という二分法に疑義を突きつけました。アリヤは盲目の写真家として、自分に見えない対象の色を音声で知らせてくれる携帯デバイスを使っており、そして彼女のカメラは必要な情報をアナウンスして、彼女が「事物の本質」を捉えられるようにしてくれます。彼女の身体的存在はサイボーグと見なすことができます。彼女の存在の全体には、彼女が制作のために頼っている機械が含まれており、彼女の作品が彼女を現にこの彼女にしてくれるものなのです。

結論

幅広いさまざまな要因が、アイデンティティをめぐる謎に取り組むときに重要になります。私たちは自分がどのような人生を送るかを決めなくてはなりません。つまりは、どの道を取るか、どの決断をするか、自分が選んだアイデンティティとどのように生きるかといったことを。そうでないとしたら、私たちはこれまでたどってきた道を、新たなアイデンティティのために放棄せねばなりません。自分の置かれた状況に関して私たちが知っていることは、自分にどういった行動が開かれているかという可能性を、私たちがどのように見るかということと固く結びついています。

メイトリヤの物事に対する見方は彼が臨死状態になったときに変化しました。彼が前客観的なものとして持っていた信念は、彼の世界内存在のうちにあったわけですが、その信念は彼が病気のせいでせん妄状態に陥ったときに揺さぶられたのでした。彼は自分の死後にどのような運命が待っているか確信がなくなったのです。この決定的な転機において、魂が存在するのかと熱心な信徒に問われたとき、彼が口にできたのは「わからない」という言葉だけでした。アリヤの物語は、人の世界内存在のあり方は、その人の活動の数々に浸透しており、結びつけられているということを私たちに示してくれます。彼女は、視力が回復したときに、自分を盲目の写真家として見るような外側からの視点を獲得しました。けれどそのとき、彼女はただ写真を撮るというのをやめ、代わりに自分がどのように写真を撮っているかを考え始めます。盲目の写真家という習慣化された存在としての彼女の以前のあり方は、妨げられることになります。均衡の回復は、彼女が自分自身についての理解を取り戻し、そして最終的に、写真家としての自己アイデンティティすらも手放したことでなされました。ナヴィンの物語は、自分への誠実さをもって生きること、つまり全体性としての人格というアイデンティティにとって重要な要素が、人ごとに異なる意味を持つということを示しています。ことが身体的な完全さ《インテグリティ》〔自分への誠実さ〕を価値づけることに及んだとき、中産階級の理想主義的慈善家と彼が助けようとした貧しい男の間の大きな隔たりがあらわになるのですが、彼の物語はこの隔たりについての批評であると言えます。自分への誠実さとともに生きる最善の方法というものは、どのような選択肢が手元にあるのか、どういった地平のうちでそうした選択肢が生じているかということに結びついています。

家父長的社会において女の子や女性たちは自分の身体に対する信頼を欠くように社会化されているのですが、彼女たちが典型的に送っている生活においては、地平の制約というものがはっきりと現れています。分析哲学という流派においてなされる人格の同一性《アイデンティティ》をめぐる哲学的議論は、身体／記憶の入れ換えという空想的な事例によって煽り立てられていて、私たちが住んでいるこの世界におけるさまざまな身体のあり方という極めて現実的な制約には、注意を払わない傾向があります。これを改める手段は、ヨーロッパ大陸哲学で展開された生きられる身体へのフォーカスが提供してくれるのであり、まさにこの生きられる身体という発想を生産的に使うことによってフェミニスト哲学者たちは身体的アイデンティティの構成に光を当ててきたのです。

［原注］

（1）Williams (1973).

（2）Wilkes (1988).

（3）Merleau-Ponty (1945/1962) ; Beauvoir (1952/1989).

（4）Young (2005); Alcoff (2006).

（5）ジャイナ教徒はマハーヴィーラ（紀元前五〇〇年）の教義の信奉者である。彼らは動物に不必要な苦痛を引き起こすことに反対している。彼らの教えの中には、真理の多面性を尊重するという思想もある。

（6）主人公たちが、最後のシーンでそのただ一人のドナーについての真実を知るとき、幻を現実と思い込んでいる無知な囚人たちのいるプラトンの洞窟の比喩への言及があることは見逃せない。

（7）ロックは、実体と人間と人格〔人格人、人物〕の同一性《アイデンティティ》の間に区別を設けている。人格は彼にとって法廷用語である。「およそ人間が自分自身と呼ぶものを見いだすところには、同じ人格人があると他の人は言えよう、私はそう考える。人格人〔ないし人〕は、行動とその功罪に充当する法廷専門語である。したがって、人格人は、法および幸不幸の可能な知能ある行動者だけに属する。この人格は、ただ意識によってだけ現在の存在を超えて過去のものへ自分自身を拡大する。これによって人格は、現在の行動の場合とまさに同じ根拠で、同じ理由をもって、過去の行動を気にかけ、これに責任をもつようになり、これを自分のものとし、自分自身のせいにする」(Locke 1689)。〔日本語訳、三三二頁〕

（8）さまざまな立場についての要約はVesey (1977)を参照。

（9）Wilkes (1988, 128).

（10）しかしながら、彼〔その医者〕の見方は「ある程度、二〇世紀を迎えようという当時の若い女性がいかにあるべきかという彼の考えかたによって規定されていた」(Wilkes 1988, 125)。このような事例を考慮することからもたらされるのは、それらの事例によって、私たちが持っている人格の同一性（アイデンティティ）という概念がその場に応じて形を変えるものである点がはっきりさせられる、ということであり、それが単に意味論的あるいは論理的な問題ではなく、倫理的、政治的、文化的問題であることが示されるということである。

（11）Vesey (1977).

（12）Williams (1973, 12).

（13）Merleau-Ponty (2006 [1962], 94).〔日本語訳、一四七－一四八頁〕

（14）Ibid., 92.〔日本語訳、一四四頁〕

（15）Ibid., 115.〔日本語訳、一七四頁〕

（16）Beauvoir (1989 [1952], 39).〔日本語訳、四八頁〕

（17）一九八〇年に最初に刊行され、Young (2005, 27-45) に再収録された「Throwing Like a Girl」を参照。

（18）Young (2005, 34).

（19）Dhanda (2008b) を参照。

（20）Dhanda (2008a) は、かつての不可触民がダリット（砕かれた者）としての政治的自己アイデンティティを獲得したときにカーストのアイデンティティがどのように切り抜けられたかを示している。

（21）Alcoff (2006).

（22）Alcoff (2006, 102).

（23）Lennon (2014 [2010]).

［訳注］

＊1 映画『テセウスの船』アーナンド・ガーンディ監督、インド製作。日本では二〇一二年の東京国際映画祭で上映された。

＊2 世界内存在とは、マルティン・ハイデガーが主著『存在と時間』で作り出した言葉であり、人間が単に外的な世界の他の事物から独立した意識として存在するのではなく、さまざまな意味や役割をもつ対象からなる世界と常に有機的な関係を取り結びつつ活動していることを表す。メルロ＝ポンティは、意思を持ち、世界に意味を見出す意識であると同時に、確固とした「私」という人称以前の知覚する身体でもある人間が世界と関わる仕方を表すためにこの言葉を用いている。

［**参考文献**］

Alcoff, Linda. 2006. *Visible Identities: Race, Gender and the Self*. New York: Oxford University Press.

Beauvoir, Simone De. 1989 [1952]. *The Second Sex*. New York : Vintage.〔シモーヌ・ド・ボーヴォワール『［決定版］第二の性（Ⅰ）――事実と神話』『第二の性』を原文で読み直す会、新潮社、二〇〇一年〕

Dhanda, Meena. 2008a. *The Negotiation of Personal Identity*. Saarbrüken: VDM Verlag.

Dhanda, Meena. 2008b. “What Does the Hatred/Fear of the Veil Hide?” *Ethnicity and Inequalities in Health and Social Care* 1, no. 2 (December): 53–57.

Gibert, Paul, and Kathleen Lennon. 2005. *The World, the Flesh and the Subject*. Edinburgh: Edinburgh University Press.

Lennon, Kathleen. 2014 [2010]. “Feminist Perspectives on the Body”. *Stanford Encyclopedia of Philosophy*. https://plato.stanford.edu/entries/feminist-body/.

Locke, John. 1689. *An Essay Concerning Human Understanding*, 2nd edition. Book II, chap. XXVII, “Of Ideas of Identity and Diversity”. Project Gutenberg, https://www.uvm.edu/~lderosse/courses/intro/locke_essay.pdf.〔ジョン・ロック『人間知性論（第二巻）』第二七章「同一性と差異性について」大槻春彦訳、岩波文庫、一九九七年〕

Merleau-Ponty, Maurice. 2006 [1962]. *Phenomenology of Perception*. Translated by Colin Smith from original in French published in 1945. London: Routledge Classics.〔モーリス・メルロ＝ポンティ『知覚の現象学1』竹内芳郎・小木貞孝訳、みすず書房、二〇〇六年〕

Rorty, Amelie O., ed. 1976. *The Identities of Persons*. Berkley: University of California Press.

Vesey, Godfrey. 1977. *Personal Identity*. Ithaca, NY: Cornell University

Press.

Wilkes, Kathleen. 1988. *Real People: Personal Identity without Though Experiments.* Oxford: Oxford University Press.

Williams. Bernard. 1973. *Problems of the Self: Philosophical Papers 1956–1972.* Cambridge University Press.

Young, Iris. 2005. On Female Body Experience: "Throwing Like a Girl" and Other Essays. Oxford: Oxford University Press.

第2章
自律――自分に正直でいること

セレン・J・カダー
筒井晴香 訳

「自分自身であれ」とか、自分に「正直」であれというメッセージを踏まえて自分が何者なのかを明らかにすることは、大変な困難になりうるものです。アンジー・トーマスの著書『ザ・ヘイト・ユー・ギヴ』の主人公、スターの例を考えてみましょう。スターはガーデンハイツの、主に貧しい黒人の住む地域に住んでいるのですが、ウィリアムソン高校というエリートの私立高校に通っています。彼女は自分自身を、それぞれの世界に違う自分がいるように思っていて、[1]それぞれ用の名前を付けることまでしています。彼女にとっての学校での自分である「「ウィリアムソンのスター」はスラングを使わない。ラッパーが使っても、白人の友達が使っても、絶対に使わない。ラッパーが口にすれば格好いいけど、ふつうの黒人が使ったら、ゲットー育ちに見えるだけだ。ウィリアムソンのスターは、腹が立つことがあっても、ぐっと我慢する。怒りっぽい黒人の少女だと思われたりしないように。ウィリアムソンのスターは人当たりがいい。ガンをとばしたり、にらみつけたりしない。ウィリアムソンのスターは攻撃的じゃない。誰にも隙を見せず、ゲットー出だと言われるようなまねは決してしない。／猫をかぶってる自分に嫌気がさすけど、そうしないわけにはいかない[2]」。

また、『フェムスプレイン』と『ティーン・ヴォーグ』で美しさについて投稿したキアラ[3]の言葉についても考えてみましょう。「私の〝欠陥〟(黒人であること、背が低いこと、etc.)について気をつけるよう言ってくる、不安をあおる広告を何年も消費した結果、時折自分で自分にどれだけよからぬ目を向けているか実感するようになった。白状すると、とりわけ気が弱っていたとき、私はグーグルに「背が低いとどうしてもブスになるのはなぜ?」と尋ねた。私はこの広いインターネットへ深く深く潜っていき、いろいろな答えを提供してくれるブログ記事に出会った。答えには次のようなものがあった。「洋服がもっともよく映えるのは、均整がとれてすらりとした体です」。私は自分の短い胴体と、ややぼってりしたお腹を見下ろし、自分の見ているこれは間違いなのだと嫌悪した[…]ネットをうろついていて、私は解決法としてしつこく売り込まれているものに気づいた。脚延長手術の広告だ。男性の、高圧的な宣伝の声が、手術を私に売り込もうとしているのが聞こえてくるようだった[4]」。

スターとキアラの物語が示してくれるように、私たちはこれが自分だとは思えないような仕方で振舞うことができます。ある人が行為しているという単なる事実だけでは、「本当の」彼女がその行為をしているかどうかはまだわかりません。スターはウィリアムソンのスターの役割を演じていますが、そういう自分を嫌いだと言います。キアラは自分の体を憎むよう要求するメッセージが「男性の、高圧的な宣伝の声」でやって来ると言います。ですが、彼女たちの物語は、私たちがこれは自分ではないと思っている行動や動機も、ある意味で自分たちのものであるという考えを捨て去るべきでない理由を示唆しています。ウィリアムソンのスターになることはスター自身にとって重要な目的と一致しているわけですから、彼女は明らかにウィリアムソンのスターになっているのだ、と言えます。スターがウィリアムソンのスターである自分自身を嫌いだとしても、自分をそういう人物として表現する彼女の選択は戦略的なものです。彼女は自分のしていることを知っていて、しかも特定の目的を持ってそうしているわけです。つまり、白人で上流階級の同級生たちにこう見られよう、と考えているのです。同じ本の他の部分では、彼女は、自分のコードスイッチング[*1]はあまりにルーティン化していて、毎日の行動に組み込まれているので、造作もなくできることになってしまい、まるで自分でやろうとしなくとも自然と起こるように思えるほどだと書いてさえいます。例えば、彼女はこんなふうに書いています。「もう声は変わっていた。〝よそ〟の人たちと話すときはいつもこうなる」[5]。キアラは抑圧的な美の基準に従うという目標を明示的に持っているようには見えませんが、自分のお腹を「間違い」として見てしまい、グーグルに尋ねることで背が低いとなぜ「どうしてもブスになる」のかについて客観的な答えが得られるときに信じてしまうほどに、男性の宣伝の声は彼女に深く埋め込まれているように見えます。

哲学者たちは、ひとの自律性という概念でもって、自分自身の人生を、つまり正真正銘自分のものであるような理由や価値観が反映された人生を送る能力のことを語っています。自律性に関する哲学者の考えを吟味すると、信念、欲求、動機が本当の意味で自分のものであると私たちが言うときに、それが何を意味するのかをよりはっきりさせることができます。自律に関する疑問には、簡単な答えがあるように思えるかもしれません。つまり、自律的な見解とは社会的に形づくられていないものだ、という答えです。結局のところ、スターとキアラがどうにもならない無力感を抱かせるものだと感じていることの大部分は、あなたたちは人種とジェンダーゆえに価値が劣るのだと告げる社会の要求からなっています。哲学的道具立てをうまく使うと、社会的に形成された選好が自律的でないという議論が持つ深刻な問題点を見て取ることができます。哲学者は、ある主張が真でありそうかどうか判断するときには、その主張の含意が何なのかに注意を払うべきであると信じています。含意とは、あるひとつの主張が真であるときに真でなければならないようなその他の主張のことをいいます。もし、ある主張が偽であるような含意やおかしな含意を持っていたら、哲学者はたいてい、そのことがその主張を拒否する理由になると考えます。例えば、「すべての犬は柔らかくて毛がフワフワした耳を持つ」という主張を考えてみましょう。この主張は、「毛のない犬は犬ではない」という含意を持ちます。この結果からすると、私はおそらく「すべての犬は柔らかくて毛がフワフワした耳を持つ」という主張を拒否すべきなのでしょう。こんな例を挙げてはみたものの、この種の推論を使うのをかわいい動物について議論するときだけに限る必要はありません。人生に意味を与えてくれる概念についても適用できるのです。

多くの哲学者は、自律的な価値観や動機とは社会的に形成されていないものなのだという特徴づけを与える主張を、それがもつ奇妙な含意ゆえに拒否します。ひとつの困った含意は、私たちが持つ信念や欲求に自律的なものが一切ないことになってしまうというものです(6)。私たちは誰もが、出生前から始まる社会的な形成のプロセスに影響されています。私たちは決まった食品を食べさせられ、他のものは食べさせられず、決まった言語で話しかけられ、決まった宗教と文化の下で育てられ、そして、そのひと自身の価値観や習慣を持つ養育者を真似して、それによって物事を学びます。この点は一定の年齢、おそらく十代までしか当てはまらず、それ以降は社会的に形成されていない欲求を形づくれるようになりそうだと思われるかもしれません。ですが、自分こそが選択をおこなっていると考えているその十代の

「自己」は、すでに自身のコントロールを超えた力によって形成されたものなのです。ある人がスパイスを使った食べ物を食べて育ったのなら、大きくなってもスパイスを使った食べ物を選ぶ見込みが高そうだというのは、驚くべきことではありません。また、音楽家の一家に育ったのなら音楽家になりたいと望む見込みが高そうだということも同様です。自分をただ十分に深く掘り進んだなら社会的影響を受けていない「真の」自己が見つかるかのように思われるかもしれませんが、自分の歴史をより深く掘れば掘るほど、それだけ多くの社会化の層が見つかることになります。私たちはいつでも、何らかの既存の願望と信念の組に基づいて判断を下しているのであって、自分自身の歴史を十分にさかのぼっていったならば、自分で身につけたのではない信念と願望が見つかることでしょう。

私たちの真正な価値観や動機と言えるのは社会からの影響を受けていないものであるという見解がもつ、二つ目の厄介な含意としては、その場合周囲の人々がおこなったり価値づけたりする通りのことをするひとは決して自律的になれないことになるという点があります。この見解が、どんな含意を持つのか例をあげてみましょう。イスラム教やキリスト教が支配的な社会に住んでいるひとは、自律的にムスリムやキリスト教徒になることはできなくなるし、親を愛するように育てられたなら、自律的に親を愛することは不可能になるし、多くの人々が他人に優しくするよう育てられる世界においては、自律的に暴力を嫌うことはできない、という具合です。とはいえ、人は、周囲の人々が価値を置く事柄と調和する価値観や動機や行動を本当に自分のものとして育てることがある、というのは明白に思えます。実際のところ、私たちは、他の人々からの影響が、真正な自己を見いだし、それに従って生きる能力を弱めるどころか、強めるような状況を考えることさえできるでしょう。友達に自分が本当は何者なのかを思い出させられる瞬間を私たちは誰もが経験してきました。ですが、もし本当の自己が他者から影響を受けていない自己だとしたら、そのような瞬間はありえないことになるでしょう。スターが「ウィリアムソンのスター」を自分だと思わない理由は、単にウィリアムソンのスターが、ある人々の集団、つまり学校の子たちの望む彼女だからというだけではありません。実際のところ、ときには他の人々が彼女にこうあって欲しいと望み、それを表に出すことは、スターが自分自身を見いだし、形成する助けになってもいるのです。例えば、スターの友人ケニヤは、スターが警察に殺された幼馴染のカイルのために声を上げないことを非難します。そうすることで、ケニヤはスターが活動家になる決断をするのを助けるような仕方で、スターに彼女自身の価値観を気づかせてくれるわけです。自分以外のひとがときに自律性を高めるのを手助けしてくれるということを否定するような仕方で、私たちの真正な見解と真正でない見解を分けるというのは、おそらく採用すべきやり方ではありません。哲学者のパトリシア・ヒル・コリンズが論じていることですが、自律性は自己を他者から切り離すことで得られなければならないわけではないでしょう[7]。

　誤解のないように言っておくと、ある見解が自律的であるためには社会化されていない状態でなければならないという主張を拒否したからといって、その反対、つまり社会化された見解は必然的に自律的であるということを信じる必要はありません。そうではなく、ある見解が社会化されているかどうかによって自律性の程度は決まらないと結論づけるべきではないでしょうか。自律性を得るためのスターとキアラの苦闘はいずれも、社会的に植え付けられたある特定の見解を拒否したいという欲求から生じています。とりわけキアラの苦闘は、ある一連の社会的規範、つまり人種差別的・性差別的な美の期待が、彼女自身が自分のものにしたいと思うような規範ではないという気づきをめぐるものとなっているように思えます。そう、社会化によってそれらの規範が彼女の自己構想のすみずみに染み渡ることとなったのですが、それを彼女はいま捨ててしまいたいのです。もし、自律的な見解が社会的に形成されることはありえないという見解から生じるおかしな含意を避けたいならば、なぜ性差別的で人種差別的な美の規範がキアラにとって自律的なものではないのかについて、いま見たのとは異なる説明が必要でしょう。

　哲学者たちは、何があれば行為や、動機や、価値観が本当の意味で私たちのものになるのかについて、先ほどのものの代わりになるいろいろな見解を提案してきました。「自律性（autonomy）」という語は、ギリシャ語の「自己」と「法」という語の組み合わせから来ており、文字通りには自分自身のための法であることを意味しています。例えば、一九世紀の哲学者イマヌエル・カント[8]は、自律的な行為は理性のみによって動機づけられなければならないと論じました。彼は合理性を人間に特有のもっとも価値ある能力と見ていたので、真にひとのものであるような行為とは合理的なものだと考えていたのです。カントはまた、合理的な行為は道徳法則と整合するような行為であると考えたので、その結果として、行為が自律的であるためには道徳的に善いものでなければならないと考えることになりました。自律性について論じている現代の論者の多くは、自律性とは信頼すべきだと思える理由に基づいて行為することに関わるものだという考えについてはカントに賛成ですが、そのように行為するためには正しい道徳法則に従って振る舞うことが必要であるという考えには反対しています。実際のところ、現代の哲学者たちは、ひとが自分自身の理由に基づいて行為するとはどういうことでありうるかを具体的に述べるさまざまなやり方を提案してきました。哲学者たちは、そのような見解のうちの三種類を、「整合説」「理由応答性説」「社会構成説」と呼んでいます。これらの見解のいずれも、自分の真正な欲求を見いだし、それに基づいて行為しようという、スターとキアラの直面した苦闘を、「自律的であるには社会的影響から自由でなければならない」という考えを用いずに明確化することができます。

自律性を整合性として見る構想

「整合説（coherentist）」という語は「整合的（coherent）」という語から来ており、これは一貫しているとか矛盾していないということを意味します。自律性の整合説的な構想によると、自律性には自己のうちでの一種の調和が必要だとされます。(9) もっともよく知られた自律性の整合説的見解は、自律的な行為、動機、信念をそのひとが是認するものとして――つまり、そのひとが肯定したり、支持したりするものとして捉えるのです。自律性の整合説的構想は、性差別的で人種差別的な美の規範にキアラが参加したのは自律的な振る舞いではないのだと述べるためのわかりやすい手段を与えてくれます。キアラがそれらの規範によって動機づけられて行為しないというわけではありません。何といっても、私たちは彼女が脚延長手術についてグーグル検索するのに時間を費やしているのを知っているわけです。ですが、この行為は彼女のより深い自己の感覚と整合的ではありません。キアラは彼女自身の美に関する行動とインターネット検索の習慣を是認してはおらず、それどころかそれらを否認しているのです。整合説支持者にとって、キアラの行動が自律的でないのは、その行動が、キアラに影響を与える社会に促されたものだから、というわけではありません。それが非自律的なのは、彼女が深く抱いている他の価値観とその行動とがどれほどかけ離れているかという、その度合いによることなのです。

自律性の整合説的構想は、ひとがどんなことを自律的に為したり価値づけたりできるのかについて、厳密に定めるような規則を与えてくれるものではなく、そのために、これははたして自律性の構想として役立つものになっているのかいないのかという点をめぐって、興味深い問いが生じることになります。整合説的構想は、キアラ以外の誰かが脚延長手術を受ける能力を自律的に価値づけるということもあってかまわないと認めます。この想像上の誰かは、美こそ女性の人生におけるもっとも重要な目的のひとつであって、そのためには長い脚が必要だと深く信じているかもしれません。哲学者によっては、これを自律性の整合説的説明を拒否するのに十分な理由だと考える人もいます。[10] これらの整合説の批判者たちは、ある自律性の構想が、自らを従属させるような実践に参加するという女性の選択が真に彼女たちのものであるということを含意するならば、そのような自律性の構想は何かが誤っているのだと考えています。整合説的構想は、ひとは不公正な社会の教えを受け入れるよう自分自身に教え込むことで、より自律的になれると含意するところまで行ってしまいそうに思えます。[11] 例としてキアラを考えてみましょう。キアラがすでに性差別的で人種差別的な美の基準に対して批判的であるならば、彼女は広告を批判することで整合説的な意味でより自律的になれもするのですが、しかし美の規範への批判をやめてただそれに従うことにするだけでも、整合説的な意味ではより自律的な「私」になれるでしょう。彼女の見解が内的に互いに整合的である限り、整合説支持者は、それらの見解は真に彼女のものでありうると言うことになるのです。

整合説的構想は、スターのコードスイッチングの自律性の話題にも関わってきます。「本当の」スターはウィリアムソンのスターを嫌っているわけですから、整合説支持者にとってはウィリアムソンのスターはスターの真の自己の一部ではありえないように見えるかもしれません。ですが、整合説は別の、もっと微妙なニュアンスを含む見方も提供してくれます。スターの行動は彼女の真の自己を明らかにしてはいませんが、それでもなお、ウィリアムソンのスターとしての彼女の行為は、彼女の真の自己が持つ価値観と整合的だと考えられるかもしれません。黒人女性が黒人文化に親しんでいる様子を見せればただちに排除されるような世界での成功をスターが目指しているのなら、彼女のコードスイッチングは、整合説的な自律性の行使として見ることもできます。彼女は自身の是認する目的を果たすためにウィリアムソンのスターのように振る舞っているのです。整合説的な自律性の理論の一部は、哲学者が「階層的」[*2]と呼ぶものになっています。階層的説明においては、私たちが持つ高階の観点こそが、つまり私たちがそこから自分の行為について評価したり「見下ろし」たりするような観点こそが、私たちにとってもっとも本当のものであったり、もっとも信頼すべきものであったりするのだとされます[*3]。階層的な説明を採用する整合説支持者の考えでは、自分の行動や価値観や動機を、そうした行動や価値観や動機について私たちが持つもっとも高階の観点と整合させることによって、私たちは自律的になるのだということになります。スターがウィリアムソンのスターになることを好んでいないとしても、彼女はそれをより高階の目的のための手段として是認しているわけですから、彼女は整合説的な意味では自律的でないとも限らないことになるのです。

自律性を理由応答性として見る構想

哲学者たちが作り上げてきた自律性の構想の二つ目のタイプは、理由応答性として見る構想です。自律性の理由応答性構想は、整合説的構想が潜在的に持っているいくつかの問題を乗り越えようとするものです。自律性の整合説的構想では、行為や動機や価値観が真に私たちのものとなるのは他の自分の行為や動機や価値観との間に一貫性を持つことによってだ、と言われていたことを思い出してください。ですが、あるひとの見解は整合的ではありつつも世界に関する誤った見解に基づいている、ということもあるかもしれません。例えば、自分は飛ぶことができるという信念をベースにした、完全に整合的な価値観と動機の集まりを持っているひとを想像してみましょう。このひとが飛び立とうとして、けれどそうはならずに椅子から飛び降りて倒れ込むことになったとして、このとき、倒れるというその行為が彼女の真の自己を表しているなどと言うのは奇妙に思えるでしょう。このひとは倒れ込むことを意図していたわけではありませんが、ここでの問題は、彼女の価値観や目的に不整合があったということではありません。問題は、そうした価値観に基づいた行為をこの世界できちんとやり遂げるとしたら必要となるはずのことを、彼女が摑めていなかったことにあります。整合的な見解を持ってはいるけれども、その一連の見解を持つことを望むかどうかを問うたことはない、というひともいるかもしれません。例えば、持っている価値観はすべてある宗教と整合的だけれど、その宗教を忠実に信奉することを望むかどうかという問いを問うことができないひとを想像してみてください。自分が抱く一連の価値観から距離を取ることができないひとがいたとすれば、それらの価値観がどれだけ整合的だとしても、はたしてそのひとは意味のある仕方で一連の価値観を是認していると言えるのだろうか、と問うことができるかもしれません。

この問題を解決するために、自律性を理由応答性として見る構想[12]では、動機と価値観を行為へと置き換えられるということの重要性に焦点を当てています。そのような構想によれば、本当に私たちのものであるような行為は、行為に関連する理由の正しい理解に基づいていなければなりません。自律性の理由応答性構想は、なぜスターがウィリアムソンのスターになる自分の傾向を憎むのか、そしてなぜ彼女が従事するコードスイッチングが、彼女の目的のうちのいくつかに資するにもかかわらず、彼女の価値観を本当の意味で反映しているようには見えないのかについて、理解を助けてくれるでしょう。この本の物語のなかで、スターは白人の友人たちに対し、自分がどこから来て、どんな価値観を持つのかについてどんどんオープンになり始めます。それでいて、スターはコードスイッチングを完全にやめるわけではありません。話が進むにつれ、スターはコードスイッチングがいつ自分の目的と整合的であり、いつそうでないのかをどんどんうまく検知できるようになっていきます。はじめ、彼女は、自分が本当はどこの出身なのかを明かせば、ウィリアムソンの友人はみんな自分から離れていくだろうと考えていました。時が経つにつれ、友人の一部はそうだけれど、そうでない人々もいることを彼女は学んでいきます。例えば、彼女の三人の友人のうち一人は、スターが思っていたよりも人種差別的な人間だったことが明らかになりますが、他の二人は、スターが当初考えていたよりも意欲的に、人種差別がスターの生活を形づくるさまを学ぼうとすることになります。哲学的に言えば、スターはコードスイッチングがいつ利益をもたらし、いつそうでないのかに関する事実を見きわめる能力を高めたがゆえに、終盤ではコードスイッチングを減らしているのだ、というように見えます。言い換えれば、彼女は、この世界についてのさまざまな事実のなかで、自分の行為が自分の目的と整合的であるかどうかを決定する際に関連してくるものに対し、以前よりうまく反応できるようになったのです。自律性の理由応答性構想は、この世界についてや、周囲の人々の反応の仕方について以前より多くを学ぶことが、どのようにスターがより真正な人生を生きる手助けになりうるのかについて、説明を与えてくれます。

自律性の理由応答性構想のまた別の流派は、もし一歩引いて自分の動機や行為の背後にある理由を評価することができないなら、真の意味で自分自身であることはできない、と言います。そもそも自分がいまの自分であることに何らかの価値があるはずだというのなら、いまの自分でありたいのかどうかを自分に対して問うことができなければなりません。(13)このような理由応答性説の支持者の中には、整合説を拒否したり、整合説に疑いを抱いたりする者もいます。彼女らは、整合的な状態にたどり着くことなどよりも、自己定義のプロセスに従事できることのほうが真の自分であるためには重要だ、と提案します。キアラは、非常に深いところで、実のところそれに従って自分を評価せずにいられないと感じるほどに深いところで、性差別的で人種差別的な美の規範を気にかけていると考えられるわけですが、ではなぜそんなキアラが自分の価値観を実現しているように見えないのか、理由応答性構想はそれを説明する手掛かりになるでしょう。理由応答性構想を採用した場合、もしキアラの自己定義の目的が他の何かに向けられているのなら、人種差別的で性差別的な美の規範を受け入れていることによって彼女が定義されることはないのだ、と言えます。彼女はいかなる信念、行為、動機の組によっても定義されず、むしろ、まさに自分だと言えるようなあり方を形づくろうとするその活動によって定義されるのです。

自律性を社会的に構成されたものとして見る構想

自律性を社会的に構成されたものとして見る構想は、自律性の哲学的構想のうち第三のタイプになります。この構想によると、行為や動機、価値観は、私たちがそれを正しい社会的条件の下で形成したときにのみ、本当の意味で私たちのものになるとされます。このアイデアは、上で検討した整合説的構想と対比させることで、もっと簡単に理解できるようになります。すでにお気づきかもしれませんが、整合説的構想では、自律性が私たちの頭の中にあるものと仮定されています。整合説支持者にとっては、自分の価値観や行為について私たちがどんなことを考えたり感じたりしているのか、また、そうした考えや感じが互いにどう関係しあっているのかといったことが、その行為や価値観が本当に私たちのものかどうかを決定づけるとされていました。社会構成説を支持する者にとっては、頭の外の世界こそが私たちの自律性にとって重要となります。重要な事柄のなかには、私たちが本当の意味でなりたいものになるための機会を外の世界が与えてくれているかどうかなどがあります。このアイデアがどんなふうに働くかを確かめてみるには、キアラとまったく同じ価値観を持ち、まったく同じ行為をし、まったく同じ考えを抱いているけれども、キアラとは異なる社会的条件の下で生きているようなひとを想像してみるのがよいでしょう。

知っての通り、キアラは、美に関する社会的規範が、女性と非白人に対して自己評価を下げるよう促す世界に住んでいます。しかも、私たちの実際の社会では、女性と非白人はこの規範に則って生きなければペナルティを受けてしまいます。別の人物——ライラと呼びましょう——は、同じように脚延長手術と縮毛矯正に興味を持っています。彼女はキアラと同様、それらにかかるリスクと時間は利益に見合わないように感じているのですが、ライラは社会における美の強調がより弱い社会に住んでおり、そこでは女性と非白人は美の基準を満たせなくてもそれほど重いペナルティを受けません。整合説支持者であれば、ライラとキアラは思考の内的な整合性の程度が同じなので、同等に自分自身の人生を生きていると言うことでしょう。社会構成説支持者ならば、それとは違う言い分を持つことでしょう。キアラの生きている社会では彼女が自分自身になるための機会がライラの場合ほどには提供されていないのだから、キアラはライラより自律的でない生き方をしているのだ、と社会構成説支持者は言うことができるのです。キアラの属する性差別的で人種差別的な社会は、彼女が本当の意味でなりたい自分になろうとすれば彼女にペナルティを与えるわけなので、それゆえ抑圧的な美の基準を受け入れようという彼女の欲求は、ライラのそれより真正でないものとなります。

哲学者ナタリー・ストルジャー(14)によって議論された、自律性の社会構成的構想の一つのタイプによれば、行為、動機、価値観は、「別の仕方で為す自由」を持つときのみ自分のものになります。私たちの社会が、私たちが実際にはただ一組の価値観しか形成できないような、あるいはある一連の行為にしか取り組めないようなあり方に形づくられていたら、それらの行為や価値観は自律的ではありません。別の仕方で為す自由という自律性にとって不可欠なものを私たちが持てなくなるのは、別の可能性を想像できないせいかもしれないし、社会や家族が、自分は何ができて何に価値を置けるのかに関する多種多様な考えに私たちを触れさせてこなかったせいかもしれません。私たちはまた、私たちの社会が、本当は与えられて欲しくなかったと私たちが思うような選択肢を設けているときにも、別の仕方で為す自由を欠くかもしれません。スターの置かれた状況がよい具体例になります。彼女が自律性を、つまりは別の仕方で為す自由を欠いているのは、黒人らしさを隠さないという選択をすればウィリアムソンでは罰せられることがあるからであり、そして黒人らしさを隠さないとすれば一定の教育機会の喪失につながることになるからです。スターは、コードスイッチングをしない自分を想像できないわけではありません。彼女がコードスイッチングする自分を憎んでしまうことがあるという事実は、彼女にそうした想像ができることを示唆しています。ですが、彼女が自分にとって望ましいと想像される生き方をしようとしたなら、人種差別的な社会が教育の面でも就業の面でも彼女を罰することになるために、彼女は実際にはそのように生きることができずにいるのです。

自律性の社会構成的構想は、前に拒否した考えの別のバージョン——つまり、自律的な動機、行為、欲求は社会的な影響を受けていてはならないという考え——の一種に過ぎないように見えるかもしれませんが、これらの構想はある重要な仕方で異なっています。社会構成説支持者であれば、というのが言いすぎなら、少なくとも人々が「別の仕方で為す自由」を持つということの重要性に焦点を当てる論者ならば、私たちの価値観や行為や動機が自律的であると見なされるためには私たちはすべての社会的影響から自由でなければならないのだ、などとは主張しません。彼女らにとっては、社会が私たちに対して影響を与えていてはならないと言えるのは、あくまである特定の仕方での影響に限ってのことなのです。真の自己を見つけることや、本当の意味で自分のものであるような人生を生きることと相いれないような特定の社会的影響のあり方とはいかなるものなのかというと、それは、別の見解や行動を想像できなくしたり、とても負担の大きいものにしたりするたぐいの影響のあり方のことなのです。親の宗教や政党を自分も取り入れるひとの例を再び考えてみましょう。親から影響を受けることと、他の宗教や政治的見解に触れる機会がないこととの間には違いがあります。親が特定の宗教や政治的見解を唱道するのを聞くことと、それを取り入れないと罰せられることとの間にも違いがあります。例えば、宗教を変えると親に縁を切られるというような十代の子は、別の仕方で為す自由を欠くことになるはずです。キアラの例も、単に社会的な影響を受けていることと、別の仕方で為す自由を持っていることとを区別する手掛かりになりそうです。社会構成説支持者から見て、キアラは美に関する自分自身の信念をうまく形成することができなくなっているわけですが、その理由は彼女がインスタグラムで脚延長手術や縮毛矯正の広告を見たからではなく、彼女にとって美に関する別の見解にアクセスすることが困難になっているからであり、広告の言う通りにできないと彼女が何らかの社会的利益を失うことになるからなのです。例えば彼女は、素のままの髪で就職面接に行ったら、職業への適性をそうでない場合よりも低く見られることになるかもしれません。したがって、社会構成説支持者は、彼女がそうした習慣に身を置くのがどのような欲求によるものであったとしても、そうした欲求はいずれも本当の意味では彼女のものではなさそうだ、と言うでしょう。

結論

私たちの価値観や動機のうちどれが本当の意味で自分のものであるか、どうすればわかるのでしょう。そして、いつそれらに導かれて生きているか、どうすればわかるのでしょう。自律性についての互いに異なる哲学的構想のいずれも、正真正銘自分のものであるような人生を、外的なものに駆り立てられる人生や、自分自身から疎外された人生、形の上で自分らしく見えるだけの人生といったものから区別するためのアプローチとして、それぞれほかの構想とは異なる独自のものを提供してくれます。自律性の整合説的構想によれば、行為、価値観、動機が自律的であるかどうかは、それが他の行為、価値観、動機とどれだけ整合的かによるとされます。理由応答性構想は、重要なのはどう行為すべきかや何に価値を置くべきかを決定するのに関連する理由、例えば世界についての事実や、私たちが形成する価値観やアイデンティティが採用に値するものである理由といったものを考慮する私たちの能力だと言います。社会構成的構想は、真正な仕方で自分自身であるためには、実際にしていることとは別のことを信じ、為す機会があったのでなくてはならないと言うでしょう。これらの理論はすべて、社会的影響を受けた仕方で行為することは決して真正ではありえないと単純に主張するようなことはせずに、自律的な行為、価値観、動機を見きわめる基準を提供するのです。

哲学者たちは、自律性とは何かについて意見を異にしています。ならば、すべては単にそれぞれの意見の違いの問題でしかないので、どの答えも他より優れてなどおらず、学ぶべきことは何もないと結論づけたくなるかもしれません。ですが、この件に関する哲学者たちの考え方はそういうものではありません。そうではなく、もしどの見解も同じくらい優れて見えるのなら、それは私たちがそれらの見解をまだ十分によく見ていないからだ、ということもあるかもしれません。もっともらしい立場も、隠れた欠点を持つことがあります。そうした見解について議論することの利点のひとつは、それによってはじめは見えていなかった含意を突き止められることにあります。哲学者たちは、意見の不一致がよい答えにたどり着けないことを示しているなどとは考えず、むしろ、自律性に関してもっともらしい見解が三つやそれ以上あるという事実は、自律性がもっとよく調べるに値する深い謎を提示しているという証拠なのだと考えるのです。

さらに、謎を解決することはできないとしても、自律性に関するさまざまな理論について議論することは、私たちが日常的な経験について、より賢く明快にアプローチする助けになるかもしれません。私はこの章のはじめに、私たちはみな「自分自身になる」とはどういうことかについての問いと苦闘していると指摘しました。この言葉で私たちが何を意味していそうかということをよりよく理解したなら、それは自分の人生をよりよく形づくるのに役立ちうるでしょう。スターのコードスイッチングがいかに彼女の他の目的を進展させる手助けになるか、整合説支持者であればそのことゆえに彼女のコードスイッチングを自律的だと見なせるとスターが知ったなら、ウィリアムソンのスターになることで自己嫌悪に陥るのを防ぐのに役立ったかもしれません。人種差別的で性差別的な美の基準への不快感が内的な葛藤を引き起こすとしても、自分はどんな自分になりたいのかと自問しさえしたならば、理由応答性説支持者にとってはそれだけで自律性の表現と考えうる、ということをキアラが理解したならば、それは彼女の助けになったかもしれません。同じように、哲学的理論の詳細を知ることは、自律的であったり真正な自己であったりすることがうまくいった気がするときやいかなかった気がするときに、自分がどういった基準に実際に従っているのかを知る助けになりうるでしょう。自分に正直になるというのをいまよりうまくやらなければならないと考えるとき、それは自分の中のあれこれを互いに調和させなければいけないということを意味しているのか、それとも違う選択をしようとしても罰せられない社会に生きていればよかったのにと思っているのか、それともまったく別のことなのでしょうか。あなたが自分本来の姿を示すのに成功したと思うとき、それはあなたの行為が自分の置かれた状況に関する事実を正確に見積もったうえでなされたものだからでしょうか、それとも、あなたが自分自身について信じている他のことと整合的だからでしょうか。この種のより深い自己理解を、自律性概念の哲学的検討はもたらしてくれるのです。

［原注］

（1）人種的に抑圧されている人々が、複数の世界を生きていくために複数の自己の感覚を発達させ得る仕方についての哲学的議論は、Dubois（1996）を参照せよ。

（2）Thomas (2017, 71).〔日本語訳、七八頁〕〔原典である（Thomas 2017）と本章原著の中の引用箇所には微妙な表現の相違があるが、大意に影響はないと思われる。邦訳は底本が明記されていないが、（Thomas 2017）と照らし合わせて該当箇所と思われるところを引用している。原注（5）も同様。〕

（3）このブログ投稿は匿名である。ここでは形式上の理由で著者に「キアラ」という名前をつけた。

（4）Femsplain (2015).

（5）Thomas (2017, 95).〔日本語訳、一〇五頁〕

（6）Meyers (1991); Christman (2004) を見よ。

（7）Collins (2000, 124).

（8）Kant (2012).

（9）Frankfurt (1988); Friedman (2006) を見よ。

（10）Stoliar (2000) を見よ。

（11）Khader (2014).

（12）Wolf (1990); Fischer and Ravizza (1998) を見よ。

（13）Meyers (1991, 42–58) を見よ。

（14）Stoljar (2014).

［訳注］

＊1 コードスイッチングとは、会話の中で相手の言語能力や状況、自分との関係性を察知して使用する言葉づかいを変更することを指す。例えば、バイリンガルなどの複数言語話者が、インフォーマルな会話で複数の言語を切り替えて使用するケース、日本語話者が年長者には「おはようございます」と敬語を落ち着いた口調で話し、それ以外の人には「おはよう」とよりくだけた言葉で明るく話すといったケースがある。

＊2 信念や欲求が階層的であるとは、それらの心的状態自体のあり方についての信念や欲求が成り立つことを意味する。「朝までこのゲームを続けていたい」…(1)という欲求を持つひとが、それだと翌朝の勉強や仕事に支障が出るため「朝までこのゲームを続けていたいという欲求を持たないようにしたい」…(2)と思ったとしよう。この場合、(1)は一階の欲求と呼ばれ、一階の欲求のあり方についての欲求である(2)は二階の欲求と呼ばれる。

＊3 原文では「信念」（belief）だが、「行動」（behavior）の間違いと思われる。

［参考文献］

Christman, J. 2004. “Relational Autonomy, Liberal Individualism, and the Social Constitution of Selves.” *Philosophical Studies* 117, no. 1: 143–164.

Collins, P. H. 2000. *Black Feminist Thought*. New York: Routledge.

Dubois, W. E. B. 1996. “Of Our Spiritual Strivings.” *The Souls of Black Folk*.

New York: Penguin.

Femsplain. 2015. "Who Is the Fairest One of All?" https:// femsplain.com/ who-is-the-fairest-one-of-all-1848e8b1a2f9.

Fischer, J., and M. Ravizza. 1998. *Responsibility and Control*. Cambridge: Cambridge University Press.

Frankfurt, H. 1988. "Freedom of the Will and the Concept of a Person." In *The Importance of What We Care About*. Cambridge: Cambridge University Press.

Friedman, M. 2006. *Autonomy, Gender, Politics*. Oxford: Clarendon Press.

Kant, I. 2012. *Groundwork of the Metaphysics of Morals*. Cambridge: Cambridge University Press.

Khader, S. J. 2014. "Empowerment Through Self-Subordination." In *Poverty, Agency, and Human Rights*, edited by D. Meyers, 223–248. New York, Oxford: Oxford University Press.

Meyers, D. 1991. *Self, Society, and Personal Choice*. New York, Columbia: Columbia University Press.

Stoljar, N. 2000. "Autonomy and the Feminist Intuition." In *Relational Autonomy: Feminist Perspectives on Autonomy, Agency, and the Social Self*, edited by C. M. a. N. Stoljar, 94–111. Oxford: Oxford University Press.

Stoljar, N. 2014. "Autonomy and Adaptive Preference Formation." In *Autonomy, Oppression, and Gender*, edited by A. Veltman and M. Piper, 227–254. New York: Oxford University Press.

Thomas, A. 2017. *The Hate U Give*. New York: Balzer and Bray.〔アンジー・トーマス『ザ・ヘイト・ユー・ギヴ　あなたがくれた憎しみ』服部理佳訳、岩崎書店、二〇一八年〕

Wolf, S. 1990. *Freedom Within Reason*. New York: Oxford University Press.

第3章 プライド——徳と悪徳の複雑さ

クラウディア・ミルズ
飯塚理恵 訳

養育責任を負っているはずの親戚にいじめられ、馬鹿にされ、寄宿学校へと送られてしまった孤児がいました。寄宿学校でも彼女は権力をふりかざす校長にいじめられ、馬鹿にされてしまいます。そして彼女は、とある尊大な男性のもとで住み込みの家庭教師をすることになるのですが、この男性は、二人が結婚しようとすれば大きな障壁にぶつかるというのに、それでも彼女に恋をします。これがシャーロット・ブロンテの小説、『ジェイン・エア』のあらすじです。ロチェスター家でジェインは、客としてやってきた貴族で未亡人のイングラム夫人とその娘たち、ブランシュとメアリーにさらにいじめられ、馬鹿にされてしまいます。ブランシュとメアリーの顔は「プライドのためにふくれ上がって暗く見えるだけでなく、それが深い皺《しわ》になって刻み込まれている」[(1)][*1]と作中で言われています。とある場面でブランシュは、家庭教師のジェインに聞こえるように、家庭教師がいかに劣った存在であるか長々と話し始めます。「昔メアリとわたしには、少なくとも十何人も［家庭教師が］ついたと思います。その半分はとてもいやな人たちで、あとの残りはばかげた人たち。［…］ねえママ、そうでしょう?」[(2)]。母親のイングラム夫人はジェインを一瞥して「あの人の人相にはあの階級の欠陥がすっかり表れていますよ[3]」と応じます。ここでは、悪徳として表れたときにプライドというものが示す道徳的な醜さが、見て取れます。ですが、ジェイン自身も自分に高いプライドを持っている様子がたびたび見受けられます。ジェインの伯母にあたるリード夫人が、自分の子どもたちに向かって、貧乏人のジェインはあなたたちと一緒に遊ぶような相手として相応しくありませんと言うと、ジェインは「そっちこそ、わたしと遊ぶ資格なんかないのよ[4]」と大声で言い返します。さらに、こちらもこちらでプライドの高いロチェスター氏がジェインを嘲ったときも、ジェインはほとばしるように言い返します。

わたくしを自動人形だと、それとも感情をもたない機械だと思っていらっしゃるの？　口に運ぼうとした一切れのパンをもぎとられ、カップから飲もうとした一滴の命の水さえ奪われて、耐えられるとお思いですか？　貧しくて身分が低くて、不器量でちっぽけだからといって、魂も心もないと？　それは違います！――わたくしにだって、あなたと同じように魂も心もあるんです。[…]今わたくしは、慣習やしきたりを介してお話ししているのではありません。魂が、あなたの魂に呼びかけているのです。ちょうど、二人が墓所を経て神様の前に立ったときのように対等に。そうです、わたくしたちは対等です！[5]

ジェインが弱りはてて、一体誰が自分を大切にしてくれるのだろうかと自問したときにも、「このわたしが自分のことを気かけています。孤独であればあるほど、友人も支えも少なければ少ないほど、わたしは自分を大事にします[6]」とプライドをもって答えるのです。ここでは、徳として現れたとき、プライドというものが示す道徳的美しさが、見て取れます。

イングラム姉妹のお高くとまった態度に見られるように、プライドはあるときには悪徳で、また、ジェインの決然とした自己擁護に見られるように、あるときには徳でもあって、要するにプライドが同時に悪徳でも徳でもあるように見えることからすると、プライドというものは哲学的には悩みの種となります。哲学者のガブリエル・テイラーが言うように、プライドは、「徳として賞賛されることが少なくないにもかかわらず、大罪中の大罪とも評される。つまり、プライドは、非常に望ましい徳であると同時に完全に有害な悪徳であるとされてきたのだ[7]」。徳や悪徳について近代でもっとも卓越した議論を展開した哲学者といえば、その一人はフィリッパ・フットでしょう。フットによれば、徳とは、自分自身のためにも、他者のためにも「人間が［…］持つ必要のある有益な特性[8]」のことです。「人間は徳を備えるからこそうまくやっていける[9]」ものなのです。一方で、古代ギリシャのアリストテレスによる悪徳の扱いからもわかるように、悪徳は人間が開花することを阻む有害な特性です。それなのに、どうやってプライドは徳と悪徳の両方になりうるのでしょうか。

『ジェイン・エア』の事例を見れば、有徳なプライド（良いプライド）と悪徳なプライド（悪いプライド）の二種類が存在することははっきりしているように思います。「悪い」プライドは傲慢さ、うぬぼれ、虚栄心と同一視されますし、「良い」プライドは、自尊、自分の尊厳や価値の感覚と同一視されます。ですが、この区別の根拠がどこにあるかを説明するとなると一筋縄ではいきません。もしかすると、徳としてのプライドと悪徳としてのプライドの違いは、プライドを持つこと自体は良いことだが、持ちすぎると良くない、という単なる程度問題なのかもしれません。あるいは、自分に持つポジティブな特性を、偽りなく、事実に即して評価しているならば、それを根拠としたプライドは徳になるけれども、自分を過大評価して歪めた見方をする場合、それを根拠としたプライドは悪徳になるともいえるでしょうか。ひょっとしたら、徳としてのプライドと悪徳としてのプライドの違いは、プライドの対象の違いによるのかもしれません。あるいは、この二つの違いは、プライドを他人に表明する方法の違いによるかもしれません。本章では、良いプライドと悪いプライドの違いについてのこうした問いを扱い、これまで答えとして提案されてきたもののいくつかを取り上げ、それに疑問を投げかけたうえで、何が本当に価値のある有徳なプライドであるか、そしてそう考える理由は何かについて、ひとまずの答えを出してみることにしましょう。

プライドのさまざまな対象

先に述べたように、プライドが有徳になるために必要なものは何かという問いに答えようとすると、最初に思いつきそうな答えは、徳としてのプライドと悪徳としてのプライドの違いは単なる程度の差だというものでしょう。つまり、自分自身に対してプライドを持つことは、それ自体としては良いことなのですが、ただしそれはちょうど良い程度のプライドでなければならないというわけです。こうした考えでは、プライドのなさすぎる人は、他人の言いなりになりがちで主体性がありませんが、プライドを持ちすぎる人はというと、「うぬぼれ屋」、「調子に乗っている人」、「自分大好きな人」、ナルシストになってしまうでしょう。ですが、この立場はあまり正しそうに思えません。ジェイン・エアは、自分自身にたいへん高いプライドを持っていたおかげで、自分を何かと軽んじる人々に立ち向かうことができたのであって、自分が恋する相手さえその例外ではありませんでした。気骨のあるジェインと意地の悪いブランシュの分かれ目は、ブランシュがジェインよりも高いプライドを持っていたところにある、というのはあまり正しくなさそうです。

二つ目のありそうな解答は、自分がもつ特性についての、偽りがなく事実に即したポジティブな評価に基づくならば、そのプライドは良いものになるけれども、あまりにポジティブすぎる自己認識の場合には悪いプライドになる、というものでしょう。これに関わる議論として、哲学者のジュリア・ドライバーは謙虚さを徳とみなしたうえで、それは「行為者が自分の価値を何らかの点で、ある限度内において過小評価することだ」と考える一方で、自己卑下は悪徳とみなし、それは行為者が自分の価値に対して「まったく的外れな」過小評価をしてしまうことだとしています。[10] 謙虚さにも自己卑下にも、(一方はほどよく、一方は過剰ではあるものの)自分の価値を過小評価することが含まれるなら、プライドについても、傲慢という「悪い」プライドには自分の価値の過剰な評価が含まれるけれど、自尊という「良い」プライドは正確な自己認識のど真ん中を打ち抜くものだと考えるかもしれません。しかし、プライドの分析としては、これも正しくはなさそうです。うぬぼれ屋のブランシュは、自分の経済的地位や社会的地位に明らかにプライドを持っていて、しかも彼女は事実として裕福であるし、貴族の子女でもあります。ブランシュは、裕福な権力者の家庭で働く使用人たちやジェインの地位と比較して、自分の持つ特権的な社会的・経済的地位についてまったくもって正しく理解しています。この意味で彼女の自己評価は、まぎれもない事実に訴えたものです。ですからそれは、自分の置かれた状況を間違って過大評価したうえで与えられたものというわけではありません。

それはその通りなのだけれど、ひょっとしたら富や社会的地位というのは、プライドを打ち立てるやり方として適当なものではないのかもしれない、と言いたくなるのではないでしょうか。徳としてのプライドと悪徳としてのプライドは、本当に価値のあるもの、重要なものに対するプライドなのか、それとも評価する価値のないものに対するプライドなのかで区別されるのかもしれません。もしプライドをこのように理解するならば、ブランシュのプライドが悪徳であるのは、富や階層を過大評価しているからではなく、自分の価値を過大評価しているからなのだ、ということになるはずです。お金や階層はプライドの対象として価値あるものではないので、そうしたものに対してプライドを抱くのはお門違いに思えます。反対に、良い性格や本当の意味での達成にプライドを抱くのは方向性としてまっとうなことだ、と言ってもいいかもしれません。この区別は、以前のアイデアよりも見込みのある方向を示してくれそうに思えます。

ですが、もしこの区別が正しければ、今度は、どんな特性や強みがプライドの対象に値するもので、どれが値しないものなのかをどのように決めるのがよいか、という問題にぶつかります。私たちはみんな自分好みのリストを作ることはできるし、他の人が出したリストと比べてどちらがよいか競うこともできるでしょう。例えば、正しいおこないをすること、さまざまな障害があっても目標達成のために一生懸命努力すること、人に侮辱されても立ち向かうこと、世界をより良くしようとすることにプライドを持つのは良くて、裕福に生まれたり、特権的な社会集団に生まれたりしたことや、ブランドものを身につけること、高級車を運転することにプライドを持つのは悪い、というように。しかし、どういう考えでこうしたリストにしたのか、きちんと根拠を挙げる必要があります。今提案したリストには何かしら正しいものが含まれていると私は直観的には感じるのですが、こう仕分けるべき理由を挙げるとなると、そう簡単ではありません。

良いプライドと悪いプライドの区別を支持するのはなぜかというと、ひとつの理由としては、私がプライドを抱くのは正しい仕方で自分に関わる事柄——自分のアイデンティティに深く関わるもの——に対してのみであるべきだからと言えるかもしれません。哲学者のタラ・スミスも、「プライドとは自己にかんする態度である[11]」と述べています。私が何者であるかという問題にほぼ関係がなく、また私の人格を何も反映しない事柄に対してプライドを抱くべきではないというわけです。しかし、どこからどこまでがアイデンティティに含まれるのかということを、どうやって決めることができるでしょうか。さらに、何が本当に「私の部分」となっているのかということを、いったい誰が決めるのでしょうか。きっと、これらの問いに対しては、それぞれの人がそれぞれの仕方で答える権利を何かしら持っているという面もあるのだろうと思います。ひょっとしたら、ブランシュは、イングラム夫人の娘であることが彼女自身であることの重要な部分を占めていると感じるかもしれないし、彼女の財産が、さまざまな仕方で彼女の自分らしさを作り上げていると感じているかもしれません。では、彼女がそこにプライドを抱くべきでないのはなぜなのでしょうか。

彼女がそこにプライドを抱くべきでないのは、良い生まれや財産に対して、自分自身の責任のもとで獲得してきたものであると言える立場に彼女がないからかもしれません。スミスも、「プライドと喜びの違いは、喜びと違ってプライドは、その当人が責任を有する事柄やその当人が何かしら特に強い結びつきを持つ事柄から生じる、という点にある」[12]としています。ブランシュは、自身の財産や地位を自分で手に入れたわけではありません。彼女の社会的地位は偶然、彼女にもたらされたものに過ぎず、彼女自身の主体性や努力の結果生じたものでもないのです。でも、親から得た財産や、生まれつきの富に対してプライドを抱くのではなく、代わりに、逆境にもかかわらず努力の末に財産を築いたり、富を得るために多くの犠牲を払ったりしていたとしたらどうなるでしょうか。このように得られた富は、単にたまたま裕福に生まれたからという理由でプライドを持つ場合よりは、実際に「プライドに値する」ように思われます。それでも私には、単なる富の獲得、つまりただただお金を増やしたいがゆえにお金を増やすという、とうてい大切とは言えない目標を達成して、それにプライドを抱くというのは、浅はかで薄っぺらく、はっきり言えば悲しいことだと思えます。この議論で次のことがわかるでしょう。プライドを、「良い」プライドと「悪い」プライドにすっきりと線引きすることはできず、むしろプライドのスペクトラムがあるだけで、この対象にプライドを持つのは、最善ではないけれど、あの対象にプライドを持つよりはより良かったりより有徳であったりするのだ、というようになっているのです。

　偶然にも私は単なる富それ自体が価値を持たないと考えている人間なので、このように富に基づくプライドを低く見積もっています。また、ルックスというもの、つまりは単なる外見についても、それ自体で価値があるとは思いません。もしも、お金持ちになるか、きれいになるか、頭が良くなるか、一つ選べるとして、私なら頭が良くなることを選びます。こうした価値のランクづけを正当化しようとすれば、きっとそれは私がここで取り上げているのとは別のプロジェクトのテーマとなってしまうでしょうし、またひょっとしたらいずれこの選択は私の好みに過ぎないという結論に落ち着くこともあるかもしれません。いずれにせよ、そうは言っても頭の良さにプライドを持つのも変な気がする、という点に触れておきたく思います。知能を生まれつきのもの（個人の遺伝的な授かりもの）と考えるにせよ、育ち（幼少期の生育環境や教育の機会）によるものと考えるにせよ、いずれの場合も、知能というのは私たち自身が自らの責任で手に入れたものではないように思われます。つまり、頭が良いと言われるに値する者などいないのです。なるほど、富を蓄えるために一生懸命働く人がいるように、生まれや育ちのおかげで手にしている認知的財ならば何であれそれを発揮させようと努力する人もいるかもしれません。勉強を頑張り、さまざまな本を読み、どんな学びの機会も逃さない、というように。私たちの多くは、単に驚異的なＩＱを持つ人やエリート学校に通える人と比べたら、このように「何かの道で身を立てた」人にはプライドを抱く理由があると判断するのではないかと思います。

そうはいっても、他の人より頑張ることが得意な人が存在することもまた疑いのない事実ではないでしょうか。実は私も努力が得意で、努力に関してはプロ並です。やることリストを作りその項目を一つずつ消していくこと、自分で締め切りを作ってそれを守ることが大好きですし、時間をやりくりして本をあっという間に読んだりもします。ですが、こうした特徴は、ひょっとしたら育ちのせいで強化されている面はあるのかもしれませんが、私に特有の気性や個性に過ぎないように思えます。頭が良いことにプライドを持つのと比べて、努力が得意であることにはプライドを持ってよいと少しでも言えるかというと、はっきりしません。どちらのケースでも、私はふさわしい仕方において自らの責任のもとでそれを手に入れたとは言い切れないからです。このように、もし「努力する」能力でさえ自分の功績とすることができないのであれば、なされたことのうちどれくらいが自分の努力の結果と言えるかを考える際に、慎重になる必要があるでしょう。正確に言うと何に対してプライドを抱くべきなのか、さらに考えねばなりません。

引き続き富や教育にプライドを抱くということについて考えてみると、ひょっとしたら世界を良くするため、例えば、世界から飢餓や貧困を失くすべく慈善団体を作るためにお金を稼いだり何かを学んだりする人もいるかもしれません。良い目的のための献身は、単に金持ちになることや輝かしい学歴の履歴書を持つことに比べて、よりプライドを抱く価値があることに思われます。まさにこの理由から、私は自分の富や知的な面での業績それ自体に対してプライドを抱いているのではなく、実は、そうしたものを用いて自分以外の誰かのためにおこなった善行に対してプライドを抱いているのかもしれません。この理解の下では、道徳的に価値のある対象にプライドが向かうとき、すなわち、単に自分の個人的な目標を達成するためにに役立つだけではなく、すべての人のために世界をより良くすることに役立つような対象にプライドが向けられるとき、そのプライドはより良いものになると言えるでしょう。徳とは、とどのつまり、自分だけでなく他者の利益にもなるものです。しかし、ここでもまた、私がたんなる自己研鑽より高潔な目標を目指せるのは、自分の性格の形成過程や、この世界で私が占める立ち位置に関する、ラッキーな偶然によるものなのかもしれないのです。

相対的プライドと絶対的なプライド

ここまで、適切なプライドと不適切なプライドにかんして、二つの見方を暫定的に検討してきました。

(1)プライドは手に入れたり達成したりすることに本当に価値のある事柄、特に、道徳的な善さに対して抱かれるとき、より適切なものになる。

(2)プライドは運や偶然によってもたらされたものより、自分の努力によって達成された事柄に対して抱かれるとき、より適切なものになる。

また、他のものより獲得するに値する価値を持つものがあると考えるくらいの、異論の余地のない理由を与えるのは難しいという点にも触れました。さらに、もし「努力する」能力さえ自分の成し遂げたことになりえないとしたら、何が自分自身の努力の産物だろうかと考えれば考えるほど、一体そんなものが存在するのかわからなくなってしまいます。『ジェイン・エア』の例に戻りましょう。ブランシュが自分について抱くプライドには、実際のところ(1)の要素と(2)の要素のいずれも欠けているように見えるので、この二つの要素の両方ともが、プライドが正当なものか否かを私たちが判断する際に一役買っているように思えます。ブランシュは、相続した富と地位に対してばかりプライドを抱いていて、本当に価値のあるものや道徳的に意義のあるものに対してプライドを抱くこと（(1)）、または自分の努力――たとえ、ジェインのような素晴らしい家庭教師を雇うことも含めて、ブランシュが自分ではコントロールできない幸運な状況にいるおかげで、こうした努力が可能になるのだとしても――によって達成した事柄に対してプライドを抱くこと(2)のいずれの条件も満たしていません。実際こうした理由があるからこそ、私たちはブランシュのプライドを、プライドのスペクトラムのなかでも悪徳側の端っこに置きたいと感じるのかもしれません。

一方、ジェインのプライドの根拠はというと……そうですね、果たして本当のところ何に基づいているのでしょうか。この問いに答えるのはそう簡単ではありません。彼女は「貧しくて身分が低くて、不器量でちっぽけ」[13]であることを認めています。ジェインは、本当に価値があったり道徳的に意義があったりする何かや、あるいは自分自身のゆるぎない努力で獲得された何か、要するにプライドに根拠や正当性を与える見込みのある対象が持つ二つの特徴を持った際立った何かが自分にあるのだと言ったりはしません。むしろジェインのプライドの基礎にあるのは、他者と自分を区別するような特徴ではなく、彼女が他者と共通して持つような特徴なのです。ジェインはロチェスター氏に対して、自分は彼に比べて低い身分ではあるが、彼と同じだけの「魂」や「心」を持っているのだと訴えます。でも彼女のいう「魂」や「心」が何なのかは一〇〇パーセント明らかなわけではありません。もしそこで彼女が言わんとしているのが思いやりのことならば、ジェインには間違いなくブランシュよりも「魂」や「心」があるでしょうが、しかしジェインは自分がロチェスター氏より優れていると訴えようとしているというより、自分がロチェスター氏と対等なのだと訴えることに注力しているように見えます。もしも「ちょうどわたしたち二人が、お墓のなかを通って神様の足もとに立った」としたら、「対等に」なるのだと彼女は言います。[14]

このようにジェインのプライドの源泉を考察すると、良いプライド（徳としてのプライド）と悪いプライド（悪徳としてのプライド）の対象を特定するために考慮すべき事柄として、ここまで語ってきたのとはずいぶん異なる二つ目のポイントが見えてきます。私たちは他人と相対的な自分の立ち位置や他人と比較したうえでの自分の立ち位置にプライドを抱くことがあります。自分のほうがお金持ちだ、頭がいい、容姿が優れている、強い、親切だ、才能がある、誠実だ、正しい、などなど。こうしたプライドを「相対的」プライドと呼びましょう。相対的プライドは、客観的な指標のあるなしにかかわらず、何らかの競争の結果として、つまりは何かしら勝ち負けのあるものの結果として生じるプライドです。ブランシュは、無言のうちに繰り広げられる階級と特権の競争でジェインに「勝った」ということにプライドを抱いています。小説の中では出てきませんが、ジェインもまた性格の良さや、もちろん礼儀正しさに関して、無言のうちに繰り広げられる何らかの競争でブランシュに「勝った」ことにプライドを抱いていた、ということがあってもおかしくありません。けれど、別の種類のプライドもあって、それは他人との比較にまったく基づくことなく自らに抱くプライドです。これを「絶対的」プライドと呼びましょう。これは、ただ人間としての自分の尊厳に対するプライド、つまり他のすべての人たちと対等であることへのプライドです。こうした種類のプライドこそが、ジェインの訴えているものです。

とすると、次に私たちは絶対的プライドが良いプライドで、相対的プライドが悪いプライドであると言えるのかどうかを検討しなければいけません。本当は、私はこのような大雑把な物言いはしたくありません。それでも、自分自身の基本的な価値を主張すること、私たちの道徳的共同体の一員なら誰もが払われるべき敬意を持って自分も扱われるべきだと要求することは、プライドのひとつのかたちであってそこに価値があることは否定しがたいように思われます。他方で、他人よりも自分が優れていることを認めさせようとするプロジェクトの場合、そこで優れているとされる属性が明らかに価値のあるものだったとしても、そこにはある問題含みな特徴が生じることになります。実際、人がプライドを抱くのが良い面であればあるほど、その点で自分が他人より優れていることにプライドを抱くというのは、ますますおかしなおこないになってしまいます。もっとも手に入れる価値のある特質の一つに、道徳的に優れた性格というものがあります。富や名声や美しさやスキルよりも徳を持っているほうが良いことでしょうから。徳を持っていれば、生きていくなかである種の卓越性を手にすることができるかもしれません。哲学者たちは道徳的な良さの達成というものをさまざまな徳に照らして理解していますが、その中には、プライドという徳がそのための重要な役割を担うと考える人もいます。スミスは「徳としてのプライドとは［…］道徳的な卓越性を達成しようというコミットメントのことである」[15]と述べます。ですが、本当に道徳的に優れた人々が、どれほど自分は優れた人物であるかなどと考えるのにたくさんの時間を費やすとも思えませんし、ありていにいって、そもそも自分自身のことで頭をいっぱいにするのに時間をかけるとも思えません。きっと、道徳的に優れた人々は、他人と自分を比較したり、人より自分が優れている点についてぐだぐだと考えたりといったことに時間をかけはしないでしょう。「私はあなたより道徳的に優れた人物なのだ」というのは、道徳的に優れた人物の口から出てくるものとしては、かなり違和感のあるセリフです。これが自己防衛のための戦略として出てきた言葉だというならまだわかります。自分の徳を他人に非難された場合には、私はそれに言い返そうとこうしたセリフを口にするかもしれません。そうでもない限り、こんな仕方で話したり、このような観点から考えたりすることはせずにすませたいものです。

それでも、何らかの活動において秀でていて、つまりは自分が他人より優れているのだなどといったかたちで、他人から自分を区別するような性質にプライドを抱くのは自然なことですし、道徳的に健全であるように思えます。私たちは、スポーツや演技、書きもの、哲学などで卓越性を発揮して、それを表彰されたなら悪い気はしません。ですが、もし全員が同じ賞をもらえるとしたら、受賞の満足度は下がります。青少年スポーツの参加賞、小学校の週ごとの集会で発表されるかたちばかりの表彰などがその典型です。私も、大学の先生が自分の哲学のレポートに書いてくれたコメントが、実は友人のレポートに書かれていたのと同じだとわかって、ありがたみを感じなくなったということがありました。全員が特別だというのは、誰も特別ではないと言っているのと同じですし、私たちは特別な存在でありたい、他人の中に埋もれることなく、何かしらのかたちで特別でいたいと強く望んでいるように思えます。それならば、自分にあって他人にない能力に対する、相対的なプライドすべてをまとめて悪いプライドだと低く評価するのは行き過ぎになるかもしれません。しかしながら、単に「一番であること」に対するプライドを追求してばかりいても、そういう狙いは当てが外れやすいものです。「一番であること」というのも比較集団に相対的なことであるわけで、そしてどんな卓越性であれ私たちがそれに磨きをかけていけばいくほど、私たちはより洗練された人たちの集団の中に身を置くことになっていくのですから。高校で優等生だった人たちが、エリート大学へ進学したときに気づくこともこれと同じです。競争は刺激を与えてくれるものにもなりうるのですが、嫉妬や不満も生むことがあります。スミスの見解では、相対的プライドは「自分対相手の勝負」に変わってしまい、そのせいでプライドは「害をもたらすもの[16]」

となるのです。

それに対して、絶対的なプライドは人々の助け合いにつながります。私たちはみんな道徳的により良い人間になろうと努力できますし、そのとき誰かが失敗しないと成功できないなどということはありません。ほかの人たちも共有していて、その人たちはその人たちでプライドを抱いているような特徴を私たちのほうも持っていて、そのことに私たちがプライドを抱いたなら、世界は今よりも良い場所になるでしょう。実際、悪徳となる相対的プライドがあるところには、まず間違いなく絶対的プライドは見られないと言えそうです。テイラーは「安定した自尊心を持っている人」はうぬぼれないと述べるのですが[17]、その一方で「自分が他人より優れているといつも繰り返し確かめる必要があるとしたら、その自尊心はほとんど安定性のない、まがいものの自尊心である」[18]と言います。もしもブランシュがジェインのように本当の意味で自分自身に敬意をはらっていたなら、ジェインに対して優越性をひけらかす必要はなかったかもしれません。しかし、相対的プライドがなくなることはないし、なくなるべきものでもないでしょう。とすれば、ここで生じる問題の中心は、プライドがどのように表に出されるかという点にあるように思えます。たとえ、ブランシュのプライドを抱く対象が、富や地位よりも価値があるもので、そしてもっと自分に責任のある事柄だったとしても、自分よりも恵まれない立場にいる人の前で勝ち誇った態度をとったり、その人をあからさまに軽蔑したりすることは道徳的に卑劣な行為になるはずです。ブランシュほど、道徳的に欠点のある、それどころかとても不愉快なプライドの例そのものであることがわかりやすい人も珍しいでしょう。

プライドの表出

こうしたことを全部心に留めてみると、自分に対するプライドなどそもそも表に出さないほうがよいという人たち（私たちが自分をどれだけ素晴らしいと思っているかを事細かに語ったとして、それが世間の人たちの耳に入る必要性など本当にあるでしょうか？）には見られないような仕方で、他人と比べて自分がよくできたことに対するプライドを表に出すためのいろいろな方法を明らかにしていくことができるかもしれません。自分へのプライドを他人と共有しなかったり、それどころか自分のこういった側面がプライドの基になっているのだということさえ他人と共有しなかったりなどということをしたなら、自分がまさに自分であるということの一部が差し引かれることになるだろうし、それは、先に述べたように自分のアイデンティティの感覚にもっとも深くつながっている特徴にこそ私たちは最大のプライドを抱くのだとすれば、なおさらのことでしょう。さらに、他人が私たちの達成したことにプライドを抱く場合もあります。その人が例えば教師や指導者として、その達成を実現する部分的な要因になっていたか、もしくは、家族の一員や友人など非常に近しい間柄なので、ある意味で私たちの達成がその人の達成でもあった、などといった理由で。うちの下の息子は、「あなたを誇りに思うよ」という私の発言を、こういう理由で嫌がっていました。私の発言は、あの子が達成したことを私物化し、自分の手柄にしているサインになっていたからです。子どもの通知表やコンサートでの素晴らしいパフォーマンスを、何らかの意味で自分のものだと思っていないなら、どうして単に「あなたは自分を誇りに思うべき」ではなく、「私はあなたを誇りに思う」と言うのでしょうか。

ソーシャルメディアの時代である今、私たちは自分のキャリア促進の一環として、仕事の功績を宣伝しなければというプレッシャーに晒されてもいるかもしれません。専門家として生き延びたいというだけなのに「自画自賛する」必要があると感じてしまうのです。ですが自分の功績をしょっちゅう、おおげさに吹聴しすぎると、あっさり逆効果になってしまいます。他方で、私たちは、他人がプライドを表すことに喜びを覚えたり、成功を素直に喜ぶ人の姿を見て感動したりすることもあります。例えば、スポーツ選手が勝利に涙している姿やパフォーマーたちがスタンディングオベーションを見て顔を輝かせる姿に、私はもらい泣きすることがあります。

これまでに私が書いた哲学論文には、「自慢、うぬぼれ、ひけらかし」の倫理学を論じるものがあります。そこで私は、今あげたような理由から適切で歓迎できるものとなるプライドの表明もあるけれども、自分の功績をしつこく売り込んでばかりいる人に対してはいらいらするものだと結論しました。この場合には、表出されているプライドの大きさそのものがいらだちの原因になることもあります。プライドが賞賛されるのは、自分の成果に対してプライドを表に出すだけでなく、それとともに自分の落ち度に幻滅したことも同じくらい忌憚なく打ちあける場合でしょう。また、今だったら、プライドを表すときには、自分の成功に貢献してくれた人たちへの感謝の気持ちも伴っていてほしいということも付け足したいところです。この付け足しは、私たちが達成したことが自分のコントロールできない要素にどれだけたくさん影響を受けているかという私の指摘とも重なります。例えば、私たちがまさに今あるこうした存在であることのうちに、親や教師によって形づくられた面がどれほどあるかという点も、そうしたコントロールできない要素としてよく挙げられるところでしょう。ここで目下の目的にとってもっとも重要なのは次の点です。私たちが他人のプライドの表出にいらいらするのは、その人が自分の成果に度を越したプライドを抱くだけでなく、暗にそれを私たちの成果と比べているときです。「だいたいの自慢家は、自分にとって良い知らせを受け取ると、表立ってではないにしても、自分に有利なかたちでの他人との比較、特に目の前のあなたとの比較の材料にするものだ[19]」。

相対的プライドというのは言うまでもなくどうしたって相対的なものではありますが、プライドを表に出すときに相手との比較というかたちでの相対性をわざわざ他人にぶつける必要はありません。表に出てくるプライドが優位性に対するプライドであればあるほど、そうしたプライドの表出は道徳的には問題のあるものとなってしまいます。こうなるとプライドの表出はヒエラルキーを強化するメカニズムになってしまうのです。これこそまさに、ブランシュが、その場で唯一の家庭教師であるジェインに聞こえるところで、家庭教師は身分が低いと嘲るときに起きていることです。ここでブランシュはあからさまに、自分よりも恵まれない立場にいるジェインがまさか一線を越えてきたりなどしないよう取り締まって、階級の序列を守ろうと目論んでいるわけです。それに対して、ジェインがくりかえし表に示す絶対的なプライドは――自身の尊厳と価値に対するプライド――抑圧的なヒエラルキーに立ち向かうものです。そうは言っても、子どものころのジェインは、自分よりもさらに貧しい人たちを見下しています。リード家の残酷な仕打ちから逃げようとするときでさえ、「階級を犠牲にして自由を求めようとする覚悟はわたしにはなかった[20]」のであり、彼女自身もヒエラルキーを保存するこの手の相対的プライドを持っていると責められても仕方ないでしょう。

絶対的プライドは、抑圧的ヒエラルキーに立ち向かう力を持つものですから、その抑圧構造で利益を得ている人々が、抑圧されている人たちに対して、プライドとは反対の、謙虚さの徳を持つことがふさわしいと主張するのも当然でしょう。寄宿学校で権力をふりかざす校長は、ジェインの伯母に対して「謙虚は［…］ローウッドの生徒に特にふさわしいものです。［…］その要請に特に配慮するように指示しております。生徒の虚栄心をどうすれば一番よいか、考察を重ねてきました[21]」と述べるのですが、その一方で、自分の娘がローウッドの生徒たちの「地味で質素」な身なりを見て声をあげる様子、生徒たちが娘のドレスを「絹の服を見たことがないみたいに[22]」眺めて感心していることに喜びを隠せません。プライドは、どうやら身分の低い人たちにとってのみ「抑制」すべきものであるようです。だからこそジェインが、周囲の人々がたえず攻撃してくるなかで、それでも自分自身の価値をしつこいくらい主張する姿に、私たちは喝采を送るのでしょう。

結論に近づいてきたので、プライドには個人のあり方に根差したものだけでなく、集団に根差したものもあってよいし、実際そういうことは珍しくないという点にも触れておきたいと思います。これはスミスが「社会的プライド[23]」と呼んだものです。私たちは、家族、宗教、趣味の世界《ファンダム》、職能集団、国家などのメンバーとしてのプライドというものを経験することがあります。そのうちのいくつかは自分で選んで所属した集団であるわけで、そうすると、特定の教育機関に入る、特定の業種でのキャリアを重ねる、子どもの頃の信条を捨て、自分がもっと満たされる思想や実践のある別の信条を見つけるなどの決心をしたことを指して、自分には優れた分別があるのだと得意になっている、ということもあるでしょう。その一方で、家族、民族、国家など、単に偶然そこに生まれたというだけで所属している集団もあります。しかし、集団に根差すプライドは、これら二つのシナリオどちらでもあまり違わないように思われます。というのも、このプライドは、自らの責任のもとでその集団に属しているかどうかといったことよりも、その集団に対する思い入れの深さに依る面が大きいからです。集団に基づくプライドの多くは、他のメンバーに対する忠実さや、その人たちへの共感を伴う連帯の話に他なりません。自分と同じニュージャージー州の中央部で生まれ育った人に出会うときはいつも、私もこうした感情を持ちます。ですが、集団に基づくプライドから問題が出てくることもあります。権力を持つ集団が、権力を持たない集団に対してプライドを抱くケース、つまり、プライドが人種差別や性差別といったかたちで姿を見せるときです。こうした問題のあるプライドはブランシュに見て取れるもので、それは例えばジェインが自分で働いて生きていかねばならないことを軽蔑するときなどに、階級差別のかたちをとって現れています。さらに、集団に基づくプライドの現れが好戦的なものであるとき――戦争を支持する愛国主義など――も問題になりえます。このとき、共通する人間性に対する絶対的プライドこそが重要な力となって、ある集団が別の集団よりも優位だとする相対的なプライドを是正するものになるのです。

結論

結論すると、プライドは徳なのか悪徳なのかという問題について、私たちの道徳的な評価の仕方はさまざまな要素によって変わってくるということになります。プライドは、それがその人のアイデンティティに関わる度合いや、その人が責任をもつ事柄に関わる度合いに応じて、正当化しやすいものとなります。「プライドは、獲得されねばならない[24]」のです。また、プライドは、他の人たちのためになる点で価値がある場合、とりわけそれが道徳的に大きな価値を持っている場合ほど、より正当化されやすいものとなるのでした。他人と比べて自分の優位性を主張する相対的なプライドには問題となる特徴がある一方で、人間が共通してもつ価値に対し、自尊というかたちで抱かれる絶対的なプライドは、ことほぐべきものでした。相対的なプライドがいちばん問題を引き起こすのは、抑圧的なヒエラルキーを強化する仕方で表に出てくる場合です。ブランシュが、自分より身分の低い家庭教師ジェインと比べて、富や階級にかんして自分が優位であることにプライドを抱き、そのプライドをいやみったらしく表に出すとき、私たちはそれを不愉快に感じるでしょう。また、ジェインが自分をあらゆる人と等しい存在としてたゆまず擁護する姿に、さらには、横暴な振る舞いを向けられても、自分は他の人々から敬意を払われるべき存在だと言い切る彼女の力に、そして何より根本的なこととして、ひるむことなく自分を尊重する彼女のあり方に、私たちは喝采を送るのです。

［原注］

（1）Bronte (1991, vol.1, 223).〔日本語訳、上・三四二頁〕
（2）Ibid., 227.〔日本語訳、上・三五二頁〕
（3）Ibid.〔日本語訳、上・三五三頁〕
（4）Ibid., 29.〔日本語訳、上・四九頁〕
（5）Bronte (1991, vol.2, 17–18).〔日本語訳、下・七七－七八頁〕
（6）Ibid., 102.〔日本語訳、下・二一三頁〕
（7）Taylor (2006, 70).
（8）Foot (2003, 107).
（9）Ibid., 106.
（10）Driver (1999, 827).
（11）Smith (1998, 74).
（12）Ibid.
（13）Bronte (1991, vol.2, 17).〔日本語訳、下・七七頁〕
（14）Ibid., 18.〔日本語訳、下・七八頁〕
（15）Smith (1998, 76).
（16）Ibid., 80.
（17）Taylor (2006, 72).
（18）Ibid., 74.
（19）Mills (2003, 11).
（20）Bronte (1991, vol.1, 25).〔日本語訳、上・四四頁〕
（21）Ibid., 38.〔日本語訳、上・六三頁〕
（22）Ibid.〔日本語訳、同頁〕
（23）Smith (1998,89).
（24）Ibid., 81.

［訳注］

＊1 本論文中の『ジェイン・エア』の引用にかんしては、シャーロット・ブロンテ『ジェイン・エア（上・下）』（河島弘美訳、岩波文庫、二〇一三年）をそれぞれ参考にしているが、論旨に合うよう変更を加えている箇所もある。

［参考文献］

Bronte, Charlotte. 1991. *Jane Eyre*. New York: Knopf/Everyman's Library.〔シャーロット・ブロンテ『ジェイン・エア（上・下）』河島弘美訳、岩波文庫、二〇一三年〕

Driver, Julia. 1999. "Modesty and Ignorance." *Ethics* 109, no. 4 (July): 827–834.

Foot, Philippa. 2003. "Virtues and Vices." In *Virtue Ethics*, edited by Stephen Darwall, 105–120. Oxford: Blackwell.

Mills, Claudia. 2003. "Bragging, Boasting, and Crowing: The Ethics of Sharing One's Glad Tidings with Others." *Philosophy & Public Policy Quarterly* 23, no. 4 (Fall): 7–12.

Smith, Tara. 1998. "The Practice of Pride." *Social Philosophy and Policy* 15, no. 1 (Winter): 71–90.

Taylor, Gabriele. 2006. *Deadly Vices*. Oxford: Clarendon Press.

第4章

問い――哲学の核心

メリッサ・M・シュー
横田祐美子 訳

ニコール・クラウスの小説『ヒストリー・オブ・ラヴ』（二〇〇五年）に登場する十五歳の少女アルマ・シンガーは、父があまりに早く亡くなったせいで深く悲しんでいる母を癒し、弟を慰めたいと考えていました。母は悲嘆に暮れ、弟は自分がいつか父を忘れてしまうのではないかと思い悩んでいたのです。アルマは自身の抱える悲しみを理解しようとするとともに、母を励まし、弟が父の子だと思えるよう手助けする方法を見出そうともしており、この小説でアルマが主人公となるパートは、そのような彼女がつくるリストを通じて語られています。リストの見出しには、彼女の内なる願望が表れているものもあれば（「二七　大人になっても絶対にやりたくないこと」）、実際に起きた出来事を示すものもあります（「三二　二か月間、母はほとんど家を出なかった」）。彼女は恋をし、挑戦し、失敗し、後悔し、望み、問いかけます。このときアルマは、自分が何者であるのか、何者になろうとしているのか、そのさまざまな側面にミクロな視点からアプローチするこのリストによって、自分の人生のカタログを作っているのです。

この小説では、二つの物語が、はじめのうちは互いに異なるものとして展開されます。アルマの物語とは別の物語では、レオ・グルスキというユーモアのある老人が主人公となっており、彼の心の痛みや絶望は、苦しみ、愛し、失い、嘆き悲しんだことのあるすべてのひとの心に響くものです。レオもまた、ときに合理性を欠くやり方ではあるものの、問いを投げかけています。例えば、レオが若かりし頃に抱いた生涯最大の恋を描写するにあたって、作者のクラウスは「むかしむかし、あるところに、ひとりの少年がいました。少年はひとりの少女を愛していました。少女の笑い声は、少年が人生のすべてをかけて答えたいと思った問いでした[1]」と記しています。この台詞は思わず目を白黒させてしまうものかもしれませんが、実はホロコーストを背景としたおとぎ話のはじまりを、苦々しくも優しく演出しているのです。そのうえこの一節は、問いというものが明確に論理的な方法で表現されてはいないとしても、それがまさに私たちの経験や他者との出会いから生まれる可能性があることを示しています。それはともかく、ここで「少女」と呼ばれているのもアルマですが、これは最初のアルマとは別人です。アルマ・シンガーの名前は、レオが実在する女性（まだこの女性が少女の頃に知り合ったのです）への大いなる愛をもとに書いた『愛の歴史』に登場するアルマにちなんだものでした。若き日の情熱的な恋の後、レオはポーランド全土にわたる大虐殺を避けるため、何年も身を隠しつづけることになります。その後、若きレオとアルマが顔を合わせたのは、たったの一度きりでした。

作中作である『愛の歴史』の著者であるレオは、さまざまな時代の、さまざまな愛の在りようをとおして、アルマを神話化していきます。彼は愛を純粋なかたちで経験した結果として、愛の歴史のなかにあれやこれやといった「時代」を創作し、愛を讃えるのです。例えば〈沈黙の時代〉は言語ができる以前の身ぶりの時代であり、〈ガラスの時代〉はガラスでできた身体に人間の脆さが映し出されている時代を指しています。

どういう巡り合わせか、アルマの母はいまこの『愛の歴史』を翻訳しています。もちろん、彼女たちはレオのことを知りません。それどころか、まったく別の人物が作者だと思い込んでいるのです。アルマは母が訳した章を読み、「三三　愛の歴史、第一〇章」とリストに記します。この章は〈ガラスの時代〉です。この時代は、愛がしばしばそうであるように、切ないかたちで終わりを迎えてしまうのですが、彼女はもう一人のアルマについて語るレオの次のような言葉を目にします。「彼女のキスは、彼が人生のすべてをかけて答えたいと思った問いだった」[2]。ひとの悲しみをどのように解決するか、絶望した弟をどうやって慰めるかといった問いが問いでありうるように、笑い声も問いであり、それと同様にキスもまた問いになりうるのです。実際、きちんと耳を澄ませば、ほとんどすべてのものが正真正銘の問いになりえます。自分自身が、自分に向けた問いになることさえできるのです。

アルマが語り手となっている物語の終盤で、彼女は母のためにふたたび恋のキューピッドになろうと試みた後、リストに「一二　私は諦めた」と記しています。「母をもう一度幸せにしてくれるひとを探すのはやめることにした。たとえ私が何をしても、誰を見つけても、私も——そのひとも——私たちの誰ひとり——母の心のなかにある父の記憶には勝てないだろう、とついに悟ったのだ。そのために悲しんでいるあいだでさえ、母の慰めになっている記憶なのだから。母はその記憶からひとつの世界をつくりあげ、そのなかで生きていく方法を知っている。たとえ他の誰にもそんな芸当はできないとしても」[3]。アルマは当初、母の問題を解決するために役立つ情報を求めていました。ですが、自分にできることの限界を知り、代わりにまったく別のことに気づいたのです。この過程には本章で記述していくように、哲学的な問いへとつながる道筋が描き出されています。小説の最後の場面で、彼女は公園のベンチでレオの隣に座ることになります。ふたりを結びつけたのは、アルマという名前だけでなく、自分の居場所だと感じられない世界のなかで意味を追い求めたいという願いでもありました。この章の最後で述べるように、見知らぬ者たちが共に世界のうちに存在していること、すなわち早熟でひたむきなアルマと、長くときには苦しい人生の終わりにおいてもなお生を全うしたいと願ったレオが共に世界のうちに存在していることは、世界に意味と活気を与え、ふたりを、そして潜在的には私たちをも引きつける哲学的な身ぶりを示しているのです。

哲学的な問いの本質

哲学的な問いは、他の種類の問いとは異なります。退屈しているとき、絶望しているとき、愛しているとき、危機に瀕しているとき、沈思黙考しているとき、他者と会話をしているとき、あるいは他のさまざまな仕方においても生じてくる哲学的な問いは、ひとにつきまとって離れない類いの問いになりやすいものです。彼女は、こうした問いが実のところ自分を不安にさせ、容易には答えが得られないものであることに気づくかもしれません。そしてまた、彼女は自分が何度もこうした問いに立ち返ることに、それゆえこれが他の問いにはない仕方でいつまでも残りつづけることにも思い至るかもしれません。そしてこうした問いが、文学や歴史、科学の本のなかに見出せることを彼女は知るかもしれませんし、問題解決の糸口を求めて数学や物理学、ついには政治思想や心理学にいたるまで、さまざまなところから何かを得ようとするかもしれません。さらに、どうして宇宙はあるときには完璧に調和しているように見えるのに、別の瞬間には混沌とした法則性のない乱雑なものとなるのだろう、と彼女は不思議に思うかもしれません。このような好奇心をそそる問いは、私たちがこの世界のなかで日常的にくりかえしている他の種類の問いとは一線を画しています。日々の取引のなかで生じるその場かぎりの問いと朽ちることのない哲学的な問いのちがいは、情報の性質を、知識や知恵の性質と対比させることで理解できるでしょう。

私たちは答えのある世界に生きています。例えばパイを一切れ買いたいのに値札が見当たらなかったとすれば、あなたは売り場のひとに値段を尋ねるでしょうし、そうするとそのひとは「五・五ドルです」などと教えてくれるはずです。このときあなたが手に入れたのは、取引をとおした情報です。あなたは「いくらか」「何を」「どこで」という問いを提起しており、これは相手からのシンプルな返答で容易に満足させられるものです。私たちが日常的におこなっている問いのほとんどは、このような能率的で実用的な問いを必然的に伴っています。というのも、それは私たちの目先の欲求(パイが欲しいなど)に応えたり、あまり知られていない豆知識に対する束の間の好奇心を満たしたり、欲しいものを手に入れたりするのに役立つようにつくられた問いだからです。これらの問いはもっぱら実用的で、軽視されるべきものではありませんが、たいていの場合は私たちが反省したり批判的に取り組んだりすることを、ほとんど、あるいはまったく必要としていません。実際、こうした問いは何よりもまず役立てるためになされるのであって、この現代社会で何かを問うときにもっともよいとされている問い方の一部となっています。「あなたの専攻は何ですか?」「その研究分野を修了するためには、どの授業を履修する必要がありますか?」「卒業したら、あなたの取得学位ではどのくらいの収入になりますか?」「どこで仕事をしますか?」「インターンシップは何回経験しましたか?」……。この種の問いは、相手の生産性や実利的な目的について情報を求めるものです。誰かがそれに返答すれば、その答えはそれを聞いたひとの頭のなかで、別々の書類整理棚に分類されて納まることになるでしょう。「経済学を専攻して、ロースクールに入学し、大都市に引っ越して小さな会社に勤める……なるほど、それは理にかなっている。堅実な計画だ」というふうに。こうした人々は求めていた情報を受け取り、それを整理しやすいデータの断片にして頭のなかに保存しているわけですが、これはちょうど、アルマが彼女のリストのなかでも事実寄りのカテゴリーを用いてやっていたことです。答えを求めるために問いを重ねる必要もなければ、さらなる情報を集める必要もありません。問題は解決したので、次のステップへと進めます。それゆえ、これらの問いは取引をするための問いなのです。なぜなら、決まった種類のデータをインプットしてもらえれば解決するようなもので、要求された情報が質問者に与えられればそこで終わるからです。

　これに対して哲学的な問いは、たんなる情報だけで満たされるものではないため、役に立たないか、少なくとも全面的に役立つとはいえない特徴をもっています。哲学的な問いはしばしば知恵を求め、まぎれもなく知識を伴うものです。この知恵や知識というカテゴリーは、情報とは種類が異なります。もし試験範囲の情報を丸暗記して答えさせるだけで学生の洞察力を測るとすれば、それは教育に対する取引的なアプローチとなってしまいます。学生を評価する際に、知識を応用してさまざまな種類の問題を解決する能力を指標とするならば、その解決策には情報も含まれてはいますが、それだけにとどまるわけではありません。学生が問題について批判的に考えるよう促されるとき、彼女は哲学の領域にさらに近づくことになるのです。情報を手にしていれば、たまたま学生が正解を言い当てることもあるかもしれませんが、そうした情報は簡単に忘れ去られてしまうものです。学校は、試験のためにできるだけ多くのデータを頭に詰め込んで、試験が終わればすぐに忘れてしまう学生たちであふれかえっています。それは地図を理解しないままGPSの指示に従うことと似ています。いったん試験が終わったり、目的地に到着したりすれば、情報は消えてしまうのです。

したがって、情報とは何かを獲得するためのものだといえるでしょう。例えばスクラブル[*1]で二文字の単語を意味もわからずに覚えたり、物理の試験に出てくる正しい公式をたまたま、あるいは語呂合わせなどのテクニックを用いて暗記したりするように。そうすると、情報の持ち主はゲームに勝ったり合格点を取ったりすることができるため、やはり情報は有用なものだと思うようになります。しかも当人は、その情報がなぜ、どのようにして上手く事を運んでくれているのかが理解できていないため、同じ情報を他のひとに伝えようとしてもぼんやりとしか伝わらないのです。例えば、いま使った二文字の単語の意味を聞かれても、知らないのだから説明できるわけがありません。そのため、ひとがたんなる情報ではなく知識をもっているかどうかを見分けるには、それが理論的であれ仮説的であれ、「自分の知っていることを他のひとに教えられる」という点がひとつの明確な指標となります。というのも、知識のあるひとは物事の仕組みや成り立ちを理解しており、自分の知識を他のひとに示し、説明できるからです。自分のもっている情報の内容に関わる文脈を欠いたまま知識と呼べるものの範囲内で推論をおこなう場合、情報だけに頼るひとであっても相手を納得させるような応答をするかもしれませんし、実際にはそうではないのに知識があるように見せることさえあるかもしれません。

こうしたことから、知識は知る者の自信と理解力を養う永続的な力をもつため、私たちが追い求めるべきもののなかでは優れている度合いの高い善のように思われます。また、知識は他のひとに教えられるので、個人にとっても社会にとっても役立つ（あるいは害をなす）可能性があります。くわえて、知識はその時々の状況に応用されうるものです。例えば、新しい方程式が解けるかどうか、正しい文章作成の規則にもとづいてよく練られた小論文が書けるかどうかによって、数学の知識を示すよう求められる場合を考えてみるとよいでしょう。ここから、知識は情報よりも優れたものだといえます。知識は具体的なデータや事例だけにもとづいているわけではなく、個々のテーマやトピックに関するものなのですから。この考えをさらに一歩進めて、知識はある分野や主題のもとで生じるさまざまな可能性に対処するものであるがゆえに、情報よりも優れた善なのだということさえできるでしょう。というのも、知識をもつひとは情報収集をおこなっているだけのひとには対処できないような新しい問いや課題に取り組むことができるからです。このようなちがいが生じる根底には、知る者が身につける基礎的なスキルともいえる学び方を学ぶことがあります。基本的に、情報が所有の有無を表すものだとすれば、同じ要領で知識は学びの有無を表すものです。後者は未来の成長へと開かれたダイナミックな活動を示していますが、前者は事実や解決済みの答えに依拠するものなのです。

それではここで、大学や大学卒業後の人生について、先ほど述べた取引的な問いをひとつ取り上げて、知る者ならばどのように答えるのかを考えてみましょう。彼女の返答はきっと、情報収集をおこなう者の返答とは異なるはずですし、その結果、知る者の強い好奇心のせいで、質問者の顔には怪訝な表情が浮かんでくるかもしれません。例えば、大学では何を勉強しているのかと聞かれた際には「いま取っている美術史の授業が好きなんです。イタリアのルネサンス期の美術は、後の時代を先取りする精神性と意味の危機を予感させるように思われます」と答えたり、「物理学では、宇宙が最終的に崩壊する可能性について熱い議論を交わしました」と答えたりすると、高い確率で質問者は困惑した目つきになり、下手をすると死んだ魚のようになっていくのを目の当たりにすることでしょう。というのも、彼女は質問に答えてはいるものの、その返答が彼にとっては予想外のものになっていないともかぎらないからです。彼は何を勉強しているのかと質問したのに、彼女はどのように、なぜ勉強しているのかを答えました。彼女は、たまたま彼が感じよく振る舞ってくれていただけで、自分の言動が社会で失礼にあたらないとされる会話のパターンから外れてしまったことに気づくかもしれません。あるいは、彼が知る者としてあらためて対等なかたちで彼女と向き合い、彼女が知っていることを学びたいと思うかもしれません。そのようにして彼が認識論的好奇心を示すとも考えられます。それはつまり探究にふさわしいトピックやアイデアに対する好奇心なのです。

認識論的好奇心

哲学者には、継続的な認識論的好奇心が、言い換えればある対象について学びたいという欲求が間違いなくあります。ここでの「対象」とは、たんにそれについて探究したり学んだりする価値があるトピックやアイデア、存在のことを指します。認識論とは「私たちは何を知ることができるのか」から「知識そのものとはいったい何なのか」にいたるまで、知識を明晰に理論化する哲学の分野のことです。多くの場合、認識論的好奇心は他者との対話を通じて表れるものですが、個人の内側から生じてくることもあります。結局のところ、個人もまた一枚岩ではないのです。なぜなら、たとえ自分ひとりでいるときでも、私たちはそれぞれが対話的な存在であり、自分の「内部」に問いかける者と答える者がおり、しばしば自分自身と内なる対話をおこなっているからです。問いかけるという活動は（それが活動であるがゆえに）、人間存在としての私たちが何者であるか、何者でありうるのかという問いの核心に触れるものなのです。

哲学者にとって「何を知ることができるのか」や「どのようにしてそれを知ることができるのか」に対する独特の好奇心は、取引的な問いをはるかに超えて持続し、ますます複雑かつ微妙な仕方で、ひとつの問いから別の問いへとつながっていきます。例えば「ひとを公平に扱うにはどうすればよいか」という問題は、環境問題や社会問題、公平性が意味するものとは何か、さらには正義そのものの本性とは何かといった問題を考えるところにまで発展していきます。このような会話は、ともすれば難解で抽象的なものになりがちですが、それでも世界そのものがきちんと視野に収まっているかぎりで哲学者たちはこうした特徴を喜んで受け入れるでしょうし、ときには視野から外れている場合でも受け入れることがあります。それゆえ、知ることは思考することと密接に結びつきますが、思考は個々の学問分野のあいだを行き来したり、学問分野それ自体を超越したりするものであり、思考する存在としての私たち全員に共通する特徴なのです。二〇世紀ドイツの哲学者ハンナ・アーレントは「思考の最大の特徴は、あらゆる行為、つまりはあらゆる普通の活動を、どんなものであれ中断させること」[4]だと指摘します。思考が日常的な活動を中断させる瞬間を、彼女は「別の世界に」赴くことだと表現しますが、それは「思考しているとき、私は見せかけの世界の外に出ていく[5]」ことになるからです。概念を理解するとは理性や知性によってそれを捉えることですが、思考はどんなときでもそのときに私たちがやっていることを中断させ、さらには断ち切ってしまいさえするのです。こうしたことが長時間にわたると、普段の活動を再開するにはどうすればよいのかがわからなくなってしまうかもしれません。アーレントによれば、「思考の麻痺は二重の意味を有している。それは他のすべての活動を中断させることになる停止と思考に固有のものであると同時に、そこから脱け出した後、何であれ考えなしにしていたときには疑いの余地がないと思われていたことに対しても、もはや確信がもてなくなるという麻痺の効果を発揮するのだ。もしも一般的な行動規則を、普段の生活のなかで生じるその時々の状況に応用しようとしていたならば、そのような規則が思考の風には耐えられない以上、あなたは自分が麻痺していることに気づくだろう[6]」。アーレントにとってこの麻痺の効果は、私たちの人生にきわめて重大な影響を及ぼすものですし、さらには私たちが思うよりもはるかにありふれていて、アニメで悪役が口ひげをひねるしぐさをするほどにはわかりやすくない「悪事」を退ける際にも決定的なものになりえます。例えば、ナチスの命令を遂行した人々の「並外れた薄っぺらさ」を指摘しながら、アーレントは別のところで日常性における悪の「凡庸さ」についても論じています。この「凡庸さ」は、ホロコーストのような歴史的な残虐行為の極北に映し出されるだけでなく、今日、世界の他の地域でも明らかになっています。彼女が挑発的に述べるところによると、ひどく悪質な指令を出したり、思慮を欠いたかたちで規則に準じたりする人間は、「思考する能力がまったくもって真に欠如している状態[7]」を露呈しているのです。そこで彼女は、そもそも思考するという活動それ自体が、すなわち「それがどのような内容かにかかわらず、そして結果として何が起きるかともまったく関係なく、何であれ起きたことを調べ、反省する習慣[8]が悪事を防げるかどうかを問いかけます。手短にいうと、彼女はこの問いに「できる」と答えています。

この問いに対して肯定的に答える理由は、この章のより大きなテーマにつながっています。哲学者は論証する能力が高いためディベートに長けていることが多いのですが、たんに「正しい」とか説得力があることに喜びを感じるわけではありません。ディベートの目的は勝つことですが、哲学の目的は物事の真理にいまよりもなお近づくことにあります。第一節で述べたように、暗記やオウム返しをするだけでは、ひとは情報を忘れがちです。その一方で知識は、学びたいという一般的な欲求だけでなく、別のさまざまなスキルを私たちが身につけるよう求めます。知識には記憶が必要なのです。そこでとりわけ記憶を取り上げてみると、私たちが通常「真理」と訳している古代ギリシャ語の「アレーテイア *aletheia*」は「レーテー *lēthē*」に由来する言葉であり、この「レーテー」が「忘却」や「隠匿」といった意味をもつという点は注目に値するでしょう。一文字目の *a-* は欠如を意味する接頭辞で、単語の前に「非-」や「不-」をつける場合と同じく、その単語の意味を反転させます。古代ギリシャ語のこのような捉え方によれば、真理とは「忘れないこと」や「隠されていないこと」であり、結局のところ目的のために答えを見つけたり、手に入れたりするといったことでは置き換えようのない学びのプロセスを指し示しています。真理とはそのようなものではなく、私たちがその心構えさえできたならば、理解できるものを理解することによって到達されうるものなのです。そこでは常に成長と発見が、記憶と学習が問われています。そう考えると、私たちは自分自身を完全に知ることすらけっしてできないのかもしれません。なぜなら、次節で取り上げるように、私たちは静態的なものや存在ではないからです。

しかし、一見すると多くの人々は認識論的好奇心をもたず、それをなくしてしまうような訓練や教育を受けてきているように思われます。アーレントが端的に述べているとおり、多くの人々にとって問いを発する目的は、考えなくて済むように答えを手にするためなのです。思考とはたんなる知識を越えた先へと赴くことですが、それは思考が答えをもたず、私たちの人生における絶え間ない活動であり、ある分野の専門家にだけでなく、あらゆるひとに開かれているからです。奇妙に聞こえるかもしれませんが、その点では「思考を欠いた」状態で知識をもっていることさえありうるでしょう。シモーヌ・ド・ボーヴォワールによれば、小説家のマルセル・プルーストは「立派な医師、立派な大学教授が、その専門外では、感性も、知性も、人間性もない態度を示すことを、呆れて指摘していた。それは、彼らが自己の自由を放棄してしまっているので、もはや彼らには専門技術しか残されていないからである」[9]とされています。これらの技術は当人を特権的な知識人に仕立て上げはするものの、人間性を授けることのない一生涯にわたる訓練や知識に裏打ちされているせいで、しばしば他者を犠牲にしてまで自尊心を守る方向に進んでしまいます。放課後や「オン」の状態でいなければならない勤務時間を過ぎると近寄りづらくなるひとのことを思い浮かべてもよいでしょう。そのようなひとの名声は、傷つきやすい自尊心を刺激したり、ひとを楽しませたり、本人やその友人を権力の座に就かせることに役立ちはしますが、それで哲学者になれるわけではありません。これらの人々は、自身に備わっている技術や思考様式の寄せ集め以上のものになるために不可欠な「生き生きとした熱」をもっていない可能性があり、そうしたことは認識論的好奇心を示してくれる学生への対応を放棄することのうちにも表れています。教育者があたかも教科書の後ろに書かれている答えを提示するだけで他には何もないかのように振る舞い、学生の質問にただ答えるだけで、学生自身が問いかけることを奨励しないとすれば、このとき教育の放棄が生じているのです。

教室の外でも、仕事、家庭、人間関係などのせいで認識論的好奇心を失うことがあります。人間性を剝奪する差別や周縁化、抑圧的な構造によってもまた、そうしたことは生じる可能性があります。おまけに、そうではないと思えるかもしれませんが、思考様式、討論、技術といったものだけでは、哲学的な素質があるとはいえません。実のところ、こうした能力はけっして私たちの人間性そのものがもっている本来の帰結でさえないのです。というのも、そもそも私たちは、あたかも「勝つ」ことが何にもまして人生の目的であるかのように、ジャブや棘のある言葉を交わすことなどを指向する取引的な存在ではないからです。

こうしたことは、哲学者が政治的にもその他の事柄にかんしても、自身の見解をもたないということを意味しません。もちろん、哲学者（私たち）は自分の考えをもっています。例えば、本書では強固な自説を展開する哲学者がたくさん出てきますが、それを読むと、そこに示された見解がたんに表面的なレベルや素朴な意見にとどまっていることはほとんどないということに気づくでしょう。むしろ、ここまで読み進めてきた読者であればお察しのとおり、私たちが哲学的だとみなしうる、そして実際に哲学的だとみなしている多くの問題について、その「方法」や「理由」を哲学者は大いに楽しんでいると同時に、少なからずそれに苦しめられてもいます。哲学は、私たちが互いに交流するよう引き寄せるはずのものであり、だからこそこの「方法」や「理由」もまた、あらゆるひとがそれについて議論したり深く考えたりすることのできるものとなっているのです。こうしたことをある種の仕方で実践しているのであれば、私たちは哲学者としての「仕事」をしていることになりますし、もっと言えば哲学者という天職を生きていることになるでしょう。

哲学者がみずからの認識論的好奇心を探究し、たんなる知的訓練としてのディベートではなく、他者との対話を求めるときに必要な態度や素質とは何かと問われたならば、私はボーヴォワールの語る生き生きとした熱という観念がそこに含まれていると答えます。ですが実際には、この生き生きとした熱は私たち全員に求められるものです。生き生きとした熱によって私たちは、人間性の剝奪や不毛さといった、本来ならば私たちを目覚めさせるはずの世界が私たちに麻酔をかけるさまざまな方法に抵抗し、この世界における深刻な試練に立ち向かうための意識覚醒を促され、批判的思考のスキルを高めることができるのです。生まれつき備わっている好奇心から遠ざけようと、世界は私たちをかなり効率よく訓練し、指導しているために、もはや他者の目には哲学者が愚かに見えるほどになっているということを認めなければなりません。この章の第一節で触れたように、そしておそらくは、本書の寄稿者全員ではないとしても、その多くが経験してきたように、私はこれまで何百回も「哲学ですって？　哲学で何をするんですか？」と嘲笑するような言い方で質問されたことがあります。ですが、この点については必ずしもこのような質問をするひとだけが悪いわけではありません。そのうち、私はこの種の質問には「善く生きることです」とだけ答えるようになりました。哲学を馬鹿にするひとたちがまったくの的外れだったからこそ、それは私が勇気を出して言えるたったひとつの誠実な回答だったのです。

これまでの議論からすれば、知識を善そのものとして追い求める以上、知識が自己完結したものであり、たとえ真の哲学的素養には生き生きとした熱が必要だとしても、知識は中立性と客観性のレベルにとどまっている可能性が高いということが示唆されています。もちろん、第一節と本節で見てきたように、ある種の知識はこのような特徴をもっているでしょうし、実際にもっているわけですが、一般的な知識欲をより広範な哲学的問いかけから区別するものを、ひょっとすると上で詳しく述べてきた素質や事例から導き出すこともできるかもしれません。私たちの知りたいという欲望は、しばしば意味を与えたいという欲望にも結びついています。この欲望は、ほとんどの学問分野に本来的に組み込まれている科学的客観性という領域から、より幅広く、より実存的な問いかけの領域へと私たちを後押しします。したがって、哲学の核心は、そうした問いかけが私たちの人生を実存的に変化させる力をもっているということをその親しみのなかで示してくれているのです。

実存的な変化を生じさせるものとしての問い

問うとは、創造することです。創造するとは、それまでになかったものを生み出すことです。それは同じものの反復ではなく、事実的な世界の似姿をさらに模倣することでもありません。問いかけは、真摯に追い求められる哲学的な問いを混じりけのない仕方で創造・表現・探求することを通じて、世界に対して新たに挑戦し、私たちが互いに接近しあうことを可能にするはずのものである人間の自由の領分を開きます。ありがたいことに、私たちの誰もが自己充足することなく多くのものを求めています。私たちは未完の「生成しつつある主体[10]」、あるいは「過程としての主体／過程にある主体[11]」だといえます。このように考えると、私たちの存在論的召命、すなわち私たちの在りように応じた呼びかけとは、存在論が存在についての探究である以上、より人間になること、私たちがそうであるところの在りようへと成長していくことなのです。もし私たちが、父ゼウスの頭頂部から飛び出したアテナのように完全なかたちで生まれたのであれば、このような成長は必要でも可能でもなかったでしょう。その場合、私たちは不死の存在になっていたかもしれませんし、死せる存在だったかもしれませんが、いずれにせよきっと何の問いも抱えることはなかったはずです。

ここでみられる人間観は、人間はたえず探求する存在であるというものです。哲学者たちはさまざまな仕方でこの問題に取り組んでいるのですが、その多くは、私たちの哲学的な性質を肯定するために必要な存在論的な謙虚さ、もっといえば存在論的不完全性について、同じことを指摘しています。こうした考えは、私たちがその核においてダイナミックな存在であり、常に生成の過程にあることを物語っています。例えば、思いがけないものを好きになったときに、はたしてひとはどんなふうに驚くのか、あるいは他の多くのやりたいことやなりたいものを犠牲にしてまでひとつの目的を達成するのに固執するとすれば、どのような仕方でそれをやり遂げるのかを考えてみてください。この場合、彼女は自分が思っていたような人間ではないということになるかもしれません。アイリス・マードックは、とりわけ道徳哲学にとっての「敵」であり、また普通にまともな人間になろうとするうえでの私たちにとっての「敵」でもある「肥え太った容赦ない自我」を押しのけることの重要性について論じています[12]。ボーヴォワールはこの点を敷衍し、あらゆる人間は「みずからを存在の欠如たらしめることによって、世界のうちに自己を投げかける。それによって人間は、世界に人間的な意味を帯びさせることに貢献する[13]」と述べています。この存在の開示は、みずからを存在の「欠如」たらしめるといった言い回しによって示唆されるような純粋に否定的なものではないからこそ複雑な観念となっています。重要なのは、みずからを現に存在している状態から消し去るのではなく、それ自体生き生きとした自由の運動に身を投じるために、世界へとみずからを投げ入れることなのです。前述の「生き生きとした熱」にかんする議論にしたがえば、ボーヴォワールが「生命力、感受性、知性と呼ばれるものも、すでに出来上がった性質ではなく、世界のうちに自己を投げかけ、存在を開示するためのひとつの方法である」[14]と述べていたことも忘れてはならないでしょう。これについては、私たちが価値を見出している物事を維持しつづけるために必要な、不断の努力という観点からも検討することができるように思われます。例えば、ある人間関係が「いつまでも」そこにあるような当たり前のものだと思われている場合に、どのようなかたちでその関係性が上手くいかなくなるのかを考えてみましょう。また、教育現場でおこなわれていることや、学生と教員が一学期や一年を通じて、来る日も来る日も顔を合わせる習慣について考えてみるのもよいかもしれません。こういった仕方で共に意味をつくりだすことに価値を見出すのを皆でやめてしまい、「信じられないかもしれませんが、かつて人々はほとんど毎日同じ時間に教室に足を運んでいたんですよ」と若い世代に言って聞かせるなどという日が来ることも十分にありえるのです。教育と同様に、人間関係もまたすでに出来上がったものではなく、私たちの人生における他のすべての物事と同様に、私たちがそこに価値を見出すことを約束しているかぎりでしか、価値をもたないものなのです。

　このような見方をすれば、どこからどう見ても哲学の価値を低く見積もっているような世界では、哲学は無駄なことのように思われるでしょう。「賽は投げられた」とでもいいましょうか。ゲームはすでに始まっているのだから、私たちはやむをえず他人の答えや期待どおりに人生を歩んでいくしかなさそうな気がしてしまいます。けれども、実際にはそんなことをする必要はまったくないのです。精神分析の訓練を受けた哲学者ジュリア・クリステヴァは「語る存在は信じる存在だ[15]」と述べています。「信じる必要のない若者など存在しない[16]」と彼女は言うのですが、ここで信じるとは「私が真理だと思っている[17]」ことを意味します。信についての哲学的語源学をたどりながら、クリステヴァはラテン語の *credo*（信）がサンスクリット語の *kredh-dh/srad-dha* に由来することを指摘します。このサンスクリット語は「見返りを期待して自分の心や生命力を与えること」を意味し、「回帰を伴う信頼の行為」を表しているのです[18]。しかしながら、この信念の基盤をゆるぎない確信と勘違いしてはならず、むしろそれはたえざる探求と探求を諦めずに放棄しないための約束を指しています。クリステヴァは別の著書で「語る存在にとって、生は意味をもつひとつの生である。生は意味の絶頂でありさえする。それゆえ、意味が失われてしまえば、生は苦もなく失われうる。意味が破壊されてしまえば、生は危機に曝されるのである。抑鬱状態にある人間が哲学者となるのは、その懐疑的な契機においてである[19]」とも述べています。最後の「抑鬱状態にある人間が哲学者となる」というところについてはいくらか冗談で言っている節もありますが、クリステヴァはこうしたことを本気で言っているとも受け取れます。ひとが自分の人生と断絶することは意味の危機を表しており、それは人生そのものの危機になるのです。たいていの場合、この分裂が生じるのは、ひとがみずからそうすべきだと考えていることを実行したものの、そこに自分の心が、つまりはクリステヴァが言うところの「生命力」がないことに気づいてしまったときです。要するに、そのひとは信じることに失敗し、代わりに他者からの期待へと逃げてしまったのです。

アーレントは、この論点と同様のことを述べるにあたって、ほかならぬ思考するという行為が普段の日常を中断させることを論じ、たんに知るのではなく意味を探求するということの必要性に別のかたちで取り組んでいます。彼女にとって、ひとは「知の限界を超えて思考したり、知的能力や頭脳を、何かを知るためやおこなうための道具として用いる以上に活用しようとする傾向をもっており、よっぽどのことがないかぎりは、それを必要とさえしている」[20]のです。この傾向は、データを処理して「結果」を出すというコンピュータの能力を超えた哲学的なものです。問いかけることで成り立つものである以上、哲学は私たちが人間であるということそのものに深く関わるとともに、驚くべき結論をも導き出します。つまり、哲学とは世界における存在の脱自的な在りようだということです。脱自とは、自分自身やみずからが置かれた状況を離れて、その外に立つことです。そのような高みからであれば、私たちはきっと自分の人生、世界、宇宙などをよりはっきりと眼差すことができるでしょうし、変化のない固定された世界に終止符を打ち、私たち全員のうちにあるこの脱自的な調和を肯定するような世界の構築に向けて努力する、存在論的な謙虚さと知的な大胆さを、私たちは身につけられるでしょう。

そうであれば、私たちは自分がいつも思っているとおりの存在ではないのかもしれないということがわかります。母の悲しみの謎を解けるとはじめは思っていたアルマのように。みずからの目的を知り、自分には「何の問題もない」と知りたいと欲していた、ソフィア・コッポラ監督の映画『ロスト・イン・トランスレーション』(二〇〇三年)に登場するシャーロットのように。父の行動の偽善性を見抜き、彼女の家の社会的地位が比較的高いにもかかわらず、それとは異なる精神性や在り方を求めた、チママンダ・ンゴズィ・アディーチェの小説『パープル・ハイビスカス』に登場するカンビリのように。そして、文学、歴史、神話などに登場する多くの人物と同様に、私たちもまた、人間性を形づくる好奇心に後押しされながら、哲学的な方法で知ることへと向かって成長しているのです。二〇一九年にイェール大学でおこなわれた卒業式のスピーチで、チママンダ・アディーチェは、他者のなかに見えるものを「けっして心のなかだけで賞賛してはならない」と強調します。「私たちは誰かに指摘されてはじめて、自分自身のなかにある、みずからの魂がもっている美しさを認識することがある[21]」からです。私は彼女の言葉を、私たちは常に自分が知っている自分自身以外の在り方をしているし、自分が知っている自分自身以上の存在であるという意味で理解しています。そして彼女は、「注意を払うということは、もっとも美しい親切な行為のひとつだ」と言います。それはおそらく、いわばその生を称揚することなのです。内面に抱える問いを探求するよう、他者や自分自身を自分なりの仕方で勇気づけるために、私たちは注意を払わなければなりません。何よりもまず、文字どおりにありとあらゆることに先だって、結局のところ私たちは、好奇心旺盛で思考することが大好きな存在なのですから。

*

『ヒストリー・オブ・ラヴ』の結末で、アルマがレオの隣に座り、まさに死がレオに忍び寄ろうとするところで、小説の読者はこの物語の序盤にあった、もともとは何の変哲もないように思われた台詞を思い出すかもしれません。自分がどのように人生を終えるだろうかと想像する際に時折こうしたことが見られるように、彼は「俺があの世へ行くのは、たぶん心臓《ハート》のせいだろう」という言葉をみずからの死に想いを馳せるなかで何気なく口にしています。彼の心臓、心は、長い人生のなかで彼の言葉や行動を通じて、愛し、創造する力を彼に与えたものでもあれば、最終的には彼を殺すものでもありました。それは私たちの誰もがよく知っているあの心です。すなわち、目に見える以上のところに手を伸ばしたい、与え聞かされた以上のことをもっと知りたい、そして私たちの本来の、あるいは実現しうる姿である、思慮深く愛にあふれる存在になりたいと欲する心なのです。アルマも知っているその心は問いで満ちています。それこそが哲学の心であり、核心なのです。

［原注］

（1）Krauss (2005, 11).〔日本語訳、一六頁〕

（2）Ibid., 62.〔日本語訳、八一頁〕

（3）Ibid., 181.〔日本語訳、二三九頁〕

（4）Arendt (1971, 423).

（5）Ibid., 423–424.

（6）Ibid., 434.

（7）Ibid., 417.

（8）Ibid., 418.

（9）Beauvoir (1976, 50).〔日本語訳、一三三頁〕

（10）パウロ・フレイレによるこの言葉は、人間の本質が根本的に未完であることを説明するために用いられ、彼の著書を貫いている。(Freire 2000)

（11）クリステヴァはこの言葉を、〔『詩的言語の革命』などの〕さまざまな著書で広範囲にわたってくりかえし用い、私たちが常に過程のうちにあり、けっして完成することがないということを示している。

（12）Murdoch (1997, 342).

（13）Beauvoir (1976, 41).〔日本語訳、一一六頁〕

（14）Ibid., 41.〔日本語訳、一一六頁〕

（15）Kristeva (2009b, 1).

（16）Ibid., 13.

（17）Ibid., 3.

（18）Ibid., 4.

（19）Kristeva (2009a, 6).〔日本語訳、二〇七頁〕

（20）Arendt (1971, 421).

（21）Adiche (2019).

［訳注］

＊1　スクラブルは文字を並べて単語を作成することで得点を競う二名から四名対戦のボードゲームのこと。

［参考文献］

Adiche, Chimamanda. 2019. Yale Class Day Speaker. https://www.youtube.com/watch?v=e9JhU2fXet8.

Arendt, Hannah. 1971. “Thinking and Moral Considerations.” *Social Research* 38, no. 3: (Autumn): 417–446.

Beauvoir, Simone de. 1976. *The Ethics of Ambiguity*. New York: Kensington Publishing.〔シモーヌ・ド・ボーヴォワール「両義性のモラル」松浪信三郎・富永厚訳、『ボーヴォワール著作集：第二巻　人生について』所収、人文書院、一九六八年〕

Freire, Paulo. 2000. *Pedagogy of the Oppressed*. New York: Continuum Press.〔パウロ・フレイレ『被抑圧者の教育学［五〇周年記念版］』三砂ちづる訳、亜紀書房、二〇一八年〕

Krauss, Nicole. 2005. *The History of Love*. New York: Norton.〔ニコール・クラウス『ヒストリー・オブ・ラヴ』村松潔訳、新潮社、二〇〇六年〕

Kristeva, Julia. 2009a. *Black Sun: Depression and Melancholia*. New York: Columbia University Press.〔ジュリア・クリステヴァ『黒い太陽——抑鬱とメランコリー』西川直子訳、せりか書房、一九九四年〕

Kristeva, Julia. 2009b. *This Incredible Need To Believe*. New York: Columbia

University Press.

Murdoch, Iris. 1997. *Existentialists and Mystics: Writings on Philosophy and Literature*. London: Chatto & Windus.

第5章
自己知――反省の重要性

カレン・ストール
安倍里美 訳

エマは腰をおろして、一人でみじめな物思いにふけった。(1)

エマ・ウッドハウスは、ジェイン・オースティンの小説『エマ』のタイトルともなっていて、この小説の主人公でもある人物です。彼女は腰をおろし、かなりの時間をかけて自分自身や自分自身の行動についで考えますが、このような活動はしばしば人をみじめな気持ちにさせます。もちろん彼女は、自分をみじめにしようとしているわけではありません。彼女は単に自分をよりよく知ろうとしているだけでしょう。エマにとって反省（reflection）は、それをおこなうことで自分自身をよりよく理解したり、自分が生きる世界をよりよく理解したりするための道具なのです。この小説において、それによって不快な思いをすることになるかもしれないのに、それでも彼女が進んでこの種の反省に取り組み、自分自身と自分の行為を正直に見つめているのは賞賛に値するでしょう。自己知は、たとえそれを獲得するプロセスが私たちをみじめにするときでさえ、そうするだけの値打ちを持つものです。しかし、自己知の何が、これをそれほどまでに価値あるものにするのでしょうか。どうして私たちは自己知の獲得を目指すべきなのでしょうか。そして、自分自身についての知識の獲得において反省が果たす役割は何なのでしょうか。

自己知は重要であるという考えは古代からあるものです。デルフォイのアポロン神殿には「汝自身を知れ」という命令が刻まれていたとされています。(2) 多くの哲学と宗教の伝統的見解において、自己知は叡智へと至る必要不可欠なステップであるとされます。仮にも何かを知りたいと思うならば、まずは自分自身を知ることから始めなければならないというわけです。これは、叡智を得るためにはしばしば、私たちが自分自身や自分の信念、自分の行為について作り上げている多くの快い幻想を進んで認め、手放さなければならないからです。反省は、私たちが自分自身と世界をより明瞭に理解することを可能にし、それによって私たちがそれらの幻想を認識し、取り除くことができるようになるための助けとなるものです。しかし、これから見ていくように、自己知を生み出す類の反省は、ただ腰をおろして物思いにふけるというほど単純なものではありません。

エマはどこで間違えるのか

エマがみじめな気持ちになっているのは、自分はあることについて一から十まで完全に間違っていたのだと認識したためです。(3) 私たちのほとんどと同じく、エマもまた自分が間違っているということを大いに嫌っています。しかしながら、この場面においては、彼女の誤りは単に彼女を狼狽させ、挫折感を味わわせるだけのものではありません。それは、彼女の親友のハリエットに大いなる苦しみをもたらすようなものでした。エマは、ハリエットと教区牧師だか司祭だかをしているエルトン氏との仲を取りもとうとしていました。(4) エルトンは美男子で、感じがよく、程よく裕福であり、何より独身です。その一方でハリエットはエルトン氏よりも身分が低く、社会的に言えば、このことはその時代と土地においては大きな障害になるようなことでした。*1 エマもこのことは承知していましたが、しかしこの二人の組み合わせをうまくいかせるという考えに夢中になっているので、それを都合よく無視してしまいます。こうして彼女は、エルトン氏はハリエットを深く愛していて、自分より身分の低い相手と結婚することを嫌がっていないのだと独り合点するのです（彼女はまた、あれこれと手を尽くして、ハリエットにもエルトン氏は自分を愛しているのだと思わせてしまいます）。エマは、エルトン氏の振る舞いひとつひとつを、自分の望む通りの結論にはめ込むように捉えていき、エルトン氏は間もなくハリエットにプロポーズし、二人はいつまでも幸せに暮らすのだという物語のうちに、二人を押し込んでしまいました。

悲しいことに、エマの思い描いた物語は偽りのものです。エルトン氏はハリエットを愛してはいないし、プロポーズをするつもりなど毛頭ありません。エマは、エルトン氏がハリエットではなく自分にプロポーズしてきて、初めてこのことに気づきます。エマは彼にまったく関心がなかったし、彼と結婚したいとはもちろん思っていないので、彼の求婚は完全に寝耳に水でした。彼女には、エルトン氏がいったい何をどう考えて、自分が彼との結婚に乗り気だなどという結論に至ったのか見当もつきません。彼女はショックを受け、混乱し、苦悩し、そしてそのために反省を始めるのですが、この反省のせいで一時的に彼女はもっとみじめになってしまいます。反省により、彼女は、自分が彼女自身とハリエットのために作り上げた物語が本質的にただの幻想であったのだと認めることを余儀なくされます。エマは自分の的確な判断力に誇りを持っているので、自分がいくつかの重要な情報を見落とすという不始末をしでかしていたことに思い当たると、とりわけ心を乱されるのです。

それにしても、なぜこんなとんでもない勘違いをしてしまったのだろう！　彼はハリエットのことを真剣に考えたことなど一度もないと言った。一度もないと彼ははっきりと言ったのだ。エマは必死に振り返ったが混乱するばかりだった。エルトンさんはハリエットが好きだと、私が勝手に想像して、全てをその方向にねじ曲げてしまったのかもしれない。(5)

エマは何が間違っていたのかについて正しく述べています。彼女は、エルトン氏がハリエットを愛しているという思いつきを正しいものだと思い込んで、そして、彼女の言う通り、何もかもをそれに結びつけてしまっていました。彼女は即座にこのことに気づくわけではありません。偽りの物語を作り上げ、維持することに彼女自身が与していたことを理解しはじめることができるようになるには、いくらか時間がかかることになります。[*2] やがてエマにも、出来事を自分に都合よく解釈することにとらわれて、さまざまな事件や発言に異なる解釈の余地があったと気づけていなかったのだとわかるようになります。ハリエットを口説いているのだと解釈していたエルトン氏の振る舞いも、いまや、そうではなく自分を口説いていたものとみなすことができます。そして、いまや，自分ではエルトン氏とハリエットとの関係を盛り上げるものとしてエルトン氏に受け取ってもらうつもりでしていた振る舞いが、エルトン氏に好意を返しているのだと解釈されても仕方がないものだったと考えられるようになります。(6)

二つのタイプの失敗

エマはどのようにして間違ってしまったのかを考える際には、彼女の誤りを、認識をめぐる失敗と道徳的な失敗の二つのカテゴリーに分類するとわかりやすくなります。大雑把に言って、認識をめぐる失敗とは、知識や信念や判断に関わる失敗です。道徳的な失敗は、人の性格ないしは価値観や、その性格の結果として、あるいはそれらの価値観に基づいてなされた選択に関わる失敗です。認識をめぐる失敗がすべて道徳的な失敗というわけではありません。ときとして、私たちは単なる推論上の誤りをすることもあります。例えば、私は空港に行くのにかかる時間についての判断を誤り、飛行機に乗り損ねるかもしれません。そして、道徳的な失敗がすべて認識をめぐる失敗であるわけでもないでしょう。私は急いで空港に向かっているとき、他のドライバーたちに対して理不尽に腹を立ててしまうかもしれませんが、その際、何か推論上の誤りもおかしているわけでもなければ、周囲のドライバーについて偽なる判断を下しているわけでもないということはありえます。

しかしながら、しばしば、認識をめぐる失敗と道徳的な失敗は絡み合うものです。私が「のろのろ運転しているせいで、飛行機に間に合わなくなってしまうじゃないか」と言って他のドライバーたちを非難しているとしましょう。本当は、私が遅れてしまいそうになっているのは、私が空港へと出発するのが遅すぎたせいです。ですから、私はここで、本当の原因についておかしな推論をしていることになります。しかし、はなから他のドライバーたちに責任転嫁しようとする私のこの欲求は、道徳的な失敗に当たります。この道徳的な失敗により、私は認識をめぐる失敗を引き起こしやすくなります。私は他のドライバーたちについて不当な仕方で結論を導いているわけですが、私がこのようなことをしているのは、私が自分の抱える問題の責任を認めず、むしろ他人に八つ当たりしようとしているためです。道徳的な失敗は、私たちが正しい判断を下すことを困難にすることによって、認識をめぐる失敗へと私たちを陥れる可能性があります。道徳的な失敗は、我々が認識をめぐる失敗に気づいたり認めたりすることをも困難にしてしまうかもしれません。おそらく後になって落ち着きを取り戻せば、きっと私は自分が遅れたのは自分のせいだったと認めることでしょう。あるいは、私は、自分の誤りを認めるよりも自分にとって都合が良く、気が楽であるからと、そのまま他のドライバーを非難し続けるかもしれません。その場合、私はその偽なる信念の影響下に留まることとなります。世界についてうまく推論するという私の能力は、私の道徳的な性格に影響を受けるのです。

エマの失敗は、認識をめぐるものと道徳的なものの両方の側面を持ちます。彼女は、エルトン氏はハリエットと結婚するつもりだと信じていますが、この信念は偽であることが明らかになります。もちろん、私たちが偽なる信念を持ったからといって常にその責を負うわけではありませんが、エマの場合、彼女は避けることが可能でありかつ避けるべきでもあった推論上の誤りにより、偽なる信念を持つに至っています。彼女は、エルトン氏の欲求と動機づけについて、実際知っているよりもずっと多く知っているものと思い込んでしまっているのです。また、彼女はハリエットにとって何が最善であるかを自分は当然わかっているのだと考えていました。これらの根本的な思い込みがあるから、彼女はエルトン氏がハリエットに求婚するつもりだという、彼女の望む結論を支持する証拠を「探し」はじめるのです。結果として、彼女の認知と推論は歪んでしまいます。エルトン氏が言うことやすることはなんであれ、エマの目には彼がハリエットへ抱いている称賛の気持ちを表現するものとして映ります。事実、彼女は自らの語る物語に強固に捕らわれるあまり、他のいかなる観点からも彼の振る舞いを解釈することができなくなってしまっているようなのです。

しかし、おそらく彼女は他の観点から解釈することを拒んでいたのだと言う方が正確であると考えられます。エマは非常に知的で洞察力に優れた若い女性です。彼女は大概の場合は、人を見る目に長けており、並外れた社交のスキルを備えています。彼女は空気を読めないわけではないし、言葉の裏を読むことができないわけでも、社会的手がかり[*3]に気づけないわけでもありません。そして、実際エマは、エルトン氏がハリエットに恋をしていて云々という自分の物語には、いくらか不整合なところがあると気づいています。しかし、彼女はそれをきっかけに自分の判断を見直すのではなく、つじつまが合わないことは忘れ去ってしまうか、こじつけでごまかしてしまいます。このことを踏まえれば、エルトン氏がエマに求婚した際に、なぜ彼女があまで面食らってしまったのかについても合点が行くでしょう。彼女はこのようなシナリオの展開になるとはまったく想像していなかったのです。ですが、たとえ彼女が現に想像しなかったのだとしても、それでもやはり彼女は想像できていて然るべきであったように思われます。

エマは、哲学者のテイマー・ゲンドラーが「想像的抵抗[7]」と呼ぶものを示していると説明することもできるかもしれません。想像的抵抗とは、出来事や物語を想像する我々の能力に何らかの種の制約がかかるときに生じるものであり、この制約は数多くのさまざまな起源を持ちえます。ゲンドラーは、ときに想像的抵抗は、私たちが特定の観点から世界を見ることを引き受けたくないと思うことの結果として生じると論じています。言い換えると、私は自分が想像したくない事柄を想像することに抵抗を示すのです。エマは、エルトン氏とハリエットの結婚という結末を迎えることのない、いかなるバージョンの物語も想像したくなかったのです。彼女は（自分がその物語を作り上げた張本人であることもあって）その物語に強くこだわってしまい、より事実に即した物語がほかにあるのに、そのような物語を想像することを拒否してしまいます。

エマが自分の作った物語に過度にこだわったことによって認識をめぐる失敗が生じたわけですが、このこだわりは道徳的な側面を持つ失敗に根を持っています。エマは正しくあることに心血を注ぎすぎています。より具体的に言えば、彼女は正しい人であることにこだわりすぎているのです。もちろん、間違っていることは大抵あまり愉快なことではないのだから、誰しも正しくあることを好むでしょう。しかし、エマにとっては、正しくあることは彼女の自己イメージと深いつながりを持っています。彼女は、自分は卓越した判断力を持っていると考えており、他の人々や彼らの振る舞いについての洞察に優れていると自負しています。自分が間違っていたということになると、この自己の感覚が損なわれることになるわけで、だから彼女には誤りを避ける強力な動機づけが与えられることになります。最終的にはこの動機づけは彼女の役に立つものであることが判明するのですが、とはいえそれは、世界や自分自身についての理解する彼女の能力が発揮される妨げにもなっているのです。

誤りを正すこと

確かに、エマはかなりの自信家です。もちろん、それは悪いことではないし、彼女の場合、その自信は正当化されるものです。ほとんどの場合、彼女は物事を正しく理解しています。しかし、エマが大抵正しいという事実があるからこそ、彼女が自分は間違っているということを認識し、受け入れることはより難しいことになってしまいます。彼女の周りの人々が彼女に頼りきりで、彼女の判断に異論が差し挟まれることはほとんどないという事実も、このことを悪化させます。彼女はほぼずっと、彼女の判断が絶えず肯定されるような正のフィードバックループに身を浸して、日々を過ごしています。だから、エマが自分の誤りに気づくのにてこずるのは、それほど驚くべきことではありません。彼女の判断に異を唱える唯一の人物は、隣人の（そして最後には彼女と結ばれることになる）ジョージ・ナイトリーです。ナイトリー氏はエマの知性に大いに敬意を持っているのですが、エマが間違っていると思うときには、恐れることなくそれを彼女に告げます。エマは彼の言葉に耳を傾けることもあれば、そうしないこともあります。彼女が耳を貸すかどうかは、そのときの話題が、彼よりも自分のほうが精通しているとエマが考えているものであるかどうかに依存します。これは一般的には、誰か他の人の意見を真剣に受け止めるかどうかを決めようとするときに用いるものとしては、理にかなった基準と言えるでしょう。もちろん、私たちは、自分よりも多くのことを知っている人のものの見方には注意を払い、ただ徒らにベラベラ喋るだけの人は無視するべきです。しかしながら、エマの場合は、自分がどれだけ問題に通じているのかについていつでもきちんと評価をできるわけではないので、それが裏目に出てしまうのです。

これは特に珍しい問題ではありません。実際、心理学の研究によれば、これはごくありふれた問題です。ダニング＝クルーガー効果として知られる現象は、私たちがしばしば自分自身の能力についてとんでもない判断をしてしまうことを示唆しています。[8] 実験が示すところによれば、課されたタスクがあまり得意ではない人ほど、そのタスクに関する自分のパフォーマンスを過大評価しがちなのです。そのような人は、自分がひどく調子を外して歌っているなどとは露ほども思わずにカラオケで歌う人のように、自分がうまくできていないのだということに気づきません。またそのような人は、自分の思っていることと反対のことを示す証拠を見せられても、なかなか納得しないものです。運転が下手な人は自分が凄腕の運転手だと思い続けるし、歌が下手な人は自分はブロードウェイへの道を突き進んでいると思い続けるのです。ダニング＝クルーガー効果が含意しているのは、私たちが自分自身の能力を正確に見積もっているなどと性急に決めてかかるべきではないということです。もし私が歌が上手であった場合、きっと私は、自分は歌が上手いと信じることでしょう。しかし、歌が下手な場合でも、きっと私は、自分は歌が上手いと信じることでしょう。では、私は本当に歌が上手いのか、それとも、自信満々なだけで歌が下手なのかをどうすれば知ることができるのでしょうか。

エマは何についてであれ、自分の判断を滅多に疑うことがありません。彼女は、世界についての自分の理解が世界の現実のあり方を反映しているとただ思い込んでしまっているのです。しかし、この状況においては、彼女の自信が彼女に良い影響をもたらしているか問うてみた方がいいでしょう。結局のところ、エルトン氏のプロポーズの後に彼女がみじめな思いをしたのは、今回、周囲で起きていることについての自分の評価を自信満々に当てにしていたのは大きな誤りであったと彼女が認識したことも一因となってのことなのです。彼女の評価は間違ったものであったと明らかになり、結果、その自信は根拠のないものになりました。このことに気づくと、彼女は自分への信頼の危機とでも呼びうるものを経験します。哲学者のトゥルーディ・ゴヴィエは自分への信頼を「自分自身の批判的な反省や判断を拠り所とすることができること」としています[9]。まさに文字通り、自分への信頼とは、正しい判断をし、よい決断を下すことができているはずだと自分自身のことを信頼することを意味します。

誰もが何かしらの仕方で自己への信頼に手を焼いています。自分は何かを誤解しているのではないかと考えたり、あるいは自分がしようと思っていることは危険を冒す価値のあることなのかどうかと考えたりして、自分自身や自分の下す評価に自信が持てなくなる経験は、私たちの誰にとっても馴染み深いものでしょう。多くの人にとって、自己不信は、絶えずつきまとうわりに役には立たないものです。ゴヴィエが指摘するように、自己への信頼は、独立性や自尊心や自律の涵養にとって重要です。私たちがいつも自分は間違っているかもしれないと疑ったり、決めたことについてくよくよ考えたりしているとしたら、自分の人生の舵を自分でとることが困難になりかねません。自己不信が私たちの思考に充満してしまうと、自分への信頼が、そしてひょっとするともっとも基本的な自己の感覚さえもが掘り崩されてしまうでしょう。他方で、自己不信は適切な自己への信頼を作り出し、促進することに、重要な仕方で関与しています。慎重に用いれば、自己不信は自分の判断と評価への自信を深めるように私たちを導くことができます。課題となるのは、どのような場合に自己不信は自己への信頼に貢献していて、どのような場合に自己への信頼を損なっているのかを理解することです。ほどよい自己不信とはいかなるものでしょうか。

適切な自己への信頼

よく知られているように、古代ギリシャの哲学者アリストテレスは、すべての徳は悪徳という二つの極端なあり方の中間であると主張しました[10]。一方の悪徳は過剰であることとことを意味し、もう一方の悪徳は不足していることを意味します。この主張はときに曲解されたり、アリストテレスを論じる際に過度に重視されたりもするのですが、中庸としての徳という主張は一定の説得性を持っています。基本的な考えは次の通りです。アリストテレスが考えていたように、この状況で感じるべき怒りはこの程度というような、怒りの適切な量とでもいったものがあります。有徳な人は、状況においてちょうど求められるだけの怒りを持つのです。彼女は、人が人種差別的な考えが表明しているのを見たり、残酷な振舞いをしたりしているのを見たりするとひどく怒ることでしょう。また、彼女は、一人あたり最大二十個までのセルフレジの列で自分の前に並んでいる人がカートに二十一個の商品を入れているのを見ても、それほど怒ったりはしないでしょう。食料品店で数秒待たされたからといってやたらに腹を立てるのは、過剰な怒りという悪徳を晒すことになるのです。一方で、侮辱されたときや、人種差別的な辛辣な皮肉を滔々と述べる人を前にしたときに怒らないのは、怒りの不足という悪徳の現れなのです。

自己不信についても似たことが言えます。自己不信が行き過ぎるといったこともあれば、また自己不信が足りないといったこともあるのです。エマは自己不信が足りなくて失敗してしまいます。彼女は、人が何を考えていて、何を計画しているのかだとか、どうしたらそうした人の人生がうまくいくのかだとかといったことを判断する自分の能力を、過大評価しているのです。他方で、自分の能力と判断に自信がなさすぎるせいで、自分自身を疑いすぎて失敗する人もいます。ここで、過剰な自己不信を悪徳と呼ぶのは奇妙に思われるかもしれません。なんといっても、自分自身の判断を信頼しない人に、必ずしも落ち度があるわけではないのです。人には、自己への信頼を持てるようになることを難しくしてしまったり、自己への信頼を持ち続けることを難しくしてしまったりしかねないような（例えば、虐待やガスライティング[*4]などの）あらゆる悪いことが降りかかる可能性があります。[(11)] これは確かに事実でしょう。ですが、自己不信に関する問題を抱えたときに果たしてそれは私たちの責任だと言えるのかという問題は脇におき、代わりに、どうしたわけか私たちの身にそうした不足や過剰が起こったとして、ではどうすればそれを見極めて治療することができるのかということに焦点を当ててみましょう（これらの問題を両方とも抱えるということもありうるということ、つまり、ある範囲では自己不信が足らず、別の範囲では自己不信が過ぎるということがありうるということも忘れてはなりません）。

ゴヴィエは、自己への信頼は一種の徳だとしています。彼女の説明によれば、自己への信頼を持っている人とは、自分自身を「基本的に良い意図を持ち、コンピーテンス〔行為に関わる判断力および行為遂行能力〕があり、理にかなった判断や決定をしたうえで、理にかなった行為計画を実行することができるもの」[(12)]とみなすような人物です。このような説明において、自己への信頼というものは自分自身の内側に向かうものであることに注目してください。すなわち私が言わんとしているのは、自己への信頼の眼目は、私たちが自分自身を、そして自分自身の判断を下す能力をどのように理解するのかにあるのだ、ということです。徳のある人は、自分は決定と判断を下す能力があると信じており、そのため自分の下す決定と判断に自信を持っています。しかし、エマの場合に見たように、揺るぎない自信を持っていても、それが完全に間違っているということもありえるのです。ということは、自己への信頼が本当に徳であるなら、私たちが個別の決定や判断を下す際に、どれだけの自信を持っているべきなのかを見出すなんらかの方法があるに違いありません。よりドラマティックな言い方をするなら、根拠のない自己不信というスキュラと自信過剰というカリュブディスのあいだの安全な航路を進む方法があるに違いないのです。[13]

二〇世紀の英国の哲学者であるフィリッパ・フットは、徳というものは、私たちが屈してしまいがちな衝動に抗う助けとなるか、そうでなければ私たちが自然本性的に有している動機づけの不足を補うという意味において、矯正的だとしています。[14] もし私が理不尽な仕方で怒ってしまう傾向を持っているなら、適切な怒りの徳を涵養するというのは、癇癪を抑えるのを覚えるということに当たります。同様に、もし私が自己不信を抱きすぎる傾向にあるなら、自己への信頼の徳を涵養するというのは、私が自分を損なうような思考パターンにはまり込んでしまっているときや、自分自身の判断にもっと自信を持つべきときに、それと認識できるようになるということに当たります。もちろん、エマの問題は自信過剰だということにあります。したがって、彼女の場合は、適切な自己への信頼という徳を涵養するというのは、彼女が元々持っている、自分は正しいと考えてしまう傾向性の制御を覚えることになります。これは、自己についての認識を高めて、間違えを犯してしまいそうなときにそれを認識することを意味します。それは、自分の犯す間違いをより素直に受け入れることでもあるでしょう。エマにとって幸運であったのは、彼女に自分自身を振り返る習慣があったことです。なぜなら、何より反省をすることによってこそ、彼女は自己へのそうした認識を高め、自分は誤りを犯しやすいのだと受け入れられるようになるのですから。

反省は一筋縄ではいかないものです。反省はすぐ、無用で非生産的な反芻になってしまいます。反省により、私たちが偽なる信念を真なるものだと確信する度合いがいっそう高まり、私たちの誤りが補強されてしまうこともあります。有徳なかたちでの自己への信頼を涵養するのに役立つような仕方で反省するためには、私たちは正しい態度と正しい目的を持って適切に反省する必要があります。とりわけ、私たちは自己不信をうまく使いこなす方法を学ぶ必要があります。そうするために、私たちは十分に自分自身を知って、自分がどのようなやり方をしていて、どのような場合に誤りに陥りやすいのかを理解できるようにしておかなければなりません。

私たちの振る舞いに関与する多くの要素は私たちの意識にのぼらず、私たちが直接コントロールできるものでもありません。焼きたてのパンの香りが空気中をふわりと漂っているかどうかというような、私たちのおかれた状況についての一見無関係な事実が、私たちがどのような選択を下すかに影響を与えることがあります。私たちは単なる環境の産物に過ぎないとは誰も思いたくないでしょうが、自分のあらゆる振る舞いを認識し、コントロールするという点において私たちの能力を過大評価したとしたら、それは誤りでしょう。人間とは複雑な心理を持つ存在です。ということはつまり、自己知を手に入れるのは大変なことなのです。大抵の場合、私たちは、自分が現にしていることについて、なぜそのようなことをしているのかを知りません。さらに、私たちはまた自分の振る舞いについて後付け説明が得意であることもわかっています。少なくともときどき、私たちは自分のしたことに、後になってから目を向け、そのときになってはじめてなぜそれをしたのかを思いつくということをするようなところがあります。そしてエマと同じように、大抵の人々もまた、かなり巧みに合理化と自己欺瞞をやってのけるのです。

少しの自己欺瞞ならかえって実践的な利益をもたらすかもしれないというのは注目に値するでしょう。心理学者のシェリー・テイラーの先駆的な研究によると、自分自身についてのポジティブ・イリュージョンは私たちの福利を増進する可能性があるとされています。[15] 確かに、もっとリアリストであったなら不可能に見えかねなかったような目標でも、ポジティブ・イリュージョンがあれば、それを達成するように動機づけられやすくなるかもしれません。結局、自分には何かができると信じていなければ、おそらく人はやってみようとさえしないものなのです。テイラーの研究からは、将来についての楽観や物事をコントロールできているという感覚は、その楽観に根拠があるとは限らない場合や、自分で思うほど物事をコントロールできていない場合でさえ、福利を増進することがある、ということも示されています。ひょっとすると、自己知はそれほどいいものとは限らないのかもしれません。ひょっとすると、自分自身を知ることに関して言えば、無知は至福であるのかもしれません。

これが正しいかどうかは、至福ということで何が意味されているかとか、私たちは自己知や自己への信頼にはいかなる価値があると考えているのかとかといったことによって変わってきます。これらは重大な問題ですが、ここでは軽く触れるだけにとどまらざるをえません。自分の能力や素質についてのポジティブ・イリュージョンは、SAT[*5]を受けようとしているときのような限定的な状況においては、自己への信頼を維持したり養ったりするのに非常に役に立つように思われます。ですが、エマが学んだように、他の状況においては、そのようなポジティブ・イリュージョンは最終的に大きな損害を与えることがあります。幻想は事実と衝突するものです。エマが妄想たくましく膨らませていった偽りの物語は、しまいには、エマも知らんふりを通すことはできないような仕方で破綻してしまいました。確かに、すべての偽りの物語が、そこまで簡単に突き破られるわけではありません。人は、なんとかしてその生涯を通じ自分を騙しおおせることもあります。しかし、一般的に自己欺瞞は、自己への信頼を築くための戦略として有望ではありません。自分がそれまでどれほど間違っていたか認識したとき、エマの自己への信頼は揺るがされます。彼女は世界を理解する自分の能力を疑います。けれど、彼女は、その経験を活かし、最終的に自己への信頼を強化するものへと昇華することができました。彼女は、自分がとんでもないことをしでかしてしまったのだと知って、はじめこそ衝撃を受け、恥入るのですが、一度それを乗り越えると、自分自身のことを、そして自分の動機づけのことをもっとよく理解できるように、しっかりと己を振り返ることになります。彼女は自分の誤りについて認識し、今度はそれを道具として使って、自分が将来下す判断への自信を培うようになるのです。己を振り返ることで彼女が獲得した自己知は、有徳な自己への信頼をより堅固に基礎づけてくれるのです。

さらなる自己知につながる反省をするためには、私たちは正しいやり方と正しい心構えで反省しなければなりません。知ってのとおり、友人との口論を反省することと、口論を蒸し返すことは違います。反省をしているときには、口論の原因や口論の顛末について、新しい洞察を受け入れる心の準備があるものです。蒸し返す場合には、特に何かを解きほぐすということもなく、主に、自分自身のことや自分が感じた怒りについて正当化をしています。エマの反省には、確かにいくらかの自己正当化が含まれています。しかし、彼女はやがてそのフェーズを離れ、起こってしまったことについて、そして自分の失敗がどのような仕方でその一端を担っていたかについて、以前よりもしがらみのない状態で、また以前よりも素直に認められるようになります。

反省と自己知と自己への信頼

私はここまでエマの性格上の欠点の話ばかりをしてきましたが、彼女の性格には長所もあります。その長所の一つは、そもそも苦しい反省を引き受けられるだけの勇敢さを持っていることです。彼女はそうすればみじめになるとわかっているときでも、腰をおろして、物思いにふけります。このことの重要性は過小評価されるべきではありません。多くの人々は、何か問題を抱えたときには、そのことについては考えないことにすると決心してしまうことでそれに対処します。問題を考えすぎたり分析しすぎたりすると、なにも明らかになっていないのに不安を募らせることもありますから、これは賢明な戦略となりうるものです。しかし、向き合いたくないものと向き合うはめになることを恐れて自分の犯した間違いについての反省を避けてしまったなら、ゆくゆくは自己への信頼を崩壊させることになりかねません。知らない人を信頼するのが難しいように、あなたが自分のことを知っているのでなければ、あなたの自己への信頼は不安定な基盤の上に立つことになります。自分を理解するためには、自分の内なる眼差しに自分自身を丸ごと晒すことができなければなりません。私たちは進んで、鏡に映った自分の姿をじっくり見つめて、いっそ無視してしまいたい自分についての不愉快な真実に向き合わなければなりません。エマの場合、彼女が直視しなければならない辛い真実とは、彼女は自分で思っているほどにはまるで他者のことを知らず、その上、どうしたら他の人々の人生がよくなるのかを必ずしも知っているわけではないということでした。要するに、彼女は自分自身の無知を認めなければならないわけですが、これはつまり、大抵の人にとって非常に辛く感じるようなことをしなければならないということなのです。(16)

自分自身を丸ごと他者の眼差しに晒すのは、これよりもずっと苦しいことになる場合があります。小説の終盤に、見ていて居た堪れなくなるようなシーンがあるのですが、エマはそこで隣人のミス・ベイツに対して、かなり残酷な振る舞いをします。ナイトリー氏がそのことでエマを非難したとき、エマは心底恥入り、面目を失います。*6 多くの人と同じようにエマも、しばしば自己防衛的になったり、拒絶的になったりしてしまい、いつでも批判に対してとっさにうまく反応できるわけではありません。しかしながら、この状況で、エマは彼の批判を自分の行いに対する正当な評価として受け入れます。自分が残酷であったなどとは彼女も認めたくはなかったのですが、それでもなんとか、この考えに対する想像的抵抗を回避します。ナイトリー氏の観点から自分自身を見つめるのはエマにとっては苦しいことですが、けれどこの観点をとることで、彼女は、ミス・ベイツに謝罪して、償いをし、自分が残酷であったということに立ち向かうことができるようにもなります。このように、エマの自己理解が深まることは、彼女をエンパワーするのです。

このように視点を移し、自分のおかれた状況を他者の観点から眺められることは一つの技術であり、涵養が求められることです。(17) エマはこの小説の全編を通じて、主に彼女の反省の習慣によってこの技術を涵養していきます。もちろん、エマの場合は、他の人々が考えていることを軽視しすぎる傾向も直す必要があります。とはいえ多くの人々にとって、有徳な自己への信頼を身につけようとしたときに課題となるのは、他の人が考えていることをいまほど気にしないようになることです。私たちは、他者の観点を取り入れる方法を見つけなければなりませんが、その際、他人の目が優勢になって、自分が誰であるのかについての感覚が圧倒されないようにしなければなりません。とりわけ、すでに自分自身の判断を疑う方向に傾いているときには、私たちは「この人は私が間違っている」ということから、一足飛びに「私が間違っている」と思い込んでしまいやすいのです。反省は、他の人の意見をどう取り扱えばいいかを見極める際に私たちの役に立ってくれます。反省をすることで、他者が私たちについて下している判断を評価できるようになり、そしてその上でそれらの判断を受け入れるか、それとも退けるかについても、より適切に決められるようになるのです。

反省によって私たちは距離を置くことができますが、批判を取り入れ、生産的に用いることができるためには、しばしばこの距離というものが必要になります。反省において、私たちは一歩離れたところから、より率直に、自分の頑なところをほぐして、自分の振る舞いを眺めることができるのです。反省によって距離を置いたならば、他の人が言ってきたことにどれだけ考慮に値するところがあるかを評価することも、それを言った動機を評価することもより容易になります。本当の批判といい加減なコメントの区別や、当てこすりと有益な示唆の区別をより上手くつけられるようになります。反省は、私たちが自分の信頼する人の判断には適切な重みづけをし、自分のことを知らない人や、当てにならない人の判断については話半分に聞くにとどめられるようにしてくれます。また反省は、反省をしなければ気づくことのなかったような自分自身の振る舞いのパターンを見出し、自覚する助けにもなります。これはつまり、反省の習慣があれば、他の人の観点を自分自身についての理解のうちに効果的に取り込む能力が、時間の経過とともにだんだんと向上していく、ということです。私たちは、自分をよりよく知るために他の人の洞察と自分の洞察とを組み合わせることができます。しかも、自分のことを知れば知るほど、自分のことを信頼できるようになるのです。

結論

エマが自己知へと至るまでの道筋はいつでも平坦なわけではありませんし、まだ道半ばというところで小説は結末を迎えます。大抵の人々と同じく、彼女が本当の意味で自分を知るまで、まだ長い道のりがあるのです。ひょっとすると、彼女は最後まで自分を知ることがないかも知れません。しかし、反省によって、彼女はより明瞭に自分のことを見られるようになります。彼女は自分の推論における誤りと自分の性格上の欠点に加えて、それらの関係も認識するようになります。こうして彼女は的確な判断を下し、他の人々と良い関係を築くために必要となる自己への信頼を涵養できるようになります。自己知を深めたことで、やがて彼女は新しい可能性にさらに心を開き、より良い関係を結ぶことができるようになりました。腰をおろして物思いにふけることは、ときには彼女をみじめにすることもありますが、そうしなければもっと悲惨になっていたはずです。自己知は、それを身につけるのに苦痛が伴うときでさえ、享受するに値する幸福をもたらしてくれるのです[18]。

［原注］

（1）Austin (1933, 134).〔日本語訳、上・二〇九頁〕

（2）この神殿には有名な神託所もあり、（ピュティアの名で知られる）神殿の高位の巫女が予言をおこなっていた。小説の『パーシー・ジャクソンとオリンポスの神々』〔リック・リオーダン、金原瑞人訳、ほるぷ出版〕のシリーズをよく知っている人は、レイチェルという名の登場人物のことを思い出すかもしれない。彼女は作中で神託を告げる役割を果たす。デルフォイの神託はおおよそそのように機能するものだとされていた。

（3）『エマ』を読んだことのない人も、エマが自分や誰か自分の知っている人と似ているように感じるだろう。そして映画『クルーレス』を観たことのある人は、エマと、アリシア・シルヴァーストーンが演じるこの映画の主人公であるシェールの類似点に気づくだろう。実際『クルーレス』は、よく練られた、非常に巧みなオースティンの小説の翻案である。

（4）エマのことはファーストネームで呼び、エルトン氏のことは敬称付きで呼ぶのは、オースティン自身の表記法に倣ってのことである。彼女は登場人物を、エマが人々を呼ぶときの名前で呼ぶので、家族やエマと同じような年頃で同じような社会的身分の親しい友人を除いては、フォーマルな呼びかたを用いるのがお決まりとなっている。もしも、この小説がエルトン氏の視点から描かれたものであったら、エマはミス・ウッドハウスと呼ばれていただろう。

（5）Austin (1933, 134).〔日本語訳、上・二〇九−二一〇頁〕

（6）エマはこのことについて彼女の姉の夫から注意を受けていた。彼はエルトン氏の意図を正確に読み取り、エマが図らずもエルトン氏をその気にさせてしまうのを恐れていた。悲しいかな、彼女は何の注意も払わなかった。〔『エマ（上）』一七四−一七六頁。エマの姉、イザベラの夫であるジョン・ナイトリーは、ジョージ・ナイトリーの弟。〕

（7）Gendler (2000).

（8）Kruger and Dunning (1999).

（9）Govier (1998, 91). 自分への信頼についての議論において、ゴヴィエは心理学者のドリス・ブラウンの研究に依拠している。

（10）アリストテレスが最初に中庸を論じるのは『ニコマコス倫理学』第二巻、第六章においてである。

（11）これは本当に深刻で重要な問題であり、私はそれを軽視するつもりはない。他の人々と比べて、自己への信頼を涵養することがずっと難しい人々もいるのであり、そうなってしまう理由は少なくとも部分的には構造的な抑圧に起因する。この問題についてさらに知りたい場合は、以下を参照してほしい。Dotson (2011); Abramson (2014); Fricker (2007).

（12）Govier (1998, 91).

（13）スキュラとカリュブディスは、ホメロスの『オデュッセイア』に登場する、ある海峡の両端にいる神話上の危険な存在である。スキュラは六つ首の怪物で、カリュブディスは渦潮である。オデュッセウスは船員と共に、この怪物のあいだをどちらにも捕まらないように通り抜けなければならなかった。

（14）Foot (2002, 8).

（15）Taylor and Brown (1994).

（16）実際、アテネの市民は、自分たちが無知であると執拗に突きつけてきたかどでソクラテスを処刑するほどに、無知を認めるのは辛いことだと思っていた。

（17）観点を移せるということの重要性についてはTeberius (2005) が詳しい。

（18）キム・ガーチャーとメリッサ・シューが本章に対する有益なコメントをくれた。また、娘のジュリア・ノンネンキャンプの助言にも感謝している。

［訳注］

＊1 ハリエットは私生児であり、彼女にはこれといった後ろ盾もない。エルトン氏自身も、この身分差を意識して、ハリエットに求婚するほど自分は「困っていない」と発言する。『エマ（上）』二〇六頁。

＊2 エマは、自分に非があったことを認めるまで、しばらくのあいだ、エルトン氏にこそ非があると内心で批判し続ける。例えば、エルトン氏のこれまでの振る舞いが曖昧でどっちつかずであったから自分は勘違いしてしまったのだとか、そもそもどう考えても階級の釣り合いの取れないエマと結婚できると考えるなどうぬぼれがすぎるとかと言ってエルトン氏を強く非難する。また、あからさまなほどにエマに好意を示していたエルトン氏の態度についても、彼が本物の上流階級の出身ではないためにやや過剰なほど親切に振る舞ってしまっているのだと解釈するのが当然だと自己弁護をはかる。『エマ（上）』二一〇－二一三頁。

＊3 社会的手がかりは心理学の用語で、身ぶり、しぐさ、表情、声の調子、身につけている衣服など、相手の意図や状態を解釈する手がかりとなる特徴のことを指す。

＊4 アメリカ心理学会の規定によれば、ガスライティングとは、他人を操作して、その人が見聞きしたり理解したりした内容に疑いを抱かせること。一九三八年の戯曲および一九四〇年、一九四四年の映画に翻案された『ガス燈』が由来である。かつては精神疾患に関する専門用語として使われていたが、心理的虐待の一種を意味する言葉として広まっている。

＊5 大学進学適性試験のこと。

＊6 『エマ（下）』一九八－二〇〇頁、二〇五－二〇八頁。

［参考文献］

Abramson, Kate. 2014. "Turning Up the Lights on Gaslighting." *Philosophical Perspectives* 28, no. 1: 1–30.

Aristotle. 1999. *Nicomachean Ethics*. Indianapolis: Hackett.〔アリストテレス『ニコマコス倫理学』朴一功訳、京都大学学術出版会、二〇〇二年〕

Austen, Jane. 1933. *Emma. The Oxford Illustrated Jane Austen*. Edited by R. W. Chapman. Oxford: Oxford University Press.〔ジェイン・オースティン『エマ（上・下）』中野康司訳、ちくま文庫、二〇〇五年〕

Dotson, Kristie. 2011. "Tracking Epistemic Violence, Tracking Practices of Silencing." *Hypatia* 26, no. 2: 236–257.

Foot, Philippa. 2002. "Virtues and Vices." In *Virtues and Vices and Other Essays in Moral Philosophy*, 1–18. Oxford: Clarendon Press. 〔フィリッパ・フット「美徳と悪徳」高橋久一郎訳、『徳倫理学基本論文集』所収、加藤尚武・児玉聡編・監訳、勁草書房、二〇一五年、四七−七一頁〕

Fricker, Miranda. 2007. *Epistemic Injustice: Power and the Ethics of Knowing*. Oxford: Oxford University Press.

Gendler, Tamar Szabó. 2000. "The Puzzle of Imaginative Resistance." *Journal of Philosophy* 97, no. 2: 55–81.

Govier, Trudy. 1998. *Dilemmas of Trust*. Montreal: McGill-Queen's University Press.

Kruger, J., and D. Dunning. 1999. "Unskilled and Unaware of it: How Difficulties in Recognizing One's Own Incompetence Lead to Inflated Self-Assessments." *Journal of Personality and Social Psychology* 77, no. 6: 1121–1134.

Taylor, Shelley, and Jonathon Brown. 1994. "Positive Illusions and Well-Being Revisited: Separating Fact from Fiction." *Psychological Bulletin* 116, no. 1: 21–27.

Tiberius, Valerie. 2005. "Wisdom and Perspective." *Journal of Philosophy* 52, no. 4 (April): 163–182.

第Ⅱ部 — 知ること

第6章 論理学――フェミニストアプローチ

ジリアン・ラッセル
山森真衣子 訳

子どもが大人気のおもちゃにしがみつき、隣の子を指して「この子はこれで遊びたくないんだって」と言い張るときには、疑ったほうがよいのです。

――『ジェンダーにおける錯覚（Delusions of Gender）』、コーデリア・ファイン

十代のころ、『ゲド戦記　影との戦い』を何度も読んだものです。私のボロボロのペーパーバックの表紙には――その本はもともと地元の図書館に入っていたもので、黒いクレヨンで「30p」と書かれていました――、魔法使いゲドが描かれていました。表紙の彼はハゲタカに変身しつつあって、翼を広げ、まだ人間体である下半身は緑色のレギンスで覆われていました。数年後私は、作者であるアーシュラ・K・ル＝グウィンの名前を再び目にし、私が読んでいた小説は彼女の書いた『ゲド戦記』シリーズのほんの一冊目にすぎないと知りました。また私は、この本の政治的な背景についてもいくらか知るようになりました。ゲドは赤褐色の肌をしているのですが、出版社側はゲドを白人として表紙に描きたがり、ル＝

グウィンと衝突していたのです。私が子どもの頃に見たゲドの絵は、卑劣な折衷策でした。確かにハゲタカは白人ではありませんが、それを表紙にすることで、この主人公のもともとの姿もまた白人ではないということが見えなくされていたのです。政治的な問題はそれだけではありません。私はル＝グウィンの「自己紹介」[*1]というエッセイ（今では彼女の作品の中でもお気に入りです）や『ゲド戦記』シリーズの他の作品も読みましたが、なまじそんなことをしたために、私の青春時代のファンタジーの世界は魔法を纏《まと》ったミソジニーによって腐臭を放つものだったのだと知ってしまいました。「『もろきこと、女の魔法のごとし。邪なること、女の魔法のごとし』。テナーは何度このことばを聞かされてきたことだろう。そして、実際、テナーはコケやツタのような女たちの魔術がろくに効かないのをこれまでよく見てきていた。彼女たちがときには邪な意図をもって、あるいは無知なために、魔術に手を出すのも見てきていた。村の女まじない師たちは、たとえたくさんのまじないや魔法を知っていても、大切な歌のいくつかを知っていても、高度な技は習ったことがなく、魔法の原理を勉強することもないままきていた。女はすべてそうだった。魔法は男の仕事であり、男が身につける技であり、そもそも男によって、つくりだされたものだった。これまで女の大魔法使いはひとりも出ていない」[*2]（ル＝グウィン『ゲド戦記 帰還』）。『ゲド戦記』におけるジェンダーのあり方やジェンダーと魔法との結びつき方に、私は居心地の悪さを覚えました。そしてその理由の一部は、実際のところどうなのかが明らかでないということにありました。本当に女性は魔法を使うことができないのでしょうか？ 例えばロークの魔法学院などでちゃんと教わっていたなら、魔法を使えたということはないのでしょうか？（そうではないかもしれないという可能性を考えるだけで不安になりますが。）もしかしたら『ゲド戦記』の世界の女性は別の魔法を使えるのかもしれません。

「癒す力は女のほうにこそ生来具わっているように思います」[*3]。でもそうだとしたら、それは本当に魔法なのでしょうか？　男性たちの魔法と同じだけ強く、同じだけ善なる魔法なのでしょうか？

この章の中心的な問いはこれです。「はたしてフェミニスト論理学などというものはあるのでしょうか？」私はこの問いをネット荒らしがやるように「なあなあ、フェミニストが論理学を使うなんてことあると思うか？」というような仕方で掲げたいわけではありません。私が言わんとするのは、「フェミニスト論理学という、正当かつ独立した研究分野は存在するでしょうか？」ということです(1)。

世の中には、論理学という学問があります。哲学の中でもテクニカルで数学的な分野で、推論の構造、そして特に、推論を真理保存的なもの[*4]にする構造的な特徴を探求する分野です。また世の中にはそれとは別に、フェミニズムという、ジェンダー平等に向けた倫理的・政治的な活動もあって、それによれば、人の地位や権力、人生の選択肢はジェンダーによって決定されてはならないとされます(2)。ところが、論理学の中にフェミニスト論理学という特殊分野があるかのような言われ方をすることがあります。ちょうど例えば化学の中に有機化学という特殊分野があるのと同じように。そこで私は問いたいのです。およそフェミニスト論理学なるものがあるとしたら、それは一体いかなるものなのでしょうか？

フェミニズムが幾何学や航空学に何かをもたらすかと言うとそんなことはほとんどないと思われるでしょうが、そうするとひとつのありうる考え方として、幾何学や航空学の場合とちょうど同じように、フェミニズムが論理学にもたらすものなどほとんどないというものがありそうです。この場合、フェミニスト論理学の名に値するような論理学の分野などないということになります。他の立場を取る哲学者もいます。アンドレア・ナイは、論理学とフェミニズムは対立するものであり、論理学は反フェミニズム的である以上、フェミニスト論理学など存在しないと考えます。ヴァル・プラムウッドは、フェミニスト論理学とはある特定の種類の論理――つまり関連性論理の学であると主張します。スーザン・ステビングなどの他の哲学者は、フェミニズムは論理学を応用するさまざまなやりかたのひとつでしかないと考えます。このような議論や意見の相違があるということをベースに、先ほど挙げた問いを扱う（そして答える）ことにしましょう。

まず次節で、論理学とは何かということを明確にします。それから、フェミニスト論理学とは何かという問いに対する四つの考えを概覧し、第一、第二、第三の考えを捨てるべきこと、そして第四の考えが正しいということを示します。そして最後の節で、フェミニスト論理学はその第四の考え以上のものになりうることを述べます。結論部では将来に向けてのより野心的な展望を描いて本章を結ぶことにしましょう。

論理学

論理学は良い推論・悪い推論について扱います。推論とは以下のようなものです。

(1)
P1　もしヘラが人間ならば、ヘラの寿命は有限だ。
P2　ヘラの寿命は有限ではない。
ゆえに、
C　ヘラは人間ではない。

一文目に条件文「もしヘラが人間ならば、ヘラの寿命は有限だ」が来て、二文目は一文目の「ならば」以下の部分を否定し「ヘラの寿命は有限ではない」と言われます。そして最後に、これら二つの文から導出される結論「ヘラは人間ではない」が来ます。

推論について話をする際、いくつかの専門用語があったほうが便利でしょう。結論の根拠となる文――上の例におけるP1とP2――、結論がそこから導出されると思われる文を、「前提」と呼びましょう。P1のような条件文において、「もし」に続く文を「前件」と、「ならば」に続く文を「後件」と呼びましょう。さて、ここで二つの少し違った推論を見てみましょう。

(2)　もしクサンティッペが女性ならば、クサンティッペの寿命は無限だ。
クサンティッペの寿命は無限ではない。
ゆえに、
クサンティッペは女性ではない。

(3)　もしクサンティッペが女性ならば、クサンティッペの寿命は無限だ。
クサンティッペは女性ではない。
ゆえに、
クサンティッペの寿命は無限ではない。

論理学者は、良い推論の特徴とは何かを研究しています。これらの推論について検討すると、おそらく「(1)は非常に良い推論ですが、(2)と(3)にはそれぞれ別の間違いがあります。(2)と(3)はそれぞれある点では良い推論ですが、別の点では悪い推論です」と結論づけられるでしょう。その「点」とは一体何でしょうか？

推論には、重要な二つの性質があります。妥当性と健全性です。推論の前提が真であることが、結論が真であることを確実にもたらす場合、その推論は妥当になります。推論1を見てみましょう。前提がすべて真であると仮定します。つまり、「もしヘラが人間ならば、ヘラの寿命は有限」であり、かつ、「ヘラの寿命は有限ではない」と仮定しましょう。このとき当然ですが、上の二文が成り立つのであれば、ヘラは人間ではありません。結論が真であることが、前提が真であることから導出されるわけです。これが「結論が真であることを確実にもたらす」ということで我々が意味するものです[3]。

(1)を(3)と比べてみましょう。(3)の前提がすべて真だと仮定しても、結論は偽になりえます。というのも、クサンティッペは寿命が無限な男性かもしれないからです。前提が真なのに結論が真ではないことがあるため、この推論は非妥当です。前提が真だが結論が真ではないような(可能なものとして想像される)状況を、その推論の反例と呼びましょう。反例は、「「前提が真であることが、結論が真であることを確実にもたらす」わけではない」と示し、それによってその推論が妥当ではないと示してくれるのです。

推論(2)には、これとは異なる欠陥があります。(2)は実のところ妥当なのです。仮に前提が両方とも真であったならば、結論も真であったはずです。問題は、もちろん、(2)の前提のひとつ、つまりP1が真ではないということになります。これは、この推論が非妥当であるということを意味するわけではありません。そうではなく、この推論が健全ではないということを意味しています。ある推論が健全なのは、(i)

その推論が妥当で、かつ、(ii)推論の前提がすべて真であるとき、かつそのときに限ります。[*5] (2)は(i)を満たしますが(ii)を満たさないため、(2)は妥当ですが健全ではないのです。

推論(1)と(2)という二つの妥当な推論は、全体の形式が同じです。P1が条件文で、P2がP1の後件を否定して、結論がP1の前件の否定になっています。我々が「ある推論は論理的に妥当だ」と言うとき、「その推論の形式は、その形式に沿ったならばどんな推論も妥当となるようなものとなっている」ということを意味しています（これが、論理学がしばしば「形式論理学」と呼ばれる所以のひとつです）。推論の各パーツを次のように記号に置き換えることで、具体的なパーツの内容ではなく形式のほうに注目しやすくなります。

もしPならば、Qだ。
Qではない。
ゆえに、
Pではない。

推論が妥当かどうかは、推論に現れる語句が何を意味するかという微妙な問題に左右されることも少なくありません。そして、推論に現れる「もし……ならば」や「……ではない」という語句の意味に関しては、いくつもの難しい論点があります。そこでわかりやすさのために、論理学者たちは意味がすでに規定されている人工言語をよく用います。条件文は「→」という記号で表されることが多く、否定は「~」で表されることが多いでしょう。[*6] これらの記号を用いて、ここで見た妥当な推論がどんな形式をしているかを表現することができます（上の図）。非妥当な推論である(3)は、それとは異なる形式をしています（下の図）。

$$\frac{P \to Q \quad \sim Q}{\sim P}$$

$$\frac{P \to Q \quad \sim P}{\sim Q}$$

記号「→」や「~」を含んだ表現の真理値は、その表現の構成要素の真理値に依存しますが、その依存の仕方がどのようになっているかに応じて、「→」や「~」という記号の「意味」が規定されます。例えば、もしPが真（T）ならば、~Pは偽（F）である。また、もしPが偽（F）ならば、~Pは真（T）である。これを「真理表」で表すことができます。

P	$\sim P$
T	F
F	T

同じように、「→」の表も書いておきましょう。「→」は構成要素として二つの文を含むので、今回我々は四つの状況に対しての真理値をそれぞれ規定しなくてはなりません。「→」が構成要素として含む二つの文について、「両方が真の場合」「一つ目が真で二つ目が偽の場合」「一つ目が偽で二つ目が真の場合」「両方の文が偽の場合」の四つです。

真理表を用いることで、「(1)や(2)の形式をしているどんな推論も妥当である」と証明することもできます。次の表において、左側の二つの縦列は「物事がどのようにありうるか」についての異なるあり方を表していて、前提や結論に当たる三つの文の下にある縦列は、それぞれの文の最終的な真理値を表しています。

P	Q	$P \to Q$
T	T	T
T	F	F
F	T	T
F	F	T

		P1	P2	C
P	Q	$P \to Q$	$\sim Q$	$\sim P$
T	T	T	F	F
T	F	F	T	F
F	T	T	F	T
F	F	T	T	T

前提が両方とも真であるすべての横列において（このケースでは四番目の横列のみが当てはまります）、結論も真になることがわかるでしょう。そのためこの推論の形式は妥当なのです。

同じテクニックを、「(3)で使われている推論形式は妥当ではない」と示すために使ってみましょう。

		P1	P2	C
P	Q	$P\to Q$	$\sim P$	$\sim Q$
T	T	T	F	F
T	F	F	F	T
F	T	T	T	F
F	F	T	T	T

今回、三段目の列が、「前提が両方とも真であるが、結論が偽である列」となっています。つまり、推論の前提が真であることが、結論が真であることを確実にもたらすわけではないということです。この真理表はこの推論が妥当ではないことを表しています。

ここで、論理学とは何かということをより簡潔に表しましょう。論理学とは、推論の妥当性をその形式という観点から研究するものです。あなたの目の前に（無限に多くの）あらゆる推論が並んでいると想像してみましょう。論理学者の仕事は、それらを「その推論を妥当にするような形式を持っている推論」のグループと「そうではない推論」のグループに分けることなのです。

フェミニスト論理学についての四つの考え

論理学とは何かということがわかったところで、我々の扱うべき問いに戻りましょう。フェミニスト論理学なるものは存在するでしょうか？　この問いに対して、四つの考えがあります。

考え1：フェミニスト論理学なるものは存在しない（ver. 1.0）

「フェミニズムも論理学もそれぞれまっとうな分野ですが、それぞれが扱う対象は重なり合うことがなく、それゆえフェミニスト論理学という分野の扱う対象は存在しません」というのが「考え1」です。これを「非重複教導権説」と呼びましょう。この名前は、スティーヴン・ジェイ・グールドが宗教と科学との関係についての自身の立場に付けた名前から借りたものです。グールドは科学と宗教について、「科学と宗教はそれぞれが専門とする領域に重なり合うところがないため、科学と宗教の間には対立がない」(4)と考えました。この考えを、科学と宗教の関係ではなく、フェミニズムと論理学の関係に転用すると、「フェミニズムと論理学は異なる物事――ジェンダー不平等や推論の妥当性――の理論化に携わっており、それらトピックは重なり合うことがないため、フェミニズムと論理学はそれぞれ重なり合うことがありえない――そしてそれゆえフェミニスト論理学は存在しない」という考えになります。

この考えを持つ人にとって、「フェミニスト論理学」を求めるということは倫理による嘆かわしい越権行為と思えるかもしれません。つまり、倫理的コミットメントがあまり役に立たないような分野——例えば科学や論理学——にまで、そういったものが侵食してきてしまうという傾向を指し示しているように思えるかもしれません[5]。

この第一の考えは魅力的ですが、「それぞれが専門とする領域は重なり合わない」ということを前提としている先の推論は妥当ではないという点に注意しなければなりません（「妥当ではない」とは、もちろん、「仮に推論の前提が真だとしても、その前提からその結論は導出されない」ということを意味します）。まさに文字通り「専門とする領域が重なり合わない」ケースにおいてさえ——例えば、地方研究と都市研究を考えてみましょう——、それらの領域が交差するところで実りある研究がなされることはあるかもしれません。都市研究に関する授業の計画表には地方から都市部に人が移動する理由を扱う回が含まれてもよいでしょうし、その場合それはまっとうなことでもあります。こうした重複が起きているかどうかが、もっとわかりにくいケースもあります。植物学と幾何学は重なり合うでしょうか？　私にはわかりません。おそらく「重なり合う」という言葉をどのように厳密化するかによるでしょう。それでも、二つの分野が異なる物事——例えば植物と空間——を扱っていると考えるのがもっともだからといって、それらを同時に研究する意味がないというわけではありません。実際、植物幾何学は重要で興味深い分野です。

考え2：フェミニスト論理学なるものは存在しない（ver. 2.0）

「フェミニスト論理学」というアイデアを否定する人が挙げる理由には、他のものもあります。論理学はジェンダー平等への戦いを害するもの――つまり論理学は反フェミニズム的――なので、フェミニストは論理学を完全に拒絶しなければならないと主張する論者もいます。アンドレア・ナイは、論理学は（そして抽象的・数学的方法一般は）、男性が女性を排除するために発展させたツールだと主張しています。この考えが現れる典型的な一節を引用してみましょう。(6)

> 絶望したから、孤独であったから、人間社会からこぼれ落ちたから（そしてたいていの場合、その人間社会とやらはすでに消滅してしまっているのだ）、暴力的な死の宣告を受けたから、親密な関係を求めるがやり方がわからず苛まれてしまうから、そして同時に、女性の存在に苦しめられるから、などと言って男たちは論理に頼る。(7)

ナイは自らの主張通り、自分の考えを支えるような妥当な推論を与えはしませんでした。「論理的に妥当な推論を構築できるか」というのは、彼女の声を排除するために作られた「ひっかけ問題」なのだ、と考えたからです。彼女の本でなされているのは、真理を発見するための道具として論理が用いられるという考えに疑義を呈するために拵えられた、論理の起源についてのいかにもそれらしいお話[*7]を提示し、そして論理の本当の目的は女性を排除することなのだと提言することなのです。

　私のように論理学を教えている者にとって、これは懸念すべき告発です。私がもっとも不安になる考えは次のようなものです。ある集団を他の集団よりも――黒人よりも白人を、女性よりも男性を、外集団よりも内集団を[*8]――持ち上げるような不正な階級システムがある限り、下位集団の人々には、権力者たちのやり方を後押しすることで権力者たちのご機嫌を取りたいという誘惑が生じます。権力者たちは、権力を持たない人々が自分たちに従属し、しかもそのことに満足するようにさせようとしているのです。もし論理学がジェンダー抑圧の道具なのだとしたら、論理学を教えるのは積極的に反フェミニズム的な行為となるでしょう。それは『侍女の物語』[*9]のキャラクター、リディアおばさんのようなもので、抑圧的なシステムの履行・施行に協力することで、家父長制のシステムの中でうまくやっていく、ということになります。そういう人は支配者たちにとって、下位階層の非常に有用な人間となります。支配者たちに自信を持たせ、支配者たちの地位が労せず不当に得られたものだなどとは決して言わず、支配者たちに代わって不愉快で道徳的に恥ずかしい仕事を引き受けてくれるのですから。その人自身にとっては、自分が生まれたシステムの中でできる限りうまくやっているだけだと思えるかもしれません(8)。ですが、その人のおかげでわきまえさせられることになる女性たちにとって、その人はどんな存在となるでしょうか。真の正義という観点からは——この階級制度の全体が不公平で不当であり、そこでの身分はジェンダーや人種といった本来は身分とは無関係な特徴に依存していると認識しているならば——、その人はどんな存在となるでしょうか。その人はその抑圧的なシステムの中で「勝とう」とすることで、抑圧を積極的に推進しているのです。これで、私がナイの告発を非常に憂慮していることがわかってもらえるでしょう。

ただ、ナイの告発を憂慮すべきかどうかは、「論理学は女性を排除するための道具である」というナイの主張が正しいかどうかにかかっています。だって、考えてみてください。論理学が女性を排除するための道具というわけではないとしたら？　むしろ、論理学についての知識や理解は、力学や算術、簿記、歴史、料理、農業、医学についての知識や理解のように、——少なくとも普通の状況においては——それらの知識や理解を持っている人をエンパワーしてくれるものだとしたら？　権力者は、自身の地位を維持する手助けをしてくれる人をありがたがりもしますが、それに劣らず、下位階層の人々へのエンパワーとなりうる技能を教えないよう抑圧することもときにあります。例えば、アメリカの多くの奴隷州では反識字法が制定されており、奴隷に読み書きを教えることが違法とされていました。読み書きを教えることは、不正な階級制度に対しておこなわれた、反体制運動だったのです。というわけですべては、「論理学はまさに女性を排除する道具である」のか、「論理学が女性には触れる機会が与えられないような便利な道具だったからこそ、論理学から女性が排除されたにすぎない」のか、このどちらなのかにかかっています。

どうやってナイの研究と関わり合えばよいかは、ちょっとわかりません。「ナイの考えを支持するような筋の通った論証が提示されていないのだけど……」という声を彼女は（おそらく）聞きたくないでしょうし（彼女は気にも留めないでしょうが）、自分の考えに反対する筋の通った論証も求めていないわけですから。もしかしたらナイも、自分の考えの起源に対し、その考えの疑わしさを暴くような説明を与えられたなら、耳を貸してくれるかもしれません。ナイの考えの正当性を脅かすような、彼女の考えがどのように生じてきたのかについての、いかにもそれらしい歴史のお話になら。

ナイの考えは論理学やジェンダーそのものの性質に関わる何かから来ているというよりもむしろ、ジェンダーシンボリズムから来ているのではないかと私は疑っています。ジェンダーシンボリズムとは（以下はエリザベス・アンダーソンの定義です）、「我々が人間でも生物でもないあれこれの現象をこれは「男性的」、これは「女性的」というかたちで表現し、そのジェンダーの理想形やステレオタイプに倣って形づくるときに生じる」[9]もののことです。ジェンダーシンボリズムはいたるところに存在しています。私が言っていることを確認するために、飲食物、動物、楽器、学問分野、趣味、おもちゃ、色のいずれかを選び、それに該当するものを十個思い浮かべてリストを作ってみてください。世間の人々が、そのリストに載っているものを「男性的」と「女性的」という二つのグループに振り分けるように言われたとしましょう。このとき、人々がどのアイテムをどちらに振り分けるか、予測してもらってもよいでしょうか。ロゼワインはどちらに振り分けられるでしょう？　安ビールは？　安い白ワインは？　めちゃくちゃに高い赤ワインのボトルは？　どちらに振り分けられるか確信が持てなかったり当てずっぽうになったりするものもあると思います。とはいえ、これをやってみると、それ自体がジェンダーを持っているわけではない事物（ドラムとハープとか、ロゼワインとバーボンとか）はおろか、場合によっては本来のジェンダーにそぐわないような仕方でさえ（ネット上でジョークになっているように、犬はみんな男の子で、猫はみんな女の子なのです）、人間でないもののあまりに多くがどちらかのジェンダーに明確に結びつけられているという事実に、私は唖然としてしまいます。マーケティング担当者や広告主は、商売のためにあらゆるものにジェンダーを帰属させて、この状況を悪化させようとしているように見えることもあります。こうして、男性用・女性用カミソリとか男性用・女性用カクテルキットとかピンクの銃とかピンクのダンベルとかピンクのジープとか「男性サイズの」ティッシュとか「男性用の」歯磨き粉が世に出てくることになるのです[(10)][*10]。

学問分野や研究手法もジェンダーシンボリズムと無縁ではありません。数学や物理学、古典学、哲学はすべて伝統的に男性的であったし、論理や合理性、理性もそうでした。文学や女性学、美術史、直観はこの文脈ではすべて女性的だとみなされうるものです。とはいえ分野と分野の区分けはそれぞれの分野の内部でも繰り返される傾向があり、そのときそうした下位区分の一部が男性的、一部が女性的であるとみなされることもあるため、事態は複雑です。実際、哲学の中では、論理学や科学哲学、形而上学は男性的とみなされるのに対し、倫理学や価値論は女性的とみなされます。さらにまた、倫理学の中では、メタ倫理学は男性的、規範倫理学や応用倫理学は女性的とみなされるのです。

というわけで、論理学を否定したがるフェミニストがいる理由は、次のように説明できるでしょう。論理学は伝統的に男性的だとみなされてきました。フェミニストたちはあらゆる男性的なものの地位が向上すること、それに付随してあらゆる女性的なものの地位が下がることに抵抗したいのです。そのためのひとつの方法は、男性的なものの過大評価を否定し、女性的なものを高く評価することでしょう。この考えに則ると、我々は男性的なものを批判し、女性的なものを称賛することになります。いま論じている話題に戻ったなら、その結果は「論理学サイテー、別のやり方サイコー」となる——というわけです。

私の見立てでは、以上が考え2の源泉だと言ってよさそうですが、そうするとこの考えには二つの問題が出てきます。一つ目は、論理学はサイテーではないということです（抑圧された人々を排除するのに読み書きが用いられていたことは確かにあったが、そうだとしても読み書き自体がサイテーではないのと同じように）。二つ目は、論理学に本当にジェンダーが帰属されているわけではないということです。ただ、ここでもまたジェンダーシンボリズムが働いているにすぎないのです。我々フェミニストがすべきは、論理学を否定することではなく、「論理学は男性的である」という前提を否定することでしょう。それにより、フェミニズム的な理由から論理学を低く見積もるという必要はなくなり、フェミニズムが論理学を取り戻すことのできる可能性が開かれるのです。

考え3：フェミニズムは論理学を改訂すべきだ

当然のことながら、フェミニスト論理学者たちはナイの考えを否定してきました。[11] ヴァル・プラムウッド（一九三九－二〇〇八）はエコフェミニズムの研究によっても有名になったオーストラリアの論理学者です。[12] 彼女は、ナイの論証は「証明過多[*11]」という論理的誤謬を犯していると考えています。

「抽象化や「普通の」言語から逸脱したものを排除しよう」という計画によって破壊されうる知的営為の領域は、恐ろしいほどに大きいのではないだろうか——数学だけでなく［…］また科学の大部分だけでもなく、「コンピュータプログラミングや統計学、経済モデル［…］」、そして間違いなく、我々が失いたくない多くのものもその領域に含まれる。そのように「抽象化を完全に排除しよう」としたなら、それは思考を著しく制限する計画となってしまうだろう。[13]

要するに、論理学をはじめとする抽象的な学問は、非フェミニストたちに譲り渡してしまうには価値がありすぎるのです。プラムウッドは論理学を否定すべきとは考えませんでした。むしろ彼女は、我々はジェンダーバイアスのせいで間違った妥当性の理論——いわゆる古典論理——を採用してしまってきたのだと、そして我々は代わりに別の理論——関連性論理——を採用すべきなのだと考えました。要点を述べるなら、論理学者はジェンダーバイアスのせいで妥当な推論と非妥当な推論のあいだの線を引く場所を間違ってしまっているのだと彼女は考えるのです。プラムウッドは特に、本章の「論理学」の節で見たような「~」という記号で表される否定、つまり古典論理的な否定を批判しています。[14]

特に、古典命題論理——現代においてもっとも支配的となっている形式論理理論——によって与えられる否定の構造は、「支配の論理」と呼ぶにふさわしい特徴を持つため、他の形式論理理論よりも優遇され、選ばれてきた。その特徴とは、他者を二元論的な観点から説明するというものであり、これによって他者の従属を自然視したのだ。(15)

では、なぜ古典論理は支配の論理なのでしょうか？　プラムウッドの著作で鍵となっているのは、二元論という考えです。およそ二元論というのは階層構造的な区別であって、一方の表現の適用対象が、もう一方の表現の適用対象よりも上位であるとみなされるような表現のペアに当たります。こうした区別において現れる論理的に有害な性質をリストアップすると、次のようになります。

1 **背景化**——下位の側は（たとえ上位の側がそれを必要としたとしても）重要ではないものとして特徴付けられる

2 **過度な分離**——両者の間にある区別は誇張され、境界事例は黙殺される。両者の特徴は、他の説明が可能な場合であっても、それぞれの本質的な性質によるものだとみなされる

3 **関係による同一性**——一方はもう一方によって定義される

4 **道具化**——上位の側の価値観が支配的であり、上位の側の利益はそれ自体が目的とされる。下位の側は、上位の側にとって有益であるかという観点から評価される

5　均質化——両者とも、特に下位の側は、「すべて同じ」であると扱われる

プラムウッドは二元論の例として、「主人と奴隷」、「人間と自然」、「理性と感情」、それに「男性性と女性性」を挙げています。「これらはすべて単なる区別だ。「主人たちと奴隷たち」とか、「植民者たちと被植民者たち」というのは、世の中に存在するものの中から二つの集まりを選んでいるだけなのだ」と抗議する人もいるでしょう。ですが、人間の社会的関係に少しでも敏感であれば、我々の文化における「男性性・女性性」の区別の取り扱い方の中に、二元論の持つ特徴を見出すことができるでしょう。(16)

例えば、中流の労働者階級に属する男性は伝統的にお金を稼ぐために家の外で働くことを期待されていた一方、女性は家事や育児といった仕事をすることを期待されてきました。男性の仕事は家族を支えるために必要な「本当の」仕事とみなされていましたが、家事はそれほど重要ではない無報酬の仕事だとみなされていました。そして女性は男性に依存しているとみなされる傾向がありました。実際は、もちろん、男性も女性に依存していました。家事や育児をしてくれる人がいなければ、外に働きに行くことはできないのですから。これが**背景化**の一例です。

次は**均質化**について考えてみましょう。有名な『xkcd』のマンガ[*12]「世間ってこんな感じ」では、一コマ目で、棒人間の男性が黒板で計算をしているのを見ている野次馬が、「わあ、君は数学がダメなんだね」と言います。二コマ目では、棒人間の女性が黒板で計算をしているのを見ている野次馬が、今度は「わあ、女の子は数学がダメなんだね」と言うのです。[*13]

次は**道具化**です。ツイッターアカウントの@Manwhohasitallでは、性差別的なマスコミ風の決まり文

句を取り上げ、男女を逆転した表現にしているのですが、だいたい滑稽な結果となっています。例えば以下のような道具化（の逆転）が一例となります。「男性諸君！　念のため確認しておくけど、女性はポジティブな男性が好きだから、今日はニコニコしていてね」とか、「すべての賢い男性へ。自分の賢さを恐れないで。男性で賢くても大丈夫。あなたの賢さを魅力的に感じる女性も、実際にいるんですよ」など。

プラムウッドは「男性性・女性性」の区別は二元論のひとつだと主張します。こうして、古典論理への彼女の次なる批判は、「古典論理は、いろいろな論理のなかでも、私が概説した二元論的構造にもっとも近似するものなのだ」[17]という主張に基づくものとなります。古典論理が二元論を――そしてそれゆえ女性の従属を――支持しているがゆえに、古典論理は権力者に受け入れられているのだと彼女は考えるのです。というわけで、プラムウッドの論証における重要な前提は、「古典論理と二元論はいま述べたような関係にある」というものなのですが、彼女の論証の主な問題点は、この重要な前提が正しいかどうかが明らかではないということだと思われます。例えば、古典論理的な否定についての彼女の主張を見てみましょう。

> 古典論理では、否定（~p）は、宇宙のうちのp以外の部分、つまり、pがカバーしているもの以外のその宇宙に存在するすべてとして解釈される。大きな長方形を宇宙全体、その内側にある丸い図形をpとして表現するような普通のベン図では、~pはその長方形から丸い図形を引いた差として表現される。[…]いま扱っている問題にとって重要なのは、~pはそれ単独で同定したり、何かの否定で

はないかたちで同定したりすることはできず、~pの特定は完全にpに依存しているということだ。非pは独立した役割を持たず、最初に導入された概念pに相反するものとしてのみ導入される。[18]

プラムウッドは、自分が「命題」論理について語っていると明言しています。[19] つまり、pは文であり、~pはその文の否定とされています。しかし、ベン図の話をしていることから推測するに、述語としてのPを念頭に置いている場合もあるし（混同を避けるため、以降は述語を表す場合は大文字を用いることにします）、Pが適用されるものの集合についても彼女は考えているのでしょう。そのため、［図1］の長方形がすべての数を表すとするなら、円が「Pである」数の集合を表し（「Pである」は「偶数である」という述語だとしてもいいでしょう）、その集合の（図の長方形と相対的な）補集合は、「非P」であるもの（奇数）の集合となります。

ここで、［図1］にちょっと目を向けてみると、「Pの円という城壁に囲まれたものたちは、~Pの寒空の下で壁外をさまよっている、どれもこれも似通った「もう一方側」よりも、特権的で「上位」なのだ」と想像できるかもしれません。けれど問題は、これらはすべて想像によって付け足された話であるはずだということです。否定についての古典的な説明には、このような二元論を背負っているところなど存在しません。その証拠として、以下のような反例が挙げられます。偶数をピックアップするためにPを、偶数でないものをピックアップするために~Pを使った場合を考えてみましょう。このとき、二種類の数の間には単なる区別があるだけです。古典的否定を用いたというだけでこの区別が二元論になったりはしません。実際（上の図に違う仕方で想像力を働かせてみると）、宇宙を自由にさすらっているものの集合を

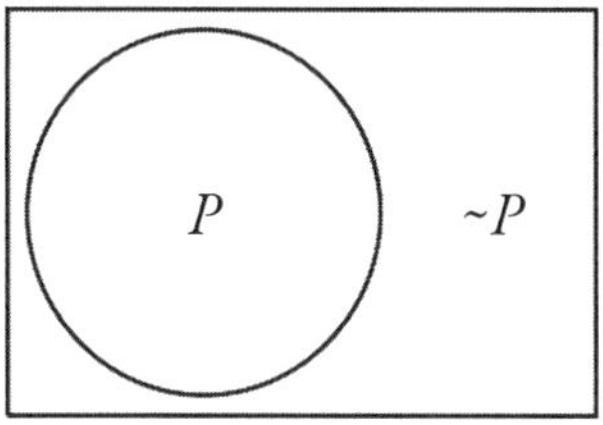

図１　古典論理的な否定（出典：著者）

ピックアップするためにQを、ほかの「Pたち」と一緒に集合という名の牢獄に閉じ込められているものをピックアップするために~Qを用いることもできます。そしてこのようにQ・~Qを追加しても、［図1］ですでに表現されているものと矛盾することはありません。二元論は区別の特殊例であるため、二元論と単なる区別の間には共通の構造的特徴があります。ですが、すべてのP／~Pの区別が二元論であるわけではありません。二元論は、単なる区別に階層構造やプラムウッドのリストにある特徴を付加したものです。「P／~Pの区別にはすでに二元論的特徴が備わっている」というわけではないのです。

ですが、プラムウッドの最後の主張には正しいところもあります。「~pはそれ単独で同定したり、何かの否定ではないかたちで同定したりすることはできず、~pの特定は完全にpに依存している。非pは独立した役割を持たず、最初に導入された概念pに相反するものとしてのみ導入される[20]」。問題は、この主張が「正しいが、毒にも薬にもならない主張」と、「正しいとしたら物議を醸すが、明らかに間違っている主張」のいずれとも受け取れるということです。そして、彼女の主張が力を持つのは、この二つが混同されるのを逆手にとってのことなのです。ひとつ目の仕方で彼女の主張を明確化すると、彼女の主張は「「~P」は「P」を含んでいるから、「~P」を表現するためには「P」が必要である」となります。これは正しいのですが、古典論理における否定に限った話でもなければ、そもそも古典論理に限った話でもありません。複合的表現の意味はその部分の意味に依存するものなのですから、このことはおよそどんな複合的表現にも――プラムウッドが好む関連性論理の結合子を含む表現にも――当てはまります。そのため、もしいま見た解釈が彼女の意図したものならば、それは確かに正しいのですが、とはいえ古典論理を批判し関連性論理に賛成する論拠を与えてはくれないでしょう。それに対し、二つ目の仕方で彼女の主張を明確化すると、彼女の主張は「「Pである」ものの集まりから始めない限り、「~Pである」ものの集まりを定義することはできない」となります。そして、これは正しくありません。Pとは別の原始的な[*14]述語Qを「~Pの外延[*15]を持つ」と解釈すれば、Qを用いてPの外延をゲットする方法が――「~Q」を用いるという方法が――得られます。一方の集合に対してできることはもう一方の集合に対してもできるわけです。それゆえ、古典論理的な否定に埋め込まれている階層構造などというものは存在しないのです。P・~Pは単なる区別にすぎません。フェミニスト論理学が古典論理的な否定を否定しなければならないと示すような健全な推論は、まだありません。

考え4：フェミニスト論理学はフェミニズム的な目的のための論理学だ

ここで検討する最後の考えは、「フェミニスト論理学はジェンダー平等のための戦いにおける有用な道具である」「フェミニスト論理学はフェミニズム的な目的のために用いられる、ただの普通の論理学である」というものです。この考えを代表する哲学者として、スーザン・ステビング（一八八五－一九四三）が挙げられます。ステビングは論理学者であり、イギリスで哲学教授となった最初の女性です。彼女は一九三九年の著書『有効なる思索』で、政治や公的な活動において論理学を用いることを推奨しています。

今日、民主主義の市民たちには、よく考えることが切実に求められている。報道や議会の自由を得るだけでは十分でないのだ。我々の困難は、一部は我々自身の愚かさのせいであり、一部はその愚かしさが利用されているせいであり、また一部は我々自身の偏見や個人的な欲望のせいなのだ。(21)

フェミニズムという語を明示的に用いてはいないものの、ステビングは自身の著書で、著名な男性を取り上げ、女性の扱いに関して二か所で論難しています。一か所目は、論理学者であり哲学者であるバートランド・ラッセルへの反論です。ステビングはラッセルの著書『幸福論』を次のように引用します。

あなたが地下鉄に乗っていて、よい身なりの女性がつかつかと歩いてきたような場合、ほかの女性たちの視線に注意するとよい。きっと、一人ひとりが、ことによればもっと身なりのよい女性たちは別としても、ちらりちらりとその女性に意地悪い視線を浴びせて、相手の価値を傷つけるような推論をしようとやっきになっていることだろう。(22)

ラッセルが躊躇なく気軽に女性を不愉快な態度や嗜好の対象とすることに、そしてラッセルが女性というジェンダーを目に見えて均質化することに（彼の発言は私が本章の「考え3」の項で挙げた『xkcd』のマンガにあるものと似ています）、驚かされるかもしれません。ステビングは、「地下鉄に乗っている女性たちが身なりのよい女性に意地悪い視線を浴びせる」という前提の正しさに疑問を投げかけ（「私の経験の範囲内では、これは正しいと思われない」(23)）、さらに、（ラッセルが加えている留保を考慮したとしても）過度な一般化となる結論を導くこの推論は妥当ではないと指摘しています。

だがいずれにせよ、「身なりのよい女性が車内に現れると、その人よりもよい身なりをしているわけではないすべての女性が、その女性に意地悪い視線を浴びせる」という推論は正当化されない[24]。

このようにステビングは反フェミニズム的なレトリックを、論理学に基づいて批判するのですが、そうした批判の二つ目は、女性参政権に反対する論証におけるお決まりの誤謬を曝け出すために彼女自身が創作した文章をターゲットにしたものとなっています。

この論証は、さまざまな出どころから集められたいろいろな切れ端を組み合わせてパッチワークキルトを作り上げるのと同じような仕方で、私が「作り上げた」ものだ。［…］この「演説」に出てくる論証はすべて、女性参政権に関する長く続く論争の過程において誰かが用いてきたものだ[25]。

当該のスピーチの中ほどに、このような一節があります。

ここでフレデリック・スミス氏は正しい答えを突き止めている。女性には男性のような能力はない。その者の地位や階級、国籍にかかわらず、女性は女性であり、男性は男性なのだ。創造主が男性にそして男性だけに任じた権限や義務を、女性が奪ったり果たしたりしようとすることは、恥ずべきことだ。女性たちの中には、「男性に、今日のもっとも重大な政治的問題について判断するよう働き

かける」という仕事をしっかりと果たしている者もいる。女性たちには、この崇高な仕事で満足してもらおう。(26)

ステビングは三つの誤謬を指摘します。

1　「女性は女性であり、男性は男性なのだ」という第二の文は、女性が投票権を持つべきかという問いには無関係な主張なのだが、同語反復的な明らかな真理でありそれにより「女性参政権論者は明らかな真理を否定しているのだ」とほのめかせるがゆえに、大いに功を奏するものとなっている。「『この話し手の論敵は、〝女性は男性ではない〟という紛れもない事実に反論しているのだ』という印象を聞き手に与えることが意図されているのだ(27)」。

2　「女性が［…］恥ずべきことだ」という第三の文は個人的意見の単なる表明である。しかも、（ステビングは指摘しなかったが）仮にこの文が正しかったとしても、「投票は男性だけの自然な権限であり義務なのだ」と主張しない限り、この文は当該の論証にはなんら関係がないのである。そのような主張がなされていない以上、女性が投票権を持つべきかどうかに関しては、論理的には何も導出されない。

3　「女性たちの中には［…］」という最後の文は、「女性には男性のような能力はない」という第一の文と相反する。最終文では、女性は政治的問題について判断を下す能力がある（そのうえで男性に賢明な投票をおこなうよう働きかける）と示唆されているにもかかわらず、第一文では、女性は政治的問題について判断を下す能力がないので女性は投票してはならないと示唆されているのである。

「論理学はジェンダーバイアスを批判し曝け出す手助けになる」という点ではステビングは正しそうに思いますが、いまの引用部分にあるすべての問題が論理的な問題というわけではないのも事実でしょう。ステビングの批判対象となる人々はさまざまなレトリックを用います。「実際より大袈裟に言い立てる」というのに加え、「論敵の言い分を不当に極端なものとして捉え、その言い分がどれだけ馬鹿げているかをひたすら嘲る」という戦略や、「はっきり言葉にしたなら問題があるとすぐにわかりそうなことを、(例えば自明な前提としてしまうことで)暗黙のうちに伝える」という戦略を用いるのです。論理学は反フェミニズムの論客に対抗するための便利な武器ではありますが、きちんと成果を得られる仕方で彼らを批判するために必要となるもののほんの一部にすぎません。

とはいえ、ここで本章の問い「フェミニスト論理学などというものはあるのだろうか?」に答えることができるでしょう。答えは「ある」です。フェミニスト論理学は、フェミニズム的な目的のために用いられる論理学であって、論証の中にあるバイアスを曝け出し対抗するための手段として、そしてジェンダー平等のための論証を作り上げ擁護するための手段として用いられるものなのです。

フェミニスト論理学の可能性

論理学にはもっとやれることがあるでしょうか？　ステビングの考えでは、フェミニスト論理学は応用論理学であって、論理学を応用する対象にはさまざまなものがありますが、フェミニズムはそのうちのひとつとされます。応用論理学の中にはほかにも保守主義論理学や環境論理学、さらには悪の論理学——悪しき目的を推進するための論理学！——すらあるでしょう。しかし、ここまで語ってきたこととは裏腹に、実は論理学についての何か新しいことがそういった応用からのフィードバックによってもたらされたりはしません。

ですが、フェミニスト論理学については、そうした枠に収まらないものがあるかもしれません。例えば、論理学を使って、社会的階層構造を研究したいとしましょう。社会的階層構造には、家父長制をはじめ、ジェンダー・人種・階級・年齢・能力・性的指向などに基づく、二元論や集団のランク付けがあります。すでに述べたように、古典論理において古典論理的否定が用いられていること自体がそういった階層構造との結託をもたらしているとは言えません。しかし、階層構造的区別をよりよく理解し精査するために、古典論理に階層構造的区別をあえて付け加えたとしたらどうなるでしょうか？

論理学の歴史に目を向けてみると、論理学は階層構造を学ぶのにぴったりなものであるように思われます。数理論理学では、「<（小なり）」関係で数と数のあいだのランク付けをおこない、そのようにしてできた数の階層構造を学びます。よくあるやりかたは、そこに何らかの新しい原始的記号を導入すると

いうものです。その原始的記号は、論理記号[*16]（例えば「=」とか「∈」）として扱われることもありますが、もっとよくあるやりかたでは、「<」と同じように、どういう解釈をされるかがあらかじめ想定されているような非論理的記号として扱われます。論理学で階層構造が見出されるこれ以外の場所としては、反事実的条件法についてのデイヴィッド・ルイスの研究があります。[*17] そこでは可能世界の集合というものが用いられるのですが、その際に可能世界は現実世界にどれだけ類似しているかによってランク付けされ、グループ分けされることになっています。このアイデアは多くの場面に応用できて、例えば反事実的条件法に真理条件を与えたり、誤謬を特定したり、主張という行為の語用論を説明したりすることができます。先ほどの算術のケースとは違って、ルイスは反事実的条件法の研究において、「ランク付けを可能にするような表現を形式言語に導入する」ということはしませんでした。そうではなく彼は、モデルにランク構造を付与し、その結果を明らかにしようとしました。例えば、そうした階層構造を利用した真理条件を持つ表現を付け加えることができるのではないか、といったことが検討されたわけです。

　上述の数学のケースも反事実的条件法のケースも、ある意味で論理学の応用ではあるのですが、それだけでなく、論理的帰結についての我々の科学的理解に寄与する研究でもあると——それゆえ論理学そのものに寄与する研究であると——公平に評価されうるでしょう。数学のケースは、例えば、「「（ある種の）公理を前提に持ち、算術的真理を結論に持つ」ような推論の中には、算術の言語における一階[*18]の帰結関係には含まれないものもある」ということを教えてくれます。そして反事実的条件法のケースは、「妥当だと思われていた推論が妥当ではない（例えばルイスが挙げた前件強化の誤謬や推移性の誤謬、対偶の誤謬など）[*19]」ということや、「新しいモデルを使って興味深い表現に真理条件を与えることができる」ということを教えてくれるのです。

社会的階層構造もまた、論理学の研究対象となりうるでしょう。本節で二つの例を挙げたのは、社会的階層構造の研究の仕方を特定のアプローチに限定したくなかったからです。いろいろなやりかたがあるなかで、そのうちのどれがうまくいくのかを考える必要があるはずです。とはいえ、とりあえずはすでに見た二つのアプローチのどちらかと類似したものから始めてみてもよさそうです。例えば、ルイスにならって、包含関係にある二つの集合を一階のモデルに付け加えてもよいでしょう。直観的に言えば、小さい方の集合が男性の集合、大きい集合と小さい集合の差となる部分が女性の集合に当たります。そしてそのうえで、階層構造に依存的な表現を探すということもできるかもしれません。また、社会的階層構造は許容性や義務と重要な仕方で相互作用したり、(28) さらには、例えば必然性や可能性といったものに影響を及ぼすような権力とも重要な仕方で相互作用したりします。このことを鑑みると、社会的階層構造と様相論理・義務論理との相互作用は非常に興味深いものです。

ここでやるべきことはたくさんあります。ということは、フェミニスト論理学は完成された理論というよりもむしろ、未来に開かれた研究対象ということなのでしょう（そしてその未来は、あなたの将来かもしれません）。とはいえいまは、はじめに掲げた「フェミニスト論理学なるものは存在するだろうか？」という問いに対する答えを我々は今や持っているのだということを記して、本章を終えることとしましょう。この問いへの答えはイエスです。フェミニスト論理学は(i)フェミニズム的な目的のために使われる論理学であるとともに、(ii)（ジェンダーに基づく）社会的階層構造や、その構造が論理的帰結関係に与える影響を研究する論理学の一分野なのです。

［原注］

（1）本章はエリザベス・アンダーソンの論文「フェミニスト認識論」（Anderson 1995）に着想を得て、またそれを手本として書かれている。

（2）質問：ぜこの立場を「ジェンダー平等」ではなく「フェミニズム」と呼ぶのか？　答え：私は実際この立場を「ジェンダー平等」と呼んでいる。だが、歴史的に見て性差別によってもっとも目に見えるかたちで不利益を被ってきたのが女性であり、それゆえジェンダー平等を擁護するということがしばしば、事実上女性を擁護することを意味してきたため、当該の立場は「フェミニズム」とも呼ばれているのである。しかし、ジェンダー平等を擁護するならば、他のジェンダーの人々――男性を含む――がそのジェンダーのゆえに組織的に不当な不利益を被っているときには、その人々を擁護しなければならない。

（3）ここで挙げられているものと異なる専門用語を目にすることもあるかもしれない。以下の表現たちがざっくり同義であるということを知っているとその際の助けになるだろう：「推論が妥当である」「前提（たち）が結論を含意する」「結論は前提（たち）の帰結である」「結論が前提（たち）から導出される」

（4）Gould (2001, 739).

（5）「倫理が越権行為をしている」という風に見えるかもしれないが、そういった見え方が一般に信頼のできるものであるかどうかは明らかではない。倫理的根拠から批判されている人々は、「こんなの、倫理が自身の領分を踏み越えて（商売や戦争、私生活、人間関係、宗教、財政などに）侵犯してきているのではないか」というような感覚を抱く傾向にある。だがその人々が正しいかどうかは明らかではない。

（6）ナイは論理学を否定している他のフェミニストたちにも言及している。「論理学は、現在の議論のひとつでは、防衛的な男性主体が作り上げたものとされている。彼らは生き生きとした経験に触れておらず、男性と女性の原始的対比に基づく厳格な対立的カテゴリーによってすべての存在を定義するのだ。あるいはこういう議論もある。論理学は、人間の行動を制限的なジェンダーロールに沿わせるような抑圧的な思考構造を表現するのだ。またさらに、このような議論もある。論理学は、ひとの話に耳を傾けることができず、ただ否定を認識するだけで差異を認識しないような病的な男性的自己同一性が示す統一性を称賛するのだ。」(Nye 1990, 5).

（7）Nye (1990, 175).

（8）アン・ヘレン・ピーターソンが書いた、ミレニアル世代についての印象深いバズフィードの記事にあるように、「私たちはシステムを壊そうとしなかった。そのように育てられていなかったからだ。私たちはシステムの中で勝とうとしたのだ」(Petersen 2019)。〔訳はBuzzFeed「ミレニアル世代はどのようにして「燃え尽き世代」になったのか」（翻訳ガリレオ、編集BuzzFeed Japan）より。ただし、記事の日本語訳を適宜訳者が補った。〕

(9) Anderson (1995, 57).

(10)「おもちゃはおもちゃのままで」〔訳は毎日新聞余録「ウィリアム・ハムリーさんが念願のおもちゃ屋を…」より〕というグループがある。このグループは、おもちゃを「男の子の」おもちゃと「女の子の」おもちゃに分けることに反対し、おもちゃをただ子どもたちが——ジェンダーに関係なく——遊ぶためのものとして扱うことを推奨している。おもちゃがピンクだろうが青色だろうが、銃だろうが人形だろうが、トラックだろうがおままごとセットだろうが、関係ない。私は、「おもちゃはおもちゃのままで」とパラレルな、「ものはもののままで」というグループが発足されるとよいと思っている。そのグループは、あらゆるものを男性性・女性性で分けることに反対する。そして例えば、論理学も文学も単に人々が勉強することにしてもよいものとして捉えたり、SFも恋愛物も、アクション映画もラブコメもウィスキーもロゼも銃もサラダも単に人々が消費することに（もしくは消費しないことに）してもよいものとして捉えたりすることを推奨する。

(11) Plumwood (1993); Weiner (1994).

(12) 余談1：プラムウッドは一九八五年にクロコダイルに襲われたことがあり、そのことを「Being Prey」という印象的な記事で記している。

(13) Plumwood (1993, 439).

(14) 余談2：ヴァル・プラムウッドは、夫兼論理学者仲間であったリチャード・ラウトリー（公称シルヴァン）と、当時の名前である「ヴァル・ラウトリー」名義で、共著論文や共著本を出していた。二人は関連性論理における否定のための特殊な意味論的メカニズムを発明した。これは「ラウトリースター（Routley and Routley 1972）」とも呼ばれているが、これは二人の共同発明なので、本当は「ラウトリー・ラウトリースター」と呼ばれるべきかもしれない。

(15) Plumwood (1993, 442).

(16) 二元論と単なる区別とを対比させるために、私は二元論のことを「有害な二元論」と呼ぶこともある。つまり、奇数・偶数は単なる区別だが、主人・奴隷は有害な二元論である。奇数・偶数という区別は——もしかしたらあらゆる区別が——有害な二元論に発展する可能性を持つ。もし教師が各学生に番号を振り分けて、奇数と偶数のどちらを振り分けられているかによって学生の扱いを変えるなら、「奇数・偶数」の区別は何らかの偏見の温床となりうる。ジェンダーシンボリズムが広く蔓延しているせいで「単なる」区別が「二元論化」してしまっている、という面もあるかもしれない。

(17) Plumwood (1993, 454).

(18) Ibid.

(19) Ibid.

(20) Ibid.

(21) Stebbing (1939).〔本引用文はブックカバーに書かれた文章のため原著のページ数および邦訳版のページ数は記載していない。〕ステビングは寛大にも、ラッセルは「実際より大袈裟に言い立てるやりかた」（誇張表現）をあくまでレトリックの手段として用いているのであって、彼は一般向けの作品ではそういうことをよくやっているのだと言ってあげている（Stebbing 1939, 100–101）。

（22）Stebbing (1939, 100).〔日本語訳、一八一－一八二頁〕〔なお、ラッセルの引用は次の邦訳を参照した。『ラッセル幸福論』安藤貞雄訳、岩波文庫、一九九一年、九一－九二頁〕

（23）Ibid.

（24）Ibid., 100.〔日本語訳、一八二－一八三頁〕

（25）Ibid., 156.〔この引用箇所は日本語訳版では削除されている。〕

（26）Ibid.

（27）Ibid., 158.〔この引用箇所は日本語訳版では削除されている。〕

（28）McGowan (2019).

［訳注］

＊1 エッセイ「自己紹介」はアーシュラ・K・ル＝グウィン『ファンタジーと言葉』（青木由紀子訳、岩波現代文庫、二〇一五年、二－一一頁）に収録されている。

＊2 アーシュラ・K・ル＝グウィン『帰還 ゲド戦記4』清水真砂子訳、岩波書店、一九九三年、五六頁。

＊3 同書、二四四頁。

＊4 推論が真理保存的であるとは、前提が真であれば、常に結論も真になるような推論であることを意味する。

＊5 「ϕであるのはψであるとき、かつそのときにかぎる」という表現は、「もしϕならばψ」かつ「もしψならばϕ」を意味する。これは「ϕはψの必要十分条件である」と同じ意味である。なおϕとψはそれぞれ任意の文を表す記号である。

＊6 条件文は「→」だけでなく「⊃」でも、否定は「¬」だけでなく「~」でも表されることが少なくない。

＊7 原文ではjust-so story。人の行動や特性の科学的研究において、一見もっともらしい説明だが検証不可能なものを指す。

＊8 内集団・外集団は、アメリカの社会学者ウィリアム・サムナーにより導入された概念である。内集団とは自分が所属している（という感覚を抱く）集団であり、外集団とは自分が所属していない（という感覚を抱く）集団である。

＊9 マーガレット・アトウッド『侍女の物語』斎藤英治訳、ハヤカワepi文庫、二〇〇一年。

＊10 日本であれば、「女性サイズの」マスクとか、「男性用の」化粧品などがわかりやすいだろう。前者は「女性サイズのマスク」ではなく単なる「小さめのマスク」だし、後者は「男性用の化粧品」ではなく（多くの場合は）単なる「特定の肌質の人向けの化粧品」だ。そこにジェンダーを帰属させる必要はまったくない。

＊11 証明過多とは論理的誤謬のひとつで、ある論証がもっともらしく見えたとしても、その論証と同じ構造を持つ別の論証は受け入れ難いものである事態を指す。同じ構造を持つ論証が受け入れ難い以上、元々の論証自体も、もっともらしく見えるだけで、実は到底受け入れ難いものである。例えば、「神の存在を反証することはできない。よって、あなたは神の存在を信じるべきだ」という論証を考えてみよ

う。この論証をもっともらしいと思う人もいるだろう。だが、この論証と同じ構造を持つ別の論証として、「空飛ぶスパゲッティモンスターの存在を反証することはできない。よって、あなたは空飛ぶスパゲッティモンスターの存在を信じるべきだ」が挙げられる。そしてこの論証は到底受け入れられるものではない。空飛ぶスパゲッティモンスター論証が受け入れ難い以上、神の論証も同じく受け入れ難いのだ――神の論証は論理的誤謬を犯していたのだ――と結論づけられる。

*12 『xkcd』はランドール・マンローによる二〇〇五年から制作されているウェブコミック。キャラクターは棒人間で描かれ、風景、表、グラフ、数学的図形などが描き込まれることもある。風刺とユーモアを織り交ぜて数学、科学技術、人間関係などのテーマを扱う。本作の読者から寄せられた質問をもとにした『ホワット・イフ？――野球のボールを光速で投げたらどうなるか』（ランドール・マンロー、吉田三知世訳、早川書房、二〇一五年）などが出版されている。

*13 当該作品では、何も特徴のない棒人間は男性として、長髪の特徴をそなえた棒人間は女性として描かれている。記号論において、このようにデフォルトの存在として表現されることを無徴（無標）、注意をはらうべきものとして何らかのしるしを付け加えられることを有徴（有標）と呼ぶ。例えば「女医」「女流作家」といった表現は女性を有徴化する事例である。これらの表現は、医師や作家は原則として男性だ、という前提があるからこそ成り立つ。

*14 論理学において、ある述語が原始的であるとは、その述語は定義されずに用いられることを意味する。未定義語。

*15 伝統的な論理学においては、ある「性質」と、その性質を持つもの全体から構成される「集合」とを、同一の「概念」の二つの側面と考える。そして性質のことをその概念の「内包」、集合のことをその概念の「外延」と呼ぶ（前原昭二『記号論理入門』日本評論社、二〇〇五年、一一頁を参照）。例えば「素数」という概念の内包は「1と自分自身以外には約数を持たない正の整数」であり、外延は「2、3、5、7、11……」である。

*16 論理記号とは、その論理体系において固定した意味をもつもの、非論理記号とは解釈によって意味が変わるものを指す。例えば命題論理において「→」や「～」は論理記号であり、述語Pは非論理記号である。

*17 反事実的条件法とは、「もし仮にカンガルーがしっぽを持っていなければ、ひっくり返るはずだ」のように現実には成立していない可能性に言及した文からなる条件文のことである。デイヴィッド・ルイスは、『反事実的条件法』（吉満昭宏訳、勁草書房、二〇〇七年）において、現実世界を無限にある可能世界のひとつとみなし、どの可能世界で前件および後件の文が真または偽になるかを与えるかたちで反事実的条件文の意味を分析する。

*18 ここではクルト・ゲーデルによる不完全性定理の証明が念頭に置かれている（林晋・八杉満利子訳『不完全性定理』岩波文庫、二〇〇六年）。一階述語論理と呼ばれる論理体

系のいくつかの文を公理に据えて算術の真理を導出しようという試みがあるが、ゲーデルはそのような算術の体系が一定の条件を満たす場合には、証明も反証もできず、それゆえその言語における帰結関係には含まれていない文が存在すると示した。

*19 いずれの誤謬も、条件文であれば妥当な推論パターンだが、反事実的条件文の場合は非妥当な推論パターンとなってしまうものである。前件強化の誤謬とは「もし仮にϕだったならば、ψのはずだろう」という反事実的前提から、「もし仮にϕかつχだったならば、ψのはずだろう」という反事実的な帰結を導く推論パターンである。推移性の誤謬とは、「もし仮にχだったならば、ϕのはずだろう」かつ「もし仮にϕだったならば、ψのはずだろう」という反事実的前提から、「もし仮にχだったならば、ψのはずだろう」という反事実的な帰結を導く推論パターン。対偶の誤謬とは、「もし仮にϕだったならば、ψのはずだろう」から「もし仮に$\sim\psi$だったならば、$\sim\phi$のはずだろう」、および「もし仮に$\sim\psi$だったならば、$\sim\phi$のはずだろう」から「もし仮にϕだったならば、ψのはずだろう」という二つの推論パターンのいずれかである。どの推論パターンも非妥当である。詳細はルイス『反事実的条件法』五〇－五八頁を参照。

［**参考文献**］

Anderson, Elizabeth. 1995. "Feminist Epistemology: An Interpretation and a Defence." *Hypatia* 10, no. 3 (August) : 50–84.

Gould, Stephen Jay. 2001. "Nonoverlapping Magisteria." In *Intelligent Design Creationism and Its Critics*, edited by Robert T. Pennock, 737–749. Cambridge, MA: MIT Press.

McGowan, Mary Kate. 2019. *Just Words: On Speech and Hidden Harm*. Oxford: Oxford University Press.

Nye, Andrea. 1990. *Words of Power: A Feminist Reading of the History of Logic*. London: Routledge.

Petersen, Anne Helen. 2019. "How Millennials Became the Burnout Generation." Buzzfeed, January 5, https://www.buzzfeednews.com/article/annehelenpetersen/millennials-burnout-generation-debt-work.〔「ミレニアル世代はどのようにして「燃え尽き世代」になったのか」ガリレオ訳、BuzzFeed Japan編集、BuzzFeed Japan、二〇一九二月二四日。https://www.buzzfeed.com/jp/annehelenpetersen/millennials-burnout-generation-1〕

Plumwood, Val. 1993. "The Politics of Reason: Towards a Feminist Logic." *Australasian Journal of Philosophy* 71, no. 4: 436–462.

Routley, Richard, and Val Routley. 1972. "Semantics for First Degree Entailment." *Nous* 6, no. 4: 335–359.

Stebbing, Susan. 1939. *Thinking to Some Purpose*. Harmondsworth: Penguin Books.〔スーザン・ステビング『有効なる思索』元野義勝訳、教材社、一九四二年〕

Weiner, Joan. 1994. "Words of Power. A Feminist Reading of the History of Logic by Andrea Nye (review)." *Journal of Symbolic Logic* 59, no. 2 (June) : 678–681.

第7章
疑い——認識と懐疑主義

ジュリアン・チャン
村上祐子 訳

『ゴーストワールド』(二〇〇一年)は、高校を卒業したばかりの(とはいえ美術の夏期授業を再履修しなければ「公式には」卒業できない)若い女性であるイーニドを追う映画です。全編を通してイーニドが自分のしていることが何かということに比べれば自分がそうありたくないもののほうがはっきり感じていることが相当に明白な一方で、それもすっかり確信するにはまるで至っていないことも同じくらい明白になっています。彼女のような立場ならばみんなそうなのですが、イーニドの生活の大部分は不確かさと疑いと不安でぼろぼろです。

この映画のもう一人の重要な登場人物、というと言い過ぎにせよ、少なくとも疑いや認識や懐疑主義に関する探究というこの章での目的にとっては重要な登場人物が、ノーマンです。最初の登場シーンで彼は「運休」とステンシルされたベンチに座っています。イーニドは親友のレベッカと歩きながら彼を見て話し合います。

レベッカ　あれ、彼って……
イーニド　いつもあそこだ。
レベッカ　絶対来ないバスを待ってる……
イーニド　バスが来ると本気に思ってるとしたら、あいつ、完全におかしいんじゃないか……
レベッカ　聞いてみたら？
　イーニドはベンチに近寄ってノーマンに声をかける。
イーニド　ねえ……名前は？
ノーマン　（腕時計をしていないのに手首を見て、それから道路に目を落とす）ノーマン。
イーニド　……バスを待ってるの？
ノーマン　そうだよ。
イーニド　悪いけど二年前からこのバス路線は廃止になってる。もうバスはこの通りには来ない。
ノーマン　自分が何を言ってるのか自分でもわかっていないよね。
　そのあとイーニドは一人で家に歩いて帰る途中に、ノーマンにまた出くわしてベンチの隣に座る。
イーニド　どうも。
ノーマン　こんにちは。
イーニド　私のこと覚えてる？
ノーマン　うん、うん。

イーニド　あのさ、何があってもいつもここにいる人だって私は知っているから、私が信頼できる世界でたった一人の人に思える。

ノーマン　（優しく）そうか、そう思っているんだね。俺は街を出る。

イーニドはノーマンの言うことを信じません。だからそのありえないと思っていたことが起こったときには、驚きを隠せません。ノーマンのベンチの前にバスがやってきて止まり、ノーマンを乗せて走り去るのです。彼女は間違っていました。バスが来ないのもノーマンがいつもそこにいるのも知っていたとはいえなかったのです。そのあとすぐのシーンで、イーニドは鞄をもってベンチにやってきて座ります。しばらくするとバスがやってきて、彼女ひとりを乗せて遠くに走り去ります。

不確かさ、疑い、不安

イーニドに親近感を覚える人は多いでしょう。疑いを経験するのも、その結果不安になるのも年齢によるものではありません。(1) 具体的に何が不安の原因なのか、何に不安を覚えるのかといったことは人生を過ごすあいだに変わっていくことも多いですが、不確かさと未知は人生に満ちていますし、それゆえ心配事の種もそこら中にあります。疑いはじめると落ち着かずいらいらすることがあります。その結果として、いらいらするだけでも十分に悪いことのはずなのに、まるでそれでは足りないかのようにして、いかにも危なっかしい道を進みだすことだってあります（例えば思うようにはいかなかったピアノのリサイタルを思い出しながらこの原稿を入力しています）。そんなときに「自信をもって、自分自身を理解して」や「自分がしていることがどういうことでどうしてそうしているのかちゃんと振り返って」と励まされることがよくあります。この本のほかの章でも議論されているように、自信や自己知識や決断力はしばしば徳とみなされ、そういったものがなければ徳を欠いていると考えられています。それどころか、無知や疑いは悪いことで、知識や確かさはよいものだとおしなべて思われています。

　しかし、ときには疑いや不確かさが悪ではなくよいものになるということはありえないのでしょうか？　自信や自己知識や決断力がどんなときでも本当に一部のひとたちがそう考えているほどに素晴らしいものであるのだろうか、と考える余地はないのでしょうか？　そんなに自信を持つべきではないときや不確かであるべきときだってあるのではないでしょうか？　あるいはそれ以外の何らかの仕方で、私たちが自分のしていることを知らないのではとか、自分していると思っていることも知らないのではとかと疑うべきときだってあるのではないか？　もっといえば、常にとは言わないまでも、ほとんどの場合に、こういう仕方で懐疑主義的であるべきであるということはないのでしょうか？

　ここで提起された質問にすべて肯定的に回答する可能性を真面目に受け取ることだってできます。もちろんそれはなんでも疑えばいいということではありません。どちらかというと、疑いは人生におけるその他の諸々と同じように、ちょうどよい程度になるよう管理・開発すべきものだ、というほうが正しそうです。結局のところ、疑いというのは私たちがなんとか減らそうとするほうがいい、あるいは少なくともときほぐした[2]方がいいような傷つきやすさ[*1]（知らなかったり間違えていたりすること）を指すということはもっともなところでしょう。こうした可能性については、本章でものちほどほんの少しだけですが、議論することにしましょう。このトピックについては語れそうなことが本当にたくさんあります。まったくのところ、哲学者は何千年もこの話題で議論しつづけているのですから。だからここから先の話は哲学者たちの議論の上っ面をちょっとなぞり出すに過ぎないものとなりますが、読者のみなさんがそれぞれの関心に沿ってさらに掘り下げられるように語っていけたらと思っています。

イーニドの話に戻りましょう。自分自身が町を離れはしないということはおろか、ノーマンが町を離れはしないということについても、彼女は知ってなどいなかったし、それだけでなく、そもそものようなことを知ることなどできなかったと考えてよさそうです。その理由の説明として、次の節では、イーニドが自分は知っていると思っていることについて、哲学史で議論されてきた三種類の懐疑主義的な議論との関連のもとで論じていくことにしましょう。このような種類の議論がどれだけ一般的であるかを示すため、これからはやや専門度の上がった言葉を使いながら話を進めます。この種の議論を用いると、どうしてイーニドはノーマンが町を離れることになると知ってはいなかったことになるのかも、どうしてそうしようとしても知ることができなかったことになるのかも説明できるし、さらに加えて「自分はそれを知っている」というかたちの、想像しうる限り[3](ほぼ)どんな主張に関しても(幾分かの)疑いを持ち込むこともできます。そのあとで、さまざまなこと——というよりむしろなんにでも——疑いを持ち懐疑主義に立つよう促すことが私たちの人生をもっと豊かにするのはなぜか、説明してこの稿をまとめることにしましょう。

懐疑主義的議論を持ち込む

およそ何かを知ることが可能かどうかにまつわる論争の興味深い点には、それが長年にわたる議論であるという以外に、そうした議論はあちこちで見受けるということがあります。懐疑主義的仮定に基づく議論や、無限後退に基づく議論や、循環に基づく議論のような、最強の懐疑主義的議論のいくつかは世界中の哲学者により提案され、論破を試みられています。だから、次節ではこれらの議論がどのように展開するかについての概略を述べたうえで、もっと読み込んでみたい読者のために、関連する哲学史上の原典にかかる参考資料を注で挙げることにします。

懐疑主義的仮定に基づく議論

この節で扱うパターンの懐疑主義的議論は、「私はそれを知っている」という主張と並置不能であるものの、想定上排除不可能でもあるような特定の「懐疑主義的仮定」を置くことで、そうした主張に疑いを向けるよう設計されています。これらは次の一般形を持つ議論であるとざっくり特徴づけることができます(「S」はある主張を知っているとされる誰かを指し、「p」は誰かがそれを知っているものと特徴づけられるような主張を指し、「sk」はpを知っているという事実とは並置不能であると考えられるものの、想定上Sが排除できないような主張を指すものとします)。この種の議論の現時点での文献では、Sが「水槽の中の脳」である可能性や、もう少し最近のものになるとSは(ラナ・ウォシャウスキーとリリー・ウォシャウスキー姉妹の一九九九年の映画『マトリックス』で描かれている方向性に沿って）「コンピュータシミュレーションの中に生きている」といった可能性が、懐疑主義的仮定としてよく挙げられます。けれど懐疑主義的過程には他にもいろいろあります。手始めに例を挙げると、その人は夢を見ているだけではないかという可能性や、強力な超自然的存在によって騙されているだけではないかという可能性は、歴史的に見て広範に議論されてきたものです。(4)

懐疑主義的仮定に基づく議論の一般形

1　Sがpと知っている（と仮定しよう）。
2　もしSがpと知っているのであれば、Sはskが真ではないと知りうる立場にある。
3　Sはskが真ではないと知りうる立場にはない。
4　したがって、Sがpと知っていることは（そもそも）成り立っていなかったのだ（後件否定推論[*2]により）。

この一般形は『ゴーストワールド』で論じられたイーニドとノーマンの例にも適用できます。

1　イーニドはノーマンが街を出ていかないと知っている（と仮定しよう）。
2　もしイーニドがノーマンが街から出ていかないことを知っているのであれば、バスがノーマンを乗せていくことはないということをイーニドは知りうる立場にある。

3　イーニドはバスがノーマンを乗せていくことはないということを知りうる立場にはない（結局のところ、バスはノーマンを乗せていってしまったのだ）。

4　したがって、イーニドはノーマンが町を出ていかないと知っているということは（そもそも）成り立っていなかったのだ。

無限後退に基づく議論

この節で論じるパターンの懐疑主義的議論は、「自分はそれを知っている」という主張が、それが真であるためにはそれとは独立に検証されていなければならないはずなのに、実際には検証されていないような仮定に依拠していることを示し、それが疑わしいと指摘するように設計されています。ただし、検証の過程を何らかの原理に基づいて恣意的ではないように止めることはできないので、このことからは哲学者が「無限後退」と呼ぶ状況が生じるおそれがあります。この議論はざっくりいうと以下の一般形を持ちます（ここでも、「S」はある主張を知っているとされる誰かを指し、「p」は誰かが知っていると私たちが考える主張を指すものとする。(5)）。

無限後退に基づく議論の一般形

1　Sがpと知っている（と仮定しよう）。

2　1が真であるためには、Sがpと知っているという主張が依拠している前提のすべてを検証しなければいけない（言い換えると、およそ何かを知っているためには、自身の主張を完璧に「裏付け」たり、その主張を支えるような他の主張のなかに無根拠のまま放置されているものなどないと保証したりできなければならない、ということだろうか）。

3　2で記述された手続きを遂行しようとしたならば、その試みは、Sがそれを検証しないことには1が真となれないような別のさらなる前提に依拠することになる（この過程は続く）。

4　検証の過程を何らかの原理に基づいて恣意的ではないようには止められるところはない。

5　したがって、Sがpと知っているということは（そもそも）成り立っていなかったのだ（後件否定推論による）。

この議論の一般形もイーニドとノーマンの例に適用できます。

1　イーニドがノーマンは街を出ていかないと知っている（と仮定しよう）。

2　1が真であるためには、イーニドがノーマンは町を出ていかないと知っているという主張が依拠している前提のすべてがイーニドによって検証されなければいけない（先の例では、バスがノーマンを乗せていかないという前提や「運休」の注意書きが正確であるという前提が出てきた）。

3　2で記述された手続を遂行しようとしたならば、その試みは、イーニドがそれを検証しないことには1が真となれないような別のさらなる前提に依拠することになる（この過程は続く）。

4　検証の過程を何らかの原理に基づいて恣意的ではないようには止められるところはない。

5　したがって、イーニドがノーマンは街を出ていかないと知っているということは（そもそも）成り立っていなかったのだ（後件否定推論による）。

循環に基づく議論

この説で論じるパターンの懐疑主義的議論は、「自分はそれを知っている」という主張を他の根拠に依存しない方法で検証することはできないため、そうした主張を哲学者が言うところの「悪循環ではない循環」のかたちで立証することはできないと示すことで、そうした主張が疑わしいと指摘するように設計されています。懐疑主義的な攻撃がおこなわれる際には無限後退と循環論法の合わせ技が用いられることがよくあります。(6) けれど無限後退を使った議論と循環論法は一緒に使われることが多いとはいえ、この二つは分けることができます。この議論形式のひとつのサンプルとして次の例を考えてみましょう。

1　これまで観察されたすべてのFはGである（例えば、これまで観察されたすべてのカラスは黒い）。
2　（したがって）すべてのFはGである（例えば、すべてのカラスは黒い）。
3　将来観察される例は過去の例と似通っているだろう。
4　1から2への推論を根拠を持っておこなうためには、3にもすでに根拠が与えられているのでなければいけないはずだ。
5　3に根拠を与える方法が唯一あるとしたら、それは1や2のような主張から3を導出することである。
6　1から3への推論に他の方法で根拠を与えることはできない。

7　結果として、2や3の根拠を得る方法はないので、これまでに観察された例からの導出によって何らかの主張を知ることはできない。(8)

だが、この形式の懐疑主義的議論はさらに一般化することができて、いろいろな主張を、とりわけ外界や他者の心や過去などについての「自分はそれを知っている」という主張を覆すのに使えてしまうということに気づく人はあまりいなかったということが指摘されています。(9)また、この議論の様式もイーニドとノーマンの例に適用することができ、それによって、さきほど言及したのと同じタイプの推論を使って、イーニドがノーマンが町を離れることはないと知ってはいなかったという理由を説明することができます。

1　ノーマンがバスを待っているのをイーニドが見たいずれの日においても、バスは来なかった。
2　(したがって)ノーマンは街を離れることはない(なぜならこれまで彼は街を離れたことはなかったから)。
3　これまでノーマンが乗るバスが来たことはなかったので、これからもノーマンが乗るバスは来ない。

けれど、ちょっと考えてみてください。仮にイーニドが3を知るとすると、そのためにはイーニドは1から2への導出の根拠を得ていなければいけないことになります。しかし3をすでに知っているのでなければ、その根拠は得ようがないはずです。したがって、2や3を知ることはイーニドには不可能であり、よって、ノーマンが町を離れることはないということをイーニドが知ることなどできなかったのだ、ということになります。実際ノーマンは最後には街を離れてしまうわけですから。したがって、この節の最初の例におけるステップ4から7をいまの議論に付け足したなら、ノーマンが街を離れることはないなどとイーニドが知ってはいなかった（し、知ることはできなかった）ということの理由が説明されることになります。

疑いと不確かさを抱きしめて

これまでに見てきたようなタイプの議論を適切に定式化すると、「自分はそれを知っている」という、想像しうる限り（ほとんど）すべての主張に対して（それなりの）疑いを導くことが確かにできると仮定しましょう。そうすると、そんなことをするのはいったい何のためか？　という疑問が浮かびます。この章の初めの方でちょっとふれたように、（少なくとも一般的には、あるいは大概の場合には）疑いを生むよりはむしろ私たちは疑いを消し去ろうとするべきではないのでしょうか？　面白いことに、懐疑主義的議論を提案する哲学者たちはおおかた、この疑問に「そうじゃないね」と答えます。それどころか、ほかの人々に疑うよう推奨することで彼らの人生を改善する手助けをしようとして、哲学者たちはこうした懐疑主義的議論を提案しているのです。例えばカチャ・フォクトはギリシャ哲学における懐疑について次のように書いています。

きちんと吟味されていない信念に基づいて行動すると（人生や魂の状態などにとって）本当にまずいこ

となるのではないかとソクラテスは問題提起する。誰もが知っているように、これらの信念はひょっとしたら偽であった可能性もあるものであって、きちんと調べることなしには偽なる信念を取り除こうとすらせず、それはどう考えても魂にとってはよくないことだ。吟味された人生だけが生きるに値する。古代の懐疑主義者たちのように、ひとたびこの問題提起を真摯に受け止めたならば、私たちの人生に直接的に関わるとみなされるような調査に、私たちは取り掛かることになる。[…]吟味されていない見方を盲信することは場違いであるようにみえる。他の人々はことあるごとに私たちに反対する。運動が存在するのかとか善悪は存在するのかといったもっとも基本的な疑問についてさえ、私たちは互いに対立する見方に向き合うことになる。その見方のいずれに対しても、それを支持する議論が提起できるし、それを支持する何らかの実践を引き合いに出すことができるし、それを支持する何らかの経験を参照することもできる。これらの対立する議論や実践や経験が吟味されなければならないものだ。だがこれもまたさらに互いに対立する見方を引き起こすにすぎない。結果として、このような疑問のいずれについても判断を差し控えることが理性には必須であるように思われる。だがこの吟味にこだわることも同じく理性的である。懐疑主義者はたとえ自分がおこなう探求が繰り返し判断停止につながり、そしてそのことが最初からわかり切っていたとしても、それでも実際上あらゆる疑問について、真理を探究しようとしているのである。(10)

懐疑主義的議論にはこれとは別の利点もあると論じる哲学者もいます。特別な種類の心の平穏をもたらすのに懐疑主義的議論が使えるというのです。一例を挙げるなら、ギゼラ・ストライカーの解釈では、ピュロン的懐疑主義者のセクストス・エンペイリコスは、人々が「アタラクシア」という心の平穏を実現するのを支援しようとしていました。アタラクシアとはあらゆる主張に関する判断を中断しさえすれば、そのときに立ち現れる可能性があるような静穏な状態のことです。ストライカーによれば、そのアイデアの概要はこうしたものです。例えば現実に善や悪が存在することを信じるものは決して不安から逃れられません。なぜならそのように信じてしまうと、善だと思ったことを追及しようとしたり、悪だと思ったことを回避したりしようとするのに一生懸命になってしまうでしょうから。しかもある人が万に一つ自分の望んだ善だと思われることに到達できたとしても、その人にとっての問題は更新されるだけで、その人は喪失を恐れて不安になることになります。それに対してピュロン的懐疑主義者は――例えば懐疑主義的議論のような手段を用いて――現実に善や悪が存在するかどうかの信念を宙づりにして、（ひょっとしたらそんなふうな予想はしていなかったかもしれませんが）不安を押しとどめるのです[11]。同様に、仏教哲学において龍樹は人々が「涅槃」にいたるのを支援しようとしました。涅槃とは心をかき乱されることがなく自意識から解き放たれて欲望から脱却した状態であり、論題を提案したり弁護したりといったことにかかずらったり、戯論[*3]と結びついた活動に従事したりするのをやめさえすれば、そのときに立ち現れる可能性があるものだと龍樹は考えました。ほぼ同時代のセクストス・エンペイリコスと同じように、判断停止を通して特定の種類の心の平穏を提案したのです[12]。

同じようではあるが重要なところで異なるかたちで、道教の哲学者である荘子は人々が無為を実現するよう支援しようとしたものと解釈することができます。無為とは自発的で流動的な行為を生み出す状態であり、どんなものがあってどんなものがないのかということについての個人の考えを世界へと投影することをやめさえしたならば、そのときに立ち現れる可能性があるものだと荘子は考えました。[13] エドワード・スリンガーランドによれば、無為の文字通りの意味は「行為の欠落・行為することのなさ」であり、「何もしない」とか「非行為」と訳されることも少なくありません。無為が伴うものをある仕方で解釈したなら、無為とは、外から観察可能な領域で実際に起こっている（起こっていない）物事を指すのではなく、行為する人の心の状態を指すとされます。無為を体現する人にとっては、悪臭に鼻が反応するのと同じくらい瞬発的かつ自発的に、そして聞こえてくる歌の魅力的なリズムに体を委ねるときと同じような意識に上りもしない安らぎとともに、正しい行いがなされるのです。だからといって無為から起こる行為が自動的であるとか、完全に無意識下のものであるとか、純粋に生理的なものであるというわけではありません。無為を体現する人には、この状況でも選択ができるし、またときにはひと呼吸おいていろいろな選択肢を比較したりその後に起こることをシミュレートしたりできることさえあります。けれどこのような選択や熟慮もまた、力をいれることなく楽に果たされることになります。そういうわけで、本能的であったり単に習慣的であったりするかたちの思考や行為とはことなり、無為では行為者側もさまざまなレベルでの自覚が求められ、反応にも相当の柔軟さの余地が残されます。[14] このような理由から、無為については「やりすぎない」や「強制しない」と訳す方が先に述べた選択肢よりもなじみやすい面があるかもしれません。

もう少し突っ込んで無為とは何だとされているのか、無為であるとはどのようなことであるのかを説明するために、以前に取り上げた例を振り返ってみましょう。本当に素晴らしいピアノ演奏をする際に、どのように物事を考えたりおこなったりするか考えてみましょう。本当に素晴らしいピアノ演奏をするというのは、純粋に生理的なことではないし、完全に無意識下のことでもないし、自動的なことでもありません。熟慮と選択を伴うことです。だからこそ、本当に素晴らしいピアノ演奏は努力のたまものであり、容易なものではないと言えるのです。けれど別の（そして同じくらい興味深い）意味では、本当に素晴らしいピアノ演奏は力が抜けやすやすとしたものだとも言われます。そうした演奏は、優れた舞手が音楽に反応するときなどと同じような無意識ののびやかさという特徴があるのですから。つまり、彼らは没入し、集中し、例えば他の人の評価を気にするといったことにも心を乱されることなく、ただひたすら舞うのです。これはダンスやリサイタルでの演奏が意識や熟慮やある意味では努力の結晶さえ山のように伴うとしてもいえることだし、そうしたものを伴うほうが普通だという場合にさえいえることです。理想状態としての無為は、意識や熟慮や努力を伴う活動をしているときも含めいかなるときにもこのような力が抜けたのびやかさを体現するような仕方で行為するような、持続的な傾向性（または傾向性の集合）を伴うものとしてさらに特徴づけることができます。無為の行為には努力が伴わないというのは、無為を体現するときの行為は、極端な心身の努力を含むときでさえ、ある重要な意味で強いられないものであるという意味においてなのですから。

したがって無為の特徴は、保身のための魂胆や「それまでの経験はこうだった」という考えや凝り固まった思い込みに頑固にこだわるのではなく、自発的で、柔軟で、創造的で、茶目っ気を持つこと、となります。無為とは、自分の考えを外へと投影したり、何かを無視したり、何かを押し付けたりすることについて言われるものではなく、外から来たものを自分のなかへと映し出したりし、何かに反応したり、何かを受け入れたりすることについて言われるものなのです。このように考えると、荘子が懐疑主義的議論を用いるのは、新たな視点を進んで引き受けようという態度や、またそれを引き受ける力という無為に伴って得られるものと同じくらいに、たとえ確実なことも知識もあるいは信じることさえ成り立たないとしても、そうした議論には先入観を持たない見方を生み出す面がありうるのであって、その限りでは懐疑主義的議論は有害ではなくむしろ有益だったからだとみなすことができるでしょう。だから、この章の初めの方に出てきた「計画通りには行かなかった」ピアノリサイタルの例にもういちどさらに具体的に戻ってみると、荘子思想に従えば、私は自分がうまく弾けるかどうかという疑いを和らげようとしたり、そうでないにしてもともかく関心を向けたりするよりは、目の前の不確実性の中で演奏そのものに集中する方が上手に弾けていたはずだということになるでしょう。たぶんもっとも確実に演奏をしくじる方法は、つまるところうまく演奏できるかどうかを心配することなのです。このような仕方で失敗するときのことを表すのに普通に使われる英語の比喩表現には、例えば「choke（息が詰まる）」のように流れや柔軟性が失われていることを述べているようなものもいろいろあります。(15)

このように考えると、多くの哲学者が懐疑主義を「脅威」というよりはむしろ（どちらかというと）「癒し」だと位置づけてきたのがなぜかがわかります。疑いとうまく付き合い展開する最善の方法はそれを受け入れることであるという可能性を彼らは真正面から受け止めるのです。この可能性は、自分が知っていると考えてきたものを勇敢にも全部置き去りにして、目的も結果も高度に不確実な旅に出ようと、大いに疑いを持ちながらも決心したときにイーニドがそうしていたように、私たちも真摯に受け止めてもよいものなのです。

私の大好きな詩のひとつで、私たちが知っていたり確信を持てたりすることは、それが仮にあったとしても、とてもわずかであるという可能性をうまく表現していると思われるものがあるのですが、それはマーガレット・アトウッド[*4]の詩「その瞬間（The Moment）」です。

長年のきつい仕事と果てしないと思われた旅が終わって
部屋の真ん中に、家に、敷地に、土地に、島に、国に、
とうとうたどり着いたとわかったあなたが立って
「これがわたしのもの」と言う瞬間、それは
樹があなたの周りから柔らかい腕を広げ
鳥が言葉を取り戻し
崖が裂けて崩れ
空気が波のようにあなたを押し戻して
息ができなくなる瞬間。彼らは言う。
「違うよ、あなたのものはなにもないよ
あなたはただのよく来る客なのに
丘を上り、そこが自分の土地だと旗を立てて声高にのたまう。
わたしたちがあなたのものだったことはない。
あなたが私たちを見つけたのではない。
いつだってその逆だよ(16)」

アトウッドの詩で語られていることのひとつは、私たちは気づいていないことが多いのだけれども、検知されていないし、検知することができないし、制御することもできないのに私たちの人生を形づくっているいろいろな力があって、私たちはそうした力に知らず知らずのうちに依拠しているということです。私たちは意図通りに世界を力づくで変えることはできないし、世界は私たちのものにもできません。もし何らかの関係があるとしても「逆」の状況でしかありません。比喩的ではあるけれども、私たちに力を及ぼせるのは世界だけで、世界に私たちは属しているのです。だから、人間の人生というのは高度に不確実で、（少なくとももどこかしらは）そのあり方を外部から決定されていて、それゆえに傷つきやすく危ういものとなっているのだということを考えてみると、人間が疑う生き物になりやすいこと、そして疑いがそこかしこに見られる人生を送りがちであることは驚くべきではないと言えそうです。[17]

このような考察から、私たちが確実であると思えるたったひとつのことは、疑いや不確実さの余地は存在するし、これからも常に存在し続けるということなのでしょう。懐疑主義哲学者たちが主張してきたように、少なくとも私たちが何かが真理だと知ることができるかどうか、ということについては。あるいはひょっとすると、他の人々が示唆してきたように、そのたったひとつのことですら私たちには確実ではありえないのかもしれません！　ことによると、懐疑主義的な議論に反して、私たちはなにかが真であると知ることができるし、確かにそうだと思うこともできるかもしれません。歴史的に見ても現在でも哲学者たちはおおかたいろいろな仕方で懐疑主義的議論に反対してきているのですから。こう考えるとめまいを覚えたり足元がおぼつかなくなったりする人も多いでしょうが、疑いは不安を誘うものだけれど、疑いの何よりも素晴らしい点はそれが可能性を大きく開くという点にあると考えを巡らせてみたなら、気持ちが落ち着くようにも思えるのではないでしょうか。もしわかっていることや確実なことがまったくないということになれば、（私たちに知りうる限りで）なんでもありということになります。このような考えは混乱を招き不安を煽り恐ろしいものであることさえあるけれども、（ピュロン主義者や仏教徒の一部が提案するように）心を落ち着かせ自由にするものでもありうるし、（荘子主義者の一部が示唆するように）心を解き放ち高揚させるものですらあるのです。疑いを除去しようとすることはできないし、そうすべきでもなくて、むしろ、以前に述べたように、私たちの人生に現れる他のたくさんのものと同じように、確かに疑いも最適な程度になるように管理・展開しなければいけないにしても、それでも疑いが私たちの人生にあるということを（その利点も欠点も込みで）受け止めようとすることはできるし、受け止めようとすべきなのです（それは、どうやって疑いを受容するのか学ぶことが科学であるのと同じように芸術であるようなものになってしまったとしてもです）。そうすることで、イーニドと同じように私たちも（まだ）わかっていない長い道を、和らいだ不安と強まった決意の感覚を疑いと不確実さの隣に伴いながら、（まだ）わかっていない場所へと、比喩的な意味で旅に出ることになるのかもしれません。結局のところ懐疑主義的議論が示唆するように、私たちが何をしているのか、どこへ向かっているのか、またもっと一般的に言って、物事をどう考えたらいいのか、本当に知っていることは何もない、あるいは少なくとも確実に知っていることはないということがありえます。けれども、何も確実にわかっていることがないからこそ、新しい可能性が私たちの前に開けて、人生をこんなにも不思議で謎に満ちた冒険にしてくれるのではないでしょうか？

［原注］

（1）この章の目的に照らし、疑いとは怪訝に思ったり問いを投げかけたりすることであると近似的に考える（Vogt 2018と比較せよ）。

（2）「認識論的に傷つきやすい（epistemic vulnerability）」とは何かという議論、またなぜこの議論を亡きものとしないで生産的に展開したほうがよく、またそのためにはどうしたらよいのかについては、Gilson (2011)を見よ。

（3）ここで「ほぼ」と書いたのは、疑うことのできない主張（「自分が存在する」という主張など）もあるかもしれないからだが、哲学の歴史のなかで懐疑主義的議論について意見を言い合ってきた人たちの多くはそんな主張はないと思いがちだ。

（4）こうした議論の歴史に関しては、Raphals (1996)、Weintraub (2006)、Mercer (2017)、およびChung (2017, 2018, and forthcoming a)を見よ。また、ここで扱った議論は何を知ることができるかという問題にもつながるが、歴史的には、（もしあるとしたら）何を信じるべきかという問題に結びついている。Vogt (2018)を見よ。

（5）こうした議論の歴史に関する議論については、Kjellberg (2018)とChung (2017, 2018, and forthcoming a)を見よ。

（6）例えば「アグリッパのトリレンマ」と呼ばれてきたものにも見られる。この問題についてはMills (2016)が詳しい。アグリッパに関する詳細はVogt (2018)を見よ。

（7）この議論の一般的な形式についての解説はWright (2004)を見よ。

（8）このような議論の歴史に関して論じたものとして、Weintraub (1995)、Wright (2004)、Chung (2017, 2018, and forthcoming a)、およびColiva (2015)を見よ。より広く科学の手法に関わる懐疑論の歴史について論じたものとしてKeller (1997)を見よ。

（9）Wright (2004)を見よ。

（10）Vogt (2018).

（11）Striker (1990, 180).

（12）この議論についてはGarfield (1990, 2015)とBerger (2019)を見よ。

（13）この節の大半はChung forthcoming b)に依拠している。

（14）Slingerland (2003)と比較せよ。

（15）Chung (forthcoming b).

（16）Atwood (1995)を見よ。

（17）人の一生における傷つきやすさの積極的な価値を論じたものとしてGilson (2011 and 2013)を見よ。

［訳注］

*1　倫理学において、傷つきやすさとは、その人の利益を維持するまたは増やす能力が発揮しにくい、または害を被るリスクが高い状態を指す専門用語。フェミニスト哲学では、人間であれば誰であれ備えるような傷つきやすさ（例えば「赤ん坊は傷つきやすい存在なので他人のケアを必要とする」）と、社会状況のせいでたまたまその人が抱える傷つ

きやすさ（例えば「失業した人は社会的に傷つきやすい状態だ」）を区別することが多い。

＊2 後件否定推論とは、「もしPならばQだ」「Qではない」という前提がどちらも真であるならば、かならず「Pではない」も真になるという結論が出てくるかたちの妥当な推論のこと。なお「P」や「Q」には本文同様「私は水槽の中の脳ではない」といった内容をあらわす。

＊3 戯論とは、仏教哲学において煩悩からの解脱に結びつかない無益なおしゃべりや議論のこと。龍樹は『中論』の中で、物事への愛着のせいで迷走してしまう議論と、偏見のせいで誤ってしまう議論の二種類が戯論として示されている。概念をいじりまわすだけの机上の空論も戯論に含まれる。

＊4 マーガレット・エレナー・アトウッド（一九三九－）はカナダ生まれの詩人・小説家。フェミニズム文学の旗手。彼女のフェミニズム的観点を反映させたフィクション作品が特に有名で、『侍女の物語』（一九八五－）は映像作品やオペラにも翻案されている。

［**参考文献**］

Annas, Julia. 1996. “Scepticism, Old and New.” In *Rationality in Greek Thought*, edited by M. Frede and G. Striker, 239–254. Oxford: Oxford University Press.

Atwood, Margaret. 1995. “The Moment.” In *Morning in the Burned House*, 109. Toronto: Houghton Mifflin.

Berger, Douglas. 2019. “Nāgārjuna (c. 150–c. 250).” In *The Internet Encyclopedia of Philosophy*, https:// www.iep.utm.edu/.

Chung, Julianne. Forthcoming a. “Skeptical Arguments, Conceptual Metaphors, and Cross-Cultural Challenges.” In, edited by J. Ganeri, C. Goddard, and M. Mizumoto. New York: Routledge.

Chung, Julianne. Forthcoming b. “Faith, Reason, and the Paradox of *Wu-wei*.” In *Asian Philosophies and the Idea of Religion*, edited by Sonia Sikka and Ashwani Peetush. London: Routledge.

Chung, Julianne. 2018. “Is Zhuangzi a Fictionalist?” *Philosophers’ Imprint* 18, no. 22: 1–23.

Chung, Julianne. 2017. “Taking Skepticism Seriously: How the *Zhuang-Zi* Can Inform Contemporary Epistemology.” *Comparative Philosophy* 8, no. 2: 3–30.

Coliva, Annalisa. 2015. *Extended Rationality: A Hinge Epistemology*. London: Palgrave-Macmillan.

Frede, Dorothea. 1996. “How Sceptical Were the Academic Sceptics?” In *Scepticism in the History of Philosophy: A Pan-American Dialogue*, edited by R. H. Popkin, 1–26. Dordrecht: Kluwer Academic.

Garfield, Jay. 2015. *Engaging Buddhism*. Oxford: Oxford University Press.

Garfield, Jay. 1990. “Epoche and Śūnyatā: Skepticism East and West.” *Philosophy East and West* 40, no. 3: 285–307.

Gilson, Erinn. 2013. *The Ethics of Vulnerability: A Feminist Analysis of Social Life and Practice*. New York: Routledge.

Gilson, Erinn. 2011. “Vulnerability, Ignorance, and Oppression.” *Hypatia* 26, no. 2: 308–332.

Keller, Eve. 1997. "Producing Petty Gods: Margaret Cavendish's Critique of Experimental Science." *ELH* 64, no. 2: 447–471

Kjellberg, Paul. 1996. "Sextus Empiricus, Zhuangzi, and Xunzi on 'Why Be Skeptical?'." In *Essays on Skepticism, Relativism, and Ethics in the Zhuangzi*, edited by P. Kjellberg and P. J. Ivanhoe, 1–25. New York: SUNY Press.

Mercer, Christia. 2017. "Descartes' Debt to Teresa of Ávila, or Why We Should Work on Women in the *History of Philosophy*." Philosophical Studies 174, no. 10: 2539– 2555.

Mills, Ethan. 2018. *Three Pillars of Skepticism in Classical India: Nāgārjuna, Jayarāśi, and Śrī Harsa*. Lanham, MD: Lexington Books.

Mills, Ethan. 2016. "Nāgārjuna's Pañcakoti, Agrippa's Trilemma, and the Uses of Skepticism." *Comparative Philosophy* 7, no. 2: 44–66.

Raphals, Lisa. 1996. "Skeptical Strategies in the *Zhuangzi* and the *Theaetetus*." In *Essays on Skepticism, Relativism, and Ethics in the Zhuangzi*, edited by P. Kjellberg and P. J. Ivanhoe, 26–49. New York: SUNY Press.

Slingerland, Edward. 2003. *Effortless Action: Wu-Wei as Conceptual Metaphor and Spiritual Ideal in Early China*. New York: Oxford University Press.

Striker, Gisela. 1990. "Ataraxia: Happiness as Tranquility." *The Monist* 73, no. 1: 97–110.

Vogt, Katja. 2018. "Ancient Skepticism." In *The Stanford Encyclopedia of Philosophy* (Fall Edition), edited by Edward N. Zalta, https:// plato.stanford.edu/archives/fall2018/entries/skepticism-ancient/.

Weintraub, Ruth. 2006. "What Descartes' Demon Can Do and His Dream Cannot." *Theoria* 72, no. 4: 319–335.

Weintraub, Ruth. 1995. "What Was Hume's Contribution to the Problem of Induction?" *Philosophical Quarterly* 45, no. 181: 460–470.

Wright, Crispin. 2004. "Warrant for Nothing (and Foundations for Free)?" *Aristotelian Society Supplementary* 78, no. 1: 167–212.

第8章

科学——客観性の正体を暴く

サブリナ・E・スミス
村上祐子 訳

それは一八世紀のことで、当時のヨーロッパでは啓蒙主義がたけなわでした。何を知識とするかを決定する聖書や教皇の権力は揺らぎつつありました。誰もが世界を探究して疑問に答えを見つけることができるようになっていたのです。この歴史的な瞬間におけるヨーロッパの知的生活には「実験的方法」と呼ばれるものが花開いていました。理論や過去の権威にすがるのではなく、実験を用いて世界を理解する方法です。イタリア北部の古くからの大都市ボローニャはヨーロッパの知的生活のハブとしての過去の栄光を失ってしまい、教皇と教区大司教らが精神生活の一大拠点としての再興に向けて慎重に努力を積み重ねていました。この努力の鍵となるのが実験科学と美術の両方のための科学アカデミーの創設でした。

アンナ・モランディという女性はボローニャの科学再興に重要な人物です。モランディは世界的な解剖学者でした。解剖学者としての業績それ自体も突出していましたが、それがほぼ完全に男性中心の領域で仕事する女性による業績だと考えると、さらにいっそう希少なものでした。レベッカ・メスバーガーがモランディの驚くほど素晴らしい伝記の中で述べているように、モランディは「他の人々、とりわけほかの女性たちが見向きもしないところに目を付けた。彼女は「新」科学と呼ばれるもののなかでももっとも男性的な分野へと入り込み、死者とともに過ごし、街の霊安室から自宅に持ち帰った死体や「肉塊」を扱った(1)」。

女性は科学領域ではまれでした。それなのにモランディは科学に取り組んだだけではなく、もっとも女性的ではないとされた死体の科学に取り組んだのです。解剖学では死後硬直でかちかちになって腐敗が始まった死体を、悪臭の中で息をしながら切り刻みます。モランディは疑いもなく科学者でした。ですが生前はそうみなされていませんでした。この章では科学とその居場所になる社会的世界との関係のいくつかの側面を探究するケーススタディとしてモランディを扱いましょう。

アンナ・モランディとはいかなる人物であったか

画家ジョバンニ・マンツォリーニに出会って結婚する前のモランディの人生についてはよく知られていません。マンツォリーニは教皇ベネディクトの命で解剖学博物館の主任助手も務めた著名な画家でしたが博物館長とうまくいかずに辞職しました。それから彼とモランディは自宅に解剖学校とスタジオを開いて、解剖の仕方を学生に教え、解剖学教育で用いる人体の各部の精巧な蝋模型を作り上げました。彼らは何百もの遺体を解剖し、モランディは人体の構造と機能について膨大なノートをとり、その中には彼女が自身で発見したことも含まれていました。三十九歳でマンツォリーニと死別しましたが、モランディは解剖学校を運営し続け、蝋模型製作と解剖を教えるだけではなく、新技法も開発し続けました。

ボローニャでスタンダードとなりつつあった新科学の気運の中で、モランディィは解剖学への新しい体系的アプローチを開拓しました。単に死体を解剖して解剖学的構造を観察するに飽き足らず、そうした観察を用いて既存の解剖学的・生理学的理論に疑問を呈し、既存の説明に対する代替案を示したのです。モランディィは単に解剖技術に優れ人体器官そっくりの蝋模型を作ったというだけではないということを、しっかり理解するのが重要です。彼女は人体に関する新しい事実を発見し、観察を通して他の解剖学者が提案してきた理論を評価したのでした。

マンツォリーニの存命中は、彼女の業績は夫に付随するものであって、あくまで夫との関係のもとでなされたものだと考えるのが、当時の人々にとっては都合のよいことでした。その理由は、当時のボローニャでの女性の常として、モランディィも自分自身が科学のイノベーターになるのではなく、夫の支援者となることが期待されていたからでした。ですがマンツォリーニの死後になると、彼女が高度に優れた解剖学者であることは明らかでした。その優れた業績ゆえに、モランディィの名声はヨーロッパ中にとどろき、著名人として彼女はボローニャでも厚遇されることとなりました。メスバーガーは次のように指摘しています。

モランディィの手法と唯一無二のコレクションを引っぱりこもうとしてヨーロッパの全域から彼女に招聘が送られた。まさにこの外部の関心こそが［…］ボローニャの文化的重鎮たちを促し、彼女の業績を公式に認めて少額の年俸と解剖学解説についての大学の職を与えることにつながった。教皇ベ

ネディクトはモランディの立場を支援して元老たちに介入し、彼女の邸宅をボローニャに置き続けた。(2)

モランディの科学的名声は現在広く知られているものではありません。その理由の説明のひとつは明らかに、「自然な」女性の姿として当時流通し、そしてその何世紀もあとになっても流通し続けている一般的な理解から彼女がはずれていたということです。モランディは男性的な科学分野で成功した女性であるがゆえに、女性やその役割に関するこうした前提に対する侮辱となっていました。確かにこれが説明の一部となっているのは確かです。ただしそれだけで話は終わりません。

モランディが生きた文脈

モランディがヨーロッパ屈指の解剖学者になった道をたどるには、解剖学と解剖学的蝋模型作成技術が培われた一八世紀ボローニャの文化的文脈を理解しなければなりません。先に述べたようにボローニャは知的に腰折れしつつあり、かつての栄光を再興させようとしていました。街の指導者たちは「学びの母」としてボローニャが返り咲くことを求めてやみませんでした。科学アカデミーの創立はこの問題への直接の回答でした。アカデミーは学者として優れた教員と最先端の研究室を備え、「実験・分類・展示」を織り交ぜた教授法が取られていて、(3)この教授法は伝統的で主に理論に基づいた教授法とは異なる物でした。アカデミーの目的はさまざまな科学分野をひとつに統合し、さらに科学を芸術と結びつけることにありました。これは、これらが分かたれていた伝統を粉砕する大胆な発想でした。

世界にかかる知識獲得には、実験と分類を通して世界に関与したうえで発見したことを説明することが求められるというアイデアがこのアカデミーの基本原則であり、その好例がアンナ・モランディの仕事でした。彼女は鋭く観察し、解剖技術は正確無比で、生きていないのが信じられないほどの人体内部の蝋モデルを作り出す芸術家でした。けれど彼女の仕事はそれにとどまりません。彼女は単に人体を観察し描写しただけではなく、それを説明しようとしたのです。人体の構造の体系的理解を展開し、人体の各部分の機能を導き出し、一見ばらばらに見える人体の臓器の各部分が持つ関係について、包摂的な理解の仕方をはっきりと示しました。

彼女の時代の批評家たちの中心的関心はモランディの仕事をどのように分類するかでした。これは芸術なのか、それとも科学なのか？　この疑問が生じたのは、ひとつには芸術作品は科学によって息を吹き込まれるしその逆も成立するのだけれども、解剖学的蝋模型については美的機能と教育的機能のどちらを優先するのか議論が続いていたからです。モランディの仕事はこの区分をまたぐものでした。彼女は蝋模型を現実の人体のイメージに即して作成し、その構造、形、色などは生体の一部であるかのような印象を与えるようになっていました。人体の複雑さに関して体系的で詳しく正確な知識がなかったなら、このようなことはできなかったでしょう。人体器官の写実的な描写は彼女の専門的な生物学的知識の豊富さを示しています。したがってモランディは単に芸術家だったとは言えず、科学者でもありました。つまり、科学芸術家です。彼女の業績を称賛した卓越した科学者たちの心の中には、彼女の仕事が医学に著しく貢献していることへの疑いはまったくなかったように思われます。ですがその仕事の重要性は広く認められていたにもかかわらず、アンナ・モランディそのひとはというと、当時の科学者の中に居場所を持っていませんでした。仕事の科学的意義は否定できないものだったものの、彼女の業績が示す通りのまともな科学者として認められることはなかったのです。そうではなく、批評家たちは彼女を才能があるアマチュアと見なしていました。真の科学研究者ではなく優秀な女性職人として。

その仕事と人生に関する事実を鑑みたとき、アンナ・モランディの姿をこのように覆い隠しているものをどのように考えればいいのでしょうか？　この問いに答えるためには科学の本質のいくつかの側面を明らかにする必要があります。

科学がどういうものなのかはちゃんとわかっているし、科学とみなされるものとそうではないものを見分けることもできると普通は私たちは自信を持って言います。化学は明らかに科学で、絵画は明らかに科学ではありません。科学には観察・実験・検証・再検証のような活動が関与しているということ、また、科学には思索活動も含まれ、観察可能なものと通常の方法では観察可能ではないものを結合させていく点で、科学は理論的なものでもあるということについて、私たちは普通意見が一致しています。科学者になるためには特別なスキルと知識を獲得しなければならないとも普通は認識しています。ですが科学には、他にも重要であるにもかかわらずあまり強調されていない側面があります。

モランディが科学者かどうかは彼女の業績が科学的であるかどうかに依るはずだということは正しいように見えるでしょう。彼女の同僚によれば、彼女の仕事の科学的品質は最高度のものでした。しかし彼らは彼女を科学者であるとは考えていませんでした。彼らは科学者であるということと科学的業績を生み出すことを区別していたように思われます。彼女の時代の科学者コミュニティがそのような区別をしていたことは奇妙に見えるかもしれません。ですが彼女の同時代人からすれば解剖学者という「兄弟」の中に彼女を入れない理由はいくつもありました。モランディがどのようなレンズを通して見られていたのかを検証していくのは、彼女の運命にとどまらず、科学分野の女性全般の運命にさえとどまらず、科学そのものの重要な側面にも光を当ててくれるでしょう。特に科学の客観性というものの本性について。

科学哲学

なぜモランディが科学者扱いされなかったのか問うことは科学的疑問を呈することではありません。これは科学の営みと制度について
の問いです。この問いに答えるにはいくつかのアプローチがあります。これを歴史学的問いや社会学的問いととることもできるでしょう。ですがこの問いを科学の本質にかかる問いであると考えると、それは哲学的な問い、もっと正確に言えば、科学哲学の領域の問いとなります。

哲学は人間の幸福や神の存在や正義や道徳といった大きな問いを扱うものだと理解されがちです。このような問いは抽象的で実際の生活のこまごました点とは無関係だと考えられています。反対に、科学は具体的で、私たちが見て触れることができ、そこから利益を得られるような解答を与えるものだと考えられています。もちろんこの科学観は限定されたものですが、多くの人々が慣れ親しんだ考え方でしょう。

科学哲学は科学と哲学が交わるところに立っています。科学哲学者は科学を取り上げ、それでもって哲学をするのです。科学哲学は「メタ学問」と呼ばれています。科学哲学の営みで、哲学者は普通は科

学をするわけではなく、哲学的な道具立てや物事の理解の仕方、概念的区別といったものを科学へと注ぎます。科学の営み、科学の方法、科学の目的、科学の推論の形式、自然の根本構造に関する科学的主張がその対象となります。科学哲学者は科学的知識の本質と限界や科学的探究の結果や個別科学で成果を得るために用いられる方法について考えるのです。(4)

私たちは科学というのは自然に関する一般的な理解を与えるものだと考えていますが、自然のある側面を一般的に理解するということは常に、自身の一般的な結論を正当化してくれるものと科学者たちが信じているような、限られた数の観察に基づいています。またそうして得られた結論は、これまで観察されたことがないケースに関しても何かを教えてくれるとみなされています。観察されたことがあるケースとまだ観察されたことがないケースの関係は科学的知識にとっての鍵になります。そういうわけで、科学的知識は一般的な知識であって、個別のものに関する知識そのものではないということになります。医学を考えてみましょう。医学では人間の腎臓の働きを一般的に扱います。科学者たちは個別の腎臓がどのように機能しているのか理解するために、この一般的な知識を用いるのです。

このような考え方は訳がわからないものに見えるかもしれません。科学とは観察に基づくものですが、科学者たちはすべての人間の腎臓を観察することはできません。必然的に、限られた観察の集まりから腎臓に関する一般的な結論を導き出すほかなくなります。この手続きは科学の進展の中心にあり、そしてそれは理にかなったことにも思えます。ですが科学哲学者たちは長年にわたってどうしてそのようなことが正当化できるのかを問題にしてきました。(5) 例えば医学者は、結核の原因は結核菌という微生物であるといいます。これはこれまで発生したものとこれから発生するすべての結核のケースについていえることです。つまりこの結核菌が原因となっていることが観察されたケースだけではなく、まだ観察されていないケースについてもこのことが主張されています。ですが、なぜまだ観察されていないケースも過去に観察されたケースと同じパターンに従うと考えるべきだと言えるのでしょうか？　哲学者にとっては、観察されたケースから一般的な結論を導き出すことを正当化する理由が見つからない限り、結核の原因が常にこの結核菌であるということを「知っている」と主張できるかどうかは定かではありません。この問題についてのひとつの考え方は、科学者が一般的知識を生み出すためには、科学者は過去のパターンが成立し続けない可能性を念頭に置きつつも、未来の観察が過去の事例と似ていると仮定しなければならないというものです。これは、証拠が出てきたときに修正する余地を常に作っておくべしという科学的態度の体現となっています。

科学的知識は確実ではありえないけれども、科学的実践は私たちにとって知識を生み出すもっとも信頼がおける手段です。科学に特別な認知的権威があるからこそ、科学に該当する実践や理論や知識体系とそうではないものとを区別できることが重要なのです。科学と非科学を区別するポイントが自明な場合もあります。スポーツはアスリートの活動がいかなる知識を産むことも目指していないという理由で、（科学を用いることがあるかもしれませんが）科学ではありません。また一般的な意味では、芸術は科学ではありません。ですがモランディの例が示しているように、科学と芸術の境界がはっきりしないこともあります。モランディとマンツォリーニはいずれも芸術家として訓練され、この二人の人体解剖蝋模型が芸術作品であることは疑いえませんが、同時にそれは人体の科学的な描写ともなっていました。この境界の曖昧さのおかげで、モランディの批判者たちはモランディの業績を認めつつ、その一方で彼女を科学者ではなく職人ととらえることができました。科学と芸術の違いを別の言い方で表すこともできます。ごく一般的な意味で、科学は物事が実際にどういうものであるか明らかにしようとするものですが、芸術はこの世界が実際にどういうものであるか明らかにすることを目的にする必要はありません。芸術作品はこの世界をあるがままに描写するのを目的にすることもありますが、そうしなければいけないわけではありません。ですが科学ではそれを目的としなければならないのです。さらにいえば、科学では非常に一般的な真理の樹立に関心がおかれますが、芸術家は気兼ねなく個別的なものに焦点を当てることができます。

実践上は、科学と芸術を区別するのが難しいことは滅多にありません。真の科学と哲学者がいう疑似科学を区別するにはどうしたらいいのかという問題に取り組む方がよほど難しいし哲学的に情報が豊かです。「疑似科学」という語はニセ科学を指しています。疑似科学は、科学と称する営みや理論や主張からなっていて、そうした営みや理論や主張には科学に付随する表層的な特徴もあるのですが、しかしそれは本当には科学には該当しないものとなっています。科学哲学の文献[6]では占星術は疑似科学の古典的な例とされています。占星術は確かに科学的な見かけをもっています。天文学の表や計算を用いて天体の位置を求めたりもしますし、科学者と同じように占星術者も占星術の「法則」とみなすものに基づいて予測や説明をおこないます。ですが彼らは科学を営んでいるのではありません。なぜ占星術は科学ではないのでしょうか？　この答えを「占星術が偽であるから」とすることはできません。なぜなら真に科学的な主張であってもその多くはいずれ偽だと判明するのですから。答えは占星術者が占星術的知識であると考えているものを生み出すのに用いている手続きに関わるものでなければなりません。占星術が科学ではないのは、占星術者が用いる方法が科学的方法ではないからなのです。

科学と疑似科学を分けるものが正確に何であるかについては、科学哲学者のあいだで合意は取れていません。けれどその答えが知識を樹立するために科学者が用いる方法に関わることについては、おおむね合意されています。自然の科学的描像は正確さを目指す必要があるのです。それを達成するためには、科学者は自分たちの自然の描像が正確であるかどうか、また正確であるとしてそれはどの程度なのかを評価し、それによって誤りを修正して自身の作った描像を世界の実像に近づけていけるようになっていなければなりません。このために、科学者たちは自らの主張をその真偽にかかる証拠を求めることで評価するという注意深い方法を開発しなければなりませんでした。この評価方法は検証手続と呼ばれています。手続が検証とみなされるためには、明確で、繰り返し可能である必要があり、どのように証拠を使ったり解釈したりするのかの規則が定まっていなければなりません。ですが占星術のような疑似科学の営みでは検証を真摯におこなわなかったり、そもそも検証をすることさえできないくらいに体系としてお粗末なものになっていることもあります。占星術師は自らの主張を厳密な検証の対象と考えていないので、占星術（や他の疑似科学の営み）が私たちに現実の正確な描像を与えると考える理由はありません。

何が科学を特別のものとし、知識を生成しようとする他の営みから切りわけているのか、それを描写する方法は次のようなものです。科学では客観的知識を生み出す見込みのある方法を用います。これが何を意味しているのか可能な限り明らかにすることが重要です。客観的知識とは世界が実際にはどのようなものであるのかという、私たちがそれについて何を信じ何を信じていないのかによらないあるがままの世界の姿に関する知識です。客観的知識とは、「心とは独立の」という意味で客観的な実在についての知識であるといえます。つまり、偏った見方によって捻じ曲げられていない知識です。偏った見方は科学者がデータを集めて解釈する方法に影響することで科学の客観性を足元から危ういものとすることがあります。科学的営みをつかさどる規則は、データをゆがませる偏った見方から客観性を守ってくれると考えられています。

偏った見方が問題となると考えられるのは、それがある種の価値観の現れとなっていることがあるからです。何かに価値を置くということは、それを望んだり、他のものよりよいと思ったり、そうであってほしいと思ったりすることです。あることが事実であってほしいと思うことが何が客観的に事実であるかを認識する妨げとなるとき、価値観は科学的客観性をゆがませてしまいます。科学者が自分の理論が真であると望むときに、それに反する証拠が現れると、この証拠を無視する誘惑にかられるかもしれませんし、理論が真であってほしいという望みが、その理論が偽である証拠を無視したり過小評価することにつながることがあるのです。

偏った見方が客観性をゆがませることがあるという事実から、科学には価値観の入り込む余地がない、すなわち科学は価値中立であるはずだという正しくない結論が導かれることがあります。こうした推論には、価値観が科学の仕事に入り込むのは少なくとも筋違いであり、最悪の場合科学的客観性を破壊するという前提があります。ですが科学的客観性とは偏った見方が含まれないという意味だと理解してしまうと、問題となります。なぜなら、価値観が科学で重要な役割を果たしているというのは避けがたいことだからです。科学の営みは社会的な真空の中でおこなわれることは決してありません。科学は現実の身体を持ち、社会的世界に生きる人々が生み出したものです。すべての価値観を排除するのがたとえ望ましかったとしても、科学者たちはそうすることはできないのです。「たとえ望ましかったとしても」という言い方をしましたが、それは、すべての価値観を排除するというのは、科学的に望ましいことではないからです。世界のいかなる領域に関しても、科学的知識とは、問いを立て、体系的に、かつ整理された仕方で、かつ互いに協力し合いながらその問いへの答えを見つけようとすることで得られるものです。科学とは研究者のチームが他の研究者チームと関わり合いながら実践されるものです。だから、人々の協力や人間関係の調和や対話の可能性といった社会的価値なしには、科学の営みはありえないのです。さらに科学は社会制度に組み込まれ、予算配分やその他の制度上の目標設定や制約に影響されます。科学研究に関する決定は科学者と科学者以外の利害関係者との間の交渉のなかでなされるもので、その際にはどのような問いを探究し、どのプロジェクトを他より優先させるか、どういう人間のコミュニティが研究成果の影響を受けるか、人間以外の生物や環境への影響はどうなのか、といった論点が問題になります。私たちの経済システムでは、収益可能性が（例えば製薬会社が出資する）研究費の配分に大きな影響を及ぼすし、政府契約では軍事に応用できる研究が優先されることがあります。科学を実践するのは社会を構成するものたちなのだから、これらすべての要素が科学に織り込まれるのです。

　科学哲学が生まれた二〇世紀初頭には、科学哲学者たちは科学の社会的側面にはあまり関心を持っておらず、科学とは社会的な世界から孤絶した実践の集まりだと考えていて、科学に内在する認識論的課題（要するに、知識にまつわる問題）にもっぱら関心を向けていました。時代が下ると、科学哲学者たちは科学の社会的側面に次第に関心を寄せるようになりました[7]。ヘレン・ロンギーノは、科学者が世界を理解する際に社会の価値観が持つ影響と役割を論じた科学哲学者です[8]。彼女は社会の価値観が科学に入り込むという事実と科学が客観的知識を生成することは並立可能であると論じました。ロンギーノは、客観的な科学的知識が生み出されるときに社会の価値観が欠くことのできない役割を果たすという理論を提示しました。彼女によれば、客観性とは「科学が個人ではなく共同体によって実践されるときに持つ特質[9]」となります。これは科学そのものが協働的で、共同体に根差す活動であるからでしょう。

価値観を伴わない科学の理論化や科学の実践がありえないことは明らかです。科学研究が客観的であるかどうかは、科学共同体のメンバー間のやりとりの質にかかることです。このやり取りは常に社会的文脈に埋め込まれ、研究課題は常にこの文脈との関係で定式化されます。客観性は研究がおこなわれる社会システムから生まれるのです。科学は研究コミュニティが世界のどこかしらの部分を観察し、分類し、判断を下すときに前進するものです。また、発見と理論化に携わる人々が自身の研究で役立てられている考え方と価値観について互いにやり取りするときにも科学は進歩します。ここで述べている考え方や価値観というのは、そのひとの研究計画を構築していながら、後景に退いた前提となっているようなものです。この前提が「後景に退いた」と呼ばれるのはそれがしばしば明示されずにいるからですが、協調的な社会的やり取りのもとでこの前提の一部が表に出てくることもあり、そういう場合には検証もできるし、必要とあれば改訂を考えることもできます。科学者たちは、どの前提が今考察している世界の部分を理解するのに関係しているのか、またそのような前提が自分たちが今やっている仕事にどのように影響しているのか、という価値観を共有しながら互いに助け合っています。社会的文脈に発する価値観が見過ごされて放置されるということがないどころか、むしろ科学の目的に照らしてきちんと確かめられる保証があることが肝要なのです。

ロンギーノは科学における価値観に二つの道筋で取り組んでいます。一つは科学そのものが持つ目的から来る価値観に関わります。科学の仕事に携わるには、好奇心、真理の尊重、正確さ、知的な謙虚さといった一定の科学的価値を受け止めなければなりません。彼女が考えるもう一つの道筋は、科学者が属するもっと広い社会に見られる価値観が持つインパクトに関わります。これが科学的研究のかたちを決めることもあって、例えば科学者たちに影響を与えて、特定の問いが他の問いよりももっと重要であると考えさせたり、特定のデータの提供元を他よりももっと重要なものとして扱わせたり、周縁化されたグループに関わる科学的問いを無視させたりします。これらは科学の価値に反することになる可能性があります。

その好例が生医学研究におけるオスのマウスの使用です。研究室で用いられるマウスの大多数はオスです（約八〇％の薬学研究ではオスのマウスだけを使用します）。オスのマウスが好まれるのは、メスのマウスでは発情周期でホルモンが変動するためオスよりも変異が多いという見方に引きずられてのことです。ですがこのことからの結果として、オスのマウスとメスのマウスにおいて異なる薬効があったとしてもこうした研究の多くはそれを明らかにせず、人間の女性[*1]に対して適切ではない治療がなされることにつながります。例えば睡眠導入剤ゾルピデム[*2]は、男性と女性で同じように効果があるという前提のもとに、人間の治験が始まるまでにオスのマウスでのみ治験がおこなわれました。しかしのちに判明したのは、この薬剤は女性の体には男性の体より長く残存することでした。この薬が発売されて二十一年後にようやくＦＤＡは「女性」向け処方ガイドラインを開発しました。女性特有の効果を考慮してこなかったことが、男性よりも女性の方が薬物に対する副作用の報告が多い理由なのかもしれません。アメリカ政府では現在マウス生化学実験に際して、特段の理由がない限りオスメス両方を使用するよう要請しています[10]。

ロンギーノが強調するあれこれの範囲で影響を持つのに加え、社会の価値観は科学者コミュニティ内の個人の立ち位置を決定することでも科学に影響を及ぼします。階級・ジェンダー・人種・障害の有無に関する信念がどのような人を受け入れ、どのような人を排除するのか、また誰が資源にアクセスできて誰ができないのか、誰が認められて誰が無視されるのか、といった違いを生むことがあります。科学研究とその成果というロンギーノが描写した要素に価値観が影響を及ぼすあり方と、価値観が科学コミュニティで個人の立場に影響するあり方のあいだには、相互の関連があります。再び研究室のマウスの例を挙げると、生化学研究者には男性が多いというジェンダーの偏りが治験や実験でオスのマウスだけを用いるという選択に影響していたのかもしれません。女性を排除したり差別したりするような科学コミュニティでは、女性を同じように取り扱うコミュニティとは異なる仕方で科学を遂行している可能性があります。なぜなら、そうしたコミュニティは女性の観点や女性から見て優先すべきものへの参照を持たないでしょうから。したがって、客観性に欠陥が生じることになりうるのです[11]。

ボローニャの科学エリートがジェンダーや階級で差別していたことが、アンナ・モランディを覆い隠す結果をもたらしたことは確かでしょう。その時代の科学的方法を鑑み、また彼女の解剖学研究の同僚による評価を鑑みれば、モランディの仕事は科学とみなされていました。私たちの目を引くのは、彼女が科学者と認められていなかったということです。科学に内在する価値観に対立するような社会的偏見や価値観が未点検のままに残されていて、当時の科学者たちはそれによって視野が狭められていたのです。

結論

理論的には科学者として機能するために必要な技能と知識こそが勘定に入る技能と知識のすべてなのであって、それらを備えた人々であれば誰でも科学共同体にアクセスできるということになっています。ここには科学が能力主義的であって、科学共同体のメンバーは全体としては能力評価に公平な判断を下しているという前提があります。モランディの例が示すのは、科学者としてはしっかり機能しつつも、その業績の優れた点を見れば当然与えられるべき十分な承認が与えられないままでいることがありうるということです。才能ある科学者のキャリアは、最高レベルの科学実践にふさわしいのはどういうひとかということについて当たり前だと思われている前提のせいで制限されることがあるのです。

客観性は価値判断を離れた領域にあるものではありません。そうではなく、科学の進展に寄与する社会的価値観をはぐくみ、科学を阻害する価値観を棄却することによって達成されるものです。そうするためには、科学者たちは社会の価値観に注意を払い、それが科学にとって本質的な部分であることを認識しなければいけません。どのように価値観が研究の細部に影響を与えるのかということに加え、どのように価値観が科学の社会構造に忍び込み、そこに誰が含まれ、誰が排除され、誰が認められ、誰が外に押しやられていくのかを決めていくのかということも、見ていく必要があります。私たちのような存在がおよそ持ちうるような客観性を達成したいと科学が望みうるのは、社会の価値観に目を向けることによってのみなのです。そして科学的客観性には価値観が内在的であると認めたなら、科学とは完全に別のものであるとみなされがちで、ときには科学的客観性に拮抗するとすらみなされる倫理的・政治的取り組みにも導かれることになります。社会正義や平等主義は、より多くの人々が科学に十全に参画することを許し、科学的な仕事により広い観点を提供する条件を整えるので、科学的客観性を推進するでしょう。

アンナ・モランディの例は、生活を織り成す社会的な要素が科学と絡み合うことを示しています。彼女がその人となりによって、つまりは高貴ではない生まれの女性であるせいで、科学の領域を守る門番に本来受け取るべきものを阻まれたということは、彼女にとっても無関心なことではありませんでした。彼女は自分をかたどった蝋人形によってこのことを婉曲に伝えています。蝋人形の彼女は真珠の首飾りをまとって上流階級の婦人のような身なりで立ち、前にある机の上には人の脳がのぞく頭蓋骨が置いてあって、彼女の手はまさに繊細な解剖手技をおこなおうとしています。この自分をこうした姿で世界に示すことで、モランディは自分が富裕層の女性に与えられるような尊敬を得るべきであったと主張しており、また臓器の中でもっとも複雑な臓器である脳を解剖している自分をかたちにすることで、モランディは何世紀も下った私たちに自分が頭脳を備えた女性であったというメッセージを伝えているのです。

［原注］

（1）Messbarger (2021, 18).

（2）Messbarger (2010, 12).

（3）Ibid., 5.

（4）Godfrey-Smith (2003), Barker and Kitcher (2013).

（5）Salmon (2017).

（6）Popper (2002).

（7）Kitcher (1993).

（8）Longino (1990).

（9）Ibid., 74.

（10）Locke (2014).

（11）Fox Keller (1996); Lloyd (2006).

［訳注］

＊1　この段落で登場する「女性」や「男性」という表現は、医学の上で標準的に女性または男性に分類される身体的特徴をもつ人のことを意味していると思われる。ヒトの場合、マウスの発情周期によるホルモン変動と類比的なものは、月経周期によるホルモンの変動がある人とない人だろう。医学が「男性的身体」をそなえた人の利益を中心に動き、「女性」に分類された人が不利益を被っているというこの段落の指摘は重要なものであると同時に、ホルモン変動がありつつ男性やノンバイナリーとして生活している人を医療から排除してしまうリスクがある点で特に問題がある点に注意したい。

＊2　原文ではAmbienというアメリカでの商品名が記されている。なお日本での商品名はマイスリーである。

［参考文献］

Barker, G., and Kitcher, P. 2013. *Philosophy of Science: A New Introduction*. Oxford: Oxford University Press.

Fox Keller, E. 1996. *Reflections on Gender and Science*. New Haven, CT: Yale University Press.

Godfrey-Smith, P. 2003. *Theory and Reality: An Introduction to the Philosophy of Science*. Chicago: University of Chicago Press.

Harding, S. 2015. *Objectivity and Diversity: Another Logic of Scientific Research*. Chicago: University of Chicago Press.

Kitcher, P. 1993. *The Advancement of Science*. Oxford: Oxford University Press.

Lloyd, E. A. 2006. *The Case of the Female Orgasm: Bias in the Science of Evolution*. Cambridge, MA: Harvard University Press.

Locke, S. 2014. "US Government to Require Affirmative Action for Female Lab Mice." https://www.vox.com/2014/5/14/5717516/government-says-researchers-must use-male-and-female-animals-and-cells.

Longino, H. E. 1990. *Science as Social Knowledge: Values and Objectivity in Scientific Inquiry*. Princeton, NJ: Princeton University Press.

Messbarger, R. 2010. *The Lady Anatomist: The Life and Work of Anna Morandi Manzolini*. Chicago: University of Chicago Press.

Popper, K. 2002. *Conjectures and Refutations: The Growth of Scientific*

Knowledge. New York: Routledge.〔カール・R・ポパー『推測と反駁——科学的知識の発展』藤本隆志・石垣壽郎・森博訳、法政大学出版局、二〇〇九年〕

Salmon, W. C. 2017. *Foundations of Scientific Inference*. Pittsburgh: University of Pittsburgh Press.

第9章 技術——経験と媒介された現実

ロビン・L・ゼブロフスキー
西條玲奈 訳

まっくらな嵐の夜でした。怪談というのは、どれもこんな風に始まります。この話も例外ではありません。一八一六年ジュネーブ、スイスの田舎町にある巨大な別荘。本当にまっくらな嵐の夜でした。フェミニズムの先駆けとなる哲学を展開した母を持ちながら、その母を知らずに育った[*1]十代の少女がいます。彼女は、友人たちと話し合い、怪談の執筆を担当することになりました。彼女の母、メアリー・ウルストンクラフトはかつてこう論じました。女の子は男の子と同じように教育を受けるべきだ。なぜなら女の子は完全な人間であり、未来の夫の伴侶になるだけの存在ではないのだから。『女の子のための西洋哲学入門』はウルストンクラフトのプロジェクトを引き継いでいる面もないではありませんが、いま私たちの関心をひくのは、若きメアリーと彼女が書いた物語です。まっくらな嵐のその夜、メアリー・シェリーは、のちに『フランケンシュタインあるいは現代のプロメテウス』と題されることになる小説の執筆を始めました。物語自体は、その誕生のきっかけになったまっくらな嵐の夜と同じくらい、今となってはお約束の展開です。ですが、シェリーが描いた懸念は、時代を超えて今でも通用します。自然の世界と人工的な世界のあいだの線引きや、事前にじっくり考えることもなく技術をもてあそばずにはいられない人間の驕りに関わるさまざまな問いは、今も生きています。いえ、むしろ今だからこそ、でしょうか。

技術の正体

シェリーがその物語の中心に選んだテーマは、生命や心を研究室で人工的に作り出す技術でした。二百年後の現在、どんなメディア（テレビ、ツイッター〔現X〕、フェイスブック、独自のニュースアプリ、新聞など）に触れても、必ず報道されている話題のひとつが人工知能（AI）です。つまりは、研究室で人工的に作り出された心のことです。技術とはなんなのか、頑張ってこの問題を研究している哲学の分野もありますが、結局のところその本質ははっきりしません。とはいえ技術の範囲を定義したなら、それは技術に関する哲学に有意義な仕方で寄与することになるでしょう。今この文章を書いているコンピュータももちろん技術のひとつですが、私の頭上でチカチカ音を立てている蛍光灯も、手元にある重く、書き込みのある『フランケンシュタイン』の本も、やっぱり技術に当たります。じっさい本というのは見た目によらず技術の塊なのです。というのも、物理的な人工物が技術であるということは容易に納得して記憶に残せますが、その本に含まれる言語というもの自体もまた技術であることを認めるのに納得するのはずっと大変だからです。

技術の哲学という分野の仕事は大部分が新しく登場しつつある技術に関わっています。機械で心を作るには、人間の心に関してどんな事柄が成り立つと言えなければならないだろうと考えて一日を過ごすかもしれないし、あるいは、バーチャルリアリティやロボット技術が、例えば教育のような社会制度にどんなふうにすでに影響を与えつつあるだろうといろいろな面から考えるかもしれません。火や農業や靴も技術であって、それゆえこれらも同じように検討や批判の対象になることを、忘れそうになるひともいるかもしれません。だからこそ、技術なるものの正体は、哲学のあらゆる側面と同様に、論争のテーマとなっています。とはいえ、私としては、まだSF作家のアーシュラ・K・ル＝グウィンが出した定義を超えるものには出会ったことがありません。「技術とは、人が動的に物質世界と接する境界面（active human interface with the material world）である」。彼女はさらにこう念押しします。「技術は社会が物理的現実に立ち向かう方法なのだ。食料を手に入れ保存し料理する方法、衣服を身につける方法、さまざま活動をするための動力源になるもの（動物？　人間？　水？　風？　電気？　それ以外？）、何かを作る道具となるもの、そのようにして作り上げるもの、薬、などなど」(1)。言い換えると、技術とは、シリコンバレーやコンピュータの中で起きていることだけでなく、生活のほぼあらゆる場面に見つかるものなのです。そうしてみると、技術というのは、目には見えないけれども、すでに私たちのやらなければならない仕事の一部となっているものたちを、その大部分にわたって見えるようにするものなのだ、と言えます。

『フランケンシュタイン』の物語がホラーなのは、逃亡したモンスターがいるからではなく（実際、シェリーの『フランケンシュタイン』を読んでも、ポップカルチャーに出てくるモンスターのイメージにはほとんど出会えません）、ろくに実地試験もされていない技術革新を利己的な目的のためにこっそりと使う人物が登場するからです。さらに悪いことに、怪物が自分自身で能動的に行為するという行為者性をもっていることがわかるや、作り手のフランケンシュタインは、怪物の存在に気づきもしない社会に自分がいったいどんなものを解き放ってしまったのかについて、責任を放棄したのです。電話の発明の歴史に目を向ければ、あるいはアメリカ連邦議会やイギリス国会でフェイスブックの創設者が証言するのを見れば、誰だってこの同じテーマが立ち現れていることに気づくはずです。それは新しいコミュニケーション技術が登場するたびに繰り返し蘇るものなのですから。こうした新しい技術の責任ある使用に関わる社会問題は、メアリー・シェリーの最低な悪夢とちょうど同じように、リアルタイムで何度も何度も繰り返し現れるのです。(2)

技術と境界

技術の革新と発展については、そのほぼすべての側面が、哲学的な検討や批判をおこなうのにふさわしく、またそうしたことが必要でもある論点になります。私たち人間を他の動物やこの世界にある他の事物から区別するような意味合いで、「ほかでもなくまさに人間であるというのはいったいどういうことなのか」という問いかけほど根っから哲学的な問題はそうありません。私たちの身体は私たちという存在の一部であるけれど、この世界で生きるなかで私たちが接するさまざまな技術は私たちという存在の一部をなしてはいない、あるいは少なくとも言葉通りに受け取る限りはそうなっていない、というのは明らかな点だと言ってよさそうです。例えば、私の脳や私が心の奥底で抱いている信念が私という存在の一部であるような意味では、私の使っている電話が私という存在の一部だとは直観的には思われません。けれど、もしそのぎりぎりのところをつついてみれば、この直観に対する疑問が生じてきます。神経科学によれば、私たちがある種の道具を使うときには、身体はそれをすばやく取り上げるや脳に対して肉体そのものの一部であるかのように表象するといいます(3)。このように道具を体の一部のようにする働きは、目の見えないひとと杖、作家とペンやキーボードについても見られます。多くの道具は、程度の違いはあれど、私たちという存在の一部をなしているのですが、ひょっとすると、このような体の外にある装置を自分の身体の一部だとは認めたくないひともいるかもしれません。それでは、埋め込み式の装置ならどうでしょう。体内からさまざまな臓器を刺激するよう設計されたペースメーカーや埋め込み型医療機器《インプラント》、あるいは人工心臓はどうでしょうか。これらの装置は私の一部でしょうか。もし違うと言うなら、今度はいま私が摂取しているカフェインについて考えてみてもよいかもしれません。カフェインを摂取する段階のどこかでは、私とカフェインの分子のあいだにははっきりした線引きはなくなっているはずで、とすれば、少なくとも薬剤は私の一部であるということは確かに言えそうです。同じように、多くのひとは抗うつ剤のことを、まるでその薬が体内にあるおかげで本当の自分に戻るものかのように語ります。私たちのようなこうした生物であるというのはどういうことなのか、そして何が私の身体や私の「自己」の一部とみなされるのか、これは科学でも哲学でも解決していない問題です。さまざまな技術がわれわれの直観を散り散りに引き裂くのもあって、これは今なお決着がつかない問いのままなのです。

　この論争はまた、人の体というものの境界線の引き方だけに関わるものでもありません。一部の理論家の中には、このように柔軟に境界線が変わることこそが本当のところ人間という存在の本質なのだと主張する者もいます。そうしたひとたちによると、私たちは常に技術と深く複雑に絡み合って存在している種類の生き物なので、このように技術と結びついている点に目を向けることこそ人間の本性を考えるうえで適切な方法なのだと言われます[4]。お互いを頼って生きる深いレベルで道具を使って活動することが人の本質だと考えられているのです。私たちは簡単に言えば「道具を使う生き物」なのであり、だからこそ、道具の変化に適応するよう進化してきたのです。ですが、このように世界のうちで自己が失われるということを恐れるべきなのか、温かく迎え入れるべきなのかは、私たちの正体とその居場所について、さらにどう考えるかによって変わってくるでしょう。遠隔ロボットを使って細心の注意を要する外科手術を数百マイル離れた場所からおこなう医師がいます。手術をおこなうこの道具は医師の手の延長の一種なのか、あるいはそうではないのでしょうか。もし違うというなら、医師がミスをして自分の患者を傷つけた場合に、誰を、何を非難したらよいのかよくわからなくなります。医師の使う道具は、医師と患者のあいだの因果関係にはさまる道具にすぎないのか、あるいはそうではなく、この道具は文字通り医師の心や体の一部であると述べるほうが正確なのか、私たちは決めなければなりません。こうした道具を私たち自身の一部であると見なすことについては、哲学的で形而上学的な理由だけでなく、法的な理由や、社会的な理由もあります。例えばもしあるひとが義肢を利用しているとして、そのときそのひとは、義肢を持たないひとが生物学的な手足に対してもつのと同じ関係をその義肢に対してもちながら、存在していることになるでしょう。だからこそ義肢が盗まれれば、財産が盗まれるより深刻な法的帰結や道徳的帰結をもつのです。

しかし、技術との境界が柔軟であるゆえに、人間は心や自己が世界に「あふれ出す」と言える生物種であるのだとしたら、このように外へと滲み出すことによって、自己についての感覚そのものや、現に存在する私たちの自己の感覚そのものを溶解させかねないという恐れを抱くひともいるかもしれません。もしそれが恐ろしく思えるとすれば、その理由の一端は、人間であることの本性について私たちの心の奥底に刻まれた理解の仕方にあるのでしょう。例えば、西洋文化には、自己の感覚を、何か深い不変の核に基づくものとして構築する傾向があります。実際のところそれが何なのかはともかくとして、自己の感覚というものは、五歳のときのあなたと現在のあなたが、身体、心、信念、興味関心などは時間の経過とともに大幅に変化しているにもかかわらず、それでもそのどちらもあくまで「あなた」と呼びかけるのにふさわしい何かである、ということの理由になるものなのです。ですが、この理解に歯向かって、根っこのところではあなたはさまざまな技術的な人工物や道具と混じりあわなければならない生物種である、もしくはすでにそうしたものと混じり合っている生物種だと言われると、どうでしょうか。このとき他から切り分けられたものとして自分を想像するなら、つまりきっちりとした境界線を持っていたり、その根底に不変の核を持っていたりする個人を想像するとしたら、もはや自分自身を不完全な不良品として想像することになってしまいます。[5] ここはとても重要な運命の分かれ道です。もしあなたがほかのひとや周囲の環境から根本的に切り離された存在として世界と向き合うのなら、あれやこれやの無骨な個別主義に行き当たるということになる見込みが高いでしょう。そんなふうに考えず、自分は否応なしに周囲の環境のさまざまな部分（そのなかには他の人々も潜在的には含まれます）と結びついているのだと考えるなら、それとはまったく異なる存在のあり方が見出せることでしょう。この異なるあり方から向き合うとき世界がいったいどのように見えるのかを想像してみましょう。環境論から公共空間の建築デザインまでいろいろなところで言えることですが、道具と人間について違う仕方で考えたなら、それまでとはまるで違う種類の世界に行きつくのです。

他方で、私たちが心についての語るときのその語り方の枠組み自体が丸ごと間違っていて、その間違いが技術についての私たちの理解の仕方に持ち込まれてしまっているのではないかと考えるひとたちもいます。ルイーズ・バレットはそのことをこのように述べています。「もし認知を動的プロセスととらえ、「心」とは動物が「もつ」ものではなく動物がおこなうことなのだと考えるなら、「心」が頭の中にあるのか、それとも頭の外側にも存在しうるのかという問いは、実のところほとんど意味をなさないのである」(6)。人の身体の一部だと見なすのが正当なのはいったいどういうものなのかを見極めるというだけのことが、形而上学と技術哲学が重なり合うところで生じる議論に帰着するのです。このような問いには、わかりやすいはっきりした正解があるわけではありません。

私たちのいるところ

サンディ・ストーンは、スティーブン・ホーキングの義肢に恋をした過程をつづるエッセイの中で、素晴らしいエピソードを語っています(7)。ホーキングは優れた物理学者であり、ALS（筋萎縮性側索硬化症）を抱え、そのために指を動かすことしかできず、話すことさえままならなくなっていました。そのため、彼は補助器具を身につけていて、それには人工発話システムとキーボードも含まれており、これらとつながることで彼は講演をしたり、もっと広くコミュニケーション全般をおこなうことを続けられていました。ある講演の最中、ストーンははじめ講堂の中では席を見つけられなかったので、講堂に入りきらなかったひとたち用の部屋で座っていました。そこでは隣室でおこなわれている講演を視聴できるスクリーンがおかれていました。しばらくして彼女はやっと講堂に潜り込んでホーキングを直に見ることができました。彼女はこんなふうに報告しています。「そのときふと気になったのだった。正確なところ、ホーキングはどこにいることになるのだろうか、と私は頭のなかで考えた。はたして私は外にいたときよりも彼にすこしでも近づいているのか。何かしら重要な意味において、ホーキングは、目で見てわかるような彼の身体の境界の外に出てもホーキングでなくなるわけではいない。誰にとっても明らかな物理的なホーキングは存在している。ホーキングは私たちが社会的条件付けを通じて人を人と認識するための手段として学習したやり方に従って、はっきりとその輪郭が描かれている。だがホーキングという人間ののっぴきならない部分が彼の膝に置かれた箱へと広がってもいる［…］彼はどこで彼でなくなるのだろうか。彼の境界はどこにあるのだろうか[8]」。

このように、技術に関する哲学的問いは、障害に近接する言説や、障害そのものについての言説と重なり合うことになります。ストーンの問いが生じたのは、彼女がホーキングの補助器具と対面したときのことです。彼女の問いは障害学と重なり合っていて、補助器具がそのユーザーの日常生活のなかではかにない役割を果たしているがゆえに、障害学は技術哲学にほかの分野には見られない特有の観点を提供することになります。これを求めて、サラ・ヘンドリンの議論に目を向けてみるのもよいでしょう。彼女はすべての技術は補助的だという主張を納得のいく仕方で展開しています[9]。何のために技術を使うのかということを考えれば、ヘンドリンに同意したくなることでしょう。例えば、私は、文書作成ソフトウェアがラップトップパソコンとキーボードと組み合わさって動いてくれるおかげで、紙とペンでは決してできないような速筆とすばやい修正ができるようになっています。ただしペンと紙も他の用途では有用なのですが。同様に、障害をもっていたり障害について研究していたりする理論家たちの文献は、多くのひとの目に見えない、この社会の欠陥を言葉にして伝えてくれます。そうした欠陥が目に見えないのは、まだ障害を持たないひとや、障害を持っているにしてもいま問題にしている仕方でもたないひとは、世界への接続の仕方が異なっているためです[10]。例えば、ローズ・エヴェリスの指摘によれば、外骨格型スーツのように、より新しく、大きく、見た目にもインパクトのある技術を作り出そうと躍起になっているさなかでは、それによってどのような社会的な変化が起こるのか、外骨格型スーツのユーザーになりそうな人々には生活基盤上のどのようなよい変化が起こるのかといったことを、世間は見過ごしがちです[11]。その結果、外骨格型スーツの利用には現在見られるような厳しい身体的制限が設けられることになりました。これは身長や体重の制限といった事柄だけでなく、骨密度の制限、自分の腕を使いたいというユーザー側の要望によってもたらされてもいます。こうした問題点がある以上、多種多様な身体にとって今よりもアクセスしやすい場所を作り上げることについての、倫理的で形而上学的な問いが否応なしに現れることになります。

サイボーグに関するダナ・ハラウェイの古典的論文で、彼女は私たちが文字通りの意味でも比喩的な意味でも日々の生活で周囲を取り巻いている機械や環境と混ぜ合わさっていることを受け入れるよう勧めます[12]。彼女は私たちに本質主義的な物の見方を放棄して、すべてがある面でのあり方と別の面でのあり方が違っているような新世界を楽しみませんか、と持ち掛けます。「女性」にも「動物」にも純粋な本質などないのです。そうではなく、さまざまなもののどれについても、そのあり方はさまざまなのです。私たちをくびきから解き放つこの思想が指し示しているのは、私たちがすでにその一部において機械であることを理解したときに私たちは自由になれるのだ、ということです。とはいえ、もし私たちに埋め込まれている機械やプログラムのシステムが健康に悪いものだったり、搾取的なものだったりするならば、そのような解放につながらないかもしれません。残念なことに、ユーザーや、その技術のもつ社会的帰結、関連する社会基盤などについて考慮をしていなさそうなことが垣間見えるやり方でシステムや装置を構築しているテクノロジー関連企業の事例は、たくさんあります。中には、これが深刻な社会的な損害や個人への損害の原因になりうるケースもあります。このことには後ほどすぐ立ち返ることにしましょう。

人工知能（ＡＩ）

十八歳のメアリー・シェリーはまだ誰の目にも留まらない存在です。彼女の本はその大部分、人間が自分自身の行為者性や強欲さ、制御できない創造物を前にしたときに示すひどいありさまのカタログのようなものですが、それだけでなくこうした創造物の本性そのものについての本でもあります。ＡＩに関しては、これと同じ二つの問題が常に互いに緊張関係にあります。哲学者や心理学者は、心の正体についていて、この問いに行き当たってこのかたずっと論じ続けてきました。例えば、もし人工的な心を作りたいというのなら、私たちの心は、特定の種類の物質、例えばコンピュータで複製可能な種類のものということになっていなければなりません。理論家の中には、心とは、コンピュータにおこなうことができ、そうあることができ、あるいは作り出すことができる種類のものだと考えるひともいます。とても多くのひとが、心は脳とは同一ではないし、肉体の死を生き延びて死後の世界に存在し続けると考えていますが、この根強い宗教的信念をたとえ拒絶したとしても、だからといってそのひとが、考えることが計算と同じだと受け入れるとは限りません。[13]ただコンピュータ上でコードを走らせさえすれば、例えば日没について私が思うときと同じ種類のことをコンピュータにさせられる、というのはありそうもないと思えるかもしれません。しかしながら、強いＡＩ／ＡＧＩ（汎用人工知能）という計画は、そのすべてにおいて、心とコンピュータが深層レベルで同じ種類のものであるという考えに依拠しています。[14]

ヴィクター・フランケンシュタインにその科学プロジェクトの追究を許したこの社会の基礎的な構造や、怪物とヴィクターがこの構造に直面したときの反応ややりとりの仕方は、さまざまな点で、技術哲学のプロジェクトの多くを考えるための最良の素材となります。[15]『フランケンシュタイン』を読んで最初に思いつき、じっくりと考える哲学的トピックと言えば、たいていの場合には何といっても倫理学に関するものでしょう。読者は、そもそも生き物を作り出すのはどうなのかということから、誕生した後の生き物はどのように扱われるべきか、実際に起きた倫理的な逸脱や予見される倫理的な逸脱に対して誰が説明責任を問われるべきなのか、などに至るまで、山と積まれた主題に見合う、倫理的な要因や枠組みを探すことになります。こうした主題は、もっとありふれた種類のＡＩにも通底していて、例えばそれ自体は心ではないし心になろうともしていないけれど、日常生活のなかで自動化されている機能の大半をおこなうよう設計された賢いアルゴリズムを構成するＡＩについても問うことができます。だいたい一九五〇年ごろから二〇〇〇年代初期のあいだは、「AI」という言葉は、大半の場合、本物の心を作り出そうとするマッドサイエンスのプロジェクトを指して用いられましたが、今では世界のあちこちで生活のほとんどすべてにわたって活用されるアルゴリズムを指して使われます。残念ながら、その活用の大部分は実益を求めて無邪気におこなわれ、人々や地球の福利をよりよいものにしようと慎重に考えぬかれた試みではありませんでした。

アルゴリズム

一部のアルゴリズムは、人種差別、ミソジニー、トランスフォビアなどなどを持続させ、強化し、繰り返し作りあげ、温存し、それによって私たちの用いる技術を通じて人々の集団の周縁化を促進します。一部のアルゴリズムに埋め込まれたこれら有害な態度は唖然とさせられるほど途方もなく、けれど私たちはそれによってすでに生じた危害を無効化する方法についてようやく議論を始めつつあるところです。具体的な例は変化しているかもしれませんが、自動化技術やそうした技術が人間に対して持つ関係についての幅広い問題や問いかけは昔も今も変わりません。実際に、テア・フォン・ハルボウの本を原作とした映画『メトロポリス』(一九二七年)に出てくるマリアというロボットは今なおロボットなるものの象徴であり続けていますが、マリアを見ていると、自動化の進展と所得格差の拡大に直面する資本主義社会のなかで身体というものがどのように考えられ、利用されているかということを思い出させられます。この物語では、人間が機械になり、機械が人間になるのです。百年後、哲学者たちはこれと同じ問題に今でも頭を抱えています。こうした問題をフィクションにしか作り出せない味わいと質感を伴いつつ探究している作品は数えきれないほどありますが、その一方で哲学は、この同じ懸念を別の道具を使って切り分けながら探究しています(17)。

産業革命の時期に自動化技術について生じた哲学的関心とは異なり、今の哲学者はアルゴリズムを介して生じる自動化に注目しています。意図的にぬけがある、あるいは単に無知が反映されている教師データをもとに、しばしばコードを書いたプログラマーさえ気づかない形で、開発企業にしか見えないコードが作られていて、そうしたことがひとまとまりになって、私たちにはどうしようもない仕方で日常生活に影響をおよぼすことがあります(18)。会社が従業員を雇う場合のような、きわめて直接的な事例について考えてみましょう。二一世紀初頭のテクノロジー大企業のほとんどすべてと同様に、アマゾンは自社の従業員のうちにジェンダーの不均衡があることに気づきました。アマゾンはそこであるツールを作って、自社にぴったりの候補者を特定するために履歴書のチェックに利用することにしました(19)。アマゾンがアルゴリズムをこのように使ったのは、スタッフを採用するとき、人間のスタッフが雇用担当となるとその無意識の差別によってきっとこれからも男性を採用し続けることになりそうだから、アルゴリズムの利用で無意識の差別を減らせるだろうと、あくまで善意に基づいて信じた上でのことでした。ですがこのアマゾンのケースでは、使用された訓練セットがきわめて男性的だったため、プログラムが女性応募者を望ましくないと評価し始めているということがのちに発覚しました。つまり、女性応募者たちはどう考えてもアマゾンが求めていた人材ではないかのように、さもなければ実際よりも多くの女性たちがすでに働いていていているかのように評価されたのです。アルゴリズムは、候補者がこれまでに参加したクラブ、科目、ボランティアの仕事などに「女子」や「女性」の文字が出てくる履歴書の評価を下げ始めました。このシステムは、学習用に与えられたサンプルをもとに、女性を低く評価するよう学習したのです。ロイターがこの記事を報道したのち、アマゾンは最終的にこのプロジェクトを破棄しました[20]。

予測警備へのアルゴリズムの応用についても考えてみましょう。予測警備とは、社会のレベルや個人のレベルで犯罪がどのようなパターンで起こりそうかあらかじめ見定め、それによって量刑や常習性について、あるいはコミュニティの資源をどう使うかについて意思決定をしようという、法執行機関による試みを指します。昔から米国では丸腰の黒人男性が警官から頻繁に発砲されるケースが目立つことを考え合わせると、この問題は特に厄介なものになります。裁判官がアルゴリズムにそれぞれの履歴をかけると、黒人男性は再犯しやすく更生の可能性が低いという結果が出るせいで、黒人男性が量刑手続きのために法廷にやってくると、軒並み白人男性が同じ犯罪をした場合よりも厳しい判決を受けることになったらと想像してみてください。さらに、ここで使われているアルゴリズムは商標登録されており、法廷に販売した私企業は競合他社が自分たちの製品にアクセスできないようコードを調べることを禁じていたと想像してみましょう。このような場合、被告人の弁護士も裁判官もなぜ彼がその判決を受けるのか被告に伝えることができないのです。アメリカ合衆国にはこのような状況での控訴のための法体系がどう考えてもまったく整っていないのですが、まさにこの筋書き通りのことがすでに起きています[21]。

今度は、腐敗した警察が定期的に仕事中に不当かつ違法なおこないをしていたと想像してみましょう。彼らはマイノリティを標的に、呼び止めて所持品検査をおこなったり、これといった理由のないまま臆面もなく逮捕したりしていました。もし仮に誰がどれだけの頻度で逮捕されたかを計算に入れるようなアルゴリズムが作られ、誰かのデータが組み込まれるとそのひとが今後犯罪をする可能性を予想できるとしましょう。このような場合、そのデータセットの「悪意あるデータ」には誤認逮捕や警察によるハラスメントの事例も含まれているのですから、雪だるま式に特定のひとたちにより多くの不正義をもたらすことになってしまうでしょう[22]。

哲学者は、こうした技術に関して何かを「客観的」で、それゆえに信頼できると述べることが持つ意味を問う役目、そしてこうした技術がもたらす潜在的な善が、このシステムによって不正に標的とされる人々に対してもたらされる害、しかも人生を一変するような害を上回るかどうかを問う役目を担っています。哲学者は、前述した二つのようなアルゴリズムがそもそも客観的であり、人間の影響や解釈に染まっていないことがおよそありうるかどうか考えます。もしそのような客観性がありえないなら、倫理的なアルゴリズムを通じて正しく他人を扱うよう人々を説得する方法に関して、倫理的な問題が山ほど生じてくることになります[23]。こうしたアルゴリズムは、そのプログラムが書かれたりデータが集められたりする場所をはるかに超えて影響を及ぼすのであり、それゆえ哲学には今すぐ取り組むべき仕事がたくさんあります。

「黒人の女の子」「クィア」「アセクシュアル」といった、自分のアイデンティティに関わるラベルをグーグルで検索するとき、この検索エンジンは中立的な結果を出すわけではなく、こうしたアイデンティティと結びつけられていそうな物事をサジェストしてきます。(遊びで「Why are philosophers［なぜ哲学者は］」と英語でグーグルに入力し、あなたが哲学者にどんな関心をもっているのかをグーグルに予想させてみましょう。私たちは大酒飲みではないし、それほど抑うつ状態にあるのでも傲慢でもありません。ですがもし哲学者についてよく知らなければ、グーグルは喜んで哲学者のイメージをいくつか伝えてくれます。）これは今ではよく研究されている現象ですが、それが社会生活のさまざまな側面にどのような影響をおよぼすかは今もよくわかっていません。[24] 検索エンジンのサジェストは有害なステレオタイプを強化するとともに、人には思いつきもしなかった新しいステレオタイプをもたらすこともあります。こうしたバイアスが社会や技術のさまざまなシステムにどのように進入するかを理解するという経験的な研究をおこなううえでは、社会科学が重要となりますが、他方でそこで語られるシステムを使うときの倫理、および私たちが真理を理解し探究するときの技術の役割については、こうした問いを、適切な仕方でかたちにするためにも哲学者が引き受けなければならず、また実際に引き受けてもいます。ソクラテスは真理と正義の本性を問いました。こうした問いについては現代の私たちもまだ決定的な答えを手にしていないかもしれませんが、それでも私たちの用いる道具や生きる社会が私たちを巻き込んで発展し、変化していくなかで、明らかに不正で害をもたらすものをそれと指摘することはできるのです。

アルゴリズムを利用した現在の技術を哲学的に検討する必要があるのは明らかですが、それ以上に、こうした議論をするときに哲学には実質的な力を持ってもらう必要もあります。哲学者はすでに顔認証技術（と広範に言われているもの）を使うこと、特にその技術が黒人女性の場合に、白人男性の場合よりも大幅に高い割合で個人の特定に失敗するときに生じる問題について、その悪さの理由を示すことができます。[25] 必要なのは哲学者に耳を傾けるひとなのです。技術の倫理について（顔認証技術はすべて禁じられるべきか）[26]、技術の形而上学について（強いＡＩははたして可能か）[27]、技術の認識論について（コンピュータプログラムは「客観的」になれるのか）、人と技術の関係性について（私は常にすでにその一部が機械となっているのか）、コミュニケーション技術との関連のもとでの真理の本性について（「フェイクニュース」とは何か、そしてディープフェイクやツイッター上のプロパガンダが「何が真実か」「何が現実か」をめぐる通常の抑制と均衡を揺るがす世界で、微妙な差異が重要となる真理にどうすれば気づけるのか）哲学者が話すときに、きちんと耳を向けてもらわなければなりません。私はどこで私でなくなり、そしてどこから私のコンピュータとなるのでしょうか。

結論

『フランケンシュタイン』の副題は「現代のプロメテウス」です。ギリシャ神話のプロメテウスは神々から炎を盗み人間に与えた存在だと理解されるのが、もっとも一般的です。ですがプロメテウスには、他にも土から人間を創造したという物語があります。もしヴィクター・フランケンシュタインがプロメテウスに相当する人物だとすれば、メアリー・シェリーがこの本の中で私たちに警告しようとした事柄について、面白い解釈を与えることができます。ヴィクターは子ども時代には錬金術に夢中でしたが、このむなしい擬似科学とは電気のわくわく感に出会って初めて距離を取ったと述べます。[28]ですが、ヴィクターは、自分が正式の初等学校教育を受けていないこと、家族は科学的ではなかったこと、そしてもしももっと正式に教育を受け、科学の原理を学んでいたならば、これほどまでに道を外れることはなかっただろうと絶えず私たちに語って聞かせます。ヴィクターの父親は錬金術の本を「くだらないゴミ」だと言って捨ててしまうのですが、もし父親が錬金術を捨てるのではなく、錬金術の何が悪いのか説明してくれたなら、「ひょっとすると、我が身の破滅を導く衝動が具体的な計画として形になることもなかったかもしれない」と振り返ります。自分の主張にきちんと取り組まないこと、自分の考えに証拠と論証を与えないこと、そしてきちんとした原理に十分に依拠していない科学に傾倒したことがひとつになって知的生物を創造するような人物を生み出したのです。そしてヴィクターはその生き物を理解も制御もできない状況になると、その生き物を広い世界に放り出してしまい、本人も想像できなかったくらい多くの死と社会的害を引き起こしたのでした。

私たちはみな今まさにヴィクター・フランケンシュタインに囲まれていて、技術を作り出してもそれが哲学的なアイデアや原理のうえに土台を築いたものであることはまずありません。放たれた先のこの世界を技術の産物たちが正しく理解していないとわかっているのに、そうした技術の産物が力を増し、害をもたらしている状況を私たちはただ眺めているのです。メアリー・シェリーの物語は、人間が強力な技術を作り出しても捨ててしまい、その残骸の処理や副産物への対応は他人任せにするさまざまな場面の予兆となっています。現代ではそれはアルゴリズム、AI、気候変動の技術などですが、将来的には別の何かになるでしょう。ヴィクターの過ちを繰り返すまいと決意しないかぎり、この物語は続きます。私たちは世界を救うために哲学の仕事を懸命におこなわなければならないのです。

［原注］

（１）Le Guin (2004).

（２）Midgley(2004). 特に彼女の担当した章「Biotechnology and the Yuk Factor（バイオテクノロジーとＹｕｋ要因）」（145–153）および「The Supernatural Engineer（超自然的エンジニア）」（162–172）を参照してください。

（３）Cardinali et al. (2009).

（４）Clark (2003).

（５）Hayles (1999), Barrett (2011).

（６）Barrett (2011, 199).

（７）Stone (1995).

（８）Ibid., 395.

（９）Hendren (2014).

（10）哲学と障害学が交差する点ではとても興味深い議論がたくさんあります。例えば以下を参照してください。Heflin and Johnson (2018), Thompson (1997).

（11）Eveleth (2019).

（12）Haraway (1991, 149–181).

（13）この主題に関連することは、ＡＩの本性と機能主義周辺の議論を参照しましょう。Boden (1990) はこの分野の古典的文献を集めたアンソロジーとしては最初に読むべき良書です。この分野では近年かなりたくさんの業績があがっています。

（14）Ibid. 私たちが事物に知性をどのように帰属するかということとそれらの事物を私たちがその本性においてどのようなものと理解しているかということの関係にかかわる興味深い議論に関しては、Dennett (1997) およびその後に展開した豊富な文献、特にKukla (2018) を参照してください。

（15）システムというものは、社会システムも含めて、それ自体が技術です。

（16）Von Harbou (1927; 1925). 一九二五年に出版された本の最初の英訳。

（17）このジャンルには勧めきれないくらいたくさんの作品がありますが、こうしたテーマの映画には『エクス・マキナ』、『ロビー（Robbie）』〔日本未公開。ニール・ハーヴェイ監督の二〇一二年の短編映画。オンライン視聴可能〕、『Ｈｅｒ／世界でひとつの彼女』があり、本ではAshby (2012) などがあげられます。

（18）Eubanks (2018); Noble (2013); Noble(2018).

（19）Dastin (2018).

（20）このほか多くの差別的システムについては、West et al. (2019) によるAI Now Institute のホワイトペーパーを参照してください。

（21）Hao (2019).

（22）Richardson et al. (forthcoming).

（23）ここには指摘されるべき重要な論点があります。もし顔認証技術のようなものが本来的に不道徳ならば、それが人口統計上の特定の属性のメンバーを差別することはないと保証することはできません。非倫理的なシステムが差別をしないと保証することは、非倫理的システムを野放しにし続けることにつながります。技術批判に関するすぐれたメタ注釈として、Keyes et al. (2019) を参照。

(24) Noble (2018).

(25) Buolamwini and Gebru (2018).

(26) 人間の開花と徳を中心に据えつつ、今まさに登場しつつある複雑な技術の問題を扱った骨太の議論としてVallor (2016) を参照するとよいでしょう。

(27) Zebrowski (2010).

(28) Shelley (1831).

［訳注］

＊1　メアリー・シェリーの母メアリー・ウルストンクラフトは第一子であるメアリーを出産後、産褥熱で死亡している。

［**参考文献**］

Ashby, Madeline. 2012. *vN: The First Machine Dynasty*. Nottingham: Angry Robot.

Barrett, Louise. 2011. *Beyond the Brain: How Body and Environment Shape Human and Animal Minds*. Princeton, NJ: Princeton University Press.

Boden, Margaret A. (ed.) 1990. *The Philosophy of Artificial Intelligence*. Oxford: Oxford University Press.

Buolamwini, Joy, and Timnit Gebru, 2018. "Gender Shades: Intersectional Accuracy Disparities in Commercial Gender Classification." *Proceedings of Machine Learning Research* 81: 1–15.

Cardinali, Lucia, Francesca Frassinetti, Claudio Brozzoli, Christian Urquizar, Alice C. Roy, and Allessandro Farnè 2009. "Tool Use Induces Morphological Updating of the Body Schema." *Current Biology* 19, no. 12: R478–479.

Clark, Andy. 2003. *Natural Born Cyborgs: Minds, Technologies, and the Future of Human Intelligence*. New York: Oxford University Press.〔アンディ・クラーク『生まれながらのサイボーグ――心・テクノロジー・知能の未来』呉羽真・久木田水生・西尾香苗訳、丹治信春監修、春秋社、二〇一五年〕

Dastin, Jeffery. 2018. "Amazon Scraps Secret AI Recruiting Tool That Showed Bias Against Women." *Reuters*, October 9. https://www.reuters.com/article/us-amazon-com-jobs-automation-insight/amazon-scraps-secret-ai-recruiting-tool-that-showed-bias-against-women-idUSKCN1MK08G.

Dennett, Daniel. 1997. "True Believers: The Intentional Strategy and Why It Works." In *Mind Design II: Philosophy, Psychology, and Artificial Intelligence*, ed. John Haugeland, 57–80. Cambridge, MA: MIT Press.

Eubanks, Virginia. 2018. *Automating Inequality: How High- Tech Tools Profile, Police, and Punish the Poor*. New York: St. Martin's Press.

Eveleth, Rose. 2019. "The Exoskeleton's Hidden Burden." *The Atlantic*, April 25. https://www.theatlantic.com/technology/archive/2015/08/exoskeletons-disability-assistive-technology/400667/.

Haraway, Donna. 1991. "A Cyborg Manifesto: Science, Technology, and Socialist-Feminism in the Late Twentieth Century." In *Simians, Cyborgs, and Women: The Reinvention of Nature*, 149–181. New York: Routledge.〔ダナ・ハラウェイ『猿と女とサイボーグ［新装版］』高橋さきの訳、青土社、二〇一七年〕

Hao, Karen. 2019. "AI is Sending People to Jail— And Getting It Wrong."

MIT Technology Review, January 21. https://www.technologyreview.com/s/612775/algorithms-criminal-justice-ai/.

Hayles, Katherine N. 1999. *How We Became Posthuman: Virtual Bodies in Cybernetics,Literature, and Informatics*. Chicago: University of Chicago Press.

Heflin, Ashley Shew, and Keith Johnson. 2018. "Companion Animals as Technologies in Biomedical Research." *Perspectives on Science* 23, no. 3: 400–417.

Hendren, Sara. 2014. "All Technology is Assistive." *Wired*, October 16. https://www.wired.com/2014/10/all-technology-is-assistive/.

Keyes, Os, Jevan Hutson, and Meredith Durbin. 2019. "A Mulching Proposal: Analyzing and Improving an Algorithmic System for Turning the Elderly into High- Nutrient Slurry." CHI Conference on Human Factors in Computing Systems 2019, May, Glasgow, Scotland. https://dl.acm.org/doi/10.1145/3290607.3310433.

Kukla, Rebecca. 2018. "Embodied Stances: Realism Without Literalism." In *The Philosophy of Daniel Dennett*, ed. Bryce Huebner, 3–31. Oxford: Oxford University Press.

Le Guin, Ursula. 2004. "A Rant About Technology." Accessed April 25. http://www.ursulakleguin.com/Note-Technology.html.

Midgley, Mary. 2004. *The Myths We Live* By. New York: Routledge.

Noble, Safiya Umoja. 2018. *Algorithms of Oppression: How Search Engines Reinforce Racism*. New York: New York University Press.

Noble, Safiya Umoja. 2013. "Google Search: Hyper- visibility as a Means of Rendering Black Women and Girls Invisible." In *Visible Culture: An Electronic Journal for Visible Culture*, no. 19. http://ivc.lib.rochester.edu/google-search-hyper-visibility-as-a-means-of-rendering-black-women-and-girlsinvisible/.

Richardson, Rashida, Jason Schulz, and Kate Crawford. Forthcoming. "Dirty Data, Bad Predictions: How Civil Rights Violations Impact Police Data, Predictive Policing Systems, and Justice." *NYU Law Review Online*.

Shelley, Mary W. *Frankenstein, or: The Modern Prometheus*. London: Henry Colburn and Richard Bentley, 1831. https://www.gutenberg.org/files/42324/42324-h/42324-h.htm.

Stone, Sandy. 1995. "Split Subjects Not Atoms: or, How I Fell In Love With My Prosthesis." In *The Cyborg Handbook*, ed. Chris Hables Gray, 393–406. New York: Routledge.

Thompson, Rosemarie Garland. 1997. *Extraordinary Bodies: Figuring Physical Disability in American Culture and Literature*. New York: Columbia University Press.

Vallor, Shannon. 2016. *Technology and the Virtues: A Philosophical Guide to a Future Worth Wanting*. Oxford: Oxford University Press.

Von Harbou, Thea. 1927. *Metropolis*. London: Readers Library Publishing Company.

West, Sarah Myers, Meredith Whittaker, and Kate Crawford. Year. "Discriminating Systems: Gender, Race, and Power in AI." AI Now Institute, April. https://ainowinstitute.org/discriminatingsystems.html.

Zebrowski, Robin. 2010. "In Dialogue With the World: Merleau-Ponty, Rodney Brooks,and Embodied Artificial Intelligence." *Journal of Consciousness Studies* 17, nos. 7– 8: 156–172.

第10章 芸術——見ること、考えること、制作すること

パトリシア・M・ロック
青田麻未 訳

まったく異なる作風を持つ二人の画家が、芸術家というものはどのようにしてそのひとが知っていることを知り、そしてそれを表現するようになるのかということを教えてくれます。私が思い浮かべているのは、ベルト・モリゾ(一八四一―一八九五)とアグネス・マーティン(一九一二―二〇〇四)です。フランスの印象派画家であるモリゾは、戸外の風景のみならず、彼女の娘ジュリーをはじめとする家族の肖像を描きました。彼女の油彩画、水彩画、パステル画は小ぢんまりとしていて、彼女が描いた絵画の多くに見られるような、小さな部屋で鑑賞するのにうってつけのものとなっていました。モリゾは絵画の革命的な変化を促進しました。なぜならば、彼女は見たもののよくできた写しをつくろうなどとしていたわけではなく、何よりもまず光と色に関心を抱いていたからです。

アグネス・マーティンの円熟期のスタイルはモリゾとはまったく異なっていて、一五二・四×一五二・四センチメートル(六×六フィート)の大きな抽象油彩画を手掛け、そこにはよく格子や縞がパステルカラーで描かれています。多くの場合、彼女の描く縞模様は水平で、鑑賞者が見ることに没入するうちに

絵画の「中に落ちていく」などということを拒むものとなっています。彼女が晩年に描いた明るい色彩の絵画には奇妙な題名がつけられています。「ベイビーラブ」や「幸福」など、たいていは甘く、情感のある題名となっています。これらの題名を見ると、淡いピンクと柔らかく明るい青の縞模様がどうして幸福なのか？と、訊ねたくなります。薄い塗料と、さらに薄い鉛筆の線がカンヴァスをなぞったところで、それらがどのようにして我々に呼びかけることになるのでしょうか？　思うにそれは、自然光が絵画の表面と絡み合うときのその交流のありかたと関係しているのでしょう。モリゾのように対象に注がれる光を我々に見せる代わりに、マーティンのカンヴァスはそれ自体が光降り注ぐ対象なのです。雲が太陽を横切り、絵画がその興奮のなかでかすかに揺れ動くときに起こる、まさにその知覚的出来事の目撃者に、あなたはなるのです。そしてあなたは幸福を経験することになるのです！

　先駆的な著述家でありアートコレクターでもあるガートルード・スタインは、かつて次のように述べていました。「芸術家は実験をしない。実験は科学者のすることだ。科学者は、未知の要因を操作することから始め、その結果から学ぼうとする。芸術家は彼女の知っていることを記し留めるのであり、いかなる瞬間においても、それは彼女がその瞬間に知っていることなのである」。ガートルード・スタインが言わんとしているのは、芸術家は何かを知覚したり、想像したり、思い出したり、そして素材を熟達した仕方で扱ったりといったさまざまなことからかき集めるようにして、自分がまさにそのとき知っていることを表現している、ということでしょう。芸術家は自分の主題と直接的な関わりを持ち、我々もまた同じくらいに現実を理解できるようにしてくれるのです。芸術哲学者は、どのように、そしてなぜ芸術家はそのひとが制作するものを制作するのか、また、そのひとの作品がどのような影響を我々にもたらすのかを明らかにしようとします。そうすることで、我々は知覚についてそれまでよりも多くのことを知り、そして多くの場合には、「人間であるとはこういうことだ」という私たちの理解の仕方へ影響を及ぼすような問いが頭をもたげるようになるのです。芸術制作が、我々は他者とどうつながっているのか、また我々は自然界とどうつながっているのかということにかんする問いに取り組む助けになることはあります。しかし芸術作品はそれ自体がもつ意味そのものであり、それ自体を超える目標に本来的に向けられているわけではありません。モリゾとマーティンの絵画を詳細に見て比較することで、我々は芸術経験というものが持つ意味を引き出すことができます。ここで掲げたい大きな問いは次のようなものです。芸術はいかなる意味で何かを知る方法なのでしょうか？　芸術作品の制作と鑑賞を通じて、我々は何を知るのでしょうか？

ベルト・モリゾ

モリゾは、芸術家の友人や親戚に囲まれ、一九世紀のパリで暮らしていました。芸術家としての彼女は、仲間たちから、少し名前を挙げるだけでも、ルノワール、マネ、ドガ、カサットといった人々から尊敬を集めていました。しかし女性としての彼女は、劇場の舞台裏や深夜のカフェといった、男性画家が社交し、作品の主題を見つける場所では歓迎されませんでした。そのような制限のもと、モリゾは家族が読書するところ、音楽を演奏するところ、あるいはパーティーのために着飾るところを描きました。時折彼女はモデルを雇うこともありましたが、主としてその創作を通じて当代の女性の親密な世界を探求しました。興味深いことに、彼女の作品に登場するのは、女の子と女性のみであることが少なくありません。私は不思議に思います。絵のなかの彼女たちは何を考えているのでしょうか？　この問いが愛らしい絵画につきまとい、作品を過度に感傷的であったり、過度に見目麗しいものであったりしないようにしています。

『人間の条件』において、哲学者ハンナ・アーレントは労働と仕事を、すなわち（皿洗いのように）否応なしに繰り返されるものと、芸術制作や哲学的思索のような、創造的でその人でなければできない場合もあるものとを注意深く区別します。労働は我々が生きるために必要な活動を処理するものですが、しかし食べ物を口にしたり、衣服を着たりすると、その成果は消えてしまいます。その結果として、我々は決まりきった雑用を何度も繰り返し、しかもその労力はしばしば気づかれないまま、とならざるを得なくなります。ベルト・モリゾは、家事という見えない作業を、永く残るイメージへと翻訳しました。彼女は、女性が料理やアイロンがけ、洗濯をする姿を描きました。例えば、《洗濯物を干す女性[1]》は、庭を背景とし、抽象的ともいえるシーツに枠取られる愛らしい腕の動きとともに、女性の労働の価値を見せてくれます。上流中産階級の結婚していた女性という立場ゆえに、ベルト・モリゾは生計を立てるために自分の作品を売る必要がありませんでした。彼女の主題となったのは多くの場合には自分と似た人々でしたが、それでもモリゾは使用人たちのことやその日々の苦労について心に留めていたのでした。彼女は女性であることで主題の範囲を制限されましたが、同時に金銭が保障されていたおかげで特権を手にしていました。こうした後ろ盾によって、彼女は、当時の絵画のアヴァンギャルドな潮流に属することができました。モリゾは娘が生まれた年を除いて、一八七五年から一八八六年までのすべての印象派展に作品を出展することができたのです。

　一八六〇年代以降、モリゾは新しく人気を博した油絵具のチューブを用いて、家から出て絵を描く、つまりは戸外制作《オンプレネール》*1をおこないました。服装や社会的慣習の制約があったにもかかわらず、彼女は屋外でイーゼルに向かい、水彩による新しい手法も試していました。彼女は、徐々に戸外にいる人々を自然光の効果を用いて描くようになっていったのです。モリゾは特に、軽く、空気感のある筆遣いで知られています。フランス語ではこれを「そっと触れる《エフルーレ》（effleurer）」、花《フルール》（fleur）／花弁のように軽くカンヴァスに触れること、と呼びます。この画法は光の当たり方によって、ときに柔らかく、ときにむらがあるように見えるのです。彼女の軽やかで羽のような筆触は、さまざまな表面に反射して変化する光を表現しています。つかのまの効果をとらえるという問題に没頭し、モリゾは永続的なイメージを我々に与えてくれたのです。

ベルト・モリゾ《コテージの室内》1886 年
カンヴァスに油彩、50 × 60 cm
イクセル美術館、ブリュッセル　フリッツ・トゥサンからの寄贈

　彼女の作品をゆっくりと見てみると、我々はある一瞬やある特定の場所のことを思考できるようになります。《コテージの室内》[2]のような作品は幼い女の子が人形と遊んでいるという日常的な出来事を題材に取りながら、逆説的にもその行為にそれよりも広い意味を与えています［図版］。遊びも労働と同じように、痕跡を残しません。しかし芸

術制作と同様に、玩具で遊ぶことは創造的で想像的です。この絵画を見れば、我々はある朝の出来事全体が展開していくのを想像できるでしょう。細部の多くは描き込まれていないにもかかわらず、朝食の食器がまだ残っている幅広のテーブル、女の子がちょうど立ち上がったばかりであるかのように後ろに引かれた籐椅子が我々の目に入ります。ジュリーは中央に立ち、彼女の身体と白いドレスが絵画を四つの部分に分割します。彼女の服の裾の下には、左にテーブル、右には椅子があります。スカートの裾は水平方向に窓枠とつながって見え、彼女の起立する身体は一部が垂直方向に窓で枠取られています。すべてが秩序立った構造であり、その構造は線に頼るというよりも絵の具の筆捌きによって出来上がっています。例えば、窓枠を見ると、その輪郭が描かれていないことに気づきます。代わりに、私の目はさまざまな色の通り道であちらこちらをつないでいくのを想像し、庭と港に面した見晴らし窓の長い四角の枠を「制作」しなければなりません。窓枠は事実上港のなかに溶けていき、遠くの水平線に開かれていきます。

四つの部分すべてが目に何ものかを与えてくれます。窓の外の海景、テーブルのうえの静物、女の子の父親が先ほどまで座っていたであろう影のかかった布張りの椅子、白のドレープカーテンと対比をなす暗部。色彩がこれらの象限を結びつけています。全体の印象は青から白のあいだのさまざまな色で作られたうえで、そこに籐椅子やテーブルの上のパン、ジュリーの髪の毛、彼女が持つ金髪の人形の隣の壁といった個所に見られる鮮やかなオレンジ、黄色、ピンクによって補色を与える筆触があり、それによって両者の不足を補いあうようになっているのですから。筆跡には力と鮮やかさがあるとともに、モリゾの色捌きに支えられた広々としたフォルムもあります。雪のようなテーブルクロスと食器から、女の子のドレスのハイライトへと、全体が光に溶け込んでいくように見えます。左上部は空っぽで、右上部はぎゅうぎゅう詰め——細部と短い筆の運びでいっぱいになっている、とさえ描写できるかもしれません。右下部は半ば空っぽで、ただ床が籐椅子とコントラストをなしているだけです。これは、左下部が——お祭しの通り——テーブルクロスと食器で半ば埋まっていることを意味します。ここで描かれたイメージは全体として、対象がふつう目に映るありかたと比べてのっぺりとしたものになっています。私がすべてを現実より互いに非常に近くにあるように感じる一方で、テーブルの細長い円盤と椅子の座面は別の視点から見られたものとなっています。目をあちらこちらへと動かしてみると、身体が不思議の国のアリスのように伸び縮みするような感覚をおぼえます。私は二つの場所の間を行ったり来たりすることができます。私は思考と思考を重ね置いて、意外なつながりを見つけることもできます。

ここからは、いかにこの絵が力強い哲学的議論のように複雑で、組織的で、調和のとれたものであるかをじっくりと示していくことにしましょう。この絵画を観察すれば、色彩はいかに作用するのか、また光はどのようにしてものに降り注ぎ、色彩によって表象されるのかについて知ることができます。鑑賞者である私は、自分の想像力がいかにして自分の物事の理解に貢献するかを露わにするこれらすべての関係性に、モリゾとともに目を向けるよう誘われます。朝の光に関するあれこれの私の記憶が、この絵画の時空間で起きていることを理解する手助けとなります。そして物語好きの私は、絵のなかの女の子に問いかけてみたくなるのです。あなたと人形は何を話しているの？　あなたの母親、つまり画家は夢中であなたを見ているけれど、あなたは人形を夢中で見つめながら、何を考えているの？

美術史家のシンディー・カンによれば、ジュリーは彼女自身の世界に没入しているのであり、（窓によって枠取られてはいるうえに）実際外にいるわけではないし、また中で我々と交流しているわけでもありません。そうではなく、彼女は制作中の画家のように、「彼女自身の主観的内面性を発揮させている」[3]のです。これはつまり、思索中の哲学者のように、自身の精神生活を探索しているということです！　芸術作品にとって直接の源泉となるのは、ハンナ・アーレントの見解によると、「人間の思考能力」[4]なのだそうです。感覚に訴えるものであり、また比較的長く存続するものでもある芸術品が、人間世界を維持する思考なるものの証拠となるというのは、わくわくさせられます。モリゾの表現様式は写真に張り合おうとするものではなく、我々の注意を、この世界における、我々が通常気づかない世界のアスペクトへと向けようとしたものとなっています。我々は彼女の空間と視覚へと入り込み、女の子と人形のあいだで、あるいは女の子と彼女自身の発展する自己とのあいだで交わされる私的な会話をめぐって世界が回っているのを見る機会を得るのです。

孤独は、個人が他者との関わりから一歩引くことになるわけですから、思考のために必要なものです。ガートルード・スタインとハンナ・アーレントであれば、芸術の第一段階であっても哲学の第一段階であっても、思考が非科学的な活動であるということに同意することでしょう。問題解決をめざす認識とは異なり、思考ははじめ特定の目標を持ちません。論理演繹的推論とは異なり、それが発展していく動きには一定量の遊びの余地が伴います。思考は分析するべきデータも、結論を得るための抽象的規則も必要としません。思考は、自己との内的な会話、決まったステップというものを持たない高度に活動的な状態として描写することができます。決まったステップどころか、さまざまな脇道を探索し、遊び心に満ちたつながりを作り出す、といったことがなされます。思考はその探索のなかで時間を気にかけはしませんし、それ自体とは別の何らかの結果が得られるかどうかも気にかけませんが、思考の内容は記憶によって考えへと変形され、物質的対象として芸術のうちに「結晶化」させられます。この絵画において、我々はジュリーが人形とともに声に出して思考しているのを見ます。彼女が何を言っているのかまでは聞こえませんが、それでも彼女の耳に置かれている白い絵の具のタッチが彼女もまたよき聞き手であることを私に告げています。

《コテージの室内》は、現在進行形で変わりゆく人間世界の目に見える部分であって、すなわち美しきものなのです。皮肉にも、アーレントは「記憶と記憶力という天分から、不滅でありたいという一切の欲求が生まれてくるのであるが、このためには、記憶されたものが滅びないように、それを憶い起こさせる物がなければならないからである(5)」と書いています。芸術作品の永続性は、思考を、その移ろいつつ途切れることのない活動のままで結晶化させることができます。ベルト・モリゾのような精神の明晰さと手の正確さを持つのは我々のうちほんの少数であるとしても、思考はほとんどの人間に見出すことのできる心的活動です。例えば、彼女は光をも引き出す筆致によって、テーブルクロスにこぼれる光を描きました。これは我々に、この絵の主題となったものだけではなく、人間がいかに世界を見て理解するのかにも気づかせてくれます。芸術作品は思考があったことを長く留めおく証拠として、一瞬の時間をかたどった形ある表象として、その場にあり続けるのです。芸術作品は記憶として残るわけです。

アグネス・マーティン

アグネス・マーティンは、最初はニューヨーク、その後ニューメキシコの田舎で芸術家として活動しました。(6) 一九一二年にカナダで生まれ、二一世紀まで生きました。マーティンは自身を抽象表現主義者だと称します。それは彼女にとって、再現的な空間（例えば、椅子と机のあいだの距離を見せる、というような）を放棄することを意味していました。代わりに、彼女は自身の情動を、形象を持たない無限の空間のなかに描きます。モリゾと同じく、マーティンは光、色彩、表現に関心を持っていました。しかし彼女のカンヴァスはモリゾとはまったく異なるものに見えます。

マーティンの作品は奇妙なことに、写真に撮るのが難しいのです。手作業で制作された作品の興味深い差異の数々は、現物を見ない限り、ほとんど見て取れません。彼女の筆遣いは滑らかで——ほとんどモリゾと対極——、色づかいはひっそりとしています。アグネス・マーティンの絵画はアウラ[*2]を保っており、その理由の一部には、それが複製に抵抗するということがありそうです。またソーシャルメディアの横溢する仮想性へと至るまでひとを驚かせたい、物事を加速させたいという大量生産市場の衝動にも抵抗します。彼女の作品が完全に姿を現すのは、この簡素な抽象絵画へと身をさらしながら、目を調整し呼吸を鎮め思考を休ませる鑑賞者に対してです。これらの条件のもと、我々はこのように問いかけることができます。何かを見るとはどういう感じなのだろう？ カンヴァスにいかなる主題となる事物も映されていないとしても、我々にとって見るということが持つ意味を、アグネス・マーティンの絵画から理解できるでしょうか？

我々がいかにして、また何を芸術を通じて知るのかということにかんするこれらの問いに関連づけて、「抽象」や「表現」が何を意味するのかを考えてみましょう。マーティンは、我々は何かを制作するために誰も頼りとしない孤独を必要とするというアーレントの考えに同意します。マーティンはモリゾよりも社会の期待からの自由を広い範囲で得ていましたが、それでも彼女の冒険の多くは心のうちでおこなわれました。抽象は、哲学者にとっては一般的な主張へと続く道です。それぞれの細かな事情を捨て去ったなら、多くの状況に適用可能なことが言えます。例えば、三段論法においては、特定の演繹的論証が一般的な形式に落とし込まれます。(1)すべての人間は死ぬ。(2)アグネス・マーテインは人間である。(3)ゆえに、アグネス・マーティンは死ぬ、というように。「人間」と「死ぬ」の定義を知っていて、最初の二つの命題が真であれば、手順に則った一般的な方法で結論が導かれることがわかります。私は「アグネス・マーティン」を自分の名前で置き換えることもできる（が、うちの猫のウェブスターで置き換えるのは無理です）し、この三段論法はそれでもなお意味をなすでしょう。ここでは、人間であることの真なる特徴、すなわち死ぬということと、妥当な議論構造が同時に指し示されています。

これのどこがマーティンの絵画に似ているのでしょうか？　彼女は自分にごく単純なガイドラインを課し、それを何年も守っていました。これらのルールは彼女の作品の抽象的で一般的な性質を最大化するものでしたが、意外な宝箱を開くものでもありました。同じフォーマット（六×六フィートのカンヴァス）、同じ素材（アクリル絵の具と鉛筆）、同じような技術（ニュートラルな下塗りの上に定規で弾かれた線、フレームによって規定される水平な縞と格子）といった彼女の基本的な形式に、マーティンは決して飽きることがありませんでした[7]。これらは一般的なパラメーターとなります。なぜなら、彼女は形象からの抽象化をおこなっているのですから（あるいは「引き算をしている」と言うべきでしょうか？）。彼女はかつてこのように言っていました。「もしあなたが孤独なら、あなたはすべてにじっくりと集中することができる。空や風やすべてのもの、すべての自然［…］私の人生の最良の瞬間は、私が孤独なときだった。それはもっとも私の目を見開かせ、ゆえにもっとも幸福な瞬間だった」[8]。彼女の目を見開かせたものとは、現実に備わった一般的な構造についての洞察でした。移ろう雲と風は、予測可能な前後関係において現れるものでした。彼女は変化と安定のあいだの緊張を抱え、彼女の用いる縞と格子の大きさを数学的に計算しながら、制作をしました。このことが、彼女の絵画に本物の明晰性を与えているのです。

アグネス・マーティンは一九六〇年から亡くなる二〇〇四年まで、自らの手で絵の具を塗り、細い鉛筆の線を描き込むという同じスタイルを維持し続けました。抽象表現主義の流行を超えてアートワールドが「動き続ける」なかで、彼女がいったいどうやってそのような厳格な形式の内部に留まりながら自身の絵画を更新することができたのか、私は驚きを禁じ得ません。「美しい」という言葉はモリゾの絵画にはぴったりでしたが、二一世紀の芸術にはもはや使われないらしく、そして「抽象」という言葉も流行遅れとなっています。マーティンの作品は、モリゾのような目に見える世界の写真のような模造を抽象したものではありません。むしろ、マーティンの作品は喜び、美、晴朗さに伴う感情を厳格に表現するために、内的生活へと向かうものとなっています。彼女の野心的な目標は、形式における完璧さとあふれ出る情動を美を通じて可視化することにありました。

美の表現において彼女が達成した掛け値なしの躍進は、画面それ自体を中立的な場として考えたことからもたらされました。彼女は自分自身に問いました。どうすれば言葉にならない、さらに言えば目にも見えない感じを非具象的な仕方で見せることができるだろうか？ 彼女はユークリッド幾何学から手がかりを得ました。点、線、面はア・プリオリな源から生じるものです。[9] 並んだ点は、それがカンヴァスの上で印になると、面が無限に広がる感覚を与えます。[*3] マーティンの格子は、半透明の色の薄い層の上に、鉛筆によって手作業で注意深く点と点とを結びつけることで始まっています。ゆえに数学的格子のシンメトリーと、素材と人間の身振りに由来する非規則性のあいだに緊張が走ります。彼女は言います。

私が水平線を描くとき、あなたはこの大きな画面を見て、あなた自身が画面の上に拡張されていくようなある種の感覚を覚える。再現なしで何でも描くことができる［…］私は他のいかなる線よりも、水平的な線を好む。それは風景やそのほかの世界のなかにある何ものにも関係なく、進んでいく。その絵画を見るとき、あなたは水平線の中に入りこみ、それを超えていく。しかし私の描く水平線は本当には水平線についてのものではなく、私の絵画は意味についてのものなのだ。[10]

薄塗りの絵の具からなる水平な帯は、境界線ともなり、水平線ともなります。距離を取ってみると、彼女の後期の絵画、例えば《満足》（一九九九年）はほとんど、接合のあとが残った壁のようにみえます。[11] 作品から中程度の距離を取って立つと、ほのかな青の数々と白の絵の具がもたらす相互作用が現れます。彼女の後期の作品における絵の具の塗りは、明るい白のゲッソー[*4]の地に淡い色合いのアクリルを軽く乗せたものとなっていることが多いです。モリゾとは異なり、マーティンは表現を最小化した筆捌きをします。彼女は、薄い絵の具で影を生み出し、縞模様の境界をなす鉛筆の線を乱すために、下塗りされたカンヴァスの質感を利用しました。近づいてみると、鉛筆の線がカンヴァスの波に敏感に反応する様子と、光がカンヴァスの広がりを越えて物理的に進んでいく運動によって、自分の大きさが変わったかのような感覚をおぼえます。私が小さくなって、抵抗の余地なく絵画のほうへと引き寄せられるように感じるのです！　彼女は、線によじのぼって絵画のなかに飛び込みたいという我々の欲望を見越していました。このようにして、彼女の柔らかな色調によって引き起こされる鋭敏な感覚のうちに没入することができたのです。

遠距離から近距離へ、そして絵画との直接的融合へと至るこの物理的なアプローチは、批評家にも感じ取られ、着実に称賛者やコレクターを惹きつけています。しかし、その絵画は破壊者をも惹きつけるものです。マーティンの作品は、それに怒った人々が耐えがたい空虚を埋めようと作品に文字を書き込んだり印を描き加えたりして、しばしば破壊を被ってきました(12)。彼女は事故も作品の歴史の一部と考え、修復はおこないませんでした。彼女は署名を作品の裏側に入れ、そして静かでひそやかな生活を送りました。ここから、彼女の絵が引き出した敵意は一部の鑑賞者の葛藤の表れだと言えるでしょう。彼らは繊細な画面のなかの満足感を認めることができなかったか、あるいは満足と彼ら自身のあいだの大きすぎる距離を認めることができなかったかだったのでしょう。芸術作品が慣習的な物事の考え方に対しておこなう抵抗を、これらの破壊者は確かに感じ取りました。マーティンは満足していて、そして不運にも、破壊者は怒りと欠乏を感じていました。彼女の絵画がその環境において差し込む光とのあいだに見せる相互作用は、この芸術作品を動きあるものにしました。マーティンは光を与えるカンヴァスそれぞれが外界に裂け目をもたらし、それによってギャラリーの空間においてぽっかりと空いた「入り口」のように作用することを望みました。すべての人がそのなかに入るほどに自由な想像力を持っていたわけではありませんでした。

ある講演のなかで、アグネス・マーティンは彼女の作品に見られる個人というレベルでのあれこれよりも前の段階に関わるような側面を強調しています。「いかなる物質的刺激もなしに感じることのできる幸福がある。我々は、特に理由もなく、幸せな感じとともに朝目覚めることがある。抽象的、あるいは非具象的な〈こういう感じ〉は、我々の生活のとても重要な部分である。個人的な情動と感傷というのは、反-芸術である(13)」。内なる反応への地図を与えてくれるこれらの縞の反復や格子のパターンをゆっくりと、注意深く見ることで、我々は自身の内面的な生活にそれまでよりもしっかりと意識を向けることができるようになります。我々の感じる身体的な感覚や情動というのは、ほかの人間とも共有するものです。「この瞬間、私は本当は何を感じているのだろう? 私は本当は何を考えているのだろう?」というのは、もつれた精神生活を整理し、我々が共有するものを理解するようになるプロセスを始めるにはもってこいの問いです。マーティンが伝えようとした非具象的な感じの一部には、次のようなものがあります。ガチョウたちが土地を目指して降り立つのを見たときの、「落ちていく感じ」。愛に対する子どもの反応。自制なしに遊ぶ感覚。小麦畑。マーティンは列挙していきます。「芝生の風、芝生がなんと幸せに見えることか。そしてそれぞれが互いのあとを追うように続いていく輝く波。青い空もまたそれとは別の種類の幸福である。そして夜もまた別の種類の(14)」。このリストの向かうところ、そして非感傷的な仕方で木々の純真さを描くのがこれほどにも難しい理由は、理解できるでしょう。[*5]
彼女は、女性としての彼女の人生のなかでの特定の出来事について、彼女自身の個人的な感じ方を描こうとはしませんでした。色、構図、フォーマットについてマーティンが自分に課した制限は、一般的な構造を表現するようにと彼女の創造力を高めました。無垢さと幸福の発露として美を描くという彼女の目標は、更新され続けました。彼女は、目に見える世界とそこに織り込まれている構造を、鑑賞者自身が繊細に感じ取る経験をすることを促すのです。
自らの人生経験に照らし、マーティンは結論づけます。「我々は、どのような結果を生み出すのか知らないままにそれでもやらざるをえないものとして、芸術を制作する。芸術が完成したとき、我々はそれが首尾よく結果をあげているかどうかを目にせざるをえない。インスピレーションに従うときでさえ、その作品の何もかもがうまくいっているなどと期待することはできない。芸術家は、失敗を認めることができる人である」[(15)]。自分がこの瞬間に知っていることを、そして自分がそれをどのように知っているのかを作品が表現できているかどうかについて、芸術家はそれぞれに成功と失敗の基準を持っています。これらの基準はたんに好み、あるいは趣味の問題ではなく、現在そして未来において何が真であるのかということにもとづいています。

我々についてはどうだろうか?

もともとの問いに戻りましょう。芸術はどのようにして何かを知るための方法になるのでしょうか?

芸術作品の制作と鑑賞を通じて、我々は何を知るのでしょうか？

ここでは、視覚芸術の一種から二つの事例を持ってきました。その気になれば、音楽や彫刻からも例を選ぶことだってできたでしょう。しかしベルト・モリゾとアグネス・マーティンのこの対比は制作現場における思考する精神のありようを示し、人間であること、世界を知覚すること、内面生活を持つことはどのようなことかを明確化するための空間を開け放してくれます。日常生活のなかで芸術作品に触れる経験によって、鑑賞者には芸術家のそれを反映した注意・連帯・隠遁のリズムが備え付けられます。我々はカンヴァスのうえの印だけではなく、自身の感覚と思考にも気づき、芸術家もまた自分たちと同じく思考する存在であって、人間であることにまつわる何事かに気づいたうえで、それを我々と共有する者なのだと気づきます。我々はそこで新たに得た洞察を使って、自分もまた孤独へと隠遁することが、創造的になり自分自身の思考をすることができます。視覚芸術においても文章においても、そうした洞察は世界との新しいつながりのための跳躍板となりえます。世界ということで、ハンナ・アーレントは人間の行為の基礎、つまり知覚、言語使用、意味の共有空間を指しています。世界は我々の種の別の構成員たちが、例えば思考する人、制作する人、知覚する人が同じように住むものです。世界は芸術によって安定性を持ち、芸術に対する我々の反応によって変化することもできます。

あれこれの観念についての哲学的熟慮と同様に、芸術を注視する経験は、最初は時間の開かれとなります。美的に整理されたその世界は、過去の制作と現在の意味とがつらなる連続体のうちに私を置き入れます。例えば、ベルト・モリゾの絵画の内容が私の過ごす日常生活から隔たるものであったとしてもなお、彼女の表現豊かな色づかいは私の反応を引き起こします。ソクラテスの哲学的思考を誘発した驚きが、見事な芸術作品のうちにあります。同時に、私が芸術作品を注視するとき、私は自身の知覚能力に気づきます。その世界に属していることに伴う快は、自分自身の内なる対話へと隠遁するときにも私に付き添ってくれることもあるものです。芸術作品の知覚は他者の知覚との連帯であり、また私自身の経験の場であるとアーレントもきっと言ったでしょうが、私はこのことをそんなアーレントよりも声高に主張します。自然と異なり、芸術作品は他の作品とも時間を超えて会話をしているのです。

芸術作品、建物や言語、儀式や音楽などの人間の所産によってその一部が構築された、人々が共有する世界へと開かれたならば、我々以外の人々も我々以前に思索し、その人々が心を砕いてなした創造の数々に関する正真正銘の証拠を残したのだという確証を得ることになります。思考は、他者の証としての、持続して存在するつくられた事物による世界へと通ずるものです。自身の思考のために孤独になるときでさえも、我々は他者と連帯しています。アーレントは一方で労働から仕事を、他方で認知から思考を注意深く区別していますが、こうした区別によって、モリゾやマーティンの残したような芸術作品が持つ鮮烈な重要性を見て取れるようになります。彼女らは我々が持つ思慮深くあるための能力を引き出してくれます。芸術は、思考や言葉にできない感覚を可視化してくれるような、知の方法を与えてくれます。芸術制作の実践、あるいは我々自身の注視の実践へと目を向けるとき、芸術作品は、人間世界に意味をもたらすことを促すという点でほかにない独特なものとして立ち現れるのです。

［原注］

（1）Berthe Morison, *Woman Hanging Laundry* (*La Blanchisseuse*), 1881. カンヴァスに油彩、四六×六七センチメートル（一八・一一×二六・三七八インチ）; Ny Carlsberg Glyptotek (2018), Catalogue. 4. 本章で言及する作品のカラー像については、オンラインで確認せよ。

（2）Berthe Morisot, *Cottage Interior* (*Intérieur de cottage*), 1886. カンヴァスに油彩、五〇×六〇センチメートル（一九・六八五×二三・六二二インチ）、イクセル美術館、ブリュッセル、フリッツ・トゥサンからの寄贈、FT 104. CMR 201. http://www.wikiart.org/en/berthe-morisot/cottage-interior-also-known-as-interior-at-jersey.

（3）Kang (2018).

（4）Arendt (1998, 168).〔日本語訳、二六五頁〕

（5）Ibid., 170.〔日本語訳、二六七－二六八頁〕

（6）二〇一五年、テート・モダンはアグネス・マーティンの大規模な回顧展を開催した。テート・モダンのウェブサイトにおいて、彼女の作品の静止画だけではなく動画を見ることができる。 http://www.tate.org.uk/context-comment/video/agnes-martin-road-trip.〔二〇二二年四月現在このページはアクセス不可能。展覧会の記録は次のページで確認できるが動画は視聴できない。 https://www.tate.org.uk/whats-on/tate-modern/agnes-martin.〕

（7）晩年、マーティンは彼女の背丈よりも大きなカンヴァスを掲げることの難しさから、フォーマットを五×五フィートの大きさに変更した。いずれにせよ、彼女の絵画は鑑賞者の視界全体を埋め尽くす。

（8）Martin (2003). この映像は一九九八年から二〇〇二年にかけて撮影されたドキュメンタリーであり、三十七分の長さである。

（9）ア・プリオリは先立つこと（以前に）、あるいは経験の範疇を超えることを意味する。数学における純粋な思考は、世界のうちに実例を持つ必要がない。芸術的思考はそれと同じ方法で引き出されうるだろうか?

（10）Martin (2003).

（11）Agnes Martin, *Contentment* (from *Innocent Love* series), 1999. カンヴァスにアクリルと黒鉛。一五二・四×一五二・四センチメートル（六×六フィート）。ラナン財団からディア芸術財団へ長期貸与。 http://www.diaart.org/program/exhibitions-projects/agnes-martin-collection-display.〔二〇二二年四月現在このＵＲＬからは画像を確認できない。以下のウェブページでマーティンの同作の画像を閲覧できる。 https://www.diaart.org/collection/collection/martin-agnes-contentment-1999-2013-013/de-maria-walter-the-vertical-earth-kilometer-1977-1977-002/html/object-type/painting/on-view/off/sort-by/date:desc.〕

（12）Chave (1992).

（13）Martin (1998, 154).

（14）Ibid. [,155].

（15）Ibid., 154–155.

［訳注］

＊1　戸外制作は、工房内の中でおこなわれる制作との対比で、印象派の画家による制作スタイルとして言及される。対象を画家の意図で固定することなく、自然の中でとらえる点に特徴があるとされる。後述されているとおりチューブ入りの絵の具が開発され、画材を持ち運びやすくなったこともまた戸外制作を可能にした一因である。

＊2　アウラとは、ヴァルター・ベンヤミンが「複製技術時代の芸術作品」（一九三六年）において提案した概念。絵画や音楽の演奏など、特定の時空間にユニークに存在する芸術作品がもつ固有の雰囲気を指す。録音された演奏や版画のプリントなど、複製可能な芸術作品と対比される。日本語訳は『ベンヤミン・コレクション1』（ヴァルター・ベンヤミン、浅井健二郎・久保哲司訳、ちくま学芸文庫、一九九五年）に収録されている。

＊3　原注（9）で触れられているとおり、ア・プリオリは哲学用語でひろく「経験によらない」という意味をもち、「経験をつうじて」を意味するア・ポステリオリと対比される。例えば、ユークリッド幾何学において三角形の内角の和は一八〇度であるといった数学的真理は経験に頼らなくとも知ることできる。対して、雷が起こるメカニズムや特定の生物の分布といったことは実験や観察、調査をおこなわなければ知ることができず、ア・ポステリオリな知識に分類される。

＊4　ゲッソーとは、下塗りに使用する不透明の白色塗料のこと。

＊5　アグネス・マーティンは一九九二年ファッション誌『ヴォーグ』のインタビューで自分の作風について「私が最初に格子模様を描いたとき頭に浮かんだのは木々の純真さでした。格子は純真さを表すのだと考えていましたし、今もそうだと思っています」と述べている。https://www.vogue.com/article/agnes-martin-artist-paintings.

［参考文献］

Arendt, Hannah. 1998. *The Human Condition*. 2nd ed. Chicago: University of Chicago Press.［ハンナ・アレント『人間の条件』志水速雄訳、ちくま学芸文庫、一九九四年］

Chave, Anna C. 1992. "Agnes Martin: Humility, the Beautiful Gaughter… All of Her Ways Are Empty." In *Agnes Martin*, edited by Barbara Haskell, 139–140. New York: Abrams.

Kang, Cindy. 2018. "Morisot on the Threshold: Windows, Balconies, and Verandas." In *Berthe Morisot, Woman Impressionist*, The Barnes Foundation, Exhibition catalogue, 117–145. New York: Rizzoli.

Martin, Agnes. 2003. *With My Back to the World*. Film by Mary Lance, New Dal Films.

Martin, Agnes and Dieter Schwartz. 1998. *Writings/Schriften*. Stuttgart: Hatje Cantz Verlag.

第Ⅲ部　社会構造と権力関係

第11章

信用性——疑いに抵抗し、知識を捉え直す

モニカ・C・プール
木下頌子 訳

彼女は真実を語ったけれど、信じてくれる人はいませんでした。

カサンドラ(1)は王女でしたが、王女の身分は彼女にとってもっとも重要なことではありませんでした。トロイアの王家の人間として人々と交わる生活に加わる代わりに、彼女はアポロン神の寺院で巫女になるべく未婚のままで居続けようと決めました。

ある夜、彼女の部屋にアポロン本人が現れてこう言いました。「お前に予言の力を与えよう。お前は他の者には見えない真理をはっきりと見通せるようになる。お前が知るどの予言者よりもずっと、完全な精度で未来を予測できるようになるのだ」。

「なんと素晴らしいことでしょう！」それを手にするためにこそまさにカサンドラは努力してきたのであり、しかもそれはカサンドラにとってこれまで望みようのなかったほどのものなのでした。彼女は感謝を表す讃歌を歌い始めました。

しかしアポロンはその歌を遮ります。「良い歌だ。しかし、この贈り物に本気で感謝を示すつもりがあ

るなら、セックスのほうが相応しいのではないか」。

いやはや、相手はなんと言っても神なのです。言い返すことなどできるでしょうか。けれども、アポロンがカサンドラのガウンを脱がせようとしたとき彼女は気づきます。相手が神であろうとなかろうと、拒否することはできるのだと。カサンドラはアポロンの手を振り払いました。するとアポロンは言います。「どうした、いまさらやめるものでもあるまい」。カサンドラは答えます。「いやです、いやだ。やめて」。

アポロンは怒りました。カサンドラには類まれな予言能力を与えてやったのに。神である自分にいやだという女の子はいませんでした。「この恩知らずな女め。何様のつもりだ」。

アポロンは与えた能力を取り返そうとしたのですが、うまくいきませんでした。予言の能力は一度与えられると取り除くことができない。それが掟だったのでした。

しかし、賢いアポロンは復讐する方法を心得ていました。呪いをかけてカサンドラから信用性を失わせてしまったのです。「さあ行って真実を語るがよい、だが誰ひとりお前の言葉を信じる者はいないだろう」。

その後、カサンドラはそれ以上寺院に留まることに耐えられなくなりました。いろいろなことがありすぎたのです。彼女はトロイアの宮殿に帰りました。カサンドラはちゃんとした王女らしくしようとしたのですが、アポロンが予言能力を取り上げたくても取り上げられなかったのと同じように、彼女は巫女として自分に降りてくる真実の予言から目を逸らしたくても逸らせませんでした。他の人には見ることができない真実がはっきり見えたときには、彼女はそれを口にしました。

自分の兄が、スパルタ王の妻の立場で駆け落ちしてきたヘレネという新しい恋人を家に連れてきたときには、カサンドラはそれがトロイアの滅亡につながるだろうと予言しました。しかし彼女を信じる人は誰もいません。「この子はいつも大げさなんだから。どうか気にしないで」とカサンドラの母親も申し訳なさそうに言いました。

カサンドラには、ヘレネを夫たる王のもとに取り戻そうとギリシャ軍が攻めてくる未来が見えました。しかし彼女を信じる人は誰もいませんでした。その後ギリシャの船が浜辺に到着すると、誰もが驚きました。「どこからともなく現れたみたいだ」。もちろんカサンドラは驚きません。こうなることをすでに予言していたと周りに思い出させようとしたのですが、誰も覚えていませんでした。「あの人は目立ちたくてああ言ってるだけさ」。

ギリシャ連合軍は勢力で劣っていたものの、それを補う戦略がありました。カサンドラは、ギリシャの兵士たちが実行に移す前から、その巧妙な策略を見抜いていました。これを父や兄たちに伝えようとしたのですが、誰も見向きもしません。「こっちは戦略を練ってるんだ!あの娘は俺たちが空想を聞くほど暇じゃないこともわからないのか。馬鹿な娘だ」。

長年に渡る戦いが続いたある日のこと、ギリシャ軍が姿を消しました。そして、彼らの野営地だったところには、一台の木馬が残されていました。トロイア軍の中には木馬を浜辺に置いておくべきだと主張した者も多少はいましたが、大半はその木馬を戦利品として街に持ち帰ることを望みました。

街を囲む堅牢な城壁の中に木馬が引かれてやってきたとき、カサンドラはそれを見ました。誰もがそれを見ていました。ですがカサンドラにはそのうえギリシャの特殊部隊が木馬の中に隠れていることも見えていました。誰にもそれは見えません。そこでカサンドラは最後の警告を出しました。「これは罠です。中にいるのはギリシャ人。木馬がわれらトロイアに破滅をもたらすでしょう」。

カサンドラを信じる者は誰もいません。そしてトロイアは滅亡したのです。

彼女は信じてもらえない

カサンドラの物語で重要な役割を果たしているのは、信用性（credibility）——あるいはその欠如——です。哲学のなかだと、信用性は知識と真理に関する問題を扱う「認識論」という分野で主題の一つとされています。哲学者が信用性について考えるときには、どんな人を信じ、どんな人を疑うべきなのか、何が知識の正統な源泉とみなされるのか、そしてどの知識が本当に重要なのか、といった問題が探求されることになります。

「常識的知識」とみなされているものについて考えてみましょう。例えば、地球は太陽から約一億五千万キロメートル離れています。このことは、おそらく読者のみなさんもすでにご存知のことでしょう。さて、このことをご存じだとして、ではみなさんはこの知識をどのようにして獲得したのでしょうか。巻き尺をもって宇宙に行ったのでしょうか。自分で天体観測をし、計算をして割り出したのでしょうか。私の場合はそうではありません。本で読んだり、ネットで調べたり、学校で習ったりして知ったのです。こうした知識は「証言的知識」と呼ばれています。知識について研究している哲学者たちの間で「証言」という言葉は、法廷でなされる証言だけを指すものではありません。他の人を通じて得たあらゆる知識を指すことのできる言葉として使われています。(2) いわゆる「常識的知識」の大半は、証言を通じて知られるものです。そして、証言を聞いたり、読んだりすることで知識を集めるときには、その証言が信用できるものかどうかを判断しなければなりません。

ここで疑いについても考えてみましょう。話し手のことを信頼できないと思ったのかもしれませんし、単に話の内容が間違っていると思ったのかもしれませんが、いずれにせよ私は相手の証言を評価し、その結果、それを信じないと決めたということがあります。直接的で個人的な経験を超えた事柄について何かを知るためには証言に頼る必要があるわけですが、証言に頼るためには、何を信じるべきで何を疑うべきか自ら判断を下さねばなりません。こうした判断を、信用性に関する判断と言います。信用性に関する判断は、社会権力が働いているなかで下され、多くの場合、社会的不平等を体現したものになります。

したがって、認識論は政治と無関係ではありません。リンダ・マーチン・アルコフの指摘によると、認識論は社会的・政治的問題と深く絡み合っており、文化やイデオロギー、政治が関わる文脈のなかで営まれています。(3) ミランダ・フリッカーは、社会的偏見のせいで「聞き手が話し手の言葉に与える信用性を過度に低くしてしまう」ことが起こると指摘し、このことをさまざまな種類の「認識的不正義」——知識に関係する不正義——のひとつであるとしています。(4) さらに、ロレイン・コードは、信用性についての私たちの判断は、「社会の序列に応じて不公平な仕方で」下されると主張しています。(5) 一部の人々は、真実の語り手としての正会員資格を不当に「剥奪」されるわけです。その人々の信用性は、その人々がどんな知識を持っているのかではなく、その人々が何者であるのか——もっと正確に言えば、他の人から何者とみなされているのか——によって、引き下げられてしまうのです。社会権力に関わるさまざまな要素が人の信用性を不当に引き下げることに寄与しうるのであり、そこにはジェンダー、人種、年齢、学歴、体格、言語といったものが含まれますが、これ以外の要素もあります。

社会権力のダイナミクスが原因となって、私たちが一部の人々の信用性を引き下げ、別の人々の信用性を引き上げているということがありうるわけです。信用性を飛行機の座席に喩えてみるならば、信用性が引き上げられるというのは座席がファーストクラスにアップグレードされるようなものです。マギー・ネルソンは、テレビで天気予報を見ていると母親に男性の予報士がいる番組にチャンネルを変えるよう頼まれたというエピソードを挙げています。母親によれば、「そのほうがいつも予報が正確だから」というのです。それに対してネルソンが、テレビの司会者が男性、女性、あるいはそれ以外のいずれであろうと、どのテレビ局も同じ予報の載った同じ原稿を使っているのだと言い返したところ、母親は「とにかく気持ちの問題だから」と肩をすくめたそうです。[6] この「気持ち」は、男性の信用性が不自然に引き上げられていることのあらわれであって、そこには男性には実際に獲得した以上の権力が与えられやすいという、もっと広い範囲での社会的な力学が反映されています。同様に、立派な肩書や権威のある学位をもつ人についても考えてみましょう。その人々の発言は、その人々が取得した学位に関係のないことが話題になっているときでさえ、ほかの人々より真剣に受け取られることが少なくありません。

どの天気予報を当てにするかというくらいなら瑣末な事柄かもしれませんが、信用性が引き上げられたり、引き下げられたりすることには、多くの場合もっと重大な帰結が伴います。精神科医のジュディス・ハーマンは、虐待の加害者がいかに被害者の信用を引き下げるものなのかをこのように説明しています。「加害者の権力が大きくなるほど、その人が現実に名前をつけ、その意味を決める権限が大きくなり、その人の主張がよりそのまま通るようになる」(7)。被害者が害を受けたと主張し、加害者がそれを否定するという事例は、枚挙にいとまがありません。多くの場合、被害者と加害者の話は食い違っていて、周囲の人々は、どちらを信じ、どちらを守るべきか決める必要に迫られます。虐待の加害者は被害者に比べて権力の高い地位(上司、医者、教師、親など)にいることが多く、それに伴って信用性が引き上げられる傾向があります。それによって加害者は、実際にはそれが真実でない場合でさえ、他の人々に自分の語る「現実」を信じさせる力をもつことになります。したがって、不当に引き上げられた信用性は、ときに個人やコミュニティの安全を危険にさらすことになります。

二人の話し手が自分を信じてもらおうと争っているとき、社会権力のさまざまな違いが組み合わさって、一方の信用性を引き上げ、他方の信用性を引き下げ、両者の間の「信用性の差」を拡大することがあります。例えば、一九九一年にクラレンス・トーマスが合衆国最高裁判事に任命されましたが、その彼の指名承認公聴会のなかで法学者アニタ・ヒルから、かつてトーマスが自分の上司だった頃に彼からセクシュアルハラスメントを受けていたという証言がありました。[*1] このときの「言った言わない」の状況を、リー・ギルモアは、信用性の引き上げと引き下げが同時進行で起こっている事例として記述しています。両側に細工をされた天秤のように、「彼が言った」ことには追加の重みが与えられる一方で、「彼女が言った」ことの重みは減らされ、結果として圧倒的な信用性の差が生まれたのです。アニタ・ヒル教授は疑われ、トーマス・クラレンス判事は追認されることになりました(8)。

カサンドラの悲劇は、生死に関わるような重要な真実を語ったにもかかわらず、信じてもらえなかったことにあります。彼女の信用性は、神アポロンがかけた復讐の呪いによって引き下げられていたのでした。私たちがいるこの世界の悲劇は、真実を語っているにもかかわらず信じてもらえない人々が多くの場面に存在していることにあります。この悲劇は、神が人間に介入したせいではなく、社会的不平等のせいで起こっています。社会的バイアスによって、多くの人々が、真実の語り手としての「正会員」から除外され、語り始めてもいないうちから信用性を引き下げられてしまっているのです。

彼女は真剣である

認識論に取り組む哲学者たちは、何が知識とみなされるのか、誰の証言を信じるべきか、そしていま話題になっている特定の知識がどう重要なのか、といった問題を探究しています。大人の女性たちはその信用性をよく攻撃されますが、女の子たちの信用性はというと、そもそも信用性としての出発点にさえ立てないことが少なくありません。(9) 女の子たちの信用性を引き下げる戦術にはさまざまなものがありますが、そのなかでも疑いと矮小化の組み合わせは特に強力です。平たく言えば、女の子が物事を見抜いて語ったことは、多くの場合、その真偽の検討にさえ至らない段階で、馬鹿げているとか取るに足らないものであるとして退けられてしまうのです。女の子が言うことが重要でないとすれば、それが正しいかどうかなんてどうして考える必要があるでしょう。そういうわけで、女の子が自分は正しいことを言っているのだと自己弁護したければ、その前にまずは、自分の話を真剣に受け止めるようなものではないと見なす聞き手の、その思い込みからうまく身をかわさなければならないのです。

数年に一度、女の子たちを真剣な読み手や書き手として扱う出版物が現れ、そのほかの人々が驚くということがあります。二〇一六年に『ティーン・ヴォーグ』が編集方針を変えて、時事問題に対してフェミニズム的観点から批判するような見解を取り上げるようにしたとき、多くの人々（主に成人の男性たち）は面食らいました。メイク指南の隣に鋭い政治的記事が並んでいる光景が、女の子たちの関心は馬鹿げていてつまらないものだという前提とうまくかみ合わなかったのです。しかし、『ティーン・ヴォーグ』のメインの読者層である女の子たちからすれば、始めからそのような前提に立ってはいないわけで、そんなことで面食らいはしません。ジャーナリストのソフィー・ギルバートは当時を思い出してこう述べています。「〔『ティーン・ヴォーグ』が〕時事問題を鋭い切り口で深く掘り下げていると大人たちからようやく一目おかれるときが訪れるとして、これまで数か月にわたってスタンディングロック抗議運動[*2]やテキサスのキャンパス・キャリー法〔大学構内での拳銃の携帯を許可する法律〕に関する話題を目にしてきた（そして共有してきた）ティーンの読者たちは、そのことに大人たちほど驚きはしないでしょう[10]」。『ティーン・ヴォーグ』は、「〔若い女性たちと〕彼女たちのさまざまな関心を真面目に扱って」きたのです[11]。なんと先進的なことでしょう。

女の子たちの信用性の低さは、女の子たちが好む対象にも伝染します。女の子たちに人気のある音楽や映画、小説は、取るに足りないとかくだらないとか、あるいは本格的ではないものとして蔑ろにされやすいところがあります[12]。ビートルズからテイラー・スウィフトまで、ティーンの女の子たちはポピュラー音楽に大きな影響力をもってきたのですが、ミュージシャンたちは彼女たちからの人気を敬遠する傾向にあります。例えば、あるジャーナリストはこう言っています。「〔若い〕女性ファンたちは、あまり本物でないとみなされているので、彼女たちから崇拝されれば即座に〔作品やアーティストの〕信用性が低下することになるのである」[13]。ここには、ティーンの女の子たちには、音楽などさまざまなメディアを評価するにあたって、「年長の男性ファンがおこなうような批判的思考ができない」というもっと広い範囲で社会に根付いている偏見が反映されています。誰かのアルバムがティーンの女の子たちの間でヒットしたとしても、大人の男性の目に入るまでは、芸術的に「本物」だと認められないのです[14]。

当然ながら、この偏見に対するもっとも的確な批判のいくつかは、女の子たちによって書かれてきました。例えば、ある女子高校の学校新聞の上級寄稿編集者であるアドリアナ・ラディスは、ティーンの女の子たちが自分自身の信用性を引き下げて受け止めるよう教え込まれることが持つ長期的影響について考察しています。「おそらくもっとも重要な自己形成期にある女性たちに、彼女たちの意見が周りの男性たちと同じ価値をもつという確信を与える」ことができていない社会において、大人の女性たちがミソジニーを内面化し、自己疑念に陥るようになるのは驚きではありません[15]。ラディスの記事は、有益な観点を提供するものでありながら、それだけでなく、その存在自体が、女の子たちが真剣な議論や批判的思考の能力をもつと証明してもいます。

彼女は自身を疑う

カサンドラの粘り強さは見事です。周囲から疑われる経験を長年に渡って繰り返しながらも、彼女は自分の予言を語り続けます。彼女の知り合いは誰も彼女のことを信用してくれませんが、彼女は決して挫けません。けれど、カサンドラの粘り強さはあまり類を見ないものです。たいていの人は、何度も真実を語っているのに信じてもらえないことが繰り返されると、そのうち諦めてしまいます。また、自分の信用性が引き下げられる経験を繰り返していると、ときには自分でも自分に対する信用性を失ってしまうことさえあります。もしかすると、自分以外の全員が否定する真実から目をそらさず孤立し続けるよりも、自分を疑うことを覚えるほうが痛みは少ないのかもしれません。

「ガスライティング」とは、自分の信用性についての自信を徐々に失っていく現象です。多くの場合──必ずというわけではありませんが──、ガスライティングの標的になるのは女性や女の子たちです。ガスライティングを哲学的に分析したケイト・アブラムソンは、このことを次のように説明しています。

〔ガスライティングは、〕ガスライティングする人が（意識的にであれ、無意識的にであれ）、対象となる人に、自分の反応や知覚、記憶、信念が単に間違っているだけでなく、まったく根拠のないものである──典型的な場合には、どうかしていると言ってよいほどに根拠がない──という感覚を抱かせようとする感情操作の一種である。このことだけでもわかるように、ガスライティングは、単に誰かを一笑に付すこととはまったく違う。一笑に付すというのは単に、誰かを対話者として真剣に扱わないことであるが、ガスライティングは、相手が自分自身のことを対話者として真剣に扱わなくなるよう仕向けることなのである。(16)

この現象の名前の由来となったのは『ガス燈』（一九四四年）という映画です。その映画のなかでは、夫が妻や妻の友人、周囲の人々を操作し、それによって、自分は現実を正しく認識できているはずだという妻の自信を意図的に削り取っていきます。例えば、夫は室内のガス灯を暗くし、妻が部屋の薄暗さに気づくと、それは単なる気のせいだと言うのです。また、友人たちに、妻が心理的に不安定になっていて心配だと相談し、実際に彼女の不安定さを示すような状況を作り出します。例えば、彼は自分の腕時計を妻のハンドバッグに入れておいて、彼女がそれを盗んだと非難し、友人たちといるときに彼女のハンドバッグから時計を「発見」してみせるのです。妻には腕時計を盗った覚えはないのですが、それは現にやっていないからです。彼女は自分が、確かに明かりが暗くなったのを見たと思っているのですが、それは現にそれを見たからです。けれども、彼女は夫が正しいのかもしれないと思い始めます。自分は本当に頭がぼんやりしているのかもしれない、と。

もしかすると、丸め込まれて自分を信じられなくなるなんて、単に心が弱いとか、頭がよくないからにすぎないと言って反論する人がいるかもしれません。そもそも「心が弱い」とか「頭がよくない」とかという概念はそれをもとに何かを言うにはあやふやすぎるものですが、本章ではこのような批判を詳しく論じることはしません。とはいえ、天才であってもガスライティングと無縁とはいきません。二〇世紀のもっとも有名な女性哲学者の一人でさえ、周りの仲間たちによって自信を削がれたときには、自分にはものを考える能力そのものが欠けているのかもしれないと心許なくなってしまったのですから。

シモーヌ・ド・ボーヴォワールが自分に対する疑いを刷り込まれたのは、一九二九年の夏のことでした。その年の春、彼女はフランスで哲学教授資格試験の第一次試験を受けていました。彼女の論文は試験官たちに感銘を与え、パリの哲学界はざわつきました。あの女の子はいったい何者なんだ？　エリート予備校ではこれまで誰も彼女を見たことがなかったのです。ボーヴォワールは、弱冠二十一歳であり、彼女が同じ年におこなわれることになっている二次試験に合格すれば、史上最年少の教授資格取得者になるはずでした。ジャン＝ポール・サルトルは、パリでもっともよく知られた哲学の学生で、その年に同じ試験を受けていました。彼はその新顔の女の子に会わねばならないと決意し、二人はすぐに友人となります。ある夏の朝、二人はリュクサンブール公園の静かな一角で落ち合いました。ボーヴォワールの記述によれば、彼女はこの友人に自分が取り組んでいた道徳哲学の理論を熱心に伝えました。

彼はそれをずたずたに切り裂いた。私は自分の理論に執着していた。この理論は、自分の心に善悪の判断を担わせることを可能にするからである。私は彼と三時間かけて格闘したが、最後には負けを認めざるをえなかった。その上、議論の過程で、私は自分の意見の多くが先入観や自己欺瞞、軽率さだけに支えられていること、そして自分の論証は弱々しく、考えは混乱していることに気づかされた。「もはや自分が何を考えているのか、そもそも自分が考えているのかすらわからない」と、私はすっかり狼狽しながら日記に書いている。[17]

自伝のなかで、ボーヴォワールは、その夏の大部分をサルトルと彼の友人たちと過ごし、「自分の本当の実力に自信がない」と感じたと回想しています。この新しい「友人たち」のなかで、ボーヴォワールは自分自身や自分の鋭い洞察力、哲学者としての才能を疑うようになったのです。

それからまもなく、学生たちは資格試験の二次にあたる口頭試験を受けました。受験者の点数は公表され、順位がつけられました。僅差でしたが、一位はサルトルで、ボーヴォワールは二位でした。ひょっとすると、ボーヴォワールが口頭試験でもっと高い点を取っていれば、二人の立場は逆転していたかもしれません――そして、もし彼女の自信を喪失させた「友人たち」と夏を過ごさなければ、ボーヴォワールは口頭試験でもっと力を出せていたかもしれないのです。カサンドラと違って、たいていの人は周りの人々に自分の信用性を引き下げられている状況で、自信を失わずにはいられないのです。

彼女は感情的になる

感情は、女性や女の子たちの信用性を損なうための武器として使われます。好ましくない真実を語ると、女性や女の子たちは「頭がおかしい」、「キーキー言っている」、「人をコントロールしようとしている」、「合理的でない」と非難されがちです。子宮を表す言葉(例えば子宮摘出施術[hysterectomy]にみられる)にちなんだ「ヒステリック(hysterical)」という言葉は、女性の信用を落とすためにできたような名前であり、女性はその特徴からして「不安定」なのだと印象づけ、女性たちの証言を「信頼できない」ものにしています。女性は、白人[*3]、中年、上流階級、細身、ヘテロセクシュアル、シスジェンダーで、正規の教育を受けてもいるというプロフィールの持ち主でさえ、「ヒステリック」と言われることがあります。このようなプロフィールを持たない人――つまり、大部分の女性や女の子たち――であれば、なおさらです。

最初は「きちんとした」、「合理的な」仕方で話をしていた女性でも、好ましくない真実を彼女が語り始めた途端、誰かから「ヒステリック」と言われて黙らされそうになったならば、完全に落ち着いた声と感じのいい笑顔を保ってはいられなくなるかもしれません。現代の哲学者ヴェロニカ・アイヴィー（旧名レイチェル・マッキノン）は、次のように悪質な「フィードバック・ループ」について説明しています。話し手が「感情的すぎる」という難癖をつけられて無下にされると、そのこと自体が怒りや不満、絶望などの感情を引き起こすことになり、そして話し手がそうした感情を表に出したならば、それがさらに話し手の信用を落とす材料として利用されてしまうのです。アイヴィーはこの現象を「認識的不正義の地獄の循環」と呼んでいます。[18]

信用できる人々のなかには激しい感情を経験している人も多く、そうした感情の表れがその人の伝達する真実の非常に重要な構成要素となっている場合もあります。哲学者であり、教授であり、自称「太った黒人の女の子」であるブリトニー・クーパーは、「怒った黒人女性」のステレオタイプの利用によって、いかに黒人女性が「非合理で、頭のおかしい、道理の通らない、偉そうで、場を乱す、協調性がない」者とみなされ、信用を落とされてきたのかを指摘しています。[19] クーパーは、黒人女性が白人支配的な文化のなかで信用性の引き下げを逃れるために、いかにリスペクタビリティと「怒りの制御」のポリティクスのなかで自身の言動を管理してきたのかを分析しています。[20] クーパーは、黒人女子学生が自分の講義を「これまでもっとも雄弁な憤怒」と称賛した記憶を語り、自分の「ごちゃごちゃとした」怒りを「フェミニストのスーパーパワー」として受け入れようと格闘しつづける様を描くことを通じて、憤怒の価値を高めています。[21]

憤怒（および他の多くの感情）をありのままに表に出すことは、話し手の信用を失墜させるどころか、信用できる証言の不可欠な要素にもなりえます。パトリシア・ウィリアムズは、客観性を信用性の基準とする神話からの解放が、社会的責任と知的な誠実さを向上させると主張しています。[22] 自分の視点をもつこと、そして自分がどういう人間であるのかによって自分がどのような真実を知っているかが影響されることを率直に認めるならば、有害なバイアスや煮えたぎる気持ちを隠すことは難しくなるでしょう。カサンドラの言葉を聞いた人々は、「予言を述べる声」の「ヒステリックな響き」に文句をつけていましたが、[23] ときにはそうした「ごちゃごちゃとした」感情自体も真実を語ることの一部となっているのです。

彼女は知識を捉え直す

ギリシャ軍がトロイアを陥落させたとき、カサンドラは神殿に駆け込みました。彼女は、知恵と戦争、そして自立した若い女性たちのための女神アテナに祈りますが、保護を求める彼女の嘆願は叶わず、ギリシャ軍将校の一人に神殿で強姦されました——誰が見ても冒涜行為です。他のギリシャ人たちは、この戦友の不品行を大目に見て言います。彼は羽目を外しすぎただけだ。立派な青年の人生を台無しにしてはいけない。誰にでも間違いはあるんだから。アテナはギリシャ人たちに罰を与えますが、それでカサンドラの受けた害が埋め合わされるわけではありません。もしかすると、カサンドラの民衆が彼女の予言に耳を傾けなかったように、アテナも手遅れになるまでカサンドラの祈りに耳を傾けなかった、ということなのかもしれません。

カサンドラは悲劇のヒロインとして有名ですが、彼女は主体的に抵抗し、新たなものの捉え方を示す人物でもあります。トロイアの陥落後、彼女は捕らえられ、奴隷となってギリシャ軍最高位の司令官のセックスの相手をさせられることになります。そこで彼女は予言者としての話術を駆使し、看守たちの自信を失わせ、彼らを挑発します。「ギリシャの指揮官よ、そなたはなにを居丈高に振る舞っているのやら[24]」。彼女はギリシャ側が戦争で被った損失を数え上げていきます。ただこの「栄光」とされる戦いだけのために、ひとつの世代が消え去るくらいたくさんの若者たちが異郷の土となり、故郷の家族のもとに帰れなくなったのだ、と。ギリシャの船に連れて行かれるとき、彼女は復讐を誓います。「トロイアよ、愛しい祖国、今は地下に眠る兄弟たち、また父上よ、間もなく私もおそばへ参ります。私どもを滅ぼした［…］あの家を根絶やしにし、勝鬨《かちどき》をあげて冥土に参りましょう[25]」。私たちもまた、抵抗の主体になることができるのです。

信用性には、根本的な改修が必要です。古い骨組みに新しい外壁を付けるわけにはいきません。これまで信用性の基準を定義してきたのは、女の子たちが語る前から疑ってかかる人々でした[26]。彼らの作った基準を満たそうとするよりも、私たちは共に、ホセ・メディナが「抵抗のための想像力[27]」と呼ぶものを使って、知識と信用性を作り直さなければなりません。

フェミニスト認識論に取り組んでいる哲学者たちは、アカデミックな哲学における知識の理解を作り変えてきました。それによれば、知識に含まれる重要な要素のひとつは生きられた経験なのであり、これはつまり、人の記憶や人の経験こそが知識の貴重な源泉であるとみなすということです。パトリシア・ヒル・コリンズが提示するブラック・フェミニスト認識論の枠組みは、生きられた経験を、単に知識の有用な源泉とするだけでなく、まさに「信用性の基準[28]」になるものとして打ち立てる出発点となりました。黒人女性たちの認識論を立脚点として、生きられた経験は、フェミニスト認識論全体の礎になっているのです。

フェミニスト認識論のもうひとつの重要な要素は、対話です。知識は、人と人とのあいだの対話や、自分のうちにある異なる側面のあいだの対話を通じて作られます。シルビア・リヴェラ・クシカンキは、アイマラ先住民族にルーツをもつミックスの女性（メスティーザ）としての知識をもとに、「ch'ixi」（織り合わせ）の理論を展開しています。「ch'ixi」とは、たくさんの色彩や質感が織り込まれた布のように、ときにぶつかり合いつつも、常に実りある「創造的な対話」のなかで、「複数の文化的差異が同時に共存すること」です。[29] ch'ixiはあくまでアイマラ文化固有のものですが、リヴェラ・クシカンキの理論はそれよりも広く、あらゆる人に関係する教訓を与えてくれます。[30]

本書を読んでいる（そして本書を執筆している）女の子たちは、[31] もともとあった学術的知識だけでなく、生きられた経験から得た知識も備えて哲学の授業に臨みます。多くの女性哲学者は、自身の生きられた経験が学術的知識の「信用できる」あるいは「正統な」源泉とみなされなかった思い出をもっているものです。しかしカサンドラと同様に、私たちは周りの人たちには見えないことを見ることができていたのであって、たとえ他の人が私たちを疑い、私たちの関心事を取るに足らないものとして無視したとしても、それでも広めるに足るような価値ある真実を自分はすでに手にしているのだと私たちは知っていたのです。カサンドラは、自分が知るつらい真実を周囲の女性たちに――母親や、仲間の巫女たち、そして女神アテナにも伝えようとしましたが、彼女たちはカサンドラの声をきちんと聞くことができませんでした。哲学をする女の子として、私たちは賢明な仲間を探し求めています。教師やメンター、クラスメート、友達、そして直接会うことはないかもしれない物書きの人たち。私たちは対話を通じて、自分たちがもつ数多くのさまざまな真実を語ります。どうかカサンドラの生涯に関わった女性たちの二の舞になることなく、仲間が聞き入れがたい真実を語るときでも、耳をふさがないでいてください。知識を検証するための基準は私たち自身が定義するのです。私たちの生きられた経験から得られた知識と、より一般に認められた学術的知識を統合し、私たちは生きた哲学対話のなかで複数の真実を打ち立てる要因となることでしょう。そうすることで信用性を私たちのイメージ通りに作り直すのです。

［原注］

（1）カサンドラを信用性についての哲学的議論と結びつけているのは私だけではない。私の解釈とは異なるが、代表的な二つの例としてSolnit（2014）とTownley（2011, 44–45）が挙げられる。カサンドラの物語が描かれた古典的な文書資料としては、例えば、ホメロス『オデュッセイア』、リコフロン『アレクサンドラ』、エウリピデス『トロイアの女たち』、アイスキュロス『アガメムノーン』、ウェルギリウス『アエネーイス』、クイントゥス・スミルナエウス『トロイの陥落』がある。また以下の記述には、さまざまな美術作品や、中世や近世になされたカサンドラ物語の改作、そして私自身の想像も盛り込まれており、私は古代の語り部たちのように、目的に応じてさまざまな断片を追加・省略し、つなぎ合わせている。

（2）Lackey (2008).

（3）Alkoff (1999, 74).

（4）Fricker (2007, 1).〔日本語訳、一－二頁〕

（5）Code (1995, 58–59).

（6）Nelson (2015, 38).

（7）Herman (1997, 8).〔日本語訳、五頁〕

（8）Gilmore (2016, 50).

（9）特定の文脈においていかに女の子たちが認識的権威の問題に苦心しているのかを扱った研究としては、Mwita and Murphy（2017）、およびSkapoulli（2009）を参照のこと。Carel and Györffy（2014）は、主に若者ではなく子どもを対象としたものではあるが、若い人々が被る信用性の引き下げを取り上げる非常に数少ない研究のひとつとして重要である。Mitchell and Moletsane（2018）は、女の子たちになされた認識的不正義を意識的に分析し、さらに不正義を修復する試みとして、女の子たちを単に主題にするだけでなく、分担執筆者として採用している点で希少である。

（10）Gilbert (2016).

（11）Ibid.

（12）Chaney (2016).

（13）Lancaster (2015).

（14）Ibid.

（15）Radice (2019).

（16）Abramson（2014, 2）。自らを疑うことや、自ら声を封じること（self-silencing）については、Dotson（2011）およびManne（2018, 3–18）も参照のこと。

（17）Beauvoir (1958).〔日本語訳、三二四頁〕。Le Doeuff（2007, 136）のトリスタ・セラウスによる翻訳を使用した。

（18）Ivy [McKinnon]（2017, 169）。この指摘については、それがなされた文脈が重要である。すなわち、アイヴィーは、トランス女性がシス女性にとって受け入れがたい懸念を表明したときに、シス女性側がそれを「感情的すぎる」という言い分のもとで封殺する仕方について分析している。

（19）Cooper（2018, 2）。クーパーは、オードリー・ロードが全国女性研究協会（一九八一年）の基調講演で述べた憤怒の理論に大きく依拠している。

(20) Cooper (2018, 151 and throughout).
(21) Cooper (2018, 2–5).
(22) Williams (1991, 11).
(23) Aeschylus (2009).
(24) Euripides (2016, 653).〔日本語訳、六五七頁〕
(25) Ibid., 654.〔日本語訳、六六〇頁〕
(26) この点に関する基礎的研究としては、学術界を牛耳る白人男性たちが知識検証プロセスを支配するさまについて論じたCollins（2000［1991］）（特に第一一章「黒人フェミニスト認識論」）がある。
(27) Medina (2012).
(28) Collins (2000 [1990], 257)
(29) Cusicanqui (2012, 105).
(30) 私は白人のアングロ系アメリカ人である合衆国市民であり、そんな私がリヴェラ・クシカンキによる「ch'ixi」というアイマラの概念をあたかも自分のもののように使ったとしたら、倫理的にも知的にも無責任といわれても仕方ないだろう。自分とは違った文化に属する言語や芸術、理論、その他の要素をぞんざいかつ不当に使用することは、「文化盗用」と呼ばれる。多くの場合、文化盗用には、ある文化の要素を本来の文脈から外れて使ったり、それを作った人々の功績を軽視し、当の文化を「エキゾチック」で異質なものとして扱ったり、恩着せがましい態度をとったり、矮小化したりすることが含まれる。責任ある学術研究は文化盗用を避けなければならない。だからといって、自分以外の文化から学ぶことが禁じられているわけではもちろんない。実際、文化盗用は研究公正に反することだが、異文化学習は、哲学においても他の分野においても必要なことである。異文化学習や文化的盗用という概念自体は比較的わかりやすいが、実践する場面になると複雑さや曖昧さ、不完全さがつきまとう。哲学者も他の人々も、自分のものでない文化から責任ある仕方で学ぶ方法を求めて取り組みを続けている。歴史的に支配的な文化に属していて学術界で代表者の数が過剰に多い人たち（白人アメリカ人など）は、この点について特に注意しなければならない。文化盗用と異文化学習は、認識論および哲学一般の重要な問題であるが、本稿でこれらの問題について十分な考察をおこなう余裕はない。より詳細に学びたい読者は、Nittle（2018）、Acquaye（2018）、Matthes（2018）から始めるとよいだろう。
(31) 筆者を含め、「女の子」や「女性」という言葉が、自分の説明として完全に適しているわけではない人がたくさん存在する。それでも、私たちは、女子大学、女子スポーツチーム、女子校、そして『女の子のための哲学』のようなプロジェクトには帰属意識を感じている。ジェンダーは複雑かつ発展していくものであり、「女」と「男」というバイナリーなジェンダーがすべての人に当てはまるわけではない。この点についてより学びたい人には、Dembroff（2018）をおすすめする。

［訳注］

*1 一九九一年のクラレンス・トーマスによるアニタ・ヒルへのセクシュアルハラスメント事件では、加害者のトーマスも訴えを起こしたヒルも共にアフリカ系アメリカ人であることに注意したい。ヒルの告訴は、同じアフリカ系であるトーマスの足を引っ張るものとしても非難の対象になったと言われている。

*2 スタンディングロック抗議運動は、二〇一六年アメリカのノースダコタ州とイリノイ州を結ぶ石油パイプライン「ダコタ・アクセス・パイプライン」の建設をめぐり、建設ルートに居住地をもつ先住民のスタンディング・スー族が抗議運動起こしたことに端を発する。この抗議運動をうけてスタンディング・スー族への連帯を示すためにフェイスブック上でスタンディングロックにチェックインする行動が広まった。

*3 その国や地域での人種的マジョリティとして「白人」と書かれているので、日本の文脈においては日本人がマジョリティになる。

［参考文献］

Abramson, Kate. 2014. "Turning Up The Lights on Gaslighting." *Philosophical Perspectives* 28: 1–30.

Acquaye, Alisha. 2018. "White People Need to Learn How to Appreciate a Different Culture Without Appropriating it." *Teen Vogue*. August 23. https://www.teenvogue.com/story/cultural-appropriation-appreciation-kim-kardashian.

Aeschylus. 2009. *Agamemnon*. In An Oresteia, translated by Anne Carson. New York: Farrar, Straus and Giroux.〔アイスキュロス『アガメムノーン』久保正彰訳、岩波書店、一九九八年〕

Alcoff, Linda Martín. "On Judging Epistemic Credibility: Is Social Identity Relevant?" *Philosophic Exchange* 29, no. 1, article 1: 73–93.

Beauvoir, Simone de. 1958. *Mémoires d'une jeune fille rangée*. Paris: Gallimard.〔シモーヌ・ド・ボーヴォワール『娘時代　ある女の回想』朝吹登水子訳、紀伊國屋書店、一九六一年〕

Carel, Havi, and Gita Györffy. 2014. "Seen But Not Heard: Children and Epistemic Injustice." *The Lancet* 384, no. 9950: 1256–1257.

Chaney, Alexis. 2016. "Swooning, Screaming, Crying: How Teenage Girls Have Driven 60 Years of Pop Music." *Vox*, January 28. https://www.vox.com/2016/1/28/10815492/teenage-girls-screaming.

Code, Lorraine. 1995. "Incredulity, Experientialism, and the Politics of Knowledge." In *Rhetorical Spaces: Essays on Gendered Locations*, 58–59. New York: Routledge.

Collins, Patricia Hill. 2000 [1990]. *Black Feminist Thought: Knowledge, Consciousness, and the Politics of Empowerment*. Second edition. New York: Routledge.

Cooper, Brittney. 2018. *Eloquent Rage: A Black Feminist Discovers Her Superpower*. New York: St. Martin's Press.

Dembroff, Robin. 2018. "Why Be Nonbinary?" *Aeon*, October 30. https://aeon.co/essays/nonbinary-identity-is-a-radical-stance-against-gender-segregation.

Dotson, Kristie. 2011. “Tracking Epistemic Violence, Tracking Practices of Silencing.” *Hypatia* 26, no. 2: 236–257. 〔クリスティ・ドットソン「認識的暴力を突き止め、声を封殺する実践を突き止める」小草泰・木下頌子・飯塚理恵訳、『分析フェミニズム基本論文集』所収、木下頌子・渡辺一暁・飯塚理恵・小草泰編訳、慶應義塾大学出版会、二〇二二年〕

Euripides. 2016. *The Trojan Woman*. Translated by Emily Wilson. In *The Greek Plays: Sixteen Plays by Aeschylus, Sophocles and Euripides*, edited by Mary Lefkowitz and James Romm. New York: Random House. 〔エウリピデス「トロイアの女」松平千秋訳、『ギリシア悲劇III　エウリピデス（上）』所収、ちくま文庫、一九八六年〕

Fricker, Miranda. 2007. *Epistemic Injustice: Power and the Ethics of Knowing*. Oxford: Oxford University Press. 〔ミランダ・フリッカー『認識的不正義』佐藤邦政監訳・飯塚理恵訳、勁草書房、二〇二三年〕

Gilbert, Sophie. 2016. “Teen Vogue’s Political Coverage Isn’t Surprising.” *The Atlantic*, December 12. https://www.theatlantic.com/entertainment/archive/2016/12/teen-vogue-politics/510374/.

Gilmore, Leigh. 2016. *Tainted Witness: Why We Doubt What Women Say About Their Lives*. New York: Columbia University Press.

Herman, Judith. 1997. *Trauma and Recovery: The Aftermath of Violence—From Domestic Abuse to Political Terror*. New York: Basic Books. 〔ジュディス・L・ハーマン『心的外傷と回復［増補版］』中井久夫訳、みすず書房、一九九九年〕

Lackey, Jennifer. 2008. *Learning from Words: Testimony as a Source of Knowledge*. Oxford: Oxford University Press.

Lancaster, Brodie. 2015. “Pop Music, Teenage Girls and the Legitimacy of Fandom.” *Pitchfork*, August 27. https://pitchfork.com/thepitch/ 881-pop-music-teenage-girls-and-the-legitimacy-of-fandom.

Le Doeuff, Michèle. 2007. *Hipparchia’s Choice: An Essay Concerning Women, Philosophy, etc*. New York: Columbia University Press.

Lorde, Audre. 1981. “The Uses of Anger: Women Responding to Racism.” *Women’s Studies Quarterly* 9, no. 3 (Fall): 7–10.

Manne, Kate. 2018. *Down Girl: The Logic of Misogyny*. New York: Oxford University Press. 〔ケイト・マン『ひれふせ、女たち――ミソジニーの論理』小川芳範訳、慶應義塾大学出版会、二〇一九年〕

Matthes, Erich Hatala, 2018. “The Ethics of Cultural Heritage.” In *The Stanford Encyclopedia of Philosophy*. https://plato.stanford.edu/entries/ethics-cultural-heritage/.

Ivy, Veronica. [formerly McKinnon, Rachel V.] 2017. “‘Allies’ Behaving Badly: Gaslighting as Epistemic Injustice.” In *The Routledge Handbook of Epistemic Injustice*, edited by Gaile Polhaus Jr., Ian James Kidd, and José Medina, 167–174. New York: Routledge.

Medina, José. 2013. *The Epistemology of Resistance: Gender and Racial Oppression, Epistemic Injustice, and Resistant Imaginations*. Oxford: Oxford University Press.

Mitchell, Claudia, and Relebohile Moletsane (eds.) 2018. *Disrupting Shameful Legacies: Girls and Young Women Speaking Back Through the Arts to Address Sexual Violence*. Leiden: Brill/Sense.

Mwita, Emiliana J., and Susan P. Murphy. 2017. “Challenging Hidden Hegemonies: Exploring the Links Between Education, Gender Justice, and Sustainable Development Practice.” *Ethics and Social Welfare* 11, no. 2: 149–162.

Nelson, Maggie. 2015. *The Argonauts*. Minneapolis: Graywolf Press.

Nittle, Nadra. 2018. "The Cultural Appropriation Debate has Changed. But is it for the Better?" *Vox*. December 18. https://www.vox.com/the-goods/2018/12/18/18146877/cultural-appropriation-awkwafina-bruno-mars-madonna-beyonce.

Radice, Adrianna. 2019. "Why Society Hates Teenage Girls." *ACHONA: School Newspaper of the Academy of the Holy Cross*, January 22. https://achonaonline.com/top-stories/2019/01/22/why-society-hates-teenage-girls-opinion/.

Rivera Cusicanqui, Silvia. 2012. "*Ch'ixinakax utxiwa:* A Reflection on the Practices and Discourses of Decolonization." *South Atlantic Quarterly* 111, no. 1: 95–109.

Skapoulli, Elena. 2009. "Transforming the Label of Whore: Teenage Girls' Negotiation of Local and Global Gender Ideologies in Cyprus." *Pragmatics* 19, no. 1: 85–101.

Solnit, Rebecca. 2014. "Cassandra Among the Creeps." *Harper's Magazine* 329, no. 1973 (October): 4–9.〔レベッカ・ソルニット「変態に囲まれたカサンドラ」ハーン小路恭子訳、『説教したがる男たち』所収、左右社、二〇一八年〕

Townley, Cynthia. 2011. *A Defense of Ignorance: Its Value for Knowers and Roles in Feminist and Social Epistemologies*. Lanham, MD: Lexington Books.

Williams, Patricia J. 1991. *The Alchemy of Race and Rights*. Cambridge, MA: Harvard University Press.

第12章

言語——コミュニケーションでの集中攻撃《パワープレイ》

エリザベス・キャンプ
三木那由他 訳

言語がより身近な場所にあるのは男性よりも女性であるということに、異論の余地はない。その場所で女性たちは輝き、その場所で女性たちは秀でた力を発揮する。彼女たちの弁舌のほとばしり、とりわけ毒舌を振るうときのそれは、あらゆる反対意見をがつんと黙らせ、混然一体としたひと塊のうちに、名詞も代名詞も動詞も叙法も時制も奪い去る。言葉が不足しているなら（そうしたことが起こるのは確かだが、ごくまれだ）、憤りが即座に新たな言葉をつくりだす。［…］われらが言語の柔和な部位も、かの柔らかく気立てのよい性に首を垂れることにかけては劣らない。そして彼女たちの愛は少なくともその憤りと同じくらいには生産的である。［…］非常に豊かな表現力を持った多くの言葉が、かの女性という造幣局で鋳造されたのを私は記憶している。あの「戯れ」を意味するもっとも重要な言葉「flirtation」の誕生に私は立ち合い、その言葉は世界でもっとも美しい口からこぼれ落ちることとなった。［…］注意力や分別に欠ける人々がこの言葉を媚態と同義に理解してきたことはわかっているが、この機会を利用して彼らに真実を教えることとしよう。［…］すなわち「flirtation」

は媚態には至っておらず、相手へ近づこうという最初のほのめかしだけを遠回しに伝えているのであって、このほのめかしに続いて媚態を示したなら［…］はっきりとした条約の締結に至ることもある、というようなものなのだ。(1)

言葉はさまざまなことをおこなうのに使われます。記述する、計画を立てたり約束をしたりする、招待をしたり指令を出したりする、などなど。傷つけるための言葉として用いられることもあります。卑しめたり、侮辱したり、排除したり、と。英国の雑誌『世界』に一七五四年に掲載されたこの手紙で、政治家であるフィリップ・スタンホープ卿は一見すると女性が言葉に対して持つ素質を、特に侮蔑のための言葉の発明や求愛のために女性が用いる繊細で遠回しな言葉づかいを、褒めたたえようとしているように思えます。ですが、そのように語りながら、彼自身も巧みに弁舌を振るい、豊かな表現力を持った言葉や遠回しな言葉づかいを用いて、まさにこの「女性的な」語りかたを茶化し、女性全般に、取るに足らないおしゃべりへつまらない情熱を注ぐ愚かな生き物という役割をあてがいます。

言葉というものはそのように具体的な力を伴って有害な影響を与えることができるわけですが、この事実には当惑を覚えさせられるところがあります。だって、言葉というのはつまるところただの言葉に過ぎないのですから。子どもに言い聞かせるフレーズにも「棒や石でなら骨折もするだろうけど、言葉で怪我をすることはないよ」というのがあります。[*1] けれど、言葉は確かに怪我をさせるものなのです。私たちの気持ちを傷つけるだけでなく、私たちの社会的地位を傷つけ、場合によっては人間としての私たちの基本的な尊厳さえ傷つけるのですから。けれど音や記号に過ぎないものが、どうやってそうしたあれこれを成し遂げられるのでしょうか？　これまで多くの哲学者が、言語は一種のゲームなのだと考えてきました。ゲームも言語も戦略的に用いられる複雑で抽象的な構造物であるわけですが、これは単に楽しいから用いられるばかりでなく、真面目な目的を達成するために用いられるものでもあります。ゲームと言語のあいだのこうした類似点のいくつかを考察していけば、言語というこんなにもかたちのないものが、先ほど述べたような強力な効果を持ちうる仕組みについて、いくらかの光を当てられることでしょう。そして人々がどのようにしてこの力を悪しき目的のために用いているかを見て取ったなら、形勢を逆転させてこちらからやり返す方法についても見えてくることがあるでしょう。

集中攻撃《パワープレイ》と言葉の武器

バスケットボールには、そうでなければならないという必然性のないさまざまなルールがありますが、それと同様に言語にも必然性のないルールの数々があります。バスケットボールの場合、そうした規約のおかげで、例えばボールをどのように使うべきかが指定されることになりますが、言語の場合の規約は、言葉の標準的な使いかたを指定するものとなります。そうした規約のうち、多くはかなりわかりやすいものです。対象（「リンゴ（apple）」）と性質（「赤い（red）」）を名指して、それをつなげて文にしたならば、この世界のありかたを表象する命題を表現し、真なる情報や偽なる情報を伝達することができる、という具合です。しかし言葉は規約を介して別の機能を遂行することもできます。感情を表現したり（「やった！（Hooray!）」）、評価を表現したり（「よい（good）」）、何かを勧めていることを表現したり（「すべきだ（should）」）、というように。言葉には社会的地位を管理する働きもあります。「旦那《サー》さま（sir）」のような敬称は相手を持ち上げるものですし、「小僧《ボーイ》(boy)」[*2]のような悪口は相手を貶めます。ときには、ひとを貶めるような侮蔑の言葉をあえて使って仲のよさを高めることもあります(「お嬢ちゃん《ガール》(girl)」という言葉をあえて使って「やったね《ユーゴー》、お嬢ちゃん《ガール》!(You go, girl!)」と言う場合のように)。とはいえそうした言葉はたいていの場合、権力の差を強化するのに用いられます。一九六七年に、精神分析学者のアルヴィン・プーサントは自らの故郷であるミシシッピ州ジャクソンでの体験を思い返して語っています。

職場を出たところで[…]白人の警官がわめきたててきました。「おい、小僧《ボーイ》!　こっちに来い!」少し嫌に思って、私は「小僧《ボーイ》じゃない!」と言い返しました。すると相手は激怒して駆け寄り、こちらを見下ろすように立ちながら鼻を鳴らしました。「小僧《ボーイ》、なんて言った?」そうして相手は素早く私の体を探り、「名前は何だ?　小僧《ボーイ》」と問い詰めました。恐ろしくなって私は答えました。「ドクター・プーサント。医者だ」。相手はいらだち交じりににやにやとしながらささやきました。「ファーストネームは何だ?　小僧《ボーイ》」[…]心臓が脈打つなか、私は心の底からの屈辱とともにつぶやきました。「アルヴィン」[…]「アルヴィン、次に私が呼んだら、すぐに来るんだ。わかったか?」[…]わかったか、小僧《ボーイ》?」どうしようもない気持ちで声が震えましたが、自分の身を守らないとならないという本能に従って、私はつぶやきました。「はい、旦那さま《サー》」。これは、その地域に暮らすさまざまな黒人たちが目撃するなか、往来のど真ん中で起きたことで、これを目撃した人々は「黒人である以上、およそどんな白人にも並ぶことはないのだ」と思い知らされざるをえませんでした。私たちはみな、医者も弁護士も郵便局員も農業労働者も靴磨きの少年も、心理的に「立場をわきまえさせられてきた」のです。[2]

相手をけなす言葉として「小僧《ボーイ》」を用いるなどというのは、むかしの時代の話だと思われるかもしれません（ただし、米国最高裁は二〇〇六年になってそうした言葉が人種差別の証拠となりうると定めている、ということにも注意してください）。だとしても、ひとに立場をわきまえさせるその他の言語ツールのあれこれは、いたってぴんぴんしています。

なかでも差別表現、つまり民族、ジェンダー、性的指向、職業などで定義されるカテゴリーに向けられる侮蔑の言葉は、特に相手の蔑称として吐き捨てられるような場合には（いわゆるSワード[*3]を用いて「このインディアン女《ス○ー》！」と言うなど）、社会的な抑圧をもたらすための強力な道具となります。たとえ自分自身はこうした言葉を決して使わなかったとしても、そしてたとえこうした言葉をそのターゲットとなるひとに向けるのはよくないと自分は考えていたとしても、それでも私たちがその言葉の意味をわかるようなら、まさにその事実だけで、それが果たすことになっている効果のいくらかは達成されることになるのです。というのも、その言葉が流通しているということは、要するにそんなふうにおおっぴらに用いられるのに十分なくらいには、そこに結びつけられている物の見方を受け入れているひとがほかにたくさんいるということなのですから。一九四〇年、ラングストン・ヒューズは、いまでは「Nワード[*4]」と呼び習わされている例の言葉のもとに、どのような社会的な力が集まってくるかを記述しています（ただしヒューズ自身はその言葉がひとの本能的なところにもたらす効果を強調するために、実際にその言葉を用いています）。

> ニ〇ーという言葉は、そう、黒人の私たちにとっては、アメリカにおける侮辱とたたかいの長年にわたる苦渋に満ちた歳月を集約するものなのだ。つまり、それは、奴隷にたいする昨日の笞打ちであり、今日の私刑であり、黒人差別車であり、[…]黒人が食事するのが許されていないレストランであり、黒人には手に入らない仕事であり、黒人の加入が阻まれている労働組合だ。学校で白人の子供たちが口にするニ〇ーという言葉、職場で親方が口にするニ〇ーという言葉、アメリカ中いたるところで聞かれるニ〇ーという言葉！　ニ〇ー！　ニ〇ー！(3)*5

「小僧《ボーイ》」と同じく、この差別表現も一九四〇年に比べたら現在はすたれているはずだと思いたいものです。ですが当時と同様に現代においても、この差別表現はほかの言葉にはない煽動力を持っていて、これはアフリカ系アメリカ人への人種的な抑圧が独特な仕方で制度化されているがゆえです。とはいえ、はっきりそれとわかる力が備わっているというのは、あらゆる差別表現に言えることです。差別表現というのはそのターゲットや周囲の人間に対し、「ターゲット集団に属す人々は劣った地位に置かれるに相応しいと「人々」は考えているのだ」、「そうした地位を強制するような社会のメカニズムがあるのだ」、「話し手はこのメカニズムを利用してターゲットを「相応しい立場」(4)に押し込む気があるのだ」と示すものなのですから。

フレームとステレオタイプ

差別表現を含んでいる発話が、だからと言って常に「挑発的な発言」であったり、ターゲットに直接に吐き出される武器であったりするわけではありません。「あのあたりはインディアン女《ス○ー》がぶらぶらしてる場所だよ」のような発言は、その主要な働きとしては聞き手に何らかの事実（とされるもの）を伝えているのであって、この差別表現が一定の物の見方を与えるという面については、脇に置かれ、解説役が添えるコメント程度のものになっています。とはいえ、差別表現は禁句《タブー》となっている言葉なのであって、ですからこうした情報伝達的な用法もなおぎょっとさせるものではあります。もっとも、禁句なしには社会規範を強化できないというわけでもありません。その規約的な機能の一面としてこうした力を持ちえます。そんなわけで、例えば「潔癖（prude）」、「小悪魔（tease）」、「お独りさま（spinster）」といった言葉は、「女性は性的な関心をこんなふうに表明すべきだ」という決めつけを含むものとなっています。[*6] こうした言葉を使うとき、話し手は単に自分の個人的な気持ちを表明しているのではありません。話し手はそうした言葉が向けられる女性たちを、女性の性に関する社会規範に違反したものとして貶め、その規範を強化し、他のあらゆるひとを取り締まるようにしているのです。ほかにも、「おしとやか（demure）」や英語で使われる「ムショ送りの罠《ジェイルベイト》（jailbait）」[*7]といった言葉も、賞賛のようなものを通じて同種の規範を強化しています。この手の賞賛はそのときにはそれを受けたひとを心地よくすることもあるかもしれませんが、それでもそのターゲットをその人々に相応しいとされてきた「場所」

に位置づけ、うまく適合しない人々を非難するものです。さらに言葉は、その使いかたに関する規約において特定の集団にしか用いられないようになっているわけではないのに、それでも決まってその集団への規範を強化する働きをする、ということもありえます。例を挙げれば、「偉そう(bossy)」、「がさつ(abrasive)」、「小うるさい(strident)」、「強気(aggressive)」、「感情的(emotional)」、「理屈が通じない(irrational)」といった言葉は、原則としてはジェンダーに関係なく誰にでも当てはまりうるものです。にもかかわらず、実際には女性に用いられることが圧倒的に多くなっています。二〇一四年に『フォーチュン』誌が二十八の企業における二百四十八の業績評価を分析したところ、次のようなことがわかりました。「これらの言葉のすべてが女性の［業績］評価におおよそ二倍の頻度で現れる。［…］「がさつ」だけでも、十三人の女性に対し十七回も用いられていた。いま挙げた言葉のうちでそもそも男性の評価に現れたのは「強気」だけだ。しかもこの言葉は三回現れているが、うち二回はもっと強気になれという激励とともに用いられていた(5)」。

記述と評価を混ぜこぜにするこういった言葉のことを「厚い語」と呼びますが、厚い語には二つの特徴があり、そのためにこうした言葉は会話においてとりわけ強力に働くようになっています。一つ目の特徴は、社会的な規範を前提としたうえで用いられているということで、それによって関連する規範を「誰もが」異論の余地なく受け入れているものとして提示するようになっています。すでに見たように、その言葉が広く大っぴらに使われているというだけでも、こうした想定に裏付けが与えられることになります。ですがこうした規範を新たな情報として持ち出すのではなく、すでに確立された事柄として持ち出したなら、会話においてその規範に反論するのがさらに難しくなるという結果も生じます。もし誰かが「銀行はもう閉まったよ」と言ったなら、その主張は単に「いや、そんなことないよ」と言うだけで退けられるでしょう。これに対し、前提を否定するには「ちょっと待って！　あなたがジェーンをお独りさま呼ばわりしたとき、女性にとって結婚しているかどうかが本質的な特徴になっていると決めつけているよね！　それは間違っているよ！」などと言って、会話の方向性を変えなければなりません。ですが、たいていの場合、特に発言が記述する内容から出てくる条件（未婚であることなど）が満たされている場合には、会話の流れに逆らうよりも、それに身を委ねるほうが簡単なのです。

　二つ目の特徴は、仮に会話を脱線させる気になったとしても、問題となっている厚い語が持つ好ましくない前提というのが実際のところ何なのかを正確に特定するのは難しい、ということです。もし私が「ジョージはどうにかその問題を解いた（George managed to solve the problem）」と言ったなら、私はその問題がジョージにとってそれなりに大変なものであったということを前提としています。この命題は誤っているかもしれませんが、ともあれ少なくともこれと特定し、反対することのできるものです。差別表現や厚い語の場合には、同じようにはいきません。そうした言葉が前提としているのはこれと特定できる命題ではなく、いろいろな思考やイメージ、感情、評価といったものが織りなす、複雑で、そこに含まれるものを枚挙し切ることのできないひとつの束であって、つまりは物の見方なのです。仮に私たちが話し手の言葉に見られる決めつけを何か具体的に指摘したとしても、話し手はいつだってもっともらしい様子で「そんな意味ではなかった」と否定し、全体としての物の見方自体は揺るがせないで済ますことができてしまいます。さらに言えば、イメージや感情といったものは「真である」などと言われることのないものなのだから、それを直接に偽であると退けることもできず、何かしらほかの点で不適切であると指摘することによって取り除くほかありません。

このように、厚い語が持つ前提には物の見方に関わるという特質があるのですが、それゆえにこうした言葉は会話においてももちろん、認知の面でも強力なものとなります。イメージや感情や評価のなかに染み渡ったステレオタイプを呼び起こすことによって、心の奥底の「なんとなく」のレベルにおいて、言及されている人々を枠にはめ込み、その人々のどういったことに目を向けて記憶するか、そのひとたちの振る舞いをどのように説明するか、そうしたひとたちから将来どのようなことを期待するかといったことを、一定の方向へと導くのです。クロード・スティールの言葉を借りるなら、そうしたステレオタイプは「空気中に潜む脅威(6)」なのです。さらに悪いことに、この脅威は自己成就的でもあります。というのも、ステレオタイプのせいで私たちがそのステレオタイプに従った仕方で振る舞うようになる、ということが起こりうるのですから。例えば、数学のテストの成績を落とすなどというように。この効果は、ターゲット集団の人々にとっては他に類のないくらい劇的で、直接に害をもたらすものとなるでしょう。にもかかわらず、厚い語の場合には、会話内での全参加者の思考に枠を与え、それによって本来なら同情的な「仲間《アライ》」でさえも、その言葉が喚起する侮蔑的な物の見方に実効力を与えることに、知らず知らずのうちに協力させられてしまうのです。

最後に述べておきたいのですが、何かを記述するような意味しか持たない言葉でも、ある種の文のなかでは枠を与えるものとして機能することがあります。そういうわけで、「女の子《ガール》」という言葉はそれ自体としては内容豊かなジェンダー・ステレオタイプを含みこんでいるわけではなく、女の子はどのように振る舞うもので、どのように振る舞うべきなのかといったことに何も触れないで「私のクラスには女の子が七人、男の子が五人いる」などと言うこともできます（とはいえ、ジェンダーの帰属が生物学的な性とどう関わっているのかという点については、もっと難しい問題がありますが）。ですが「女の子《ガール》」や「男の子《ボーイ》」を総称的な言葉として用いた「女の子は数学が苦手だ」や「男の子はいくつになっても男の子だ」といった文は、女の子や男の子といった集団に「なんとなく」のステレオタイプで枠を与え、厚い語と同じように脅威を引き起こすような効果を持ちます。また総称的な構文を用いた文は、一般的な事柄を言語に置き換えるにあたって例外を許すようなかたちを採用しており、そのためにほかの言葉と比べると反証を受けにくくなっている点においても、特に強力です。なかでも社会的種と呼ばれるものに適用される際には、総称文が物事の本質を語るものとなっているがゆえに、そうした力が生じているように思われます。本質というのは、事物をそれがいま現にあるがままのそれにし、そしてある特定の仕方で振る舞う傾向を生み出す、けれどそれ自体としては外から観察することのできない性質のことを指します。私たちは事物に本質を想定する考えかたになんとなく引き込まれがちで、それゆえに統計的な相関を過大評価してしまったり、実際には存在しない因果関係に物事を押し付けてしまったり、実際にはそのような結びつきに科学的根拠はないにもかかわらず、ある種の性質を関連する集団に属す人々にとって自然なものであるだとか、正常なものであるだとか、「適したもの」であるだとかと見なしてしまうところがある、ということが知られているのです(7)。

言うこと、言わないこと

言語もゲームも、何らかの行為に「その行為でなければならない」という特段の理由なしに社会的な意義を与えるような規約的な規則からつくられているわけですが、これまでのところではそうした点でゲームに似たものとして言語に目を向け、とりわけ社会的な役割を支配する規範について、言語を構成する規約がそれをどのように強化するかということに注目してきました。これに次いで言語とゲームの類似点を指摘するなら、いずれも順番を交代しながらなされるということが挙げられます。チェスが手番を交代しながらおこなわれるように、会話にもまた、順番を交代するような動きを繰り返しながらおこなわれるという一面があります。また野球と同じように、会話にも、いまの会話の状況に応じてどのような行動を取れるかが変わったり、それぞれの行動が持つ効果が一般的な規約とこれまでの会話の流れとの双方に応じて変わったりというかたちで、複数の異なるタイプの行動が関与しています。さらにポーカーと同じように、参加者は戦略的にプレイすることもありますが、だからと言って例えば嘘をついたりまったく無関係なことを言ったりして規則を破るのは、正当な振る舞いだとは認められません。

これに加えて、ゲームでも言語でも、参加者は自分の行動が持つ規約的な意味とは異なる何かを達成するために、自分があくまで規則に従っているものと相手は見なしてくれるはずだという点を利用することもできます。例えば、ちょうどブリッジをプレイしているひとが最初に弱いハートのカードを出すことで、自分のハートの手持ちが少ないことやパートナーが主導権を取ったほうがいいということを教えるのと同じようにして、「弟さんはどこ?」と訊かれたティーンエイジャーは「外」と答えることで、それより詳しいことは知らないだとか、言いたくないだとかと伝えることがあります。こうした場合では、「聞き手は話し手が会話の規則に従っていると想定しているはずだし、だからこそ聞き手は一見すると正当でなかったり不合理であったりするような振る舞いでも、どうにか意味の通る仕方で解釈し直してくれるはずだ」と仮定することで、話し手は自分の振る舞いをつくりあげているのです。

このように言われると複雑に聞こえるでしょうが、これは私たちが毎日のように、しかもたいていはそれと気づきもせずにおこなっていることです。あなたが私を木曜の夜のコンサートに行かないかと誘って、私が「金曜にテストがあるんだ」と言ったとしましょう。この返事そのものはあなたの誘いに答えるものとはなっていないけれど、「テストがあるなら勉強をしないとならないはずで、つまりは忙しいはずだ」という想定を付け加えたなら、あなたは私が誘いを断っていることに気づけるでしょう。このような、伝えられてはいるけれど直接は言われていない意味のことを、哲学者は「推意[*8]」と呼びます。しかし、そもそもどうして言いたいことをはっきり言わずに、間接的に伝達するなどということをするのでしょうか? コンサートへの誘いを断るという例に見られるように、ひとつの理由は、言わる舞いをまとめてやってのけることができたらそのほうが効率的だからです。ほかの理由として、いくつかの振んとしていることをはっきり述べないようにしたなら、あからさまに拒絶したり非難したりといった場合に生じるダメージを和らげ、もっと丁寧な伝えかたにできるということもあります。友達同士の会話に見られるように、場合によってはこうした伝えかたは単に親切な振る舞いであることもあります。しかしそれ以外の、給料の交渉などの場面においては、その場のひとたちが持つそれぞれの社会的役割を考えるとおよそ許容されないような振る舞いを、話し手が巧みにやってのけるための手段となることもあります。

慎重に発言を選んだなら、本当に言いたいことを言わずに済ませることによって、自分が伝えてしまったことを否定できるようになる場合もあります。発言が向けられた相手にせよそれ以外のひとにせよ、誰かが話し手に反論し、「ちょっと待って！　あなたより長時間働いているジョンとアリスの給料はそのままでいいけど、でもあなたの給料は上げるべきだと、そう言いたいわけですか？」と訊いてきたとして、話し手は「そうではありません。ただ、私はこれまで長時間働いてきたと指摘したまでです。ここに勤めている誰もが熱心に働いていることはわかっています」などと異論を唱えて応じることができるのです。こうした仕方で否定することによって、話し手は自分の伝えた事柄に対する責任を逃れられるようになります。それはたとえ、話し手がまさにそういうことを伝えていたのだとその場の誰もがはっきりわかっていたとしても変わりません（いわゆる「もっともらしい否認[9]」は、それほどもっともらしくないことがよくある、と言ってもよいでしょう）。責任を引き受けるどころか逆に聞き手にそのように解釈した責任を負わせて、「あなたが言ったんですよ。私ではなく」と言うことさえできるのです。

会話のなかでの振る舞いがその社会においてリスキーなものとなっていて、どのように受け取られるか不安があったりはっきりしなかったりという場合、このように何かを伝えつつそれを否定できたなら、とりわけ便利なことでしょう。恋愛関係と職業上の関係とのあいだの微妙な綱引きをうまく切り抜けたいというのは、あとから否定することもできるほのめかしを駆使してコミュニケーションをおこなう動機としては、ありふれたもののひとつです。ほかには脅迫もそうした動機となります。一例を挙げると、一九二六年の（ミシガン州の）『ルディントン・デイリー・ニュース』紙の見出しに「デトロイトの強盗団、銀行強盗のために心理学を使う。銀行員を捕まえ質問でパニックに追いやる」とありますが、ここで言われている質問というのは、表面的には無害な「子どもはいまどうしてる？　子どものことをよく考えるだろう？　素敵な家族があるんだろう？　それを壊すようなことが起きたらかわいそうじゃないか？」というものでした。

最後に言い添えると、冒頭に挙げたスタンホープ卿による女性の弁舌についての論考がはっきり言葉にして述べ、間接的に示してもいるように、私たちが誰かを侮辱するときにはすぐにそれとはわからないかたちで言葉を選びたがることが少なくありません。ポール・グライスは推意というものの中核をなすアイデアを推薦文の例を挙げて語っているのですが、それはそのまま引き写すとこういった内容でした。「Xくんは国語に堪能で、また個人指導にも定期的に出席しています。草々」[8]。要するに、この推薦文を書いたひとはおばあちゃんの知恵袋的な教え「何も褒めるところがなければ何も言わないように」を、武器のように利用しているのです。もっとはっきりと言うなら、この手紙を書いたのはその学生の教員なわけで、当然この手紙に実際に書かれている以上のことを知っているはずですし、しかもこうした手紙は可能な限り関連する情報をたくさん与えるために書かれるものなのですから、この手紙を書いたひとは、これ以上は何を言ってもネガティブな内容になるからこそ、それ以上の情報を与えるようなことを言うまいとしているのに違いありません。「これを読む人々はこうした手紙に一般的に期待される事柄をよく承知しているはずだ」と仮定することで、手紙の書き手ははっきりそれと言わずに「こいつを雇ってはいけない！」と伝えることができているのです。

アレキサンダー・ポープは一七三四年に、ささやかな賛辞を大々的に送ることで何かをほのめかすという、同様のテクニックを勧めています。

わずかに褒めて悪態をつき、いんぎん無礼な目付きで同意、
自らは嘲笑せずして、嘲笑う《あざわら》術《すべ》を他人に教え込む、
ばっさりやるのがお好みながら、一発くれてやるのを恐れるあまり、
誤りあるのをほのめかし、嫌悪は語らず口ごもる(9)

ポープのやり口は、リスクのある情報をこっそり伝えるテクニックとしてグライスが一般的なかたちでまとめた範囲を超えて、「嘲笑う」ことを特に打ち出したものとなっています。推意は表に出てこないものなので、物の見方を利用して達成されるような手合いの、ぼんやりとかたちのない侮蔑のもとでターゲットを捉えてあざ笑うことに対して、とりわけ適した手法なのです。例えば「バラク・オバマのミドル・ネームは『フセイン』だ。ちょっと言ってみただけだがね」と発言する話し手を考えてみましょう。[*10] 表面的には、この言葉は事実を述べているにすぎません。しかし間接的には、この言葉はそれを「行間を読ませる」かたちで提示するものとなっています。つまりは、「フセイン」という名を持つ人々と結びついたかたちで人口に膾炙しているぼんやりとした不吉な性質の影を、そこに垣間見させているのです。そうしたわけで、厚い語もそうでしたが、ほのめかしもまた、それをうまく利用することで、話し手は好ましくない決めつけを、それとははっきり述べないままに会話に差し挟むことができます。そうする

と聞き手がその決めつけを特定できるというまさにその事実によって、その決めつけが信頼に足るものとされてしまい、「誰もが知っている」ような「はっきり目につく」事柄のように見せかけられてしまうのです。

ほのめかしを用いて、話し手は自分の会話上の振る舞いを巧みに練り上げ、自分は実際にはっきり言葉にした通りの害のないことしか伝える気はなかったのだと（本音を隠して）言い張れるようにすることもできます。「かっこいいファッションだね！　なんというか……、目を引く」だとか「なんだか……、個性的だね」といった典型的な比肉の例は、このやり口をさらに推し進めたもので、それとはっきり述べないままに社会的な規範を前提として置き、そのうえでターゲットがそれに違反しているとほのめかしつつ、なおかつあくまで自分の言ったことに対する責任を何ら引き受けないで済ませる発言となっています。これと同じように、「ヘレン・ケラーはどうして運転ができないんだと思う？　女だからさ」という（悪趣味な）ジョークは、女性はあまりに運転が下手で、女性であることに比べたら目が見えないことは大した障壁にはならないということを、その場にいる人々が共有する知識として差し出すのです。皮肉の場合でも冗談の場合でも、話し手は「ただの冗談だよ」などと言って自分の発言から非難を逸らして、異を唱えるひとこそユーモアを介さず言葉にこだわりすぎていると責め立てることができます。その一方で、異を唱えるひとが「それを汲み取った」という事実自体がその発言にどこか「当を得た部分」があるということを改めて示すことになり、「同調せよ」というさらなるプレッシャーを聞き手に加えるものとなるのです。

これまでに見てきたような間接的な話法のどれにおいても、会話の参加者はみな話し手が本当に言わんとしていることを、たとえ本人は否定したり「それ」が何なのか正確には述べられなかったりしたとしても、それでも承知しているものとされていました。ですがほのめかしや皮肉やジョークは、多数の聴衆に向けて語られ、あるひとには裏表なく言葉通りの発言であると見せかけつつ、別のひとには「そんなことは言っていない」と否定できるような仕方で、隠れたメッセージを伝えることもできます。一例を挙げると、ジェイン・オースティンの『高慢と偏見』のある場面では、メアリー・ベネットがビングリー姉妹に呆れられ、からかわれているのも知らず、ひどい歌声を披露します。[*11] メアリーの姉であるエリザベスが「お願いだから止めてほしい」という顔で見ているのに気づき、父親がメアリーを遮って「それでもうじゅうぶん。長々と楽しませてもらったよ。こんどはほかのご婦人方にお願いしようじゃないか」と言います。父親の意図としては、メアリーには発言を裏表のないものとして受け取ってもらいつつ、それとともにエリザベスや、場合によってはビングリー姉妹にも、「楽しませてくれた」をそれとはほとんど真逆の「拷問だった」といった意味で理解してもらおうとしているのです。

話し手が自分の本当に伝えたいことを「それを聴き取る耳を持つひと」だけに伝わるように工夫しておこなう発言を「犬笛」と呼ぶのですが、犬笛を用いると、『高慢と偏見』の例で見たのと同様の効果を広く公開されるような場でも達成できるようになります。例えばジョージ・W・ブッシュの二〇〇三年の一般教書演説では「力が、奇跡を起こす力が、米国民の善良さ、理想主義、信じる心のうちにはあるのです」という言い回しを用いることで、あらゆるひとに幅広く向けたかたちで、アメリカには苦境から立ち上がる力があるのだと宣言しています。ですがそれとともに、キリスト教原理主義にとってお馴染みの言葉づかいを採用することで、少なくともそうした団体を自分が支持しているという目配せをしていて、それどころか場合によっては、自分の運営する政府にキリスト教中心的な価値観を備えつけようという約束をさえしているのです(10)。

毒を以て毒を制す

ここまでで、言語が集中攻撃《パワープレイ》を実行可能にしたり社会的な規範を強化したりといった際に働く規約のメカニズムや会話のメカニズムをいろいろと説明してきました。そのなかで私が強調してきたのは、どんなふうにそういったメカニズムが聞き手の抵抗を困難にするような仕方で、前提だとか、一定の物の見方に基づいた枠への当てはめだとかを利用しているのか、ということでした。この状況を見ると、聞き手というのはひとを巧みに操ろうという話し手のなすがままになる受け身な被害者なのだと思えるかもしれません。ですがそれだけで話が終わるはずないのは明らかで、そのことは会話が一般的に順番交代しながら発言をするものだということを考えるととりわけはっきりしてくるでしょう。また、それにもまして重要なのは、話し手に力を授けるテクニックは、それとともに会話の弱点をつくりだすものでもあって、だからこれを利用すれば聞き手だってやり返せるのだ、という点です。結局のところ、ほのめかしや皮肉やジョークを用いるとき、話し手は解釈の責任を聞き手に押し付けるような、いわば会話版のはったり《ブラフ》に専心することで会話での責任を回避しようとします。その結果として、「もっとあからさまに「一発くれてやる」のはせずに済ませたいなら、ただ「誤りがあるのをほのめか」すようにせよ」というポープのアドバイスをうまく実行するには、難しい綱渡りをしなければならなくなります。聞き手にそれとわかるくらいには本当に言わんとしていることが明白でありつつも、あとから否定できなくならないくらいには明白でないかたちで、言わんとしてることを伝えなければならないのです。

もっと具体的に述べると、ほのめかしをおこなう話し手があからさまになりすぎる危険をうまく避けられるくらいに微妙な物言いをした場合、その話し手は言葉をぼかしすぎたがゆえの伝達ミスが生じるリスクを負うことになります。伝達ミスは二通りの仕方で生じます。ひとつの可能性として、発言が単にその額面通りのことを意味する裏表のない言葉として受け取られることがあります。もうひとつの可能性として、話し手が思い描いていたのとは別の暗黙の想定が持ち込まれ、それによって話し手が意図していたこととは違う意味を負わされることもあります。どちらのタイプの伝達ミスも、単に聞き手がただただぼんやりしているという場合にも生じえます。しかし話し手が本当に言いたかったことを言っていないふりをできるのとちょうど同じように、聞き手もまた、本当は理解していながらも意味を捉えていないふりをすることができます。例えば、以前に見た例でコンサートへの誘いを断られた人物は、金曜にテストがあるという相手の発言に「よかった！　コンサートは一〇時まで始まらないし、勉強時間はたっぷり確保できるよ。じゃあ、九時半に迎えに来るのでどう?」などと言って応じることもできます。たとえ相手が誘いを断るつもりで発言をしたのだと完全に承知している場合であっても変わりません。これとは別のやりかたとして、聞き手は相手の言わんとしていることを単に無視するだけでなく、わざとその解釈を変えることもできます。例えば、給料の交渉をしていたひとは、そのわがままさをはっきりとは述べないまま非難するような上司の言い分に、「本当にその通りで、どうにか私たち三人全員の給料を上げる方法を見つけてほしいわけなんですよ」と言って応じることもできるのです。このようにわざと無視したりわざと解釈を変えたりすれば、解釈を押し付けられる役割は聞き手から話し手へと押し戻されることになります。もっと具体的に言うと、話し手がはっきりとは言わずに伝えようとしていることなど認めないというかたちで知らないふりをしたり、話し手の言わんとしていることを聞き手に都合よく捻じ曲げて解釈を変えたりすればいいのです。

集中攻撃《パワープレイ》を可能にする言語手段のなかでも、厚い語や総称表現のような規約的なものの場合には、まさにそれが規約的な意味に基づくもので、そして規約的な意味については会話の参加者がみなその言語能力の一部として認識しているがゆえに、話し手の言わんとしていることを否定したり聞き手の側で解釈し直したりという戦略的な手法を発揮したりする余地は少なくなってしまいます。しかしここでも聞き手は同じ基本的なテクニックを利用して、こっそりと好ましくない決めつけを潜り込ませようという話し手の企みに抵抗することができます。例えば、話し手が前提にしようとしていることに異論の余地のない身分を与えないようにし、それによって話し手がはっきりとその内容を言葉にして抗弁するか、さもなければそれを放棄してその会話を支配する前提に組み込まないかの二者択一に追い込むために、聞き手はあえて理解できないような様子を見せて「ちょっと待って！　よくわからないんだけど。あなたはあの子のことを「売女／潔癖／やかまし屋（slut/prude/shrill）」だと言うけれど、それってどういう意味なの？」と言うことができます。

さらに別の手段として、聞き手はこれまでとは異なる物の見方の枠組みを話し手の使った言葉に当てはめることで、話し手がその語義通りに使っている言葉を捻じ曲げることができるかもしれません。そのもっとも劇的な例のひとつは、「クィア」[*12]のような差別表現の奪い返しがあります。これから挙げるのは一九七九年に『レズビアン・タイド』の編者たちが出した書簡ですが、ここで述べられているように、こうした差別表現のターゲットとなっている集団の人々は、その言葉に結びつけられたステレオタイプを恥ずべきものとしてではなく、むしろ誇らしく掲げるものとして迎え入れ、この差別表現を侮蔑的な言葉とすることに反抗したのです。

男たちが私たちのことを「ダイク[*13]（dyke）」と呼ぶときに言わんとしていたことは、正しい。私たちは確かに（女を愛するということに関しては）譲歩する気がないし、私たちは確かに（美しさというのが凝り固まったステレオタイプや受け身の態度で測られるなら）醜いし、私たちは確かに（独立独歩の女を恐れる者にとっては）恐ろしいし、私たちは確かに（黙って微笑むことが快い態度だと言うのなら）不快なのだ。(11)

しかし言葉の奪い返しにはリスクもあります。まず、この手法はひとりの個人では実施できません。政治的な運動として遂行していくほかなく、成功のためには幅広い人々の文化に受け入れられる必要があります。また第二のリスクとして、この運動が成功することでその差別表現の根底にある本質主義的な思考が強化されかねず、その点で成功そのものが危険になるという点もあります。「売女」や「潔癖」のような厚い語が問題になるのは、ひとつにはそれによって本来なら特別に高い社会的身分を与えられたり低い社会的身分を与えられたりするには及ばないようなカテゴリーに、注目が集まってしまうからです。言葉の奪い返しは、ただその言葉に結びつけられた認知的な評価や社会的な評価をずらすだけで、その言葉の根底にあるカテゴリーは積極的に認められることになります。

この章では、意図的にであれ意図せずにであれ、話し手が言語を使って権力の力学《ダイナミックス》を発揮させたり社会的な規範を強化したりする手法や、聞き手がそれに従うようプレッシャーをかけられつつ、けれどそれに抵抗もできるそのありかたについて、幅広く紹介しました。言葉にはひとを侮蔑したり操作したりする危険な面があるとして、では裏表のない善意の話し手や聞き手はどうすべきでしょうか？　哲学者に特に見られるのですが、自分の伝えたい通りのことを言い、言った通りのことを伝えるようにし、はっきりと述べられない曖昧な決めつけを持ち出さなかったなら、問題は解決すると考えるひともいます。ですがここまでの議論が示すように、これは見込みのある選択肢ではありません。ひとつには、もし何もかもをはっきり述べなければならなくなったら、いったん話し始めるとそれを終わらせることさえできなくなってしまうからです。どのような会話もどこかから始めるしかありませんし、多くの振る舞いをひとまとめにして同時におこなうための手段も必要です。また別の理由として、ときにははっきりと語らないことが、傷ついた感情や社会の反発《バックラッシュ》から身を守れるようにしてくれて、話し手、あるいはその双方にとって本当に有益となることもある、という点が挙げられます。それに、仮にすべてを完全にはっきりと述べたとしても、相手がそれをちゃんと理解してくれるという保証はありえません。『高慢と偏見』でエリザベス・ベネットはコリンズ氏のプロポーズを何度も拒絶しているのに、そのたびごとに即座にその拒絶を退けられてしまいます。[*14] コリンズ氏は「若いご婦人は、殿方からの結婚の申し込みには、内心では承諾するつもりでも、表向きはまず断るのが習わしだとか。そしてときには、その拒絶が、二度、三度とくりかえされるとか」と信じ、「だから何と言われようとくじけないし、間もなく『はい』と言わせられるはず」と考えているのです。エリザベスがとうとう「もっとはっきり言いましょうか？　私が、あなたを悩ましている上流社会の女性だなどとはゆめゆめお考えになりませんように、心底から真実を申し上げている理性ある女だとお考え下さい」と訴えるに至っても、コリンズ氏は単に「なんとも魅力的なお方だ！　[…]あなたの優れたご両親の確たるご意志のもとにわたくしの結婚の申し込みが認められれば、あなたは必ずやお受けいただけるものと信じておりますよ」と答えて済ませます。エリザベスの側がどれだけ明確な言葉を使い、直接的な話し方をしたとしても、コリンズ氏の自分で自分の確信を強め続けるような解釈マシンにかかれば、新たな材料が供給されるにすぎないのです。そして差別表現や「小僧《ボーイ》」の場合と同様に、「そのようなやりとりはもう過ぎ去った時代のものだ」と思いたくなるかもしれませんが、#MeTooや「嫌だは嫌だ（No means No）」は、こうした仕方で相手を「黙らせ《サイレンシング》」ることがいまでも横行していることを示しています。

とはいえ、「言葉の通りにやっていく」のがよくないという理由のうちでもっとも重要なのは、人間の心の実際の働きかたがそうなっていないことです。厚い語やほのめかし、ジョークに結びついているなんとなくの物の見方は、私たちの思考の隅々に広がっていて、言葉の通りに語る話法やその場に見られる言語外の特徴も含むような広範な合図のもとで、意図的に作動させられたり、あるいは偶然に作動させられたりすることがあります。ひとたびそうしたものが呼び起こされたなら、それは単に会話を特定の方向に導くだけでなく、私たちの心に留まり、それが追い払われるまでは自分でもきちんと自覚できないような仕方で、私たちの判断や行為に影響を与えるのです。

だとすると、もっともよい対応策は、私たち自身もいろいろな枠づけ（や前提、推意）を用いること、ただしそれを批判的で柔軟な仕方で用いることだ、といったところに落ち着く見込みが高いでしょう。物事を枠に当てはめるような話法、特に会話の隅っこでこっそりと持ち込まれるようなものには注意すべきです。好ましくない前提を黙って受け入れるのはそれを黙認するに等しいのであって、歪んでいて侮蔑的であると思われる枠づけが前提とされているとき、私たちには認知的にも道徳的にもその枠づけを拒絶する義務があります。はっきりと言葉にし、相手の前提を批判するような質問をするのは、その前提に分不相応な正当性を与える恐れがあるとはいえ、そうした前提を拒絶するための大事な道具になります。とはいえ、「純粋な理性」は相手を説得するにも、中立のひとたちの支持を得るにも役に立ちそうにありません。それどころか、いま存在するステレオタイプのせいで、私たちが小うるさくユーモアに欠けているだけに見られかねません。そうならないように、相手が責任を回避しつつ何かを伝えようとしているときにそれにうまく応じるには、少なくとも論理や正義と同等のウィットや対人的な能力が求められることが少なくありません。この相手はどういったことなら聴き取れるのかを把握できるくらいに、相手の物の見方に入り込む必要があるのです。自分たちがいま採用している想定や規範を正当なものとして認識させるために、直感的にわかりやすいイメージや比喩を駆使する必要があります。そしてそうした想定や規範を私たちと一緒になって受け入れ、強化してくれる仲間《アライ》を呼び集める必要があります。最後に付け加えると、自分たちの規範が自然なもので、だから正しいのだと独善的に決めつけてしまう罠にはまることなく、想像力と、そして自分の認識が何もかもに行き渡っているわけではないという謙虚さとを育む必要があります。ただし、道徳の羅針盤《コンパス》は決して捨ててはなりません。(12)

［原注］

（1）Fitz-Adam (1754, 606).

（2）Poussaint (1967). McConnell-Ginet (2020) で引用されています。

（3）Hughes (1940, 268–269).〔日本語訳、三六九頁〕。McConnell-Ginet (2020) で引用されています。

（4）リン・ティレルは差別表現やその他の侮蔑的表現が持つ社会的な影響について、言語は推論に基づくゲームであるという観点から分析しています（Tirrell 1999, 2012）。メアリー・ケイト・マクゴーワンは、幅広い種類の有害な話法のありかたを、言語や会話には社会的な規範に実効力を与えるという力があるとしたうえで、その力の行使として説明しています (McGowan 2019)。レイ・ラングトンはヘイト・スピーチを前提の受容を通じて社会的な権威を行使するための道具として取り上げています（Langton 2017）。サリー・マコーネル＝ジネは、言語における権力の力学を簡潔でわかりやすく、経験科学に裏打ちされたかたちで概観しています（McConnell-Ginet 2020）。

（5）Snyder (2014).

（6）Steele (1997).

（7）スーザン・ゲルマンは、本質主義的な考えかたはごく幼いときに生まれ、人間の思考の奥底に深く埋め込まれていると論じています（Gelman 2005）。クロード・スティールは「ステレオタイプ脅威」はいろいろな仕方で引き起こすことができ、さまざまな状況で私たちの行動に影響していると論じます（Steele 2011）。サラ・ジェイン・レスリーは、総称的な発言に関する判断はなんとなくの、けれどさまざまな感情を背負わされたステレオタイプによって導かれていて、そしてそうしたステレオタイプを強化するものであると論じています（Leslie 2017）。コーデリア・ファインは科学的な発見がジャーナリスト、一般人、科学者たちの手によって、さもジェンダーに関する生物学的な本質主義をサポートするかのように広く解釈される仕組みを分析しています（Fine 2010）。

（8）Grice (1975).

（9）Pope (1926 [1734]).〔日本語訳、三〇–三一頁〕〔ただし、本章の趣旨に照らしつつ、部分的に訳を修正した。〕

（10）ほのめかしというのはグライスが言うところの話し手の意味に当たるものの、しかし共通の基盤に受け入れられることのないような前提を利用するものだという議論を、私はある論文でしています（Camp 2019）。ジェニファー・ソールは、ブッシュからの引用に見られるような暗号化されたような政治的な発言を犬笛として分析しています（Saul 2019）。

（11）“Dyke” (1979). Tirrell (1999) で引用されています。

（12）この章の内容について一緒に議論をしてくれたことに、アーニー・ルポア、ジョナ・ペリロ、グレゴリー・ウォード、ナンシー・ユーセフに感謝をするとともに、より一層の感謝をメアリー・ケイト・マクゴーワン、サリー・マコーネル＝ジネに捧げます。またアーカンソー大学、チャペル・

ヒル・コロキアム、コルゲート大学、コロンビア大学、南メソジスト大学、ヴァッサー大学、イェール人文学ブログラムで私の話を聴いてくれた人々に、有益で楽しい議論をしてくれた感謝を伝えたく思っています。

［訳注］

*1 悪口や罵倒に「自分はそんなことでは傷つかない」と毅然な態度を取るときや、悪口や罵倒に泣く子どもを力づけるときなどによく使われる言い回し。

*2 年齢を問わず黒人男性に向けて使われてきた差別表現。

*3 アメリカ先住民の女性に対して用いられる性差別的かつ人種差別的な呼びかた「squaw《スコー》」をぼかした言葉。本文中では原著者の意向に合わせて伏字を使っている。

*4 ここでの「N」は「nigger《ニガー》」の省略であり、黒人への差別的な呼びかけを指している。

*5 この章の著者の意向を反映し、翻訳の一部を伏字に改めた。

*6 「tease」はからかうことを指す言葉だが、転じて思わせぶりな態度をして相手をじらすような女性を表す。ここでは「小悪魔」とした。「spinster」はもともと糸をつむぐひとを表す言葉だが、転じて未婚のまま過ごしている女性を表すようになった。日本語で言うと「行かず後家」などに当たりそうなところだが、イギリスでは二〇〇〇年代まで公的な書類で用いられるなど、扱いの違うところがある。本文中でもそれ自体としてネガティブな意味合いを持つものではない例として挙がっていることから、ここでは「お独りさま」と訳した。

*7 「jailbait」は監獄を表す「jail」と獲物をおびき寄せるための餌を表す「bait」から合成されたスラングで、語義的には「獲物を誘き出して牢屋行きにするための餌」といったところ。この言葉は法的な性的同意可能年齢に達していない若者（主に女性）に使われ、「実際に手を出したら逮捕されてしまう年齢だけれど、うっかり手を出したくなるくらい性的に魅力的」という意味合いを持つ。

*8 「implicature」の訳語。「含み」や「含意」と訳されることもある。あとに出てくるポール・グライスによる造語である。

*9 もっともらしい否認というのは、何かの疑いが向けられているときに、その疑いを確証する明白な証拠がないことをもとにその疑いを否認することを指す。

*10 否定的なほのめかしを見越してバラク・オバマのミドル・ネームを強調する話法は、ドナルド・トランプが実際に繰り返し用いたものである。

*11 ジェイン・オースティン『高慢と偏見（上）』小尾芙佐訳、光文社古典新訳文庫、一八四―一八五頁。

*12 「queer」はもともと性的マイノリティを侮蔑的に語る言葉で、日本語で言えば「変態」に近い使われかたをしていたが、本文にあるように性的マイノリティの人々がこの言葉をむしろ自分たちを肯定的に語るものとして奪い返し、現在のような用法が生まれた。

*13 「dyke」はもともとレズビアンを侮蔑的に語る言葉だったが、引用されている書簡にあるように、独立独歩の力強いレズ

ビアンを表す言葉としてレズビアンたち自身が使うようになった。

*14 ジェイン・オースティン『高慢と偏見（上）』小尾芙佐訳、光文社古典新訳文庫、一九五－一九九頁。

［参考文献］

Camp, Elisabeth. 2019. “Insinuation, Common Ground, and the Conversational Record.” In *New Work on Speech Acts*, edited by Daniel Fogal, Daniel Harris, and Matt Moss, 40–66. Oxford: Oxford University Press.

“Dyke: A History of Resistance” (Editorial). 1979. *The Lesbian Tide*, no. 8 (May/ June): 21.

Fine, Cordelia. 2010. *Delusions of Gender: How Our Minds, Society, and Neurosexism Create Difference*. New York: Norton.

Fitz-Adam, Adam. 1754. *The World* vol. 101: 606.

Gelman, Susan. 2005. *The Essential Child: Origins of Essentialism in Everyday Thought*. Oxford: Oxford University Press.

Grice, Paul. 1975. “Logic and Conversation.” In *Syntax and Semantics, Vol. 3, Speech Acts*, edited by P. Cole and J. L. Morgan, 41–58. New York: Academic Press.〔ポール・グライス「論理と会話」清塚邦彦訳、『論理と会話』所収、勁草書房、一九九八年、三一－五九頁〕

Hughes, Langston. 1940. *The Big Sea: An Autobiography*. New York: Knopf.〔ラングストン・ヒューズ『ぼくは多くの河を知っている　ラングストン・ヒューズ自伝1』木島始訳、河出書房新社、一九七二年〕

Langton, Rae. 2017. “The Authority of Hate Speech.” In *Oxford Studies in Philosophy of Law*, Vol. 3, edited by John Gardner, Leslie Green, and Brian Leiter, 123–152. Oxford: Oxford University Press.

Leslie, Sarah Jane. 2017. “The Original Sin of Cognition: Fear, Prejudice, and Generalization.” *Journal of Philosophy* 114, no. 8: 393–421.

McConnell- Ginet, Sally. 2020. *Words Matter: Meaning and Power*. Cambridge: Cambridge University Press.

McGowan, Mary Kate. 2019. *Just Words: On Speech and Hidden Harm*. Oxford: Oxford University Press.

Pope, Alexander. 1926 [1734]. *Epistle to Dr. Arbuthnot*. Oxford: Clarendon Press.〔アレグザンダー・ポープ『アーバスノット博士への手紙――風刺への序言として』岩崎泰男訳、英宝社、一九九〇年〕

Poussaint, Alvin. 1967. “A Negro Psychiatrist Explains the Negro Psyche.” *New York Times Sunday Magazine*, August 20.

Saul, Jennifer. 2019. “Dog Whistles, Political Manipulation and the Philosophy of Language.” In *New Work on Speech Acts*, edited by Daniel Fogal, Daniel Harris, and Matt Moss, 360–383. Oxford: Oxford University Press.〔ジェニファー・M・ソール「犬笛、政治操作、言語哲学」小野純一訳、『言葉はいかに人を欺くか――嘘、ミスリード、犬笛を読み解く』所収、慶應義塾大学出版会、二〇二二年、二一七－二五六頁〕

Snyder, Kieran. 2014. “The Abrasiveness Trap: High-Achieving Men and Women Are Described Differently in Reviews.” *Fortune*, August 26. http://fortune.com/2014/08/26/performance-review-gender-bias/.

Steele, Claude. 1997. “A Threat in the Air: How Stereotypes Shape Intellectual Identity and Performance.” *American Psychologist* 52, no. 6: 613–629.

Steele, Claude. 2011. *Whistling Vivaldi: How Stereotypes Affect Us and What*

We Can Do. New York: Norton.〔クロード・スティール『ステレオタイプの科学――「社会の刷り込み」は成果にどう影響し、わたしたちは何ができるのか』藤原朝子訳、北村英哉序文、英治出版、二〇二〇年〕

Tirrell, Lynne. 1999. "Derogatory Terms: Racism, Sexism, and the Inferential Role Theory of Meaning." In *Language and Liberation: Feminism, Philosophy and Language*, edited by Kelly Oliver and Christina Hendricks, 41–79. Albany: SUNY Press.

Tirrell, Lynne. 2012. "Genocidal Language Games." In *Speech and Harm: Controversies Over Free Speech*, edited by Ishani Maitra and Mary Kate McGowan, 174–221. Oxford: Oxford University Press.

第13章

人種——「人間」という概念に見られる存在論上の危険性

シャノン・ウィナブスト

権 瞳 訳

読者のみなさんは、女の子の頃にさらわれた神話上の女性、ペルセポネーの物語を通して本書へと導かれました。プロローグでは、ギリシャ神話のとおりに、ペルセポネーを大人への成長途中にある若い女性として描いています。ペルセポネーは、ハデスによって、何不自由なく過ごしたふるさとから無情にも連れ去られましたが、これは同時に母デメテルの支配からの解放でもありました。プロローグからもわかるように、このような母娘関係は、長きに渡って西洋の女性哲学者たちの強い関心の的になってきたものです。誘拐が実は性的な意味合いも持つことには一切言及はしないままに、プロローグは、大人への入り口にたたずむ神話上のこの女の子を通して、「(人間としての)自分の状況の全容を知ること」を求めて、読者を本書にいざないます。

本章では、人種という強大で厄介な概念について考察するにあたって、ペルセポネーと同じように拉致された、ある別の女の子を紹介しましょう。想像上の人物でありながら、歴史の中に確かに存在するこの女の子もまた、故郷での安らぎを奪われ、慣れ親しみ、安全であったものすべてから情け容赦なく引き離されました。しかし、この女の子は、ペルセポネーとは違って、華やかな装飾のついたベッドで目覚め、ごちそうを目の当たりにしたのではなく、人間が作り出した生き地獄に陥るのです。女の子は、同じようにさらわれてきたほかの大勢の犠牲者とともに、海岸までの果てしなく続く道を行進させられたあげく、ごつごつとした石でできた洞窟のようなバラクーン[*1]に収容されます。床一面が糞尿や嘔吐物で覆われ、疫病がまん延する檻の中に見知らぬ人々といっしょに放り込まれ、そこで病気にかかって死んでいく人々を見ながら、女の子は、何日も何日も、場合によっては何週間もの間、放置されます。ようやくバラクーンから出されたと思うと、今度は、何百人もの囚われの身がひしめく船に乗せられ、いつ死ぬかもわからない恐怖の中で、波打つ大海原を漂うのです。もはや、母親や家族、友情、安全、尊厳、生きていることを実感できる感性、あらゆる大切なものは失われてしまいます。自分自身さえもです。権力と欲にまみれた下品な男たちが掌握する奴隷船は、想像上でも、歴史上でも、「変容の場」となります。この女の子はもはや一人の女の子ではなく、誰かの娘でも妹でも友人でもありません。彼女は「四フィート六インチ×一フィート[(1)]〔約一四〇センチメートル×三〇センチメートル〕」という積荷の単位として、商品の売買や保険契約のために船台帳に登録されます。彼女はもはや人間ではないのです。

この奴隷制度による拉致という行為、そしてこの女の子が越える境界は、いずれも、プロローグのペルセポネーが経験したものとはまったく異なるものです。この違いは、哲学者からすれば、いわば「存在論的（ontological）」であると捉えることができるでしょう。「ontological」という語は、ギリシャ語の「onto-（存在）」から派生しており、存在論的な差異とは「あること・存在すること」における何らかの違いを意味します。ペルセポネーと本章で取り扱う女の子が置かれた境遇における違いが「存在論的」であるとすることで、私は、二つの境界は単に程度の違いではなく、まるで異なる種類のものなのだと述べているのです。プロローグは、ペルセポネーが「(人間としての)自分の状況の全容を知る」ために成人期への境界に立っているところで締めくくられています。ですが、本章で「ヴィーナス」と名づけるこの女の子は、自分の人間性を奪う境界を越えさせられます。疫病がまん延するバラクーンから連れ出され、奴隷船に押し込められた瞬間、女の子は人間から商品へと変容する境界を越えます。詩人のディオンヌ・ブランドは、この境界のことを「帰らざる扉[*2]」と呼んでいます。(2) この境界は、一人の女の子だけでなく、四百五十年もの間、大西洋を積荷として輸送された何百万人、何千万人と、その子孫すべてにおよぶ人々のあり方を変容してしまうのです。(3)

この女の子が拉致されたことで「人間」の意味が存在論的に変容した、というような議論は無謀ではあるかもしれませんが、重大な成果をもたらし得ます。哲学という学問分野は、物質的な暴力や物欲によって存在論的変容がもたらされる可能性について、もっと深く考究するべきであり、本章で述べるような特定の事例だけでなく、従前の「存在論」について向けられる批判一般に対しても向き合う必要があります。ほとんどの哲学の学派、特にアメリカの哲学界における主流派の間では、存在論的な特性というものは不変だとされています。ある特性を存在論的とすることは、その特性を、歴史的特性、社会的特性、文化的特性といった他の特性から区別することだからです。何かを存在論的であるとするのは、例えば、広く異なる文化間に、なんらかの共通の「人間 - 性」というものが存在する、と示す、まさにそのことなのです。多くの学者たちと同じように、大西洋奴隷貿易は拉致された人々を人間から積荷に変容させたと言及するとき、私は、このことが「人間」の意味における存在論的変容をもたらしたと論じているのです。

シルヴィア・ウィンターの広範囲におよぶ研究によれば、大西洋奴隷貿易は、ヨーロッパで一五世紀のルネサンス期に人文主義が台頭したのとほぼ同時期に開始され、これによって、ウィンターがいうところの「人《マン》1」という人間のひとつの類型が生み出されました。[(4)] ウィンターは、この「人《マン》1」という名称を用いることにより、「黒人《ブラック》」の身体を一切排除した、特定の「人間」という新しい類型がはっきりと浮かび上がったのだと述べています。[*3] ある人々を「黒人」だと見なすようになったのは、金と強欲に突き動かされて広がった奴隷貿易による発明であって、これにより「人間」という概念に存在論的変容が生じたのです。「人間」ということは、当たり前に普遍的な概念だと思われるかもしれませんが、「人間」と「黒人」(「非人間」)を選別する世界経済の仕組みの中では、実は「人間」であることが決定的に有利なこととなります。

多くの哲学の学派にとって、歴史的経緯や経済力がもたらす存在論的変容を概念化することが難しいのは、哲学が結局のところは西洋哲学であって、ギリシャ・ヨーロッパの文献や伝統に根ざした学問であること、そして、このギリシャ・ヨーロッパ文化こそが、ヴィーナスを拉致し、商品へと貶めた文化であるということが、切り離せないからです。だからといって、このように人間を物へと変容させたことや、それが人類の歴史にもたらした深刻な影響を徹底的に究明するにあたって、哲学に向かい続けるのはよしたほうがいいなどといいたいのではありません。そうではなく、むしろ、二一世紀に新たな哲学的方法を作り出し、この存在論的変容の理解に向けて努力していこうと訴えているのです。読者のみなさんには、私たちと一緒に、この新しい哲学の方法を構想し、創造し、応用するという、困難で、倫理的で、かつ実存的な取り組みに参加していただきたいと思います。

ヴィーナスに話を戻しましょう。本章でこの名前を用いるのはなぜでしょうか。ペルセポネーの物語は、ギリシャ神話の古典としてのその権威性や欧米の文学への反響のおかげでよく知られています。ところが世界的な奴隷貿易のために拉致されたこの女の子の生涯を記した記録はというと、まるで存在しないのです。実際に起きた出来事だというのは、数々の記録から確かです。例えば、「奴隷の城」と呼ばれた収容所がアフリカの西海岸に点在したこと、奴隷船の船長が主に保険契約のために緻密な帳簿をつけていたこと、船員たちがあちこちの港から手紙を書いたこと。航海中、「積荷を海に投げ捨てた」ことで、見込んでいた収益が損なわれたとして告発された船長の訴訟事件の記録もあります。(5) また、まれではありますが、奴隷であった人自身が書いた文書もあり、そこには、女性や女の子への日常的なレイプを含め、奴隷に対する暴力行為についてが、短く記されています。(6) ですが、女の子の声や体験を書き留めたものはみあたりません。日記も、女の子が自分と同じように怯えている別の奴隷に廻したメモ書きもなく、恐怖の中でどんなふうに過ごし、何を思ったかを示す歴史的証拠はただの一片もないのです。彼女の名前は、どこにも、まったく記録されていません。

私がここで「ヴィーナス」と名づけるのは、大西洋奴隷貿易の記録からはけっして完全に浮かび上がってくることのないこの女の子を、歴史上に実在したと同時に神話的な存在だと見なす、黒人フェミニストたちの草分け的研究に触発されたためです。この女の子は歴史の中で確かに存在しました。それなのに、私たちは彼女がどのような人生を送ったのかはまったく知らないのです。希望、心配、欲望、恐怖、空想、快楽、愛などといった、女の子のなまなましい感情のひだにはいっさい触れることができないし、これからも、知り得ることはないでしょう。大西洋奴隷貿易が歴史上、例を見ない大惨事であったことからして、これは、単にひとりの人生が消し去られたというような問題ではありません。そもそも、大多数の、一般の人々については、歴史上の記録などというものは残されてなどいないものです。しかし、歴史上の記録としては完全に欠落しているにもかかわらず、あるいはたとえ記録がまったく残されていなくても、大西洋奴隷貿易から「黒人」とされ現れたこの女の子は、ヨーロッパとヨーロッパ系文化圏、とりわけアメリカの奥底に澱《よど》む反黒人主義[*4]の論理を支える神話として生き続けているのです。

もっと具体的にいえば、私がこの少女を「ヴィーナス」と呼ぶのは、サイディヤ・ハートマンの優れた研究にならってのことです[(7)]。ハートマンの指摘どおり、さらわれた女の子たちは、名前がつけられることはけっしてなく、むしろ無限に書き連ねられた名簿の中に埋没しています。名簿は一人ひとりの少女を特定するのではなく、組織的な拉致と、その上に築かれた文化の暴力性と欺瞞についての全貌を物語るものです。ハートマンは次のように述べています。

> 彼女は、ハリエット、フィバ、サラ、ジョアナ、レイチェル、リンダ、サリーなど、さまざまに名づけられ、大西洋世界のいたるところにいる。バラクーン、奴隷船の中、伝染病に罹患した者のための隔離小屋、売春宿、檻、外科医の研究室、刑務所、サトウキビ畑、台所、奴隷主の寝室など。つまり、結局は同じような場所であるわけなのだが、どこであろうと、彼女はヴィーナスと呼ばれている[…]。「ヴィーナスとは誰か」と尋ねることはできない。そのような質問には答えられないからである。ヴィーナスと同じ境遇にある少女は他にも何十万人もいるのだが、それについての記録は

ほとんどない。記録が残されていたとしても、彼女たちについてではない。それは、暴力、性的暴行、偽りの記録であり、彼女たちを拉致し、商品や屍へと変えたこと、見分けをつけるために、侮辱的な、下品な冗談のようなあだ名をつけたこと、そうした子細が書き連ねられているのである。(8)*5

　このような名前の羅列は現代になっても続きます。ハートマンはホーテンス・スピラーズの研究に影響を受けているのですが、このスピラーズは二〇世紀後半のもっとも重要な論文のひとつである「ママの子ども《ベイビー》、パパの子《メイビー》かも——あるアメリカの文法書」の冒頭で、次のように回想しています。

はっきりいおう。私は特別な女《マークされた》*6だが、誰もが私の名前を知っているわけではない。「ピーチズ」や「ブラウンシュガー」、「サファイア」に「母なる大地《アース・マザー》」、「おばちゃん《アンティー》」、「おばあちゃん《グラニー》」、神の「聖なる愚者《ホーリー・フール》」、「初の黒人女性《ミス・エボニー・ファースト》」、「演壇の黒人女性」。私は混乱したアイデンティティの所在、修辞学的な富というアメリカの国庫の中で賦与と収奪が交わる場について述べているのである。私の国は私を必要としており、もし私がここにいなかったら、発明されなければならなかっただろう。(9)*7

　大西洋奴隷貿易によって生み出された文化的虚像である黒人の女の子に、固有名などありません。大西洋奴隷貿易で誕生した新しいカテゴリーによって「黒人」と印《マーク》づけされたことで、彼女は名字を持つことなく、その種の個人の生活には必要であるとされる家父長的系譜から締め出されます。奴隷船の積荷にされ、船内でも、そしてようやく上陸した後に送られたプランテーションでも、レイプされ、暴行を受ける女の子は、人間と扱われたためしはなく、今もなお、完全な人間ではありません。本章で、少女を「ヴィーナス」と呼ぶのは、過去においても現在においても、黒人の女の子や女性に与えられた名前が長々と並べられた名簿には、決して個人の名が記されていないということを認識するためなのです。しかも、この名簿は大西洋奴隷貿易によっていまだに利益を享受し続けている数々の文化圏の、文化的虚像の中心に存続しています。「ヴィーナス」はその歴史的存在を消し去ろうとする体系的な暴力を覆い隠す神話として機能し、これらの文化的虚像に活力を与えると同時に、それによって消し去られ、沈黙させられているのです。

二つのカテゴリーについての簡単な歴史――「黒人」と「人種」

「黒人」と「人種」という二つのカテゴリーは、その始まりとなった大西洋奴隷貿易のこの一幕から引き継がれ、世界各地の文化形成に影響を与え続けています。ほとんどの人たちは、この二つのカテゴリーをひとくくりに捉えています。つまり、「黒人」は人種的アイデンティフィケーションのひとつであって、「白人」「先住アメリカ人」「ラティンクス」[*8]「アジア人」などの、変動的な人種カテゴリーと同等だと考えています。特に、人種的に「白人」とされる人々は〔著者を含む〕、こうしたカテゴリーについて真剣に考えるよう無理強いされたり、促されたりせずに済んでいます。白人であるという特権のおかげで、人種的カテゴリーというものが大きな問題であるなどとは、まったく考えもしないからです。まさに社会的特権たるゆえんです。男の子や男性が、ジェンダーについて考えるようにと求められることはなく、異性愛者は自分のセクシュアリティについて、苦しい「カミングアウト」を経験する必要はありません。また、シスジェンダーの人々は[*9]、自分のジェンダーについての認識が、出生時に生物学的に割り当てられた性とどのように一致するかなどと自問することはごくまれであり、健常者は建造環境に支障なくアクセスできるかどうかを考えることなどほとんどしない、といった具合です。「黒人」は、「白人」やその他の「人種」的アイデンティフィケーションと同じようなものだとする世間一般の思い込みは、大西洋奴隷貿易後の世界において、「人種」が果たす目くらましの一部となっています。そして、この見当違いな混乱のおかげで、反黒人主義の基本的論理が今に至るまで永続しているのです。

この混乱に一石を投じるために、「黒人」と「人種」というカテゴリーが、どちらも大西洋奴隷貿易に生まれ、紆余曲折を経て現代に引き継がれてきたという歴史に目を向けたいと思います。ここで取り上げることは、あくまでも要略にすぎず、実際には本章では説明しきれないほど詳細にわたる歴史的事実があることはいうまでもありません。また、私たちが二一世紀の読者として持っている前提やありがちな傾向にも留意が必要です。特に、いまだに帝国の言語である英語で読む私たちの場合は〔本章の原文は英語〕、過去を、「進歩の物語」というレンズを通して読みがちです。つまり、過去をナイーブで、現在であれば決してありえないような間違いばかりするものとして見る傾向があるということです。ほとんど無意識的な反応であるとはいえ、私たちは過去に比べれば常に成長しており、昔の人たちのような愚かで幼稚な間違いは犯さないなどと疑いも持たずにいる様子には、ある種、静かな傲慢ささえうかがえます。物事は常に、必然的に、良くなっていると自分たちを安心させ、いかなる場合も自分を責めずに済ませる非常に狡猾なやり方です。また、進歩は人類の発展に当たり前のように備わっているとするこの信念は、ヨーロッパ人の優位性を主張する人種的ヒエラルキーを主として支えてきた体質でもあります。

大西洋奴隷貿易は、人類の歴史上、前代未聞の出来事であったというのが学者たちの共通認識です。大西洋奴隷貿易以前にも、アフリカの文化圏を含む、人類のさまざまな文化圏で、奴隷売買の慣習は見られたし、それにまつわる恐ろしい経験もあったでしょう。しかし、組織的に、人間を積荷とし大西洋を横断して他の国々に輸送したことは、現代の世界のあり方にいまだに影響を及ぼし続ける、類をみない破滅的な大変動をもたらしました。大西洋奴隷貿易は、世界規模の貿易と資本の循環を引き起こしたのです。[10] ヨーロッパによる、アメリカ大陸、アジアの大半、そしてオーストラリアにおける大規模な植民地化に伴って、奴隷貿易航路が張りめぐらされると、これが思いがけず、世界に不平等な構造を生むほどの経済の実権を振るうようになります。そのため「人間の積荷」から資本主義的な労働の抽出という利益を得る側にある西洋の人々は、新しい世界秩序は道理にかなうものだとするための方策を講じる必要に迫られました。人間の身体を、人間ではなく、積荷や商品として系統的に格下げすることを、いかにして正当化するか。どのような理屈によって、何百万人、何千万人もの身体を奴隷とすることを認めさせようか、というようにです。

一五世紀から一八世紀にかけては、宗教という権威を用いて、「文明化」された地域と「未開」の地域に二分する明確な理由が説明されてきました。ヨーロッパの植民者たちは、キリスト教の神学と教義に基づいて、世界をキリスト教の真理によって「救われた者」とそうでないものとに、単純に切り分けました。植民地化は、征服と搾取による暴力的な制度ではなく、キリスト教の神の名のもとに世界を文明化し救済するという福音的な使命だとされたのです。チャールズ・ミルズが、画期的な哲学書『人種契約』の中で指摘しているように、キリスト教は議論の余地のない唯一の真理であるというヨーロッパ人の前提によれば、これに抵抗することは、すなわち、野蛮、あるいは獣のように合理性が欠如している証だとみなされました。たとえキリスト教のメッセージが、当事者たちに理解不能な外国語で伝えられたとしてもです。ミルズは次のように述べています。「先住アメリカ人の場合は、このこと（キリスト教の支配を）を受け入れるかどうかは、「レケリミエント*10（降伏勧告状）」に同意するか否かで示すことになっていた。レケリミエントとは、先住民に向かって、当然ながら彼らが理解できない言語で読み上げられる長い声明文で、これに同意しない場合は、合法的に、先住民に対して正義の戦争を開始することができた」(11)。このように、宗教的な権威に基づいてヨーロッパ人の優位性が主張され、それが先住民の植民地化とアフリカの人々の連行を正当化する根拠とされました。植民地化と奴隷制度というこの二つの制度にはかなりの違いはあるものの、「人種」という一般的なカテゴリーは、植民地化、あるいは奴隷化された「他者」を、非人間として人種化することによってヨーロッパ人と区別するための手段として、この時代に出現したのです。

一七世紀から一九世紀に話を進めましょう。「啓蒙思想時代」として知られるこの時代には、理性が人間の判断体系の最高権威であり、もっとも強固な基盤であると考えられるようになります。民主主義と近代科学が次第に発展していくなかで、ヨーロッパにおける宗教の絶対的な権威は崩れはじめます。そして、この崩壊が人種という概念に新たな課題を突きつけました。ヨーロッパの優位性を正当化するために、キリスト教に訴えることはもはや十分ではなくなりました。特に、一九世紀に入り、奴隷制度廃止の動きが見られるようになると、ヨーロッパの優位性を前提とする人種ヒエラルキーを維持するために新たな正当性が必要になりました。すると、今度は近代科学が、「科学的人種主義」と呼ばれる分野によって、即座にその正当性を保証するようになりました。二一世紀になっても固守されている人種概念は、ほぼ間違いなく、この科学的人種主義によって生み出されたといえるでしょう。

スティーブン・ジェイ・グールドが述べるように、一九世紀初頭から半ばにかけて欧米でおこなわれた科学的研究は、大西洋奴隷貿易と植民地主義によって構築された人種的ヒエラルキーを維持するための新たな防衛策を生み出しました。ダーウィンが一八五九年に『種の起源』を出版し、進化論について初めて科学的に説明したその以前から、科学者たちは、どのように創造論[*11]に頼らずに人種的差異を説明しようかと苦心していました。科学と理性によって宗教の権威が失われてしまったことで、植民地時代の大西洋奴隷貿易における人種的ヒエラルキーは、次のような難問を突きつけられました。人間の身体はすべて同じ源から派生したのか。つまり、ヨーロッパ人以外の「**非白人**」の身体は人間といえるのか、ということです。

これに対して、グールドは、アメリカにおいて一九世紀初頭に現れた頭蓋計測学という分野に注目します。解剖学の新しい手法と、生まれたばかりの認知科学の理論を融合させた頭蓋計測学は、頭蓋骨を知能、人格、行動を決定する部位であるとして特定しました。そして、これによって、科学者たちは人種概念の重要で新しい見解を展開し、自分たちの理論を、人体を用いて検証することとしました。例えば、当代きっての科学者として知られ、二〇世紀のナチスドイツの優生学に直接影響を与えたアメリカの頭蓋学者、サミュエル・ジョージ・モートンは、人種ヒエラルキーが科学的に正しいことを証明するために、世界中から頭蓋骨を収集し、さまざまな形の「実験」や「データ分析」をおこないました。モートンは、膨大な比較調査や、綿密な方法によって測定をおこない、白人は人類のもっとも優れた形態であり、黒人はもっとも劣っており、先住民である「インディアン」は黒人のすぐ上位に位置すると結論づけました。つまり、モートンは「合理的な科学的方法」なるものによって、頭蓋骨という物証に基づいた、科学的な人種のヒエラルキーを作り出したのです。

スティーブン・ジェイ・グールドは、モートンの研究方法の誤りを徹底的に指摘する一方で、モートンが意識的、意図的にデータを操作したと結論づけようとはしませんでした。むしろ、グールドは、科学を含む知的な研究や調査をおこなう際に、文化的な背景が、いかに結論に影響するかということを論じています。したがって、モートンが白人の優位性を維持するために測定値やデータを操作したことを、とんでもないことだと考えるのなら、はたして現代文化においてはどうなのかと、よく考えてみる必要があるでしょう。特に「カラー・ブラインド（肌の色の違い、人種的差異を認識せず、すべての人を平等に扱うという考え方）」や「多様性の尊重」が求められている現在に生きる私たちは、モートンらが示したような無恥な人種的ヒエラルキーなどは、とうに乗り越えたと信じたいかもしれません。しかし、モートンの研究にうかがわれた次の三つの側面は、今なお失われていないことを指摘しておきたいと思います。第一に、人種的差異によってもたらされた特定の「人間」というカテゴリーにいまだ見られる危うさ、第二に、いかなる場合にも人種的ヒエラルキーの底辺に黒人を置くという反黒人主義の論理、そして、第三に、人種的差異は身体上にあるとする根強い考え、です。

近代科学が生み出したこのような人種概念は、二〇世紀にわたって、ヨーロッパとアメリカ合衆国で反響を巻き起こしました。アメリカでは、一八八一年のフレデリック・ダグラスによる論考に続き、一九〇三年には、W・E・B・デュボイスが人種を髪や肌や骨格と関連づけて説明しながら、「二〇世紀の問題は皮膚の色の境界線《カラー・ライン》の問題である[12]」と宣言しました。[*12] デュボイスは、人種的ヒエラルキーが黒人コミュニティに与える経済的、政治的、心理的な影響を鋭く分析しつつも、人種が身体的特徴を恣意的に強調する概念であることをよく認識していました。ヨーロッパでは、アメリカで研究されていた初期の優生学が、ホロコーストや第二次世界大戦の恐怖を生み出すまでに拡大されていきます。奴隷制度が廃止されたにもかかわらず、二〇世紀前半においては、人種が、現代社会に見られる最強かつ暴力的な概念として引き継がれてきていることは明らかでした。

　しかし、一九六〇年代、公民権運動が欧米を席巻すると、人種を生物学的なヒエラルキーに強固に位置づける科学的概念に対し、人種を克服すべき課題だとする法的な側面への関心が高まっていきます。そこには、古典的リベラリズムの、物事は必然的に進歩するというナラティブが根底にあり、人種差別の問題はいずれ修正されるはずの過去のあやまちとして捉えられています。二〇世紀後半から二一世紀初頭にかけて、欧米で、多文化主義、カラー・ブラインドであること、多様性重視といった趨勢が強まると、法的側面において進歩の論理が広く流布し、白人と非白人のコミュニティや生活の間に相変わらず存在する厳しい経済的・法的格差という現実から目がそらされるようになってしまいました。例えば、一九八〇年代から一九九〇年代にかけては、多文化主義や多様性が、人種について語る方法でした。しかしその一方で、アメリカの刑務所は黒人や褐色の人々の収監率が不均衡に高くなり[13]、収監者全体の数値が記録的なものとなっていました。進歩を語る言葉や「多様性をたたえる」などという言い回しにとらわれているうちに、私たちは、一六世紀前に始まった大西洋奴隷貿易の継続的な威力に立ち向かうための言葉を欠くようになってしまったのです。

「人間」とは何か？

このようなナラティブから、人種という概念は、⑴人種ヒエラルキーを維持する目的で人間を分類する、⑵宗教、科学、法律など、正当化するためであれば、どのようなものも根拠として利用する、⑶一九世紀以来、身体の特定の部分（デュボイスの「髪、肌、骨格」）と恣意的に結びつける、というように、さまざまなやり方で、反黒人主義の論理を支え、現在に至るまで永続化させてきたことがわかるでしょう。いずれにおいても、人種概念は、「白人」とされるヨーロッパ人とその子孫を頂点とし、「黒人」とされるアフリカ人とその子孫を底辺とする人種的なヒエラルキーを維持するために使われてきました。換言すれば、人種とは、一六世紀前の大西洋奴隷貿易の産物である反黒人主義の存在論を容認し、不滅のものとする概念なのです。

「人種」が生物学的なものであるかどうかという議論に、どれほどエネルギーが費やされてきているかを考えれば、問題はさらに深刻です。本章でこれまで概観してきたように、一九世紀初頭の科学的理論や研究においては、人種概念はあからさまに身体的な特徴に結びつけられてきました。頭蓋計測学では、人種の違いは頭蓋骨に関連づけられ、ヨーロッパや北米の研究や調査では、髪の毛の質感、鼻、目、唇、生殖器の形、そしてもちろん、肌の色といった、さまざまな生物学的特徴と結びつけられました。こうしたことからも「人種」の基準となる生物学的特徴がいかに恣意的であるかがわかるでしょう。二〇世紀後半に遺伝学の研究が登場したことにより、人種的特徴はもはや目に見えるものでなくともよくなりました。これは、「人種遺伝子」や人種の違いを示す遺伝子マーカーの探求に注目が向けられていることからも明らかです。このように、生物学的な特徴と人種の関係は、多種多様に結びつけられてきましたが、いずれにせよ、人種的ヒエラルキーを維持すること自体は必要だと考えられているのです。

あげくに、今、私たちは深刻な倫理的問題の真っ只中に立たされています。ヨーロッパ人やヨーロッパ系の人々、そしてそのコミュニティ、集団、文化の優越性を支持する人種的ヒエラルキーの物質的「証拠」なるものは、私たちのまわりに次々と積み重ねられています。貧困率、富裕層率、学校から刑務所への直通パイプライン[*13]、妊産婦死亡率、医療格差、食糧不安、環境人種差別[*14]など、現代社会のあらゆる場面において、黒人は、個人でも、コミュニティ単位でも、そして集団としても、組織的に権利を剥奪され、国家や非国家からのあからさまな暴力にさらされ続けています。その一方で、白人は、個人も、コミュニティとしても、集団としても、組織的に経済的・文化的な優位性を享受し続けています。この倫理的な問題を解決するために、「人種」という言葉にとらわれていては、あいかわらず、人種が生物学的にどうなのかという点に議論が集中してしまいます。人種という言葉では、人種的ヒエラルキーの存続そのものについて十分に対処できないのです。

人種差別は制度的なものであるという認識が高まるにつれ、現代の諸文化において、この非倫理的な構造に立ち向かうための言葉を見つける努力がおこなわれるようになっています。その取り組みの一環として、本章の冒頭で紹介した存在論という専門用語に戻りましょう。ヴィーナスの物語の中で、大西洋奴隷貿易で、直接的かつ即座に生み出されたカテゴリーが「黒人」であったことを思い出してください。身体を拉致され、単なる積荷としての数量として見なされ、定期的に海に投げ捨てられる安価な商品として輸送されるなかで、生きている人間は人間性を剝奪されました。そして、暴力的に人間性を奪うために利用されたのが、「黒さ《ブラックネス》」であり、これによって人間を分類することでした。

「黒さ《ブラックネス》」は、人間から商品へと存在論的に変容が生じたことを示す新しいカテゴリーであり、「黒人」と呼ばれることは、「人間」というカテゴリーから排除されることを意味しました。「黒人」というカテゴリーは、非白人、つまり非人間として選定された身体や集団に対して広く用いられます。人種という概念が人間の身体のさまざまな部分に恣意的に結びつけられると、そうした特徴を持つ身体はとにかく「黒人」であると決めつけさえすればよくなります。そして、「黒人」とされたために虐げられ苦しみ続けてきたことによって、当事者たちも、「問題」なのは「黒い」身体なのだ、と思い込まされます。「黒人」の身体は規範から逸脱したものだと仕立て上げられる一方で、非黒人の身体は「単なる人間」であり、自分たちの人種的属性を考えることさえめったにありません。人種ヒエラルキーという制度に終止符を打つためには、人間というカテゴリーに見られるこの存在論的変容について取り組まなければならないのです。人種差別の問題は、単に過去におきた事件ではなく、また、人種間の違いについてより正確に特定するためのものでもありません。人種差別という、根強く、世界的な問題は、植民地時代の大西洋奴隷貿易によってもたらされた反黒人的存在論の結果なのです。身体を「人間」と「非人間」とする存在論的区別は、現代世界にも作用し続けています。しかし、これについての対処も、ましてや改善もおこなわれていません。

「人間」というカテゴリーにおける、この存在論的な危うさを取り上げること、そして、人種差別を存在論的な反黒人主義の制度として捉えることは、二一世紀の私たちが直面するあらゆる倫理的課題を考える上で不可欠です。制度的な人種差別を存続させてきた既存の社会的、心理的、経済的構造を根絶するための道のりには、計り知れないほどの勇気と不屈の精神、そして精緻な知的作業が必要です。そのためには、ディオンヌ・ブランドの「帰らざる扉」を私たちが共有する文化意識の礎となる構造物とし、大小を問わずあらゆる出来事をその扉に通してみることが求められるでしょう。これは非常に困難なことではありますが、私たちの世界に真の「人間性」を取り戻すための道でもあります。ぜひ、その闘いに加わって欲しいと思います。

[原注]

（1）ホーテンス・スピラーズは、画期的な論文「Mama's Baby, Papa's Maybe（2003）」の中でこの測定値について示唆している。〔スピラーズはエリザベス・ドナンによる奴隷貿易についての膨大な一次資料を収集した「アメリカへの奴隷貿易を例証する文献（一九三〇－一九三五年）」に記された、奴隷船、ブルックス号のペリー船長の言葉を引用している。ペリーは船倉の収容量について語る際、奴隷の成人男女、子どもの男女をそれぞれ積荷としてみなした。例えば、女の子一人については、「4'6"×1'（四フィート六インチ×一フィート）」と、荷物の単位を用いて表した。〕

（2）Brand (2001).

（3）奴隷貿易は、一四一五年のポルトガルによるアフリカへの航海で始まったというのが、学者たちの一般的な見解である。そして、一八八八年、ブラジルは大西洋奴隷貿易の利益を得た国々の中で最後に奴隷制度を廃止した。

（4）Wynter (2003).

（5）Hartman（2008）参照。

（6）Equiano（1995）参照。元奴隷の男性によって書かれたもっとも有名な物語で、暴力やその被害者たちの経験について淡々と書き綴っている。〔初版は一七八九年。日本語訳は参考文献欄のとおり。〕

（7）ハートマンが「ヴィーナス」という名前を選択したのは、奴隷船の資産を廃棄したとして起訴され、無罪となった船長についての裁判に関する一次資料に基づいている。しかし、「ヴィーナス」は、アフリカの女の子を誘拐してはヨーロッパ人の余興とした出来事の中で、非常によく知られている名前でもある。ヨーロッパのサロンやサーカスの見世物としてさらしものにされたサラ・バートマンは、「ホッテントットのヴィーナス」と呼ばれていた。

（8）Hartman (2008, 1–2).

（9）Spillers (2003, 203).

（10）ヨーロッパの植民地主義が、アジア大陸を含む世界中の文化や経済にどのような影響を与えたかについてはLowe（2015）を参照のこと。

（11）Mills (1997, 22).

（12）DuBois (1994, 1).〔日本語訳、五頁〕

（13）Alexander（2010）は、一九八〇年以降、アメリカで刑務所産業が爆発的に発展し、黒人や褐色の肌の人々が、全体の人口の中で不均衡な比率で投獄されていることについて詳しく説明している。

[訳注]

＊1 奴隷船が出港するまでの間、拉致した人々を監禁するための仮設の檻。

＊2 大西洋奴隷貿易では、拉致された人々が主として西アフリカの湾岸で奴隷船に乗せられ、アメリカ大陸に送られていった。奴隷船に乗れば二度と故郷に戻ることはできないことから、アフリカを離れるその境界は「帰らざる扉（door of no return）」と呼ばれる。例えば、セネガル、ゴレ島には、「奴

隷の家」というかつての奴隷収容施設があり、大西洋に向かう通路の先に「帰らざる扉」が残されている。また、ガーナのベナンには、奴隷貿易の拠点「ケープコースト城」があるが、ここにも当時実際に使われていた、奴隷とされた人々を港へ送り出す扉があり、その上部に「帰らざる扉」と記されたプレートが掲げられている。ベナンのギニア湾岸には、奴隷貿易の負の遺産の象徴として、「帰らざる扉」の大きな記念碑も建設された。実際に存在しながらも、同時に象徴的、空想的な空間でもあるこの境界について、ディオンヌ・ブランドは、「私たちの祖先が、ある世界から別の世界へ、旧世界から新世界へと旅立った場所。あらゆる名前が忘れられ、すべての始まりが新たに作り直された場所(拙訳)」(Brand,5)と述べ、この扉を越えることで起きた、物理的な身体の強制移動のみならず、個人的、集団的な意識、アイデンティティの変容について描いている。

*3 シルヴィア・ウィンターは、ルネサンス期に西洋ブルジョア男性によって生み出された人間概念が、あたかも人間そのものであるかのように過剰に取り扱われてきたことを批判している。ウィンターによれば、「人《マン》」は「人間であることの一つの類型」を表しているにすぎず、「人《マン》1」「人《マン》2」というサブジャンルが他者を否定することにより生み出されるとする。例えば「人《マン》1」は、他者である黒人や女性を排除した、西洋ブルジョア男性を示す類型である。

*4 反黒人主義(anti-blackness)とは、黒人に対する人種的偏見や強い敵意を指す。黒人の人間としての価値を剥奪し、社会的・経済的な仕組みから疎外する、制度的人種差別を支える根本的な考えである。反黒人的人種差別(anti-Black racism)という用語も同義語として用いられる。

*5 ハートマンは、論文「Venus in Two Acts(ヴィーナス 全二幕)」において、リカバリー号の船長、ジョン・キンバーの黒人女性奴隷殺害容疑をめぐる裁判記録(一七九二年)を手がかりに、人間としての尊厳の一切を踏みにじられ、思いのままにあだ名をつけられ、暴力を振るわれ、レイプされ、殺された黒人女性たちの物語を掘り起こそうと試みている。裁判記録によれば、キンバーは二人の女性奴隷を拷問の末、死に至らしめたが、被害者のうちの一人が「ヴィーナス」と呼ばれていたことをうかがわせるごく短い言及がある。ハートマンは、ここからヴィーナスという名を用い、記録の権力性を厳しく批判しつつ、沈黙を想像によって埋めることでヴィーナスに象徴される奴隷とされた女性たちの物語をなまなましく浮かび上がらせた。

*6 原文は「marked woman」で、「何らかの理由で注目を集め、標的にされている女性」を意味する表現。また、スピラーズの本論文中には、黒人女性がステレオタイプ化された符号(marker)によって表象されていることも続いて述べられていることから、ここでの「mark」という表現に複数の意味が含有されていると推測される。

*7 列挙されている名前は、アメリカにおいて黒人女性のステレオタイプを連想させる呼び名の一例である。性的に魅力的なピーチズ、ふしだらな奴隷ブラウンシュガー、怒りっ

ぽいサファイア、などである。また、アンティー（おばちゃん）、グラニー（おばあちゃん）は、セクシュアリティを排除しつつも、家族の世話をする性役割が期待される呼び名であると同時に、奴隷制度下に奴隷主たちが黒人女性を見下して使った呼称でもある。著名な黒人女性であれば、「初の黒人女性」、「演壇の黒人女性」と呼ばれ、やはり固有名詞は使われない。この引用箇所から始まる論文で、スピラーズは、アメリカにおいて構築され、助長されてきた人種とジェンダーをめぐる言説を強く批判している。黒人女性は、常に他者化され、支配者層の都合のままにステレオタイプ化され、表象され、それに基づく符号としての名が与えられてきた。アメリカ白人男性社会が優位性を保つためには、他者化された存在としての黒人女性は不可欠であった。スピラーズはこのように奴隷制度以来の長きに渡る黒人女性の主体性の暴力的剥奪とその弊害を示すとともに、黒人女性が自らを表現するための言語を確立する必要について論じている。

*8 ラティンクス（Latinx）とは、ラテン系アメリカ人を指す呼称である。ラティーナ（ラテン系女性）、ラティーノ（ラテン系男性）に対し、ジェンダー・ニュートラルな表現として近年使われるようになってきている。

*9 自分の性をどのように認識するかの性自認と、出生時に割り当てられた性が一致している人々のことをいう。

*10 植民者による征服を正当化するカスティーリャ語（現在のスペイン語）で書かれた文書で、スペイン入植の際、遠征隊に同行する公証人が先住民に向かって読み上げた。アメリカ大陸の土地が、キリストからローマ教皇、そして教皇からスペインの王たちに託されたものであることを宣言し、先住民にスペイン王の主権を受け入れ、服従するかどうかを問うた。先住民が受け入れを拒んだ場合は、遠征隊による攻撃、土地の収奪、先住民の奴隷化が合法的に可能とみなし、植民行為を正当化した。

*11 創造論とは、旧約聖書の「創世記」のとおり、神が天地を創造したという説。宇宙、地球上の生命はすべて神によって創造されたと信じられているが、特に、一九世紀に支持された創造論では、人種の違いも神が創り出したものであるため、人種差別をおこなうことは神の意志にそうものとして正当化された。

*12 「カラー・ライン」は、アメリカにおいて、人々を肌の色《カラー》によって、社会的、政治的、経済的に隔てる境界線《ライン》、障壁を指し、一九世紀には一般的に利用されていた用語とされる。フレデリック・ダグラス（一八一八－一八九五）は、一八八一年に発表した「カラー・ライン」と題する論文において、奴隷制度の発展とともに、白人による黒人への偏見や嫌悪が人為的に生み出され、奴隷制度廃止後もはびこり続けるアメリカ社会の状況について厳しく糾弾した。その後、一九〇三年に、W・E・B・デュボイス（一八六八－一九六三）が、著書『黒人のたましい』の中で、「二〇世紀の問題はカラー・ラインの問題である」と述べ、世界的植民地主義の中で作り出され、アメリカ社会に根付いた

人種差別問題をさらに明確に語り、その克服を訴えた（参考：Fredrick Douglass, "The Color Line," *The North American Review*, volume 132, pp. 567–577, June 1881.）。デュボイスの『黒人のたましい』については、参考文献を参照のこと。

＊13 子どもたちが学校から刑務所に送られることを意味する比喩的表現。一九九〇年代後半のアメリカの学校において、銃や麻薬を規制する動きのなかで導入された「ゼロ・トレランス（毅然とした対応）政策」によって、生徒の停学や退学などの厳しい処分が日常的におこなわれるようになったことが一因とする指摘がある。学校で処分を受けたマイノリティの子どもたちは、少年厚生施設や路上に追いやられ、犯罪に巻き込まれ、結果として、刑事施設に収容される。黒人男性は、刑務所に収監されたり、路上で逮捕されることが不均衡に多いのと同様に、学校でも処分対象となる比率が高く、そこには制度的な人種差別が背景にあるとされる。

＊14 環境汚染の原因となる物質が、黒人などマイノリティの住む地に集中しやすい状況を批判的に指して使われる。

〔**参考文献**〕

Alexander, M. 2010. *The New Jim Crow. Mass Incarceration in the Age of Colorblindness.* New York: The New Press.

Brand, D. 2001. *A Map to the Door of No Return.* Toronto: Vintage Canada.

DuBois, W. E. B. 1994. *The Souls of Black Folk.* Chicago: Dover Thrift Editions.〔W・E・B・デュボイス『黒人のたましい』木島始・鮫島重俊・黄寅秀訳、岩波新書、一九九二年〕

Equiano, O. 1995. *The Interesting Narrative of the Life of Olaudah Equiano.* New York: Penguin.〔オラウダ・イクイアーノ『アフリカ人、イクイアーノの生涯の興味深い物語――18世紀のブラック・アトランティック』久野陽一訳、研究社、二〇一二年〕

Hartman, S. 2008. "Venus in Two Acts." *Small Axe* 26 (June): 1–14.

Lowe, L. 2015. *The Intimacies of Four Continents,* Durham, NC: Duke University Press.

Mills, C. 1997. *The Racial Contract.* Ithaca, NY: Cornell University Press.

Spillers, H. 2003. "Mama's Baby, Papa's Maybe: An American Grammar Book" In *Black, White, and in Color: Essays on American Literature and Culture,* 203–229. Chicago University of Chicago Press.

Wynter, S. 2003. "Unsettling the Coloniality of Being/Power/Truth/Freedom: Towards the Hu, After Man, Its Overrepresentation—An Argument." CR: *The New Centennial Review* 3, no. 3: 257–337.

第14章
ジェンダー——二分法とその先に向けて

シャーロット・ウィット
清水晶子 訳

アーシュラ・K・ル゠グウィンは、一九六九年に書かれたSFの古典的著作『闇の左手』の中で、二元的な性差と二元的なジェンダー役割を持たない、〈ゲセン〉あるいは〈冬〉と呼ばれる文化を描いています。〈冬〉ではあらゆる存在が無性《アンビセクシュアル》別で[*1]、雄か雌か、男性か女性か、と二元的に分類されることがありません。

あらゆる人は無性《アンビセクシュアル》別で、毎月の繁殖期である〈ケメル〉の間は生殖のために雄か雌になることができますが、その期間以外は、誰もが中性的です（つまり、明確な男性的特徴も女性的特徴も示すことがありません）。ケメルの間にパートナーが見つかると、一方の側でどのホルモンが支配的になるのかが決まり、もう一方はそれとは逆の役割を引き受けます。どちら側の立場でもそこに何らかの社会的な地位が結びつけられているわけではありません（ときにはケメルのパートナーが同性同士であることもあります）。ル゠グウィンはこう書いています——「ケメル期に、男性になりやすいとか女性になりやすいとかいうような先天的な素質は、正常人には見られない。女性になるか男性になるかは、前もって予測不能であり、選択権もない」[1]。雌の役割は授乳期間中続きます。〈冬〉では、数人の子どもたちの生物学的な母が、同時に他の数人の生物学的な父である、ということがあり得ます。ケメルの伝統は通商から居住地の大きさから物語や社会の構造まで、この社会のすべての制度を形づくっていますが、月のほとんどの期間（つまりケメル期を除けば）生物学的な性差は存在しませんし、ジェンダーの違いも、それに伴うジェンダーの支配も存在しません。

誰もが生殖における雌の役割を引き受ける可能性があるので、この役割の拘束力は弱くなり、制限も少なくなっています。私たちの社会では、通常、生物学的な母親が、感情的、社会的な子育てというケアをそのまま継続して提供するものだ、と考えられています。言い換えれば、子育てに関してジェンダー化された想定がなされていて、それは生物学的な母親役割と当然ぴったり合うものだろう、と思われているのです。同様に、父親役割は生物学的な父親が遺伝形質に貢献することに結びつけられています。けれども〈冬〉では、母親としての負担——つまり、特定のジェンダー役割の引き受け——は市民たちに分かち持たれ割りあてられていて、ひとつの集団（生物学的な女性）だけがそれを担う存在であるとされてはいません。その結果、誰であれ、社会におけるいかなるジェンダーの役割でも、務めることができます。「強と弱に二分さるべき人間的属性は存在しない。すなわち保護／被保護、支配／従属、所有者／奴隷、能動／受動など[2]」。〈冬〉の人々との交流は、社会的‐性的関係についての私たちの予想や私たちの知っているパターンの通りには進みません。この人々はお互いを、二元的に（雄か雌かに）性《セックス》化された存在だとも、二元的に（男か女かに）ジェンダー化された存在だとも、思っていないためです。〈冬〉を訪れた人物は、ここでは「ひとは人間としてのみ顧慮され、判断される。これはぞっとさせられる体験である[3]」と書き記しています。なぜぞっとさせられるのかといえば、彼は自分の生物学的な性《セックス》とジェンダーに結びついたさまざまな特権を得ていることに慣れてしまっていて、〈冬〉でも同じ特権を持ち続けられないことにひどい衝撃を受けているからなのです。ル゠グウィンは、性《セックス》の差異が一時的でうつろいやすいものであり、それゆえにまったく問題にならないような、平等主義的な社会を想像します。誰もがいつかは、ケメル期のどちらの役割をも務めることになる、あるいはなるかもしれないのです。

対照的に、私たちの社会では歴史的に、ジェンダーは二元的なものだと理解されてきました。つまり、人は男あるいは女でなくてはならず、それ以外はあり得ない、と。二元的なジェンダー役割は、伝統的に（そして不正確に）、生物学的な性《セックス》の二元的な理解に結びつけられてきました。二元的なジェンダー役割には社会的な地位や特権が強力に記号化されて組み込まれており、男女はそれぞれ特定のやり方で行動することを期待されていますし、実際にそのように振る舞っています。

ル゠グウィンが想像した社会が、二元的な生物学的性《セックス》とジェンダーからなる私たちの世界について、それがない社会を描くことを通じて論評を加えているのだとすると、この章が目指すのは、ジェンダーがいかに今日の社会生活を編成しているのかを例証する思考実験——この場合は寓話——を通じて、ジェンダーを探求することです。ル゠グウィンの描く〈冬〉の無性別《アンビセクシュアル》的な文化のように、この思考実験は、私たちのジェンダー化された世界について、そしてその未来についての問いを喚起し、思考を刺激することを目的としています。小ぎれいにまとまった、簡単な答えを差し出すのではなく、

のっぽさんとおちびさんの寓話

身長という身体的特徴が社会的に重要な意味をもち、人々がのっぽさんとおちびさんとに区分されていたような文化を想像してください[4]。その文化にはいくつもの恣意的な規則があり、身体に対する介入まであって、平均的な身長の人や身長が定まらない人を、のっぽさんかおちびさんかのどちらかへと押しやっていたのです。表向き、これはその人たちのためなのだ、ということになっていました。自分がのっぽさんであるとすることもおちびさんであるとすることも拒否する反逆児もいて、その人たちはつま先立ちで歩いたり、膝を折って歩いたりして、この文化の二元的な身長のカテゴリーをパロディ化したり動揺させようとしたりしました。中には、「のっぽ」とか「おちび」とかの呼称は、一見したところ個人の客観的で身体的な特徴を示すラベルのように見えるものの、実際には文化的に移り変わる用語で、文化的な規範を暗号のように組み込み、それを強化しているのだ、と指摘して、知的な難題を提起する人もいました。つまり、のっぽとかおちびとかは集団によってまったく違っているため、何がのっぽで何がおちびかになるのかは、そこに他に誰がいるのかに完全に依拠している、というのです。

さらに、この文化においては、なくてはならない社会的諸機能は、のっぽさんとおちびさんとの区別を反映した、手の込んだ複雑な規範によって形づくられていた、と想像してください。例えば食事をすることを考えてみましょう。のっぽさんはいつでもおちびさんより先に食事をしていました。おちびさんたちはのっぽさんたちの給仕をして、その後で残り物を食べていたのです。このような食事の規範は、ことによると、のっぽさんたちがおちびさんたちよりも大きかったことから来ていたのでしょうか。ことによると、おちびさんたちの方がテーブルに近く、だからおちびさんたちがテーブルにいろいろなものを置く方が簡単だし自然で、だからこういう規範は筋が通っている、と考えられたのかもしれません。もしかしたら、この社会的な慣行が健全で良識的に思えたということは、おちびさんたちの心理から説明できたのかもしれません。つまり結局のところおちびさんというのは卑屈な存在だったのですから。ひょっとすると、この人たちにとっての神であった巨人がおちびさんよりのっぽさんに似ているという点に、宗教的な正当化の根拠があったのでしょうか。のっぽさんはおちびさんより多くの食べ物が必要だし、衝動をコントロールするのに苦労するものだ、という一般的な理解があったから、こういう食事の規則がいつまでも続いていたのかもしれません。今の食事の規範がなければ、のっぽさんたちは単におちびさんたちから食べ物を奪って残飯すら残してくれないかもしれないし、だから、食事に関するこの社会的な規範は、本当のところ、誰にとっても一番良いことなのだ、と。この文化では、科学も宗教も政治も身長に基づく社会階層を強化する役目を果たしていたため、そのような社会階層が偶発的で不公平であることは、のっぽさんにもおちびさんにもほとんど見えなくなっていました。食事の規範はまったくもって完全に「自然」に思えましたし、他のやり方で食事をするなんて想像もできなかったのです。

のっぽさんとおちびさんの寓話は、ジェンダー・アイデンティティを——これは歴史的には男と女というカテゴリーを使って考えられてきたわけですが——基本的な秩序づけの原理とする私たちの社会的世界を照らし出し、浮かび上がらせることを意図したものです。私たちの文化も身長社会のように、もっとも重要な活動の多くを二元的なジェンダー区分を中心として組織しています。男性と女性との間のスポーツや諸活動の違いを、服装や興味を持つとされたり適性があるとされたりする事柄、家族における役割、アートやメディアでの描写、政治的な力や伝統的な宗教での役割などにおける違いを、考えてみてください。実際、私たち自身の文化も含む多くの文化で、女性たちは伝統的に男性と子どもたちのために食事を用意し給仕して、自分たちが座って食べるのはその後でした。そして最後に、のっぽさんとおちびさんのように、収入や政治的権力、その他の指標で、男性は女性とくらべて特権的な地位を占めていることに、注目してください。[5] 私たちの社会的世界では、「ジェンダーとは何か?」という問いは、たちどころにジェンダー二元制についての問い、人間を男と女に分ける区分についての問いへと、姿を変えてしまいます。

ジェンダー二元制が作り出した深い社会的な溝を考えれば、多くの重要な指標に関して女性と男性とでかなりの重なりがあり、そして幅広い基準において女性たちの中、男性たちの中でそれぞれかなりの違いがあるのは、驚くべきことです。[6] さらに、最近の神経科学でも雄の脳、雌の脳の存在を立証しようとする研究は、説得的な結果をだしていません。[7] ですから、脳における、あるいは生殖以外の能力における重要な機能上の差異にしたがって人間を男女にきれいに分ける、という厳密なジェンダー二元制の根拠を疑問視するのには、十分な理由があるのです。とはいえ、生殖能力についての問いは、想定された二元制の問題、すなわちしばしばジェンダーの根拠と考えられている生物学的な性《セックス》の差異という問題をもたらします。もしかしたらジェンダー二元制は人間を雄と雌に分ける根本的な生物学的区分に支えられているのでしょうか。

伝統的に、男性というのはヒトの雄で、女性というのはヒトの雌だ、と考えられてきました。このような定義は、ジェンダーの根拠を生物学的な性《セックス》の差異に置いており、生物学的な性《セックス》もまた二元的だと考えられているわけですが、すでに述べたように、これには問題があります。初期のフェミニストたちは、ジェンダーというのは性《セックス》の差異に与えられた社会的な意味だと考えていました。シモーヌ・ド・ボーヴォワールの「人は女に生まれるのではない、女になるのだ」という有名な言葉を考えてみてください。これは言い換えれば、私たちは雌に生まれるかもしれないけれども、社会的な訓練を経て女性になるのだ、ということです。このような考え方の根底にある二つの仮定は、もう少し詳しく考えてみる価値があります。

最初の仮定は、ヒトの性分化は二元的だ、というものです。ヒトの雄と雌はいくつかの特徴で差異化されています。すなわち、染色体（ヒトの雌はＸＸで雄はＸＹ）、ホルモンレベル（雌の方がテストステロンの平均値が低い）、第一次、第二次性徴（子宮や陰茎）などです。実際のところ、ＸＸやＸＹ以外の染色体や、厳密には雄あるいは雌であるとみなされない生殖器を持って生まれてくることのあるインターセックスの個人の場合、これらの諸特徴がいつも一線上に揃うわけではありません。今述べたような生物学的な特徴では雄にも雌にも入らない赤ちゃんが、少数ではありますが、生まれるのです。性《セックス》の差異それ自体、複雑で、小ぎれいな二元制に当てはまらないものなのですから、二元的な性《セックス》の差異から二元的なジェンダーの差異へとまっすぐつなげるわけにはいきません。ヒトについての生物学は、ジェンダー二元制の根拠を、より基礎的で根底にある二元的な性《セックス》の差異に求めることはできない、ということを示しているのです。(8)

二つ目の仮定は性の差異がジェンダーの差異を決定する、というものです。ジュディス・バトラーなどのフェミニスト哲学者たちは、ジェンダー二元制は非常に強力で、医学的な介入をおこなってインターセックスの赤ちゃんを雌雄どちらかの性に作り変えるように、医療専門家（および両親）を駆り立てている、と指摘してきました。この赤ちゃんたちはそうすればどちらか一方のジェンダーになれるだろう、というわけです。(9) この哲学者たちは、ジェンダー二元制と切り離された、明確に生物学的な水準における二元的な性《セックス》の差異はないのではないか、と考えています。性の差異が二元的でないばかりか、二元的な性《セックス》分化のために社会的な介入が必要なのだとすれば、ジェンダーと性《セックス》の二分法も成立しないことになります。女性はヒトの雌で男性はヒトの雄である、というシンプルな考え方は、結局のところ、それほどシンプルではなく、よく調べてみるとおそらく十分なものでもない、ということになります。それでは、ジェンダーって何なのでしょう？

ここでちょっと身長社会に戻ってみましょう。私たちの社会で、女性とは成人したヒトの雌である、と定義する人々がいるように、身長社会ではおちびさんは背の低さという点で定義されます。ある人の社会的な役割地位（つまり、女性であるとか、おちびさんであるとか）は、その人に関する身体的、あるいは生物学的な事実（性《セックス》だとか身長だとか）に基づいています。けれども、私たちの世界で複雑な性《セックス》の決定が問題になるように、正確に何を身長とするかの特定には問題があり、低身長／高身長という二元論に簡単には当てはまらないような、間身長《インターハイト》のケースも存在します。さらに、身長社会の中心的な社会的機能——食事——が二元的な身長のシステムに基づいているため、のっぽさんかおちびさんかの二分法にできるだけうまく当てはまるよう、成長ホルモンだの抑制剤だのを与えられる人々もいます。つまり、のっぽさんかおちびさんかというところには医学的介入が起きることがあるのです。私たちの社会でも、女性であったり男性であったりするために医学的介入をすることがあるように。要するに、単に特定の身長を持つことをのっぽであるとかおちびであるとかの根拠にするのは、ジェンダーの根拠を生物学的な性《セックス》の差異に求めるのと同様、難しいことなのです。

けれども、さらにこれとは別の、より重大な問題を考えなくてはなりません。たとえ性の差異が小ぎれいにすっかり二つに分かれて並ぶとしても、ジェンダーの根拠を性《セックス》の差異に求めようとするのでは、多くのフェミニストや他の社会理論家たちが理解しようとしてきたこと、つまりジェンダーの差異の社会的な意味は、うまく捉えられないのです。私もそうですが、ジェンダーは社会的に構築されていると考える人たちにとって研究の対象はジェンダーの社会的役割であり、その役割には女性であることや男性であることが含まれてはいますが、その二項に限定される必要はありません。ジェンダー役割は二元的なジェンダーを超えて増えており、ジェンダークィアやトランスジェンダーそのほかのアイデンティティが含まれるようになっています。[10] 身長社会の寓話の中でジェンダークィアの人々にあたるのは、のっぽさんとおちびさんという二元制を、パロディだの、のっぽかおちびかの社会的な役割のはっきりとした拒絶だの、あるいは身長を変えたり複数の特徴を混ぜこぜにしたりすることだのを通じて、動揺させる人たちです。トランス身長の人々というのは、もともと割り当てられた身長を自分のアイデンティティとしない人々ということになるでしょう。

ジェンダーに関する社会構築主義の見方は、ジェンダーをパフォーマンスであると考え、ジェンダー役割が実体を持たず基礎づけられてもいないことを強調する人々から、私のように、ジェンダー化されている状態の規範的な側面に注目する人々まで、幅広いアプローチをとります。ジェンダー化されている状態の規範的な側面に注目するというのは、つまり、ジェンダー化された社会的役割を作り上げているすべての規範（あるいは非公式の規則や「こうすべき」など）、なぜそれらの規範が私たちに適用されるのか、どのように私たちの行動や活動に影響するのか、といったことに注目するということです。身長社会の単純化された見方で言えば、のっぽさんとおちびさんは、なぜ、食事の際の振る舞いを構成する規範に応答し、それに従って評価されうるのか、に焦点を合わせるということです。身長社会で私たちは、なぜおちびさんはのっぽさんの後で食事をとるべきなのか、なぜのっぽさんに従属しなくてはならないのか、と考えます。同様に、なぜ私たちの文化で女性は母性的であるべきなのか、とか、なぜ男性は感情表現を避けるべきとされているのだろうか、と問うても良いかもしれません。

近年では、生物学的な差異やジェンダー化された社会的役割に根ざしたものとしてではなく、ジェンダー・アイデンティティの問題としてジェンダーを考えるという理解が生まれてきています。身長社会で言えば、これらの理論家たちは、のっぽとかおちびとかが身体的な背丈の問題であるという考えも、これが食事にあたってどの役割を果たすか（給仕する側かされる側か）の問題だとする考えも、どちらも却下するのです。そうではなく、身長とは、自分は特定のジェンダーであるという「真摯な言明」、あるいは自己同一化または自己理解の問題だ、ということです[11]。このようなジェンダー理解は広範に目配りをしたもので、原則としては、自分のことを女性、男性、あるいはジェンダークィアやトランスジェンダーであると理解しているものの、他者からはそのジェンダーとして承認されないかもしれない人々も、含まれています。とはいえ、これでもまだ十分に広く目を配りきれていないのでは、と問う人々もいます。そもそも、自分のジェンダー・アイデンティティを真摯に言明する能力を持たないかもしれない女性たちもいるわけです。私たちは、アルツハイマー病にかかった女性が女性であることを、否定したいのでしょうか?[12] このアプローチが提起するもうひとつの問いは、自己理解の内容に関わります。私のような社会構築主義者にとっては、これは最低限でも規範的なジェンダー役割のなんらかの側面を含むように思われます。身長社会の語彙を使うならば、のっぽさんであるとかおちびさんであるとかいうのがアイデンティティや自己理解の問題であるならば、その自己理解には、最初に食べるか後から食べるか、給仕するのかされるのか、主人なのか追従しているのか、などが含まれることになるでしょう。そうでなければ、どうして、のっぽさんであるとかおちびさんであるとかの自己理解になるでしょうか? ジェンダー・アイデンティティ、つまりこの点での自己理解にはジェンダー化された台本の内面化が必要なのかもしれず、そしてこの台本の内容はジェンダー化された社会的役割に照らして決定されているのです。これを、ジェンダー・アイデンティティに社会的役割を付加したジェンダー理解と呼びましょう(そしてこれがジェンダークィアであるというような、非二元的なジェンダーにも適用しうることに、注意してください[13])。

ここまで私は、のっぽさんとおちびさんという二元制を中心におく身長社会の寓話を使い、ジェンダーの概念にアプローチし、それをわかりやすく説明するためのさまざまなやり方を例示してきました。この寓話を使うと、ただ一つの軸と、重要なものではあるけれどもただ一つの社会的活動とに沿って、社会世界を徹底的に単純化することができますし、その限りにおいてこの寓話は有用です。もちろん、社会的な慣習の多様性や多くの社会的役割、しばしば互いに異なる一群の社会規範や要求される振る舞いを持つ支配的なコミュニティと下位のコミュニティとの重なり合いの存在などに関して、私たちの世界ははるかに複雑です。実世界ではジェンダーは輝かしく孤立しているのではなく、人種化された集団や宗教的なコミュニティ、国籍やなにかと入り混じっています。この辺で話を複雑にしてみましょう。

人間の社会世界の複雑さに対処するアプローチのひとつは、インターセクショナリティという概念を使うことです。この概念を導入したキンバリー・クレンショーは、こう書いています。「インターセクショナリティとは、それを通して権力がどこであらわれぶつかるのか、どこで組み合わさり交わるのか理解するためのレンズである。単に、ここに人種問題がある、そこにジェンダー問題がある、階級やLGBTQの問題はあそこにある、ということではない。多くの場合そういう枠組みはそれらのすべてに影響される人々に起きていることを消去してしまう」[14]。ジェンダーに関するインターセクショナルな見方は、抑圧と特権のさまざまな軸の複雑な重なり合いが、特定の人々の経験を丸ごと隠蔽したり切り捨てたりする効果をもつことを認識しています。クレンショーはとりわけ黒人の女の子たち、女性たちの経験を強調しようと努めています。人種だけ、あるいはジェンダーだけに注目するとき、彼女たちの経験は見えなくされてしまいがちだからです。インターセクショナリティは幅広いリーチと多くの用途を持つ考え方で、理論と公共政策の双方における欠落を分析するために使うことができます。この概念を用いて、複雑で多数的な自己という見方を表現するフェミニストたちもいます。

のっぽさんとおちびさんの寓話を考えてみることは有益でした。食事の慣習のような偶発的な社会的慣習が、その社会の構成員にとってはいかに自然で正しく、変えようのないものと思えるのか——私たち読者にとってはそうではないのに——を理解する手助けとなってくれるからです。身長社会の市民たちは自分たちの食事慣習に代わる選択肢を持たないので、それが恣意的で、それどころか不公平なものだということは、彼らにとって明白ではありません。同じことが私たちの文化について、そしてジェンダーとジェンダー化された社会的役割を取り巻く慣習についても、言えるかもしれません。この慣習は自然で、正しく、変えようのないものに思えます。そうではないことを理解しようとするなら、ジェンダーに関するまったく異なった慣習をもつ、別の社会を見つけたり想像したりすることが、役に立つでしょう。

無性別《アンビセクシュアル》への回帰

ル＝グウィンの想像する社会には、社会的に作り上げられた二元的なジェンダー役割がないという意味で、ジェンダーがありません。ほとんどの時は、雄の人間と雌の人間への分化も、男と女への分化も起きないし、そのような分化に規定された社会的な役割もないからです。〈冬〉は、人間の住まう、中性的な文化です。ジェンダーの差異が一過性のものであり、そのためにまったく問題にならないような、平等主義的なビジョンなのです。〈ケメル〉の間は誰もがどちらの役割をも務めることになる、あるいは務めるかもしれないのです。身長社会と同様、〈冬〉の社会は想像力の産物ですから、それが私たち自身の文化や生とどう関係あるのかと訝しく思われても無理はありません。なにしろ、〈冬〉の社会のようなホルモンが柔軟に変化する身体は我々地球の人間にはありませんし、私たちは身長社会の住人のように食事にやたらこだわりがあるわけでもありません（多分ね）。それでも、どちらの仮定もそれぞれ、私たちに、自分の文化、ジェンダーの二元制とジェンダー規範を、批判的に、そして反省的に、考えさせます。のっぽさんとおちびさんの寓話は、ひとつの社会的機能を中心として組織された二元的な役割からなる社会がどのようなものなのか、それがいかに不平等な慣習を呼び込むのか、を理解する手助けとなるよう、意図されたものです。この寓話が示すのは私たちの文化ですが、そこからいろいろなものを削ぎ落としたバージョンです。それによって、あまりにも広く浸透しているために見えなくなっていたかもしれない特徴が浮かび上がってくるのです。例えば、身長に焦点を合わせることで、身体的特徴が社会的な身分や地位にどう関わるのかについて、重要な問いを提起することになります。身長に関する二つのカテゴリーだけを認めて、諸差異を無視するような慣習もまた、不正義の場として現れてきます。宗教や科学、心理学が、身長に従った食事慣習を支えるようにまとめ上げられる様子は、私たちの世界において、ジェンダー化された規範と階層的な構造とにさしだされるイデオロギー的なサポートを模倣したものです。身長のカテゴリーを維持したまま食事の慣習を変えるだけでのっぽさんとおちびさんとの不平等な地位を変えられるだろうか、と私たちは考えるかもしれません。それとも、カテゴリーそれ自体に従属と抑圧とがあまりにもがっちりと組み込まれているだから、身長除去主義の政治とか身長カテゴリーの完全な廃止とかが検討されるべきなのだろうか、と。同様にジェンダー除去主義者たちは、ジェンダー二元制とジェンダー化された社会的役割とは、ジェンダー階層とジェンダー不正義の不可欠な一部として組み込まれているのだから、消し去るべきだ、と論じるのです。

ル＝グウィンによる〈冬〉の描写は、ジェンダーのない社会というまた別のビジョンを提供しており、身長社会の寓話とぴったり対照をなすものです。ル＝グウィンは生殖における役割がジェンダー役割を決定しない社会を想像します。より正確に言えば、生殖における固定的な役割がないために、あらゆる市民が女性の親と男性の親どちらの役割を務めることもできるし、おそらくはそうする可能性が高いでしょう。ジェンダーの役割がないのです。そこに残っているのは、ジェンダーの境界線で囲い込まれておらず、価値のヒエラルキー——強と弱、保護と被保護、支配と従属、所有者と財、能動と受動というような——によって規定されることのない、人間の社会です。〈冬〉を見ながら、私たちは自分たちの文化について問い直すように促されます。すなわち、子をもうけることや社会的に媒介された生殖と、ジェンダーはどのくらい密接に結びついているのでしょう？　未来の人工生殖テクノロジー（例えばクローン技術）のおかげで〈冬〉と同じようなやり方で生殖が可能になったならば、ジェンダー役割や二元制は単に時代遅れになって衰退するでしょうか？　市民相互の平等に価値をおく社会は、もっと中性的になることを検討する必要があるのでしょうか？　ジェンダーの区分法を消去すべきでしょうか？　それとも、今のようには階層的でないジェンダー構造をもつ社会を求めてたたかうべきなのでしょうか？[*2]

結論

私は、一見したところ簡単そうな「ジェンダーとは何か？」という問いから始めました。この問いへの簡潔な答えを期待していた読者は、失望していることでしょう。問いをシンプルにして単純化した答えにあうようにするのではなく、私は、哲学者が大好きなトリックを使うことにして、問いを増殖させ始めました。ジェンダーの簡潔な定義が欲しければ、辞書をご覧になると良いでしょう。けれども、ジェンダーとは何か、ジェンダーがいかに私たちの社会生活に浸透しそれを規定しているのかを深く考えようとするなら、私たちは哲学的な想像力を使って、まったく別の現実を作り出す必要があります。現在の私たちの社会がどのようであるかだけではなく、どのようであり得るのか、を照らし出してくれる、オルタナティブな現実を。

［原注］

（1）Le Guin (1969, 91).〔日本語訳、一二〇頁〕

（2）Ibid., 94.〔日本語訳、一二三頁〕

（3）Ibid., 95.〔日本語訳、一二四頁〕

（4）この寓話の最初の三段落は、多少の手直しをして、私の著書からとってきています（Witt 2011, 27–28）。

（5）Witt（2011, 27–28）。世界規模でのジェンダー不平等の現在の素描が、二〇一九年の『エコノミスト』誌の記事にみてとれます。https://www.economist.com/graphic-detail/2019/06/05/the-world-is-a-long-way-from-meeting-its-gender-equality-target.

（6）一連の身体的、心理的、そして知的な特徴における女性と男性との類似点、そしてそれらの同じ特徴における女性同士、男性同士の相違点についての、有益な概観については、Rhode（1997）を参照のこと。

（7）Fine（2010）は、彼女が「ニューロセクシズム」と名づけたものについて、役に立つ批判的議論を提供してくれています。ニューロセクシズムとは、ジェンダーの差異の根拠を神経科学に、そして男女の脳および認知の差異に置こうとする試みのことです。

（8）ヒトの生物学的な性の複雑さに関する議論としては、Fausto-Sterling（2000）を参照のこと。

（9）生物学的性別とジェンダーの区別に対するバトラーの批判の詳細については、Butler（1990）を参照のこと。

（10）Dea（2016）はジェンダーの複雑さに関する有用な議論です。

（11）「真摯な言明」という用語はBettscher（2014）のものです。

（12）あるジェンダーであるためにはジェンダー・アイデンティティが必要でありそれで十分であるという見解の問題点についてさらに論じたものとしては、Barnes（2019）を参照。

（13）ジェンダー・アイデンティティに内面化されたジェンダー「地図」を付加したジェンダー記述に関する議論については、Jenkins（2016）を参照すること。

（14）Crenshaw（2017）を参照。

［訳注］

＊1　アンビセクシュアル ambisexual は複数の意味をもつ言葉です。セクシュアリティに関してバイセクシュアルと重なりをもつ意味で用いられることもあれば、両性具有あるいはどちらかの性的特徴が優勢に発現しない性別という意味もあります。ここでル＝グウィンが描いているのは性分化が基本的には起きていない様態であるため、訳語としては二元的な性分化の双方の性質を持つ、というニュアンスをもつ「両性具有」ではなく「無性別」としました。

＊2　著者のウィットは「子をもうけること（engender）」という語で、生殖に結びついた社会的役割を指します。この役割はその人がどんな性別で生活しているか、どんな身体的特徴を備えるかで変わるものとされています（cf. Witt 2011, 32）。

［参考文献］

Barnes, Elizabeth. 2019. “Gender and Gender Terms.” *Nous* 54, no. 1:

1–27.

Bettcher, Talia. 2014. "Feminist Perspectives on Trans Issues." *The Stanford Encyclopedia of Philosophy* (Spring Edition), edited by Edward N. Zalta, https://plato.stanford.edu/archives/spr2014/entries/feminism-trans/.

Butler, Judith. 1990. *Gender Trouble: Feminism and the Subversion of Identity.* New York: Routledge.〔ジュディス・バトラー『ジェンダー・トラブル――フェミニズムとアイデンティティの撹乱［新装版］』竹村和子訳、青土社、二〇一八年〕

Crenshaw, Kimberlé. 2017. "Kimberlé Crenshaw on Intersectionality, More than Two Decades Later." Cloumbia Law School. https://www.law.columbia.edu/news/archive/kimberle-crenshaw-intersectionality-more-two-decades-later, accessed June 2019.

Dea, Shannon. 2016. *Beyond the Binary: Thinking about Sex and Gender.* Ontario: Broadview Press.

Fausto-Sterling, Anne. 2000. *Sexing the Body: Gender Politics and the Construction of Sexuality.* New York: Basic Books.

Fine, Cordelia. 2010. *Delusions of Gender: How Our Minds, Society and Neurosexism Create Difference.* New York: Norton.

Haslanger, Sally. 2000. "Gender and Race: (What) Are They? (What) Do We Want Them To Be?" *Nous* 34, no. 1: 31–55.〔サリー・ハスランガー「ジェンダーと人種――ジェンダーと人種とは何か？　私たちはそれらが何であってほしいのか？」木下頌子訳、『分析フェミニズム基本論文集』所収、木下頌子・渡辺一暁・飯塚理恵・小草泰編訳、慶應義塾大学出版会、二〇二二年、三一四四頁〕

Jenkins, Katherine. 2016. "Amelioration and Inclusion: Gender Identity and the Concept of Woman." *Ethics* 126, no. 2: 394–421.

Le Guin, Ursula. 1969. *The Left Hand of Darkness.* New York: Penguin.〔アーシュラ・K・ル・グィン『闇の左手』小尾芙佐訳、ハヤカワ文庫SF、二〇一九年〕

Rhode, Deborah. 1997. *Speaking of Sex.* Cambridge, MA: Harvard University Press.

Witt, Charlotte. 2011. *The Metaphysics of Gender.* Oxford: Oxford University Press.

第15章 承認——クィア・エイリアン・ミックスの意識を生きる

シャンティ・チュウ
清水晶子 訳

私は混合物だ。
——フリーダ・カーロ(1)

《ふたりのフリーダ》において、フリーダ・カーロは混合した自己を絵画上で生々しく探求しています。絵の中で、フリーダ Freida(2) とフリーダ Frida は禁欲的でありつつ人を惹きつける物腰で、まっすぐ観る者を見つめています。彼女たちは、ふたりがひとつであることを示すように、中央がつながった魅惑的でありかつ神秘的な独特な眉に縁取られた、心に付きまとうような揺るぎない眼差しをしています。独特な一瞥ですべてを表現すると同時に何も述べないことがフリーダ Freida とフリーダ Frida の特徴で、ふたりは自分たちの現実に没頭しているように見えます。唇は赤く官能的で、よく知られたうっすらとした口髭の下に軽く覆われていますが、この口髭は右側のフリーダ Frida の方でよりはっきりしています。左側にいるフリーダ Freida は結婚式当日の花嫁です。体にぴったりとあつらえられた白いブラウスと、裾に花飾りが施され、血の染みがついた白いスカートを身につけ、膝の上に置いた鋏《はさみ》を右手で軽く抑えています。鋏は赤い動脈に触れていて、この動脈は気まぐれにフリーダFreidaの首に巻きつき、解体され切り開かれた彼女の心臓を右側にいるフリーダFridaの壊れた心臓に結びつけています。この細い繊細な動脈が絵の中央に置かれているものの、中心の場は明らかにふたりのフリーダの混成《ハイブリディティ》の方に譲りわたされています。フリーダFridaの左腕の一部は暗赤色の動脈で拘束されていますが、その手にはほとんど見分けらないほどの、小さい卵形をした子どものディエゴ・リベラ——彼女を際限なく徹底的に裏切った人物——の肖像が握られています。

　このフリーダFridaの方が年上で、より多くの痛みを経験してきていますが、彼女は鮮やかでカラフルな衣服をまとっています。黄色のストライプの入ったゆったりした鮮やかな青いシャツを、白い裾飾りのある、色味を抑えた緑色のフルレングススカートの上に着ています。これはテワナ*1を着た母を思わせるもので、半分はスペイン系、半分は先住民の血を引くテワナの女と、ドイツ系ハンガリー人でユダヤ人である父親との間に生まれた娘としての、彼女のメスティーサ*2のアイデンティティを描き出しているのです。フリーダ・カーロはその言葉のあらゆる意味において「人種混合《メスティーサヘ》」です。彼女はクィアで、複数の人種的《マルチレイシャル》なルーツをもち、他の人々と一緒にいるときですら人々の中に入れずひとりで毎日を過ごしていたために自分の肖像を描くようになった(3)、特有の形で能力のある《ユニーククリー・エイブルド》アーティストなのです。彼女の二重性が彼女の友になりました。自分が住まうことのできない二元的な世界においてもう一人の自分が安らぎの場だったので、フリーダFridaは自分自身と「彼女の二重の自己の源泉」(4)である想像上の友情を築きます。彼女の想像力は、その存在のほとんどすべての側面で彼女が感じてきた孤独と他者性の物語を語ったのです。

左側のフリーダFridaはディエゴが愛したフリーダだというだけではありません。彼女は同時に、女性として妻としての伝統的な役割により順応しようとしたフリーダで、これは彼女を生涯にわたって苦しめることになりました。フリーダFridaはヨーロッパ人で先住民でメキシコ人でユダヤ人の女性というアイデンティティの舵取りをしており、よりヨーロッパ的に見える服を着ています。フリーダFridaがフリーダFridaになるのは大人になってもっと時間が経ち、メスティーサのアイデンティティとより深くつながるようになってからでした。テワナの衣服を身につけていることでこれがフリーダFridaだとわかるのですが、この服はこのアイデンティティを表していたのです。彼女が、女性であり、妻であり、母であることに結び付けられた社会の期待に異議を申し立て、それを拒絶し続けるのと同時に、彼女の顔の毛はよりはっきりとしてきます。自分の身体への取り締まりを減らすのです。

ふたりのフリーダは対称的でもあり非対称でもあって、これは、論理と二元的思考という規則を破ることで、フリーダがいかに何者かでありつつ何者でもなくいられるのか、を示しています。フリーダ自身が振り返っているように、「私は自己矛盾しているのかしら？　いいでしょうそれなら矛盾しましょう……私は矛盾していることを楽しんでいました(5)」。異種混交性と慢性疼痛とが彼女のアイデンティティを特徴づけており、それはフリーダFridaとフリーダFridaというふたりの異なる女性を通じて示されています。このふたりの女性たちが、私たちが今日フリーダ・カーロとして知っている女性を定義づけているのです。彼女のアイデンティティは、痛みと抵抗、疎外、そして、ジェンダーの、人種の、身体の境界を脅かす、内的・外的な断片化と、織り合わされています。絵画の中で彼女は多数の自己につながりますが、それはときには人間の形をとり、ときに動植物の形をとります。このような身体化《エンボディメント》の多様な形式は、存在やエイジェンシー、「他者」の承認についての私たちの考えが正しいかどうかを問題にするものです。

《ふたりのフリーダ》の語るフリーダの物語は、不穏にも見えますが、けれど結局は身体化《エンボディメント》とアイデンティティを対置するような戯画的《カリカチュア》な理解から人を解放するものです。ふたりのフリーダは秩序と混沌を体現《エンボディ》しています。絵画に描かれている事物の意味を理解するために、私たちは秩序を用います。けれども描かれている事物は、伝統的な人間のアイデンティティについての私たちの思考をかき乱します。つまり、ひとつの身体が内包できるのは、ひとつの自己、ひとつの人種、ひとつの文化、ひとつのジェンダー、ひとつの性的指向、そして突き詰めれば世界の中で存在するひとつのやり方だけだ、という考えを。私たちが目にしているのは、自己の存在論的な分裂であり、どう考え何を知るべきなのかに関する認識論的な混沌なのです。

フリーダの人生は痛ましくもありますが、とりわけ自らも異種混交性や他者性、そして混合的な意識を生きている人たちにとっては、それと同時に、自分たちを力づけてくれるものでもあります。《ふたりのフリーダ》は、成長と変化との複雑で恐ろしい物語を描いています。この絵は、新しいあり方のため、世界を理解する新しいやり方のための声であり、その器なのです。それは、裏切られた自己の傷心を通じた自己発見を示しています。その自己のアイデンティティは何層にも重なりあって、変わり続ける自分自身とより親密に結びついた人へと流れるようにうつろっていくのです。

合衆国における人種

複数の人種的な背景《マルチレイシャル》をもち、クィアで、他とはっきり異なる能力《ディスティンクトリー・エイブルド》をもつ女性としてのフリーダ・カーロの物語は、他者性や異種混交性の感覚を経験する私たちの多くに、門戸を開いてくれます。アメリカ合衆国では、マルチレイシャルの人口は増加しつつあり、この傾向は二一世紀に入ってもずっと続くことが予測されています。[6] にもかかわらず、マルチレイシャルなアイデンティティの多様性を体現するコミュニティや表象、物語は、いまだに欠落しています。マルチレイシャルな人、とりわけ家父長的な社会で育つマルチレイシャルな女の子は、カーロのように、世界から疎外されているように感じることがあります。彼女はすべてを体現《エンボディ》しており、同時に何も体現していないために、無数の社会空間の中で他者化されたように感じるのです。つまり彼女は、十分に〈これ〉ではなく、けれども過剰に〈あれ〉だ、というわけです。

単一人種性と白人性とを命ずる世界で、人はどのように安らぎと存在の感覚を得ることができるのでしょうか？　人種的アイデンティティとマルチレイシャルなアイデンティティについては、哲学者であるリンダ・アルコフの『Visible Identities』と『The Future of Whiteness』における人種化されたアイデンティティの枠組みを通じて、理解することができます。何が美しく、価値があって、知的であるかについて自分自身の認識を組み立てている人は、世界の中での安らぎと存在の感覚を獲得することができるのです。さらに、グロリア・アンサルドゥアの著書『Borderlands: La Frontera』で語られる「メスティーサの意識」や、サラ・アーメッドの『Queer Phenomenology』での「クィアネス」の概念などは、安定性や完全性、ストレートであることなどに異議を申し立てるような、創造的かつ多面的な形で自分のアイデンティティを取り戻すための道具になります。マルチレイシャルな女の子は誰でもあり、そして誰でもありません。彼女は世界に存在するための多様な方法への架け橋であり、フリーダと同じように、自分はひとつの身体の中の多くの自己である、と理解しているのです。

マルチレイシャル・アイデンティティ

マルチレイシャル・アイデンティティは世界中で見られる現実ですが、ここでは私にとって一番馴染みのある文脈におけるマルチレイシャル・アイデンティティだけに焦点を合わせようと思います。つまり、アメリカ合衆国の文脈です。マルチレイシャル・アイデンティティは、二つ以上の人種集団に属していることだ、と定義されます。人種は社会的な構築物ではありますが、現実の生きられた存在であり、世界における私たちの経験を特徴づけています。構築された人種カテゴリーは、人口の変化や、変容を生み出す社会経済的な現実に照らして変わっていき、発展するのです。マルチレイシャル・アイデンティティをめぐる言説は多民族的あるいは多文化的なアイデンティティにも当てはまることがありますが、私がここで論じているのは「混合性」[7]の特定のタイプで、これは人種がいかに固定的に構築されているかに関わります。アメリカの社会では、人種は二元的で本質的なものと理解されがちです。

人種的他者性つまり非白人性については、いつも必ず、ある人種がどのようなものとして組み立てられるのかを、権力をもつ地位にある人々が支配力において劣る集団へと投影してきました。マルチレイシャル・アイデンティティの場合、他者性の度合いはさらに強まります。マルチレイシャルな個人は白人ともみなされず、かといって他の構築された人種的アイデンティティにもあてはまらないためです。人種的アイデンティフィケーションに関して米国では歴史的に非白人の人たちにはエイジェンシーがなかったことを考えれば、エイジェンシーを取り戻し自分のアイデンティティを構築することは、解放のひとつの形になり得ます。いかにマルチレイシャル・アイデンティティを創造できるかを理解するためには、人種的アイデンティティが当初どのように構築され形づくられてきたのかを考えなくてはならないのです。

人種とマルチレイシャル・アイデンティティ

白人至上主義がいまだに勢力をふるい文化的な基盤に織り込まれているアメリカ合衆国のような国では、非白人の人種的アイデンティティは白人性との対比のもとで構築されます。人種に関する私たちの理解は間主観的で、育ちや文化、地理的なロケーションなどが組み合わさったものです。[8] 私たちが自分をどう理解するかは、周囲の人々の理解に影響されます。経験された世界の意味は、歴史のなかに埋め込まれた個々人の経験や関心のフィルターを経由して、変化します。知と承認はこのプロセスを通じて身体化され埋め込まれるのです。

アルコフは、人種的なアイデンティティがいかに「まったく違うように知覚され、完全に誤認され」

てしまいうるか、論じています。(9) 人種的アイデンティティは流動的で、ときに矛盾を孕み、変化していくものなので、文脈によって容易に誤認されたり、違うかたちで解釈されたりすることがあり得るのです。ある人が「紛らわしい顔立ち」をしていたり「場違い」な感じを与えたりすれば、彼女の人種的なアイデンティティは他人から誤認されるかもしれません。例えば、私はバイレイシャルな人間と自認しています。白人であり、アジアン・インディアンでもあるということです。誰かが私をただ単にインド人として分類するなら、それは誤認です。私は主体として自分を白人でもありインド人でもあると定義することができますが、かといって他の人が私を単に白人だ、あるいはインド人だ（あるいは私自身の人種的アイデンティティフィケーション外にある何かだ）、と誤認するのを防ぐことはできません。私は自分の人種的アイデンティティを定義できるといえばできるのですが、他者が私をどう理解するかは私の理解とは異なり得るのです。他人による解釈が常に主体自身の人種的アイデンティティと一致するわけではない以上、この誤認のプロセスは、そのひと自身の人種的アイデンティフィケーションを無意味なものにしかねません。ある人の生涯を通じて誤認が積み上がるようなとき、この無意味さの感覚は増大します。ですから、自分たちが互いにつながっており、したがって他の人たちからどのように見られ、理解されるかを否応なく内面化しているのだ、という現実を黙殺することはできないのです。

他の人たちから、「それは興味深い組み合わせだね」とか「～なんてことがあるとは！」とか論評され、矛盾を体現《エンボディ》する存在とみなされることもあります。すでに述べたような厳格な人種分類の制度からすると、ある人が白人であり同時に非白人であるのは矛盾だ、と考えられてしまうのです。私たちはしばしばある特質を身体化《エンボディ》すればその他の特質は身体化できないと考えるように社会化されています。xという資質とyという資質は相互排除的だ、というわけです。マルチレイシャルなアイデンティティを不幸のもとであり重荷であるとみなすようになるのは簡単です。けれども、このような二元的な両極化は有害ですし非現実的です。マルチレイシャルな個人がそのマルチレイシャルな存在の一部として白人である場合、このようなガチガチの両極性のもとでは、白人としてパスしたいと思うようになるかもしれません。他方で、白人至上主義や「文化帝国主義」[10]のために、部分的に白人であるマルチレイシャルな人は、自分自身の非白人の部分を腹立たしく感じるかもしれません。

文化帝国主義はW・E・B・デュボイスが「二重意識」と呼ぶものに帰着します。[11]人は、二重意識を通じて、支配的集団の観点と自分自身の観点の両方から自分を理解します。彼女は「自分自身をいつも他人の目を通して見ているような感覚」[12]を経験し、白人性との関係で自分自身を評価するのです。マルチレイシャルな人が、まっすぐな髪、明るい肌色、小さい鼻などを特別扱いし、「非白人」の特徴を劣ったものとするような白人至上主義の社会で育てば、彼女はその劣等性を内面化し、自分の非白人の特徴を腹立たしく感じて白人性を切望するかもしれません。マルチレイシャルな人は「不純で、したがって劣ったものとして支配的な人種に拒絶されることもあるが、同時に、抑圧された人種からは特権をもつ存在として嫌われたり信用されなかったりすることがある」[13]。その人は単に人種的に階層化された社会で「他者」としてうまく生き抜かなくてはいけないだけではなく、自分が選んだわけでもない特権的な人種アイデンティティのもたらす罪悪感や恥の意識を抱きつつ、抑圧された人種アイデンティティの政治の舵をとらなくてはいけません。さらにその人は、自分が何者でもないという感覚を身体化《エンボディ》していると感じるようになるかもしれません。つまり「一貫したアイデンティティを持たない個人は、エイジェンシーが欠落しているように感じ得る」[14]のです。ある人が同時に超可視的《ハイパービジブル》でありかつ不可視であるということが、いかに可能なのでしょうか？　順応していないように、あるいは、何であれその人がいる社会空間に属していないように解釈されることで、人は超可視的《ハイパービジブル》になり得ます。他人から「あなた何者ですか？」と聞かれるのがそのしるしです。けれどもその人はまた、自分が不可視化されていると感じることがあり得ます。自分の人種的アイデンティフィケーションを定義するエイジェンシーが、他の人々から認められていないためです。例えばあなたが他人に自分の人種的アイデンティフィケーションを伝えると、相手は「へえ、あなたはyというよりはxに見えるね」と返事をします。人は、厳密に言えば自分のエイジェンシーがあるときですら、あたかもそれが他人から認められていないかのように感じることがあります。エイジェンシーの欠如とは自律性の喪失です。自律性は人間性にとって不可侵の特性で、だからこそ何者でもないという感覚や主体性の欠如がいっそう身体化していくのです。

マルチレイシャルな人々は、支配的集団の[15]、支配的ではない集団の、そして自分たち自身のレンズを通して自身を見るという意味で、三重の意識を経験することがあります。この人々特有の人種化の形は社会的に認められておらず、そのためにこの三重の意識は息の詰まるような疎外感につながることがあります。彼女たちの存在自体が、安定した単一のアイデンティティ、というこの社会では支配的な考えに疑いを提起するのです。アルコフは『Visible Identities』においてこの疎外感を次のように説明しています。

混交的なアイデンティティを社会が承認しない限り、ミックスレイスの人はこれか、あれか、どちらかの観点をとるようにと迫られる。このことは疎外感を生み出すだけではなく、絶え間なく回復不可能な欠如であり、他の何にも増して劣等であり、あるいは単に理解不能な混乱であるような存在の様態を有しているのだ、という感覚をも作り出す。これは自己認識の可能性を食い止めてしまう。つまり、少なくとも人の「もっとも固有の」観点に関してはほとんど誰にでも帰される認識上の権威と信頼性とが、ミックスレイスの人には与えられないのだ[16]。

ミックスレイスの人が、自分の人種的アイデンティティと三重意識とを理解するための社会的参照点を手にするためには、マルチレイシャル・アイデンティティが社会的に承認されることが不可欠です。エイジェンシーをもち、自分の思ったことを実行できる主体だとミックスレイスの人が自分のことをみなすようになる限りにおいて、この参照点は、ミックスレイスの人の基礎となります。参照点があるだけではミックスレイスのひとが人種的なアイデンティティを形成するのに十分ではありません。ミックスレイスの人々に対する社会的承認はいとも容易に誤認へと変わってしまい得るからです[17]。アイデンティティの他のすべての側面と同様に、もし私たちが人種的アイデンティティの新しい社会的意味と同時にマルチレイシャル・アイデンティティの承認をも作り出すつもりならば、個人と長期的な社会的取り組みとの間の相互作用が必要です。アルコフは実質を伴ったマルチレイシャル・アイデンティティの概念が必要だとして、それを自身のミックスで「混乱した《ミックスト・アップ》」人種的アイデンティティのうちに求めます。人種混交的《ミックス》であることは一種の実存的な不安と疎外を伴うことがありますが、同時にまた、「複数のレンズを通して見る」ことでかたちづくられた、世界における新しい存在の仕方を与えてくれる力もあるのです[18]。次に、アーメッドとアンサルドゥアの著書をみながら、この新しい存在の仕方を理解することにしましょう。

クィアでエイリアン・ミックスな意識

人種的に階層化された社会では、ある人がどのように解釈され承認されるかは、その人と白人性との近さや関係性に影響されます。アーメッドが『Queer Phenomenology』で論じたように、「事物は他の事物との近接性によって形づくられる」のです[19]。身体は必ずしも他の事物との近さを自ら選びとるわけではありません。もしもある身体が「隔てがあって」場違いに思えるなら、その身体は皮膚と肉とを通じて「奇妙」であると理解されているのです。肉体は「人種的起源」を表象すると考えられており、ある人がどのような歴史を持つと理解されるのか、どのようなコミュニティに属しどのような家族をもつのかを表し、それに結びつくものになります。私たちは「身体的、社会的な距離の形式」を受け継ぐのです。すなわち、「〈うちにいる〉のだけれども、その近接性があってさえ、にもかかわらず〈より遠く〉のものとして刻印されている」ような距離の形式を[20]。たとえ「うちにいる《アット・ホーム》」としても、彼女が占める社会空間における彼女の身体的外見と存在は、彼女のホームから離れているものとしてみられ得るのです。もしある人が、厳格な人種およびジェンダー分類のもつ既存の社会的な意味に適合せず[21]、それに加えて米国の人種とジェンダーの階層の中では従属的だと見做されるような身体をしている場合、その身体は「奇妙な」とか「クィアな」ものと解釈されます。「場違いな身体は突出する[22]」のであり、白人性は規範に、あるいはある種の矯正装置《ストレートにする》[23]となって、他のすべての身体は白人性によって評価され順応を強いられるのです。私たちはみんな、非白人やマルチレイシャルの人が「ご出身は?」と聞かれ、それが最終的にはこの「よそ者」はなぜ「白く」見えないのかという尋問へと変わっていく、お決まりのパターンを知っています。「よそ者」は超可視的《ハイパービジブル》で剝き出しに晒されており、彼女の身体は白人性の範囲外にあると理解されるために場違いなものとされます。あらゆる社会空間において自分が他人にどのように見え、どう解釈されるのかに関して自意識が高められ、警戒心が非常に強まることは、マルチレイシャル化された他者である人にとっての他性、あるいは他者性の一形態として機能します。ミックスレイスの身体を解釈し、理解するための、社会的に認められたマルチレイシャルな概念がないために、ミックスレイスのアイデンティティはうまくいかなかった指向とアイデンティティになってしまうのです。

白人至上主義とマルチレイシャルな人々の矛盾をはらむ受容との文化の歴史は、白人でもあるマルチレイシャルな人々をフェティッシュ化すると同時に社会における白人性のスタンダードには到達しない存在にしてきました。ですから、ミックスレイスの人は、白人の親のようであることに執着したり、そのような自分を夢見たりするようになるかもしれません。アーメッドについて言えば、彼女は小さい頃には白人になりたいと思い、白人の母親に同一化《アイデンティフィケーション》していました[24]。「ミックスレイスの子どもにとって、白人性が〈うちにある〉ときでさえも、白人になりたいと思うことは白人であることの生きられた経験である。白人性への欲望は、自分の受け継いだものや血統の一部に対する殺人的な憤怒として表現される。私自身の身体記憶においては、消えてしまいたいという願望は、父親の身体への近接性を放棄したいという欲望という形をとった[25]」。白人種の母となるべく近くありたい、褐色人種の父とはなるべく距離を置きたい、という願望についてのアーメッドの記述を読むと、半分白人(ハンガリー系)、半分アジア人（インド系）の少女として白人だらけの郊外で育った私自身の生きられた経験が思い出されます。両親は離婚していて、私は白人の母と住んでいました。私は身体的には白人性に近かったのですが、自分が完全に白人性に適応しているようには感じられませんでした。自分の小さくない鼻やほとんど黒い髪の毛の色、オリーブ色の肌を呪い、目立たなくてすむようにもっと小柄な白人だったら良かったのにと思っていました。私が「何であるのか」聞かれるようなときには、インド性を隠して完全に白人であるふりをしていました。私の人種的アイデンティティは他人には関係ないことなのだから、その人たちには知る権利なんてない、と思っていたのです。けれどもその「ちょっとした嘘」は自分の人種的アイデンティティの一部を否定するものでしたし、私は自己嫌悪に苦しめられました。「エキゾチックだ」と言われるたびに嫌でたまりませんでしたし、白人であることに失敗したような、場違いの感じがしました。白人になりたいという私の欲望は、女性の価値が何よりまず美しさにかかっているとする社会で私が育ったことによっても、悪化しました。学校では優等生でしたが、十分に白人でもなく、母や同級生たちのように主流に沿った形で十分に綺麗でもない、ということに悩まされました。私の美しさは私がそうであるべきもの、つまり白人性からの、逸脱のように感じられました。私は、家父長制的な美の基準と白人至上主義と取っ組みあっていたのですが、この格闘は、私のいちばん身近なロール・モデルが常に褒めたたえられる白人の美の理想を体現している人だったために、より厄介なことになったのです。白人である母が満たしていた美の基準に向けて取り組んでいるにもかかわらず、そこに到達できないために、自分は突然変異であるように感じていました。

もし私にミックスレイス・アイデンティティについての「実質」のある社会的理解があったなら、もしかしたら、ミックスレイスの人として、私は私なりの健全な人種的アイデンティティと美とを社会的に認められるかたちで作り出すことができたのかもしれません。アーメッドはミックスレイスのアイデンティティを指向性として論じます。つまり、ミックスレイスの身体はミックスではない身体とは異なる形で白人性や非白人性に近接した場を占めているわけですが、ミックスレイスのアイデンティティとはその差異を承認しつつ、他者と関係して世界に存在するやり方なのだ、と論じるのです。「ミックスの指向性は、単に両側を一緒にして新しいラインを作り出すわけではない。ミックスの指向性は、私たちが直面しているものの背後にある「側」としての反対側の秘密を守りさえするかもしれない。私たちが振り返って自分の背後にあるものと直面するその瞬間ですらも」[26]。ミックスの指向性は自身の人種的アイデンティティを他者との関係において理解するための特有の方向性をアーメッドに与えてくれましたが、彼女の白人性はそれ単独で所有できるものではありませんでした。多数の指向性を持つというこの考え方は、アンサルドゥアが「うちにいるよそ者の地位」と呼ぶもの、彼女に特別の力である「能力《ラ・ファカルタド》」をもたらしたものに、類似しています[27]。この才能は、「文化や言語、社会階級やセクシュアリティ、国民国家や植民地化によって定義される多数の社会世界に晒され、社会的現実の単一文化的、単一言語的な理解を切り抜けそれに異議申し立てをする敏捷さを身につけた[28]」人々に受け継がれています。「能力《ラ・ファカルタド》」は越境者が柔軟さを体現しつつ、「他者の目」を通して見ることを可能にします。成長するにつれて、私は自分のインド性を受け入れるようになり、自分は有色人種の女性である、と考えるようになりました。私のことを有色人種の女性と見る人もいれば、そうではない人もいて、私はそれを個人的な失敗と考えるのではなく、社会空間が違うと他者が私をどう知覚するのかも異なるということに、気がつくようになりました。自分をどのように受けとめるのかを私は自分の育った白人の空間で学びましたが、他の南アジア系の人々が私をどう認識するのかもよく知っていました。私の人種的アイデンティティへの他人からの好奇心は厄介ではありますが、その好奇心は私の他者性を受け入れる方法なのだ、と考えるようになりました。私は白人性に精通《アット・ホーム》してはいないながらも白人性の言語を知ってはいましたが、それと同時に、私は非白人性に精通《アット・ホーム》しているわけでもありません。私は人生のほとんどの期間、自分のインド系／非白人の側面から実質的に切り離されてきており、そのため、私は自分を白人だともインド人だとも考えていないのです。くつろいだ気持ち《アット・ホーム》でいようという試みは、断念しました。私のホームは多義性と異種混交性なのです。私は矛盾を体現していますが、それで良いのです。

　ミックスレイスのアイデンティティは、もっぱら白人性だけに向くわけでも、非白人性だけに向くわけでもありません。クィアネスと同じように、その両方でありかつどちらでもない、ということがあるのです。クィアネスが異性愛と二元的なジェンダーとを体現しそびれているのと同じように、ミックスレイスのアイデンティティを持つというのは、単一人種性と白人性を体現しそびれていることなのです。境界の横断が社会的に認められた行為ではないのに、ジェンダー化され人種化された私たちの身体は多数のアイデンティティへと越境しているのだと解釈されます。「そのような指向性には、どこかすでにずいぶんクィアなところがある。ミックスレイスであることが私をクィアにしているのかどうかはよくわからない［…］むしろ、ミックスの系譜にあるという経験は、白人性それ自体がいかに再生産されるのかについての別の見方を提供してくれるという点で、かなりクィアな出発点なのだ、と言いたい(29)」。ミックスの系譜は、人種的カテゴリーの境界線の外部にある系譜です。傾いていて、幾分「おかしい」。現在の人種カテゴリーがある以上、ミックスの系譜はまっすぐに正すことも、簡単に理解することもできないのです。アンサルドゥアもまた、ミックスレイスのアイデンティティとクィアネスとを結びつけています。彼女は、自分はクィアであるという「選択」をしたのだ、と宣言します。「有色のレズビアン」であることが「生まれた文化に対して私ができる究極の反逆[30]」なのだから、と。アンサルドゥアにとっては、有色のクィア女性であることで、「あらゆる人種の男どもが彼女を獲物として狩り立てる[31]」家父長制から撤退することが、概念上は可能になったのです。彼女の人種的、文化的な疎外は、明らかに、有色のクィア女性としての彼女の疎外と密接に結びついています。ことによると、有色の女性として経験する疎外によって、ストレートさを超越するクィアなやり方で自分自身を理解するための門戸が開かれたのかもしれません。アイデンティティのひとつの側面が規範的なものからはっきり異なっていると、既存の社会的カテゴリーから逸脱しているアイデンティティの他の側面についても承認しやすくなることがあります。

クィアネスというのは分類を超越する概念なので、自分のアイデンティティがクィアな系譜を持つと考えることは、開放感をもたらすことがあります。クィアネスは曖昧さと多様性を喜んで受け入れます。クィアネスは非支配的なアイデンティティではありますが、社会的に承認された概念でも確かにあるのです。しかし、マルチレイシャルなアイデンティティは、人々を組織化する概念としては社会的には承認されないままです。それでも、マルチレイシャルな承認がこうなってくれたらと私たちが望むものを理解するのに役に立つ類似点も、いくつもあります。マルチレイシャルなアイデンティティと同様、クィアネスは人種的純粋さに関する二元的で対立的な思考を拒否します。クィアネスは、複数の異なる自己を隔離することなく、白人であり非白人であり、どちらでもなくどちらでもあることができる場をもたらします。アンサルドゥアにとって、クィアでミックスレイスであることは、「私たちは一方か他方かどちらでしかあり得ないと言ってくる、絶対的専制君主の二元論」への抵抗の形です。「しかし、他のクィアな人々と同様、私もまた、1の身体に住まう2であり、男であるとともに女なのだ。私は聖婚《ヒエロス・ガモス》の具現である。つまり相反する性質の内的合一である[32]」。クィアでミックスレイスの女性は相反するものを体現していくつもの二元体を妨害します。彼女は自分自身の内にある矛盾を受け入れているのです。

このクィアな二重性、相反する性質の内的な一致、そして異質な存在（エイリアン）であるという感覚の視覚的な表象を求めて、《ふたりのフリーダ》の絵に戻ることができます。境界線を超えるエイリアン《異質な存在》であることには痛みが伴いますが、同時に、自分と世界を理解するための枠組みを多数持っているということでもあります。新しい「エイリアン《異質な存在》種」は人種的純粋さというファンタジーへの異議申し立てとして作用します。それは包摂と多様性の理論なのです[33]。「二つあるいはそれ以上の遺伝の流れの合流点では、染色体が絶えず「交差」し、このような人種の混合がハイブリッドの子どもたちをもたらす。豊かな遺伝子プールを持ち、突然変異を起こしやすくより適応性のある種をもたらすのだ。エイリアン《異質な存在》の意識――新しいメスティーサの意識が、まさに今、形成されているところだ。それは境界地《ボーダーランド》の意識である[34]」。「メスティーサ」であることは、矛盾に満ちており、人種的純粋さに異議を申し立ててクィアな存在の仕方への門戸を開く、まったく新しい何かなのです。内的に統一され、ただ一つのアイデンティフィケーションを固守することは、マルチレイシャルな女性にとってはある種の消去になります。「メスティーサの意識」のおかげで、彼女は、西洋の合理性と対立的思考といったルールを妨害するような、さまざまに異なるやり方で考えることができるのです。この意識は、他者からの外的な承認の欠如や内的な苦闘にうまく対処していくひとつのあり方であり、彼女が自分の意識を決定するという点で、エイジェンシーのひとつの形なのです。彼女は「矛盾への耐性」と「曖昧さへの耐性」(35)を身につけることで、この意識を主張します。この耐性を身につけるなかで、彼女は自分自身の主体‐客体の二元性を超越することで、主体‐客体の二元性一般を解体することができるのです。彼女は自律した人間であって主体なのですが、同時にみずからの三重の意識を通じて、自分を客体としても見ているのです。自分のメスティーサの意識を見つけることで、彼女は家父長制や異性愛規範といった抑圧的な伝統を断ち切り、この決裂を身体化《エンボディ》します。アンサルドゥアはこの意識が社会の変化に先立って生じるべきだと確信しており(36)、これはアルコフがミックスレイスの意識と同時にミックスレイスのアイデンティティが社会的に承認されることを要求したのとは、少し異なっています。私が主張するのは、どちらの解決策も同時に起きるべきだということです。その両者がそれぞれ独立して起きるのは不可能であるように思われるからです。「メスティーサの意識」のようなミックスレイスの意識は、外的な社会的承認と同時に、内的な意識の革命を要請するのです。

　このようなミックスレイスの意識の内面化には、私たちがホームを持つことを諦め、より流動的でより基礎となりにくいものを受け入れられるようにしてくれる面もあります。マルチレイシャルな女性として、アルコフは、恒久的な家ではなく灯台を見つけることに、平安を見いだします。

　私は単に白人でも単にラティーナなのでもない［…］私は両者の隔たりを架橋することはできないか

ら、それをうまく切り抜け、あるときにはここに、次にはあそこに立って、出来事や他の人々の反応に駆り立てられるままに、複数の場所の間を動いている。私は決して岸辺にはたどり着かない。アングロ・アイデンティティにもラティーナのアイデンティティにも完全に住まうことは決してない。陸の上に終の住処を追い求めることで安寧が手に入ることは、もはやない。私が今求めているのはもはや家《ホーム》ではなく、私の生きるこの場所を照らしてくれるかもしれない灯台ではないだろうか。(37)

灯台は、多数の観点から現実に関わる三六〇度の視野を彼女にもたらします。アルコフの灯台の使い方は、私たちがマルチレイシャルなアイデンティティを、「能力《ラ・ファカルタド》」として、つまり複数の異なる世界を進んでいくためのかけがえのない力として、理解する助けとなります。私は家を手にすることも統一された自己を手にすることもないでしょう。けれども私にはいくつもの異なる部分や断片があって、それを自分で耕し承認することができるのです。

結論

ミックスレイスの意識には、自分の人種的アイデンティティの流動的で矛盾を孕む側面を歓迎しそれと戯れるような、意識の内的な革命が必要になります。意識の内的な革命が、人種的分類と二元的思考との窮屈な障壁からミックスレイスの人を解放するのです。意識が大きく変わることで、マルチレイシャルな人は、多面的な存在のあり方を呪うのではなく、多数の観点をもつ自分を受け入れることができるようになります。白人性を欲望する内面化された鎖から解き放たれて、彼女は自分がどこかに属すものではないことをはっきりと理解するのです。彼女は誇りを持って、うつり変わる現実の全体を見渡すことのできる灯台にいます。彼女は、意識の内的な革命のおかげで、主体－客体という二元性や境界線、対立的な思考を超越するクィアな系譜を承認することができます。ミックスレイスだからと言って、疎外感や自己嫌悪、誤認だけでいっぱいになる必要はありません。(38)自分は世界に存在するための特別な、新しい、異質なやり方を採用しているのだ、と彼女は考えており、これは、マルチレイシャルなアイデンティティの社会的な意味が大量に出回っているなかでエイジェンシーを取り戻すための手段となり得るのです。

このような意識の内的な革命を通じて、ミックスレイスの人は自分の人格に亀裂が入っていることを認め、それを受け入れ、自分の人種的アイデンティティを灯台のてっぺんへと差し向けて、そこからめぐりゆく広大な景色を見渡します。圧倒的であると同時に自分の手に入れることもできる世界に目をこらしながら、彼女は自分の曖昧さを構築し、それと戯れます。家《ホーム》という概念は彼女にとっては抑圧的なので、彼女はホームを見つけることはないでしょう。灯台は、彼女が自分を理解し定義し続けるにあたっての、一時的な休息所なのです。カーロが宣言したように、「私は混合物」なのです。私にはホームもコミュニティもありませんが、圧政的な境界線と固定した分類を超越する指向性という天賦の才を持っています。私は、移ろいながら動きながら、自分自身の美しさや物事を知るやり方を、創造することができます。私は今、自意識の内的な革命を経験しているところで、自分自身を多数性として認識しているのです。

［原注］

（1）Ankori (2013, 21).

（2）かつてフリーダ・カーロは、ドイツ系の伝統を反映して、名前を「Freida」と綴っていました。「Frida」とするようになったのは二十代になってからのことで、これは彼女の文化的なアイデンティフィケーションが変化したことを反映しています。ここで「フリーダFreida」と呼ぶのは左側の女性、「フリーダFrida」と呼ぶのは右の女性です。

（3）Ankori (2013, 22).

（4）Ibid., 50.

（5）Ibid., 19.

（6）“Census Race Categories” (2015).

（7）一九六〇年より前は、国勢調査員が他人の人種を特定する力を持っていました（“Census Race Categories” 2015）。また、アメリカ人が二つ以上の人種に属すると自己同定できるようになったのは、二〇〇〇年以降のことです。現在ある人種カテゴリーにきれいにおさまらないアイデンティティの人々にとって、多くの求職や調査での選択肢は「その他」だけで、そのことでさらに他者性や疎外感を覚えるようになるのです。

（8）Alcoff (2015, 125).

（9）Ibid., 49.

（10）アイリス・マリオン・ヤングは、文化帝国主義がいかに「支配的集団の経験と文化を普遍化し、それを規範として打ち立てる」（Young 2004, 54）ものであるかを明らかにしています。支配的文化は自分たちの現実理解を普遍的解釈であると表明し、他の解釈を逸脱したもの、あるいは事実として間違えているものにしてしまうのです。

（11）DuBois (1969, 45).

（12）Ibid., 45.

（13）Alcoff (2006, 267).

（14）Ibid., 269.

（15）Ibid., 278.

（16）Ibid., 279.

（17）Ibid., 288.

（18）Alcoff (2015, 173).

（19）Ahmed (2006, 124).

（20）Ahmed (2000, 127).

（21）白人か非白人かという人種的分類および男か女かというジェンダー分類。

（22）Ahmed (2006, 135).

（23）Ibid., 137.

（24）Ibid., 144.

（25）Ibid., 146.

（26）Ibid., 153.

（27）Anzaldúa (2007, 7).

（28）Ibid.

（29）Ahmed (2006, 154).

（30）Anzaldúa (2007, 41).

（31）Ibid., 42.

(32) Ibid., 41.
(33) Ibid., 99.
(34) Ibid.
(35) Ibid., 101.
(36) Ibid., 109.
(37) Alcoff (2006, 284).
(38) もちろんこのような感情は存在し続けますが、それがミックスレイスの経験の中心となる必要はないのです。

［訳注］

＊1 テワナは、南部オアハカ州のテワンテペック地方の女性を指す。

＊2 メスティーサ（mestiza）は、旧スペイン領において欧州系と非欧州系先住民双方の系譜に連なる人々を指す言葉（mestizo）の女性形。

［参考文献］

Ahmed, S. 2000. *Strange Encounters: Embodied Others in Post-coloniality*. London: Routledge.

Ahmed, S. 2006. *Queer Phenomenology*. Durham, NC: Duke University Press.

Alcoff, L. M. 2006. *Visible Identities*. New York: Oxford University Press.

Alcoff, L. M. 2015. *The Future of Whiteness*. Cambridge, MA: Polity Press.

Ankori, G. 2013. *Frida Kahlo*. London: Reaktion Books.

Anzaldúa, G. 2007. *Borderlands La Frontera: The New Mestiza*. San Francisco, CA: Aunt Lute Books.

"Census Race Categories: A Historical Timeline." 2015. Pew Research Center's Social & Demographic Trends Project. June 11, https://www.pewsocialtrends.org/interactives/ multiracial-timeline/.

Dubois, W. E. B. 1969. *The Souls of Black Folk*. New York: New American Library, Inc.〔W・E・B・デュボイス『黒人のたましい』木島始・鮫島重俊・黄寅秀訳、岩波新書、一九九二年〕

Young, I. M. 2004. "The Five Faces of Oppression." In *Oppression, Privilege, & Resistance*, edited by L. Heldke and P. O'Connor, 37–63. Boston: McGraw Hill.

第Ⅳ部 現実の中で考える

第16章 怒り——抵抗の身振りとしてメドゥーサ話法を利用する

ミーシャ・チェリー
西條玲奈 訳

私の名前はメドゥーサ。私の話をどこかで聞いたことがあるかもね。むかしは女神アテナに命じられて、神殿の守護者の仕事をしていた。でも、どんな仕事も一生続くわけじゃない。海神ポセイドンと派手に揉み合ったら[*1]（これでも控えめな表現なんだけど、ここで詳しく話している余裕はないから）、アテナの一存で私はクビ。女神の動機はよくわからない。嫉妬からだって人もいるし、神殿の神聖さを私が守れなかったことに腹を立てたって説もある。どっちにしても私はクビになって、追い出されて、つまはじきにされた。まあ、罰を受けたという方がいいね。私の長い髪が蛇の束になって、私の顔を見ると誰でも石に変わってしまうという罰。あなたも、私の絵を見たり、どうにか顔を合わせようとする男たちの物語を読んだりしたことがあるんじゃないかな。典型的にはこんな話ね。男が私のいる道を通り過ぎようとすると、私は激怒してその男の目線をとらえる。

あとは知っての通り。男は石になる。人は私をとても危険だという。私は危険だから、倒されて死んだ後でも、怒れる私の首は切り落とされて、戦う他人を守るために使われている。私の首を手にする者は、誰でも私を、私の怒りと力を使って敵を石にできるから。私の名前はメドゥーサ。私の同志、同胞姉妹、あなたと名前が違うから、私たちは似ていないと思うかな。でも、私たち、そんなに変わらないかもしれないよ。私はメドゥーサ。私は悪事の被害者なのに、周りは私を非難した。私はメドゥーサ。私は怒りでいっぱいで、だから危険と思われた。私が地をさまよった時代は数千年も前だから、あなたと私は違うと思うかな。でも、私の同胞姉妹、私たちよく似ているかもしれないの。

メドゥーサの物語が興味をひくのは、他の優れた物語と同じように、とりわけそれがメインキャラクターその人だけの物語にとどまらないからでしょう。いま言及したエピソードの最後でメドゥーサがほのめかし、または警告している通り、彼女の一生は多くの女性や女の子の生きてきた経験とそれほど違いません。その一生がどんなものかを詳しく正確に描き出すには、メドゥーサの一生をこう理解するのがいちばんです。犯罪の被害者なのに、非難されるべきだと宣告され、罰を受けざるを得なかった女性。その結果怒りでいっぱいになるとその女性は危険な存在とみなされたのです。女性が非難に値すること、怒りの感情、そして危険視されることが組み合わさると、そのひとは征服され支配されねばならない理由が与えられることになります。このような人生の受け取り方は「メドゥーサ公式」、あるいはもっと正確に言うと「メドゥーサ話法」に従うことだと記述できます。ところで、この話法はメドゥーサの一生すべてをきめ細かく、しっかり摑みとる方法としては完璧ではありませんが、現在の女性たちの受け取られ方や扱われ方の一面に価値ある洞察を与えてくれるでしょう。メドゥーサ話法は、怒れる女性を、大抵の場合、本当は被害者ではないのだから怒る理由などないはずの存在として描きます（メドゥーサはポセイドンの暴力の被害者だからこそ罰せられた点に注意してください）。この話法はまたそうした怒れる女性を危険なものとして描き、社会はこうした女性が家父長制の規範、法律、期待、敵意によって征服され、支配されねばならないと結論します。

以下では、こうした話法が多くの女性や女の子に対してもつリアリティを記述していきます。そしてその含意、特に女性や女の子は征服され支配されることから逃れるために、この話法の持つさまざまな特徴から逃れようという衝動があることを論じます。私はまた、どの程度までその話法を逃れることができるのかを考察し、そのうえでなぜ女性たちはたとえできたとしてもこれから逃れないほうがいいのか、その理由もいくつか示します。そして最後に、なぜ女性や女の子たちがメドゥーサ話法を性差別とミソジニーへのひとつの抵抗のありかたとして受け入れることができるのか、どのようにしてそんなことが可能なのかを論じることにします。

現場の事実

メドゥーサの物語は、怪物的な悪役に魅力を感じるから私たちに響く神話に聞こえるかもしれませんが、多くのひとにとって、この物語は私たちの暮らすこの現在の世界について語りかけるものでもあります。よく見ると、神々や戦士たちによるメドゥーサの扱い方やとらえ方は、今日の多くの女性や女の子たちの体験とそれほど変わりません。多数の女性を悩ますありがちな話法に、彼女たちが道徳的な悪事のターゲットになる話や、彼女たちを非難されるべき者、「本物の被害者」でない者として語るものもあります。彼女たちは怒っていて、危険であり、それゆえに征服され支配されなければならない、というわけです。こうした要素のそれぞれを順に説明し、そのそれぞれが現代においてどのように展開しているのか、いくらか詳しく紹介してみましょう。

まず、何が原因で社会は女性たちを不当に扱い、その本人たちこそ非難に値するのだと判断するのでしょうか。この問いに対する答えは、悪事の内容、その女性の社会的立場、さらには加害者の社会的立場、そして第三者視点からだけでなくしばしば正面からも裁きを下してくる社会がどのような種類であるのかといった事柄によって変わってきます。例えば、私たちの認知の一部は人種化されています。ある社会では、黒人女性は痛みの経験に鈍感だ、というステレオタイプのせいで、黒人女性を被害者とみなしづらくなるかもしれません。それ以外の判断も、どのような悪事がなされているのか、誰が加害者なのかといったことに影響されることもあります。私たちは男性が殺されたときに男性被害者を非難する程度に比べると、ドメスティックバイオレンスや性暴力については被害者の女性のせいにしがちです。女性が男性から受ける不平等、虐待、暴力を報告すると、彼女たちが被害者だと受け取られることは、少なくとも最初の立ち位置としては、それほど多くありません。これは、女性を過剰に性的な存在としているからであるだけでなく、男性に過度に同情しているからだという面もありそうです。

多くの場合、女性や女の子は悪行の共犯とみなされるか、あるいはその出来事について嘘をついていると思われるかのどちらかです。「自分がどうなるのかわかっていたはずだ」だとか「どうしてあんな格好をしていたのだろう」といった反応は、共犯関係を告発する言葉の例です。こうした告発は女性や女の子が直接的な共犯であると指摘するものであることもあれば、間接的に指摘することもあります。というのも彼女はその行為に直接手を下す、または同意した人物とみなされることもあるし、被害に遭わないよう十分な注意を払わなかった人物とみなされることもあるからです。間接的に共犯というのは、被害にあわないように「自衛する」責任が女性にあるということであり、その責任は私たちが女性に押し付けているものに他なりません（女性が被害者になるのはいつだって適切に行動しようとしなかったせいであるとでも言うかのように）。しかしソラヤ・チマリーは、自衛しなさいという警告は、本当に安全性に関わるものでは決してないと指摘します。なぜなら、同じことを男の子には教えないのですから。これは社会的支配に関わるものなのです。(1) このことは後で詳しく述べることにしましょう。

二〇一八年のドキュメンタリー『サバイビング・R・ケリー：全米震撼！被害女性たちの告発』では、黒人女性たちがシンガーのR・ケリーを虐待で告発したとき、「性的同意年齢になっていた」や「過去に告発された人物なのだから注意すべきだった」といったネット上の反応が怒涛の勢いで浮き彫りになりました。これは被害の周りに集まる共犯の告発がギリシャ神話だけのテーマではないことを示しています。そのうえ、女性が共犯者とみなされないときでも、代わりに彼女は嘘つきとして描かれることが少なくありません。アニタ・ヒルは、一九九一年に最高裁判所の裁判官に任命されたクラレンス・トーマスをセクシュアルハラスメントで告発しましたが、そのときに彼女は、真実を述べていないのではないか、「黒人男性を引きずり下ろすつもり」なのではないかと非難されました。

共犯と嘘の告発では不十分とわかると、女性に向けておこなわれる虐待は少なからぬ場合、そもそもその行為はそこまで悪かったり有害だったりするのだろうかと疑問を突き付けられ、矮小化されます。クリスティン・ブラジー・フォードが二〇一八年に最高裁判所判事候補のブレット・カバノーに対して性暴力の申し立てを公におこなったとき、多くのひとが「どうしてこんなに長いあいだ何もせずにいたのか」と訝しんだのも、驚くにはあたりません。要は、一定の期間のうちに被害者が報告しなければ、暴力はその道徳的な重みを減じるのだと、不合理なことではありますが、考えられているのです。この種の思考に基づくと、虐待の報告が想定されている締め切りに間に合わないとき、「悪い」事柄や「有害な」事柄など実際には何も起こらなかったということになります。

不正行為が起こったという共通了解があるときでさえ、そのような不正行為の結果が「真剣に」扱われないことがあります。例えば、女性の身体的苦痛は真剣に取り上げられないことがしばしばです。女性はヒステリックで大袈裟で、ひ弱な存在だと見なされやすいのです。彼女たちが経験する苦痛は男性の苦痛のありかたと違って「本物」ではない、というわけです。要するに、無意識のバイアスに関する研究の示すところでは、医療の専門家による女性の扱いは男性に対するものとは異なっているのです。女性は緊急治療室で男性よりも長時間待機することになるのが一般的ですし、苦痛を訴えても、見かけが健康そうだったり小ぎれいだったりするとはねつけられてしまうことが少なくありません。(2) この種の扱いは身体的苦痛だけではなく精神的苦痛でも変わりません。例えば、女性がセクシュアルハラスメントを報告するとき、その苦痛の訴えははねつけられることがしばしばです。女性がひ弱でヒステリックなものだと見られると、その状態でアニタ・ヒルはクラレンス・トーマスによるセクシュアルハラスメントをまさに経験したわけですが、そのとき不正行為は、被害者が世間から傾聴的な態度を伴う道徳的反応を受けるに値しないものになってしまいました。というのも、ヒルは職場の冗談をやりすごすだけの「十分なしたたかさ」をもたないので不正行為と思い込んだだけだからです（少なくともこれがこうした考え方から出てくる結論です）。もしセクシュアルハラスメントがヒルに不快感を与えたとしたら、それは彼女の気にしすぎにすぎず、客観的に不正行為といえる振る舞いがあったせいではないのです。

別の機会にも語ったことですが、価値、敬意、怒りのあいだにはつながりがあります(3)。誰かが価値ある存在だと判断するときには、私たちはそのひとには敬意を要求する資格がある、言い換えると敬意に値すると考えているのです。そのような価値あるひとが不正行為を通じて敬意のない扱いを受けるとき、その不正行為への反応として生じる怒りは正当なのです。男性と同じように女性が価値あるものとされ、敬意を向けられていたとしたら、虐待や暴力、さらにはそうしたものの訴えが反故にされたことへの反応として怒りを覚えたとしても、彼女たちの怒りは正当なものとされていたことでしょう。しかし、男性の場合とは違って、女性の怒りはたいてい真剣に受け取られません。このような状況が生じた理由の一端は、性差別的でミソジニー的な社会では、女性に内在的な価値はいっさい存在せず男性との関わりにおいてのみ価値をもつと考えられていることにあります。このように、女性に敬意が向けられない場合（もちろん性差別的でミソジニー的な社会では頻発します）、そのひとたちには怒る一切の権利がなくなってしまうのです。こうした社会で女性たちが怒りを示すと、怒る権利があると示すこと自体が家父長的な規範や期待とちぐはぐになり、現状の体制にとって危険なものとみなされます。メドゥーサの場合と同じように、虐待を受けたときに抱く女性の怒りはミソジニー社会では受け入れられないのです。

それどころか、女性は自分たちの怒りはいつだって不適切なものなのだと考え、それによって家父長制の規範に従うべく教育されることになるでしょう。二〇一〇年の調査ではアメリカとカナダの女性（そう、女性たち自身です）のうちたった六・二％しか女性の怒りの表現がおよそ適切なものだとみなしていなかった、というのも驚くにあたりません。[4] そして今度は何かが不適切であるという判断が、怒れる女性に対する否定的な感情を引き起こすことになります。心理学者のアン・クリングは、女性と男性は実際には同じような頻度で怒りを経験しているにもかかわらず、女性は一般的に自分の怒りの経験に恥を感じると報告している、と注意を喚起しています。[5] 情動の哲学という分野では、「適切」という言葉は実際に起きたことに応じた情動について語る際に使われることになっています。悲しみは死に対する適切な反応であり、喜びは昇進に対する適切な反応である、などと私たちは言うことでしょう。同様に、怒りは不正行為に対する適切な反応と考えたくなります。ですが、思弁の世界を離れて、特定の社会的立場にあるひとたちの情動的な反応が実際どのように評価されるか検討してみると、普通は適切なものと分類される情動が常にここで述べた整然とした公式にすっきり当てはまるわけではないことに気づきます。

怒りはたしかに不正行為に適した反応ですが、女性の怒りは不適切なものと判断されることが少なくありません。不適切とみなされる理由は、それが怒りだからではなく、ひとえにそれが女性に帰属し、女性からの反応であり、女性の扱いに抵抗して女性を擁護する怒りだからなのです。こうした目的を達成するには、「適切」という言葉を完全に捨て去るべきだという提案もあります。チマリーはこう書いています。「もし女性の感情表現、健康、福利、そして平等のために使用を控えるべき言葉があるとしたら、それは「適切」という語である。それはずさんでくずれた言葉であり、さも重要な道徳的本質を伝えるかのような顔をしつつ、実際には言語や外見、要求を統制するために使われる取り締まりの言葉にすぎない。それは支配の言葉なのだ。私たちはそんな支配とはもう無縁だ[6]」。

このチマリーの分析には同意しますが、私はその処方箋に完全に同意してはいません。「適切」という言葉が支配の一形態として使われてきたというのは確かにその通りでしょうが、その支配に異議を唱え、女性の怒りを不適切とみなす批判者を批判し返すのにその言葉を使うこともできるのですから。特定の感情がどのくらい適切かを評価するというのは、あてずっぽうの主観的な見積もりをすることではありません。一定の要件を満たさなければ感情が適切だと判断されることはないし、その要件も実に単純なものです。つまり、その感情は個別の出来事に見合うものでなければならない、ということです。感情が適切とみなされるのに、それが社会的に状況づけられた特定の身体で起こる必要はありません。不正行為に怒るのは適切です。それで話は終わりなのです。ほかのどんな基準で評価が与えられたとしても、それは適切さの値踏みとされるものが実際にはその言葉の乱用にすぎないという証拠を提供するだけでしょう。またこの評価基準は、女性に家父長制の支配の枠組みを検知する手軽な方法を教えてくれます。なぜなら、こうした乱用が見つかったならば、それが家父長制に起源を持ち、家父長制的な意向に沿ったものであると、今よりも自信をもって言えるようになるのですから。

メドゥーサ話法にしたがうと、自分自身を守ろうとして生じる〈女性の怒り〉は、単に不適切なだけでなく、その不適切さゆえに女性を危険視する理由を与えます。怒っている女性が危険な存在と受け取られると言っているわけではありません。そうではなく、私が主張しているのは〈女性の怒り〉が危険なものと受け取られるということです。例えば、私は他人に対する不正義に怒ることがあります。黒人女性として、私は黒人男性が構造的に警察に発砲される現状に怒ることができます。私の親友が本当なら昇進するに値するにもかかわらず昇進できなかったことに、私は怒ることができます。このような場合、私の怒りはオードリー・ロードが「他の人々の救済や学びのため」(7)の怒りだと語るようなものになります。この種の怒りがその概念そのものからして悪いなどということはありません。こうした怒りは自分とは異なる人々の集団を支える行為へと私たちを動機づけるだけでなく、そのひとたちとの連帯を示すことにもなるのですから。私がこうした理由で怒るとき、私は危険な存在とは思われません。ですが、家父長制社会では、女性は自分以外の人々に対する、とりわけ男性に対する不正義に怒るようしばしば推奨されながらも、他方で自分自身が経験する不正義への怒りは推奨されないことになっています。ペルセウスはメドゥーサの首を切り落としたときにそれを埋葬しなかった、ということを思い起こしてください。彼はその首を手元に残し、その後の戦いで利用するのです。皮肉としか言えません。メドゥーサには自分のために自身の憤怒を利用することが許されないのに、ペルセウスは自分の目的のためにメドゥーサの怒れる首を使うことが許されるばかりか、それは賢い工夫にさえなるのです。

〈女性の怒り〉は単なる「女性が抱く怒り」とは別ものです。〈女性の怒り〉は、男性の苦痛や男性が被る不正義に対して生じる怒りではありません。そうではなく、女性の怒りとは、自分や他の女性たちが持つ苦痛や不正義の被害の経験に対する、女性の反応のことなのです。〈女性の怒り〉が要請するのは、男性が安堵することではなく、女性が安堵することです。男性支配的な文化では、これは過激な行為となります。〈女性の怒り〉は、女性に焦点を合わせ、それゆえ女性を中心に据えます。〈女性の怒り〉は家父長制を支えません。それに抵抗するのです。

〈女性の怒り〉が危険とみられると、その危険を緩和すべく女性たちは支配され、征服されなくてはいけないのです。女性への支配、そしてそれによる彼女の怒りやその危険な潜在能力への支配は、家父長的な規範や期待、処罰、報酬のうちに立ち現れます。例えば、女性に対して「ほら、お姉さん、笑ってよ」と声をかける下劣な路上ハラスメントについて考えてみましょう。このような忠告の言葉は、たとえそれが直接に自分に向けられるものでなかったとしても、女性の怒りがそもそも存在するという危険に身をさらすことさえできない男性がいることをあらわにしています。このような女性が公共の場で標的にされると、「ほら、お姉さん、笑ってよ」という呼びかけは、自分の「感情の置きどころ」を思い出せと女性に要求する言葉になります。それはまた、彼女の怒りのせいで目の前の女性に潜在的に危険なもののしるしを束の間にせよ見出す男性に対して、慰めにもなるのです。

このような支配の形態は路上で現れるだけでなく、少し前に引用した二〇一〇年の研究でも見たとおり、内面化もされます。しかめ面ではなく笑顔だけが適切な表情であると、女性や女の子自身が考え始めるのです。この内面化はしばしば、幼いうちから大人たちが課す報酬と処罰のシステムによって、ごく早い時期から女の子に生じます。私たちは幼い女の子と男の子とで、怒りのような否定的感情について、異なるかたちで報酬と処罰を与えます。自分が怒ったときと男の子が怒ったときでは大人や友達の反応が違うことに気づくと、女の子はジェンダー分けされた感情についての規範に合わせ始めます。こうして彼女たちは「愛嬌のある顔を作る」ことを学習するのです。[8] 幼いうちはときどき口答えもできるのですが、十代ともなると女の子は怒るとかわいさが目減りすることをすみやかに学習します。また自分たちの怒りは「十代のホルモンバランスのせいで怒りっぽくなっているだけ」だから無視される可能性があることを学習します。男の子はこんなふうには扱われません。女の子は結果的に、否定されないために、自分の怒りを自ら取り締まることを身につけるのです。

大人になっても相変わらず、女性たちは自分の怒りに罰を与え続けます。こうしたかたちの処罰は、現に憤りの叫びをあげている女性に報復として向けられるだけでなく、抑止力としても働きます。こうした処罰はあらゆる女性の抱く怒りを抑圧するために社会が用いる手段となっているのです。女性が怒るとき、私たちは彼女を悪人扱いし、その感情表現に誤った解釈を与え、彼女たちを性差別的なステレオタイプで描写することで、それを処罰します。私たちは男性の怒りが彼らのために作用するのは許すのに、女性の怒りは彼女たちにとって不利になるように作用させてしまいます。怒れる男性たちは情熱的で強烈な魅力を放つリーダーとみなされます。怒れる女性たちは理屈の通じないクレーマー扱いです。女性たちは自分の怒りが男性の友人や男性の同僚と同じように表明できないことを学習し、周りのひとたちもそういうものだと学習するのです。女性は誰でも自分の怒りを結果的に自ら取り締まってしまいがちです。

私は公共の場での怒りや怒りの表明に課せられる制限に力点を置いて語っていますが、こうした制限には見過ごしてはならない独特の道徳的な本性があります。怒りの処罰と取り締まりは、人の怒りが価値に関する申し立てをおこない、不正義（この場合は、敬意の欠如、性差別、ミソジニーなど）に抵抗するものであるがゆえに、特有の倫理的な重要性や社会的な重要性をそなえています。女性の怒りや女性による怒りの表明を支配しようとするとき、私たちはたんに彼女の表現の自由を禁じているわけではありません。私たちはまた彼女が提起する価値、平等、敬意の申し立てを支配し、それを退けているのであって、ここには道徳的にややこしい問題があります。支配というのは、女性に立場をわきまえさせることに関わり、報酬、罰、ステレオタイプ、ダブルスタンダード、性差別的な基準の内面化、自己取り締まりを通じて達成できます。メドゥーサ話法は、女性が今も、そしてこれからも従属的で、沈黙していて、そして断じて家父長制の脅威にはならないことを確実にするために機能しているのです。

逃げるという選択

もし怒れる女性が危険視され、征服されねばならないとしたら、征服を望まない女性はこの話法を逃れる、つまりこの話法のうちで自分がコントロールできる部分から逃れれば、他人による支配からも逃げおおせると考えるかもしれません。

どうすればこの話法や征服の運命から逃れるとっかかりが得られるのでしょうか。女性は、こうすれば違った扱いを受けられるという望みを持って、メドゥーサ話法と真逆の振る舞いをすることも、できなくはありません。被害者になることから逃れられないにしても、怒りでもってそれに反応することを選ばず、今よりは危険の少ない存在と思われることもできなくはないでしょう。危険度が低ければ征服を免れることもたぶんできます。この理屈は、アフリカ系アメリカ人コミュニティのリスペクタビリティ・ポリティクスによく似ています。これはもともと、一九世紀後半に黒人男性や黒人女性の思想家によって提案された選択肢です。リスペクタビリティ・ポリティクスの理屈は、もしきちんとした振る舞いをしたならば（例えば、飲酒をしない、身なりを整える、身の回りを清潔にする、道徳的に行動する、勤勉になる、など）、黒人にも敬意が払われ、したがって支配的社会層である白人と同じ権利と平等を手にすることができるだろう、というものです。

それと同じように、女性も怒らないことでこの話法を逃れようとするかもしれません。それか、怒りを覚えたとしても、それを表明しない選択もないではありません。自分の怒りを否定してもよいでしょう。彼女は怒りを抱いたり怒り続けたりする理由をもたずに済むように、他人の不正行為を許すこともありえなくはありません。彼女はその不正行為に対する自分の評価を疑い続け、道徳的判断よりも混乱や疑念のうちにいることを望んでしまうかもしれません。その判断は怒りに行き着く可能性があるのですから。笑顔になる理由がなくても彼女は笑顔を「身にまとう」ことで、自分が現れただけで他人を比喩的な意味で石に変えてしまうことを避けるかもしれません。彼女は支配的な集団に属す人々が脅威を覚えないように、あえて自分の感情をほかのものと取り違えるようにするでしょう。彼女は自分の感情をむしろ落胆や悲しみだと表現することを好むかもしれません。なるほど誰も悲しむ女性がまさか脅威になるなどとは思わないでしょうから。女性が自分の怒りを維持し表明しつつも、家父長制が課す合理性、規律、徳、女らしさといった基準に従うと思える範囲内に収まるようにしようと決心することもあり得ます。こうした規範に従っていれば自分が危険ではないとわかってもらえるだろう、などと考えながら。

ですが、こうした戦略が今の文脈で有効であることを示す直接的、経験的な証拠は何もありません。確かにこうした戦略が有効に働く事例もたくさんあるのですが、その反例もどうやら同じくらいあるのです。リスペクタビリティ・ポリティクスの事例にこれを見ることができます。というのも、専門職についているひとらしい服装をしていたから警察にハラスメントを受けなかった黒人女性や黒人男性が多く見られる一方で、専門的な仕事をしている黒人の職業人がハラスメントを受けるという反例も同じくらい目にするのですから。

心理学者はよく定型話法やステレオタイプに反撃するための戦略を提案しますが、その戦略はたいていそのステレオタイプや話法を具現化すると言われる人々に向けて考案されたものではありません。というより、その戦略はステレオタイプ化する側の人々に向けられたものとなっています。無意識のバイアスに関する知見を取り上げてみましょう。無意識のバイアスを減らすために、心理学者はステレオタイプ化されるひとたちに何かを提案したりはしません。例えば、女性に決して怒らないようにという提案をすることはありません。むしろ、研究者が提案するのは、ステレオタイプする側の人々がもっとポジティブな女性のイメージに身をさらすべし、といったものです。この場合、心理学者はおそらくこの話法がもたらす征服と支配の帰結から逃れる方法とは、ステレオタイプ化する側の人々が女性や女の子はすぐ怒り、ヒステリックで、危険で、支配されるべきものだという自らの思い込みを疑うことである、などというかもしれません。この解決策は怒れる女性たちがどうこうできるものではありません。メドゥーサ話法をどうにかして捨て去る努力は、その話法を信じているひとがするべきことなのです。

経験的データがないことを置いておくなら、女性や女の子は今なお、「いい子」でいれば支配から逃げだせると思うかもしれないし、ミソジニーが標的にするのはメドゥーサのような存在、つまり憤りを行動に示す女性だけだと思うひとは特にその考えに首肯するかもしれません。ミソジニーの論理に関する二〇一七年の著作『ひれふせ、女たち』で、ケイト・マンはミソジニーが「典型的には善い女性と悪い女性を区別し、悪い女性を罰する」ものだということに同意しつつ、しかしまたミソジニーは「悪い女性」に対してなされる行動にのみ関わるわけではないと指摘しています。ミソジニーは「ジェンダー役割の規範と期待の数々を遵守する女性には報償が与えられ、祭り上げられる(9)」ということに関わるのです。怒りの表明をしなければ処罰を逃れられるというのは、家父長制の支配の唯一のかたちではありません。憤りや怒りのあらわにしないことに報償が与えられるというのもまた、支配のひとつのかたちなのです。

それに、メドゥーサ扱いされずとも、人は脅威とみなされ、それゆえ支配の対象となりえます。マンも説明するように、「たったひとりの女性が、ミソジニストの脳裏にある他の女性全員の代役または代表として機能することもありうるので、女性はほぼ例外なく、何らかの「発信源」から何らかのミソジニー的敵意にたいして脆弱な立場に置かれ」てしまうのです(10)。あざける、恥をかかせる、けなす、糾弾するというのは、敵意がすべての女性を処罰し、抑制し、警告する働きをするためのかたちを得た事例に当たります。マンはエリオット・ロジャー*2の暴力を例に挙げています。二〇一四年の忌まわしい日に彼の被害者となったのは、彼が具体的にターゲットとしていた人々ではありませんでした。ロジャーはある種の女性たちに自分は軽視され、侮られていると感じていて、この気持ちが彼の暴力の動機となりました。カリフォルニア大学サンタバーバラ校のアルファ・ファイ・ソロリティハウス*3に到着したとき、ロジャーは誰か決まった「悪い女性」を標的にしてはいませんでした。その日の被害者はロジャーがもともと具体的にターゲットにしていたひとではなく、単に自分をこう扱うはずだと彼が信じている女性なるものを代表しているにすぎませんでした。その女性たちはいわば他人の罪のいけにえになったのです(11)。

家父長制の支配がこの地をさまよう二一世紀のメドゥーサの一人ひとりに狙いを定める必要はありま

せん。ミソジニーは家父長的規範に対する反抗や違反を実際にしているひとも狙えば、しているようにに受け取られるひとも狙い、代表するひとも狙う、というやり方で作用します。仮に女性がメドゥーサ話法において語られる特徴すべてを自分から洗い流すことができたとしても、ミソジニーが社会全体のレベルでどんなふうに作用しているかを鑑みれば、そのひとは相変わらず、家父長的支配に対しても、危険人物扱いに対しても脆弱なままであることになるでしょう。だからこそ、こうした戦略がうまくいくとしても女性は使うべきではないのです。メドゥーサ話法は女性を支配し征服する作用をもちます。それは、脅かす存在になることを避けるために女性が自らを取り締まる手段となっています。自己取り締まりも取り締まりには違いありませんし、支配の道具にもなります。それは支配階級にとっては直接自分がたずさわらなくてもよいうえに、彼らの目的、つまり女性の支配をなしとげてくれるのです。女性が怒りに満ちているせいで周りを脅かすと思われないようにと自分を監視するとき、そのひとはメドゥーサ話法がもくろんでいる支配と征服の作用に屈してしまっています。マンが気づかせてくれる通り、「ミソジニーは、家父長制の遵守を監視しパトロールすることによって、その社会規範を下支えする」[12]のです。その目的は、家父長制秩序を維持し、回復させ、それに対する反対の声が上がったときに抵抗することにあります。ミソジニーはこの個別の場面で具体的には誰が取り締まりをしているのかということに関係なく展開するのです。

こうしたかたちの支配はメドゥーサ話法内でだけではなく、「怒りっぽい黒人女性」「文句ばかり言うラテン系女性」といったステレオタイプでも作用します。このステレオタイプのどちらにおいてもメドゥーサ公式が特異なかたちであらわれています。怒らなければならない状況でも、こうしたステレオタイプがある場合、黒人女性はそのステレオタイプに屈服する不安もあって、怒りを表明しづらくなります。怒りを表明しないことにも立派な理由がある場合があります。そのひとはできるだけ望ましい仕方で黒人女性を代表したいと思っているのかもしれません。そのひとは白人が黒人女性に対して抱く否定的で人種差別的な認識に合わせたくなかったのかもしれません。あるいは、そのひとはそのときステレオタイプの一例ではなくひとりの個人でありたかったのかもしれません。私はこうした理由に共感します。しかし人がこのように自己取り締まりをおこなうときには、ほかにも考慮すべき帰結があります。そんなふうに自己への取り締まりをしていると、女性は自分がどう感じ、物事をどう受け取っていて、何を求め、どう判断しているかをあえて表明しなくなるでしょう。そのうえ、表現されず押し殺された怒りは、不正義に反対したり、誰かの責任を問うたり、価値や敬意を要求したりということには、つながりそうにありません。むしろ自分の身体的な幸福や心理的な幸福をあきらめることにつながりやすい面があります。こうした結果が想定外だとは言えません。これこそ、ステレオタイプの主な目的のひとつなのですから。人の感情に関わるような性差別的ステレオタイプや人種差別的ステレオタイプは、特定の集団についての単なる間違った過度の一般化ではありません。ステレオタイプは取り締まりのメカニズムとして作用するのです。それによって、怒りは本当なら構造的な不正義や抑圧、支配が織りなす文脈において周縁化された集団にとって重要となる道徳的はたらきを果たすポテンシャルを持っているはずなのに、このはたらきを発揮できなくなるのです。

支配階級の反応を恐れてメドゥーサ話法に現れるいかなる特徴も体現しまいとしたところで、それもまた別のかたちで支配階級による征服の作用に屈することになるのです。事実、逃げるという戦略は、それがくつがえそうとしているまさにその結果に人をおとしいれるものです。しかしながら、メドゥーサ話法にあらわれる特徴の一部——怒ること、危険と思われること——を手放さずにいることで、支配の作用への抵抗をすることができます。自己への取り締まりによって維持される支配に抵抗するだけでなく、怒りをあきらめずにいることで、そのひとは支配のプロジェクトと対決することもできます。道徳的抵抗は不正義に名前をあたえ、それがどこに潜んでいようと光で照らし出すのです。

抱き込みの戦略

私たちがこの話法にみられる特徴に抵抗すべきでないと考える理由を提示する私の議論が批判に耐えるものであるなら、メドゥーサ話法から逃げ出そうとするよりも、それを抱き込むことのほうがよい選択肢となるでしょう。メドゥーサ話法を抱き込むというのは前節で言及した戦略とは正反対の振る舞いです。抱き込むという以上、そこには自分の怒りを表明すること、自分は怒っているのだと認めること、ミソジニストをなだめたりレイシストを黙らせたりするために自分の怒りを放棄しないこと、そして女性に向けられる要求や解釈に従わず、抑圧に対する危険な存在になることが含まれています。こうしたものの見方では、人は女性に対する道徳的不正行為のせいで非難されることは拒絶しつつ、そうした道徳的不正義があることを受け入れ、けしかけることになります。メドゥーサ話法を抱き込むことで、女性や女の子は自分たちに支配に抵抗する力があると気づき、その支配に危険をもたらす存在になれるのです。怒れる、危険な女性という話法を抱き込むのは、単にまわりから「悪い女性」と認識されやすくなるだけではありません。メドゥーサ話法を抱き込むことで、女性や女の子は、支配構造に自分たちの物語を語らせるのではなく、代わりに自分で自分の物語を支配できるようになるのです。この章の冒頭に出てきた一人称のエピソードとは違い、メドゥーサの物語が彼女自身の視点で語られることはありません。メドゥーサを語り続けてきたのはそれ以外のひとたちです。男性は彼女の顔を見てはならないと人から警告されます。メドゥーサは罪を犯した危険な存在だと宣言するひともいます。かつてメドゥーサの物語は女性の危険性についての訓戒とされていました。しかし、新たなメドゥーサ像を作り直し、メドゥーサの物語への新たな解釈を与えようと決めたのは、古代の語り部たちでなく、現代のフェミニストたちです。アルゼンチン系イタリア人のアーティストであるルチアーノ・ガルバティはメドゥーサの像を彫り始める前の二〇〇八年にこう問いかけます。「男性ではなく女性が勝利していたら、物事はどのように見えたでしょうか。そんな彫刻にはどのような姿がふさわしいでしょうか[13]」。彼が作り上げたのはメドゥーサがペルセウスに勝利している姿でした。ペルセウスの首を、メドゥーサが切り落としているのです。二〇一八年、そのイメージは、#MeToo運動が盛り上がるなかで、女性の怒りの体現者となりました。ガルバティが試みたように、この話法を抱き込むことで、女性たちは被害者であること、怒りを抱えること、危険であることの意味を再解釈できるのです。

結論

この章を通じて論じたとおり、家父長制規範やミソジニーによる敵意に対して怒りをあらわすことは道徳的抵抗の身振りになります。怒りは女性になされる道徳的不正行為に注意をもたらし、見えないものを見えるようにしてくれます。怒りはこれらが許されざるべき不正義であることを宣言するのです。そうすることで、怒れる女性は性差別とミソジニーを規範として受け入れることを拒絶し、支配の論理に抵抗します。怒りは価値と敬意に関する一定の認識に結びつくものであり、それゆえ怒るという選択を抱き込んだなら、家父長制の規範や期待に従わなかったとしても女の子や女性たちは、その背景にかかわらず、最初から価値を持ち、敬意に値するのだと宣言できます。ミソジニーに怒る女性は不正やジェンダーに関する虐待に感情を表しているだけではありません。そのひとは不正義を糾弾し、その不公平さを私たちに指し示し、女性が持つ価値と女性に向けられるべき敬意を主張し、変化を要請しているのです。怒りはこの世界で行動する動機を私たちに与え、目標の実現のためなら引き受けようとする信念とリスクに影響し、だからこそ、怒りのおかげで、女性たちは今の世界を疑い、よりよい世界を作り出す行動とプロジェクトに身を投じることができるのです。

これを実践する女性や女の子は誰でもたしかに危険な存在ですが、そのような怒れる行為者は、メドゥーサの精神にのっとり、この危険が軽蔑されるものではなく必要であり美しくさえあることを知っています。そのひとはまた、神々と怪物たちの神話に心奪われているときに私たちが注意を向ける、人間の男性たちとちょうど同じくらいに、いやそれ以上に英雄的であることも知っているのです。

［原注］

（1）Chemaly (2018, 130).
（2）Samulowtiz (2018).
（3）Cherry (2020).
（4）Praill (2010).
（5）Kring (2000).
（6）Chemaly (2018, 261).
（7）Lorde (2007, 132).
（8）Chemaly (2018, 7).
（9）Manne (2017, 72).〔日本語訳、一〇六–一〇七頁〕
（10）Ibid., 68.〔日本語訳、一〇三頁〕
（11）Ibid., 53.〔日本語訳、九一頁〕
（12）Ibid., 88.〔日本語訳、一二八頁〕
（13）Griffin (2018).

［訳注］

＊1　オウィディウス『変身物語』では、メドゥーサはポセイドン（ラテン語を音訳すればネプトゥーヌ）にアテナの神殿でレイプされたことが記されている。Ovid's *Metamorphoses*, IV, lines 795–800.（『変身物語1』高橋宏幸訳、京都大学出版会、二〇一九年、二〇一–二〇二頁）。性暴力の被害者でありサバイバーであるメドゥーサが、女神の怒りにふれて罰を受けるという展開は、被害者非難の物語としても読むことができる。

＊2　エリオット・ロジャーは二〇一四年アイラビスタ銃乱射事件の犯人。事件当時二十二歳だったロジャーはカリフォルニア大学サンタバーバラ校のキャンパス付近で六名を殺害および十四名を負傷させた後に自殺した。犯行前に「僕の歪んだ世界：エリオット・ロジャーの物語」という長文のエッセイを家族らに送っている。女性を獲得できないことに対する焦燥感や女性への憎悪などが描かれており、ロジャーの声明文としてオンライン公開されている。

＊3　ソロリティハウスとは、北米の大学にある学生組織ソロリティのメンバーが共住する寮のこと。ソロリティは女子学生を、フラタリティは男子学生をメンバーとする組織とされる。

［参考文献］

Chemaly, S. 2018. *Rage Becomes Her: The Power of Women's Anger*. New York: Atria Books.

Cherry, M. 2020. *The Case for Rage: On the Role of Anger in Anti-Racist Struggle*. Unpublished Manuscript.

Griffin, A. 2018. "The Story Behind the Medusa Statue That Has Become the Perfect Avatar for Women's Anger." *Quartzy*, October 3, https://qz.com/quartzy/1408600/the-medusa-statue-that-became-a-symbol-of-feminist-rage/.

Kring, A. 2000. "Gender and Anger." In *Gender and Emotion: Social Psychological Perspectives*, edited by Agneta H. Fischer, 211–231. New York: Cambridge University Press.

Lorde, A. 2007. *Sister Outsider*. New York: Crossing Press.

Manne, K. 2017. *Down Girl: The Logic of Misogyny*. New York: Oxford University Press.〔ケイト・マン『ひれふせ、女たち――ミソジニーの論理』小川芳範訳、慶應義塾大学出版会、二〇一九年〕

Praill, N. 2010. "An Evaluation of Women's Attitudes Towards Anger in Other Women and the Impact of Such on Their Own Anger Expression Style." MSW thesis, Wayne State University.

Samulowtixe, A., Gremyr, I., Eriksson, E., and Hensing, G. 2018. "Brave Men and Emotional Women: A theory-Guided Literature Review on Gender Bias in Health Care and Gendered Norms Towards Patients with Chronic Pain." *Pain Research and Menagement*, no. 3: 1–14

第17章　コンシャスネス・レイジング（意識高揚）
——社会集団と社会変革

タバサ・レゲット
木下頌子 訳

コンシャスネス・レイジング

一九六七年のレイバーデイ[*1]の週末のことです。公民権やベトナム戦争をめぐる闘争に関わる複数の左翼団体がシカゴに集結し、史上初の「新政治国民会議」が開催されました。二千人の若い活動家が出席していて、そのなかには芸術家志望でシカゴ芸術大学の学生だった二十二歳のシュラミス・ファイアストーンもいました。(1) ファイアストーンは会議の議題を見るやいなや、重要なトピックが抜けていることに気がつきました。女性の権利です。一緒に会議に参加していたジョー・フリーマンとともに、ファイアストーンは、平等な婚姻法と財産法および、自分の身体に対する女性の完全なコントロール権、会議の議席における女性の割合の是正を求める覚え書きを作成しました。会議の議長がその覚え書きを黙殺すると、ファイアストーンとフリーマンは演壇に駆け寄って抗議しました。「お嬢さん、下がりなさい」と議長は言います。「ここでは女性の解放よりももっと重要な問題があるんです」[2]。それから議長はファイアストーンに近づいて、頭をポンポンとなでました。その瞬間、ファイアストーンとフリーマンは、自分たちが本気で自らの権利のために闘うならば、何かを変えなければならないと悟りました。黒人の人々が自分の抑圧された経験に基づいて自らの使命を定義できるようになることを目指して成功を収めたブラック・パワー運動にヒントを得て、この二人の女性は男性がいない会合を開くことを計画したのでした[3]。

一週間後、「ウエストサイド」が結成されました。後に「シカゴ女性解放連合」となるこの女性たちの分離主義グループは、女性たち自身が「自分たちの闘争の条件を定義する」[4]ことが適切であるという点で合意しました。彼女たちは、主にシカゴのウエストサイドにあるファイアストンのアパートで、定期的に必ず男性抜きで会合を開きました。彼女たちの目標はただひとつ、女性の抑圧に終止符を打つことでした。五か月後、ファイアストーンは、ニューヨークに移りました。彼女は、イーストヴィレッジのアパートに落ち着き、シカゴで知り合った公民権運動家のパメラ・アレンと共に「ニューヨーク・ラディカル・ウィメン」という新しいグループのために女性を集め始めました[5]。翌年、ファイアストーンは、さらに別の二つの女性グループを立ち上げました。エレン・ウィリスと共同で設立した「レッドストッキングス」と、アン・コーツと共同で設立した「ニューヨーク・ラディカル・フェミニスト」です。こうした歩みが巨大な運動の皮切りとなり、いわゆる「コンシャスネス・レイジング・グループ」と呼ばれるものがアメリカ中で続々と登場し始めたのでした。

コンシャスネス・レイジングは、一九六〇年代の第二波フェミニズムに伴って生じたラディカル・フェミニズム運動の成果です。ラディカル・フェミニズムは、ジェンダー平等を阻む法律を覆すことに焦点を当てたリベラル・フェミニズムに続いて起こりましたが、両者には違いがありました。[6] ラディカル・フェミニストたちは、法律を変えるだけでは十分ではないと考え、セックスとジェンダーを区別する立場を前面に出しました。すなわち、ジェンダーを、生物学的なものではなく、社会的に構築されたものとして捉え、さまざまな抑圧的実践や伝統的な女性らしさの概念に基づく制約から女性を解放することに力を注いだのです。[7] 女性が構造的に声を封殺され抑圧されるような、男女の不平等な権力関係によって特徴づけられる社会のことを、家父長制と呼びます。[8] ラディカル・フェミニストが目指したのは、まさにこの家父長制の解体です。彼女たちの理解によれば、男性による支配と女性の抑圧は日常のありふれたプロセスにあまりに深く根付いているため、たとえ法律上で平等が促進されても、さまざまな社会的態度によってそれが阻まれてしまうのです。このラディカル・フェミニストたちの採った方法がコンシャスネス・レイジングと呼ばれるものであり、その目的は不平等を打ち倒すために不平等をあばき出すことでした。[9]

『ニューヨーカー』誌の記者ジェーン・クレイマーは、ファイアストーンが主宰した初期のコンシャスネス・レイジング・グループのひとつに加入していました。クレイマーは、女性運動に関する特集記事のリサーチをおこなっており、ニューヨークのアッパー・イーストサイドにあるレンタルオフィスでおこなわれた会合のいくつかに参加していました。[10] 最初の紹介記事の公刊から二十六年後に執筆した『ニューヨーカー』の記事で、クレイマーは、女性たちがそれらのグループでどれだけ本音を話していたのかについて述べています。「彼女たちの率直な物言いは、[…]私の人生を変え、その結果として、私の娘の人生をも変えました」[11]。クレイマーの紹介記事には、グループの運営の様子が綴られています。参加者たちは、ひとつのトピックを選び――例えば、「貞節」のような――そのトピックに関する自分の経験を共有し、その過程で自分に起きたことを問い直すのです。こうした作業の目的は、女性たちが私的な生活において知らず知らずのうちに被っている抑圧を食い止めるために、公的とみなされていることと私的とみなされていることの間の垣根を取り払うことにありました。彼女たちは共通の立脚点――共通の経験、共通の不満、そして最終的には共通の目標――を探していました。彼女たちは互いの話を批判することなく聞き合い、そして行動する計画を立てたのです[12]。

クレイマーが初めて訪れた会合で、参加者の一人がコンシャスネス・レイジングの目的をこうまとめた。コンシャスネス・レイジングは［…］女性がこれまで教えられてきた、私的なものと公的なもの、あるいは個人的なものと政治的なものという抑圧的な区別を打ち破ることである。［…］コンシャスネス・レイジングによって、女性たちは自らの怒りや不満を解き放ち、自らの経験する困難の起因となってきた構造や制度を失くすことにエネルギーを向け、自分たちが受ける多様かつ巧妙な形の抑圧に対する感度を全体として高めることになるのである[13]。

コンシャスネス・レイジング・グループは、レズビアンの集いやベティ・ドッドソンのセックスポジティブ・ワークショップなどの、一九七〇年代に存在した他の女性専用グループとは異なっていました。コンシャスネス・レイジング・グループは、参加者たちにあらかじめ見つけておいた抑圧のリストを見せるのではなく、自らの経験を語り合うよう促し、それによって女性が一般的に置かれている状況を参加者たちが認識し、それをみなで集まって分析することを可能にしました。さらにその結果として、女性たちは自分の抑圧を捨て去り、最終的に、怒りや悲しみ、不満の感情を抑圧に対抗するための行動へと向けることができるようになるのでした。

コンシャスネス・レイジングは、歴史的に見ると、教育学者パウロ・フレイレが提唱した「批判的意識理論」と呼ばれる教育法の一例に位置づけられます。(14) フレイレは、教育こそ解放の鍵であるという信条をもっていましたが、伝統的な教育方法は、学習者にこの世界の現実を探究し、分析し、理解するよう促すのではなく、ただ情報を受動的に受け取ることを強いるものだと考えていました。(15) 教育は、これまで通りの考え方を維持させ、抑圧的な文化への教化を助長させることになりやすい、というわけです。これに対して、フレイレは、教育者と学習者の双方に自分の現実を――自分が特定の仕方で考える理由やそう考えることの帰結も含めて――体系だった仕方で分析することを推奨しました。批判的意識に到達するには、(16) 絶えず自覚的に「現実を暴く」必要がありますが、そのためには世界について抱いている認識的前提や存在論的前提(17)を手放さなければなりません。(18)

コンシャスネス・レイジングの場合、世界についての背景的前提を捨てることは、こうした前提が家父長制によって生み出され、維持されてきたものであるというまさにその理由によって、重要な意味をもちます。キャサリン・マッキノンは、次のように述べています。「女性の意識を説明するためには（まして(や)それを広めるためには）、フェミニズムは、男性の権力が世界を歪める前にそもそも世界を生み出していることを理解しなければならない(19)」。コンシャスネス・レイジングとは、要するに集団的知識を構築することです。それは、空論にふけるのでは成し遂げられず、人々が定期的に集まって継続的に対話するということを必要とするので、必然的に時間がかかるのです。

批判的意識に到達するには、教育者と学習者の間に相互的で、上下のない関係が成立しており、「リーダーからの押し付けが意識的に回避[20]」されていなければなりません。そのためには、教育者が自分がもっている材料を提示して学習者に考えてもらうと同時に、自分自身の考えを学習者の考えと合わせて再考することが必要です。このような絶え間ない学びと学び直しのプロセスによってこそ、人々は既存の権力構造によって形づくられたものでない「本物の思考と行動の様式」を確立し、それを通じて解放へと向かうことができるようになるのです[21]。コンシャスネス・レイジング・グループが女性たちを後押ししたのは、何か月も、あるいは何年にも渡って、女性であることの経験を「その経験の観点から」集団で語り合うことを通じて、男性支配の影響を具体的かつ体系的に暴き出し、分析することでした[22]。

批判的意識への到達は複数の段階を経てなされるプロセスであり、コンシャスネス・レイジング・グループはこのプロセスを進める助けとなるものでした。最初に来るのは、女性たちが互いに心を開き、自分の感情を受け入れるという段階となっていました[23]。この段階は、癒しを目的としたものではまったくなく、むしろ、教育者と学習者のあいだで上下のないダイナミックな関係を築くことを目指しており、それによって女性たちのグループは継続的な学びと学び直しのプロセスに取り組めるようになります。具体的な作業としては、一人ひとりの発言を同じ重みで扱う民主的な空間を作り、定期的に集まろうと取り決め、そして世界について人がもちうる偏見を捨て去る意志を集団として確立する、といったことをします。

第二の段階は共有であり、それには女性であることに関わる経験について集団で考える必要がありました[24]。そのために女性たちは、自分自身の経験を掘り下げ、言葉にしていくとともに、他の女性たちの経験にも耳を傾けます。こうすることで、女性たちは似たような経験を寄せ集められるようになり、女性の問題に共通している核の部分が何なのかを集団で理解を深めていくプロセスの出発点となりました。個人のものにすぎなかった知識や言葉が、集団に共有される知識へと変わり始めたのは、まさにこの段階においてのことです。集団で自分たちの経験を考えることで、女性たちは抑圧のパターンを見出せるようになりました。例えば、恋人や結婚相手との関係について話し合った結果、一部の女性たちは、結婚が女性を「夫に心理的にも経済的にも［依存］させがちだということに気づきました[25]。

批判的意識に到達するプロセスの第三段階は分析であり、ここではそれまでに共有してきた経験について考察や議論をおこない、この世界の現実についての存在論的・認識論的前提を問うということがなされました[26]。この分析の作業は、個々人の意見について単に議論するだけにはとどまりません。それは、集団で考えることを通じて、家父長的構造を反映するさまざまな根深い思い込みや信念がどのように女性の物の考え方に影響しているかを集団で知っていくというプロセスでした。それは客体としての現実を分析する外向きの分析ではなく、意識について追求する内向きの分析でした。これこそが、一連のプロセスのなかでもっとも重要で、しかももっとも難しい段階です。ここで女性たちは、自分は大事にされているという考えから離れ、自分は抑圧されているのだと考え始めるという、認識的な変化を経験することがあるのですから。自分が受けている抑圧に気づいていくのはときに苦痛を伴うプロセスであって、だからこの段階を進むまいとする女性もいました。マッキノンは、この段階を「男性のパラダイムの内にいながらもその外で」起こるものと表現しています。どういうことかというと、批判的意識に到達するこのプロセスこそが、女性たちに家父長的構造の解体に乗り出すために必要な視点を与えているのです。

コンシャスネス・レイジングは、内に組み込まれつつ同時に外から分析をおこなうように進むため、常識を表現するものであると同時に概念を批判的に明確化するものになっている。状況づけられた感情と細かな共通点を政治的分析の問題として取り上げることによって、コンシャスネス・レイジングは、もっとも害され、もっとも汚されつつも、それゆえにもっとも女性自身のものであり、もっとも詳細に知られており、もっとも再生に開かれた領域を探究するのである[27]。

分析に続く第四段階は、抽象化です。この段階では、意志を固め、そのうえで、実際に物事に取り組むための行動に必要な戦略を立てるに先立って、まず何が取り組むべきもっとも差し迫った問題なのかという優先順位を与える、とされていました。初期のコンシャスネス・レイジング・グループが見出した問題には、例えば人工妊娠中絶へのアクセス、避妊についての情報の手の届きやすさ、家事分担、公共の保育センターなどがありました[28]。この抽象化の段階には、その集団に共有された経験を反映し、集団のメンバーたちがもはや容認していられない事柄を伝える理念がどのようなものになるのかの合意を形成することが含まれています。つまりこの段階において、集団的知識が集められ、集団的行動へと移されることになるわけで、そのためには女性たちが女性の抑圧を克服すべき課題として捉え、その課題をひとつの理論的問題ではなく、一つのまとまった文脈のなかで他の問題と相互に関係しているものとして理解することが絶対に重要となります。そしてこれこそ、フレイレの教育法が可能にしてくれるはずと思われたことです。例えば、フェミニストたちは、家父長的な世界の見方を反映する言語――女性の状況を記述するには制約が多く、軽蔑的になりがちな言語――を用いるのでは問題を特定することが難しいという課題と長年にわたり格闘してきました。ですが、批判的意識に到達するまでの長いプロセスを通じ認識の変化を経験することで、女性たちは自らが受けている抑圧に介入し、それに対抗するために、この制約の多い言語を再利用し、作り直すことができるようになるはずなのです。

ひとたび女性たちが批判的意識に到達したならば、コンシャスネス・レイジングが彼女たちに求めるのは、自分が発見したことのすべてを遠慮せずに話すことです。声をあげることで連帯を築き、本音の会話を通じてほかの女性たちが自分の抑圧経験を見直すことを促し、そして最終的には平等を妨げている社会的態度に対抗することが期待されているのです[29]。

声を封殺すること（Silencing）

コンシャスネス・レイジング・グループが女性の個人的な知識や言葉を集団的な声へと変換したがった理由を理解するには、家父長的構造がどのように女性たちの声を封殺しているかを理解することが重要です。家父長的文化のなかで、女性たちの声は構造的なレベルで無視されています。クリスティ・ドットソンは声を封殺する実践を二つ明らかにしています。一つは「証言の無音化（testimonial quieting）」であり、これは「聞き手が話し手を知識主体として扱わないとき」に生じるものです。もう一つは、「証言の飲み込み（testimonial smothering）」であり、これは「話し手が自分の証言を、聞き手が示している証言的能力で処理できる内容におさまるように、切り詰めること」[30]です。[*2] コンシャスネス・レイジングは、この両方の実践を切り崩そうと努めることです。

証言の無音化は、聞き手が話し手を「知識主体」として認識せず、その結果として話し手が証言を受け取ってもらえないときに生じます。これは、例えば、あるアイデンティティが信用性を認められないときに起こることです。パトリシア・ヒル・コリンズの指摘によれば、黒人アメリカ人女性といえば白人一家のお手伝いさん、女族長、生活保護を受けるシングルマザー、そして（または）娼婦であるという社会的知覚が家父長制のもとで促進されるせいで、彼女たちは知識主体として構造的に過少評価されています。[31] ドットソンは、自分のアイデンティティに関する社会的知覚のせいで、そしてそのために日頃から「知識をもたない人」として扱われるせいで、女性は自分たちの劣位性を内面化し、知的勇気や認識的主体性を失ってしまうと説明します。例えば、メディアや美容産業、芸能界は、女性は美しくなければ価値がないというメッセージを絶え間なく送り続けています。[32] その結果、女性たちが日常生活での振る舞い方を変えるということも少なくありませんし、自分たちをどういった集団と見なすかという理解にも影響がおよびます。[33] 言い換えれば、女性が劣位にいるというメッセージが私たちの頭に入り込むと、証言の無音化が生じ、それによって女性の声を封殺することになるのです。

女性は劣位にあるというメッセージを家父長制は延々と繰り返していて、このことが女性たちの生活に影響もたらす影響は、想像以上に多岐にわたります。例えば、こうしたメッセージは、女性のあるべき外見についての不合理な期待の出所となるだけでなく、セックスについての考え方にも影響を及ぼします。メディアにおけるセックスの表象や幼い頃からの刷り込み、ポルノグラフィなどを通して、私たち女性は男性の性的欲求を自分の欲求よりも重んじるよう教えられます。マッキノンは、ポルノ化された文化はレイプ文化であると主張します。すなわち、ポルノの普及は、女性を過剰に性的な対象として扱う文化を育み、それによって女性が自らを男性の性的欲求に従属するものとみなすようになり、セックスとレイプをうまく区別できなくなる、ということが広く見られるようになります[34]。

この点について、クリステン・ルーペニアンは、ある小説のなかで、男性の性的欲求は何よりも重要だというメッセージを内面化した女性を描いています。その女性は、デートの後で男性と家に帰り、彼とのセックスに対する欲求を失ったにもかかわらず、挿入を許してしまいます。

自分が始めてしまったことを止めるのに何が必要かを考えて呆然としてしまった。膨大な気配りと優しさが必要で、自分にはとても無理だと感じた。彼女は、彼が自分の意に反して何かを強要することを恐れていたわけではない。自分がここまで事を進めてきた後で、やめると言い出したら、わがままで気まぐれな人間に――まるで、レストランで何かを注文した後に、料理が運ばれてくると気が変わって突き返す人のように――見えるのではないかと思ったのだ[35]。

この物語において、主人公の女性は、自分がセックスをしたくないということをうまく表現することができないでいます。ポール・ベンソンが言うところの「概念的資源と広範な想像力」があったなら、自分がデート相手の性的欲求に対してどのくらいの重みを与えているのかを見積もり直すこともできたのでしょうが、彼女にはそれがどうにも身につけられないのです[36]。その理由は、家父長制がもう頭のなかに住み着いてしまっているせいで、彼女が——私たちと同様に——家父長制の内側で行動しているからにほかなりません。

ドットソンが挙げる第二の声の封殺は、証言の飲み込みです。これは一種の強制的な声の封殺であり、話し手が自ら声を封じることを必然的に含むような現象です[37]。証言の飲み込みが生じるのは、話し手が、この聞き手は自分の証言を理解できなさそうだと判断し、さらに「誤った信念が形成されると社会的、政治的、物質的害が引き起こされるリスクがある[38]」がゆえに、自分の証言の一部を省略するときです。例えば、家庭内暴力に声を上げるというのは、多くのコミュニティにおいて、安全ではない、あるいはリスクがあるものと認識されているので、女性たちはそれについて語るのを躊躇してしまうかもしれません。

コンシャスネス・レイジングは、さまざまある声の封殺のなかでも、特にここで挙げたたぐいのものを切り崩すべく考えられた方法です。コンシャスネス・レイジングはそのために、女性たちに例えば「セックス／ジェンダーの間に擁護可能な違いがあるとすればそれはなにか」という存在論的問いや「なぜ人々は自分が知っていることを知っていると思うのか」という認識的問いを問うよう促します。こうした問いへの答えを、男性のいない集団のなかで探究することで、女性たちは自分が受けている抑圧に気づいたり、以前は当たり前だと思っていた考え（例えば、デートの後に男性の家に行くことはセックスを望んでいることを示す、というような考え）を疑ったり、主体的な欲求をきちんと説明したりできるようになります。こうしたプロセスを集団でおこなうことの背景には、数には力があるという発想があります。自身の主体的な欲求を伝えようという場合に、女性たちが一丸となって行動したほうが、知識主体や話し手としての信用性が高まるのです。

普遍化

歴史的な説明に戻ると、一九七〇年代のコンシャスネス・レイジング・グループは、女性運動にとっての大きな一歩であった一方で、あちこちで批判に晒されもしました。すなわち、特権的な女性に共通の経験だけに基づいた一般化——普遍化と呼ばれています——をおこなったと非難されたのです。ファイアストーンと共に国内会議の演壇に駆け寄った女性ジョー・フリーマンは、初期のコンシャスネス・レイジング・グループがいかに異性愛規範的なメンバーの経験を普遍化し、未婚の女性たちを排除していたのかを書き残しています。[39]これまでに挙げてきた人々と同様にかつてコンシャスネス・レイジング・グループに属していたキャロル・ウィリアムズ・ペインは、いかにグループのなかでももっとも声が大きく、「対抗意識を燃やしやすい」参加者が会を支配しがちであり、その結果として一部の女性たちが自分の経験を語れずにいたかを説明しています。[40][41]

またこれらのグループでは、人種や階級などによってさらに抑圧を受けている女性たちが疎外されていました。女性が経験する抑圧の現れかたや大きさはその人が属する社会集団によって異なると考えるのがインターセクショナリティ（交差性）の理論で、これはキンバリー・クレンショーが一九八九年に提唱したものです。クレンショーは、「人種とジェンダーのインターセクション（交差点）にいることで、「黒人女性が直面する」家庭内暴力やレイプ、そしてレイプに関わる法改正による現実の経験は、白人女性の経験とは質的に違うものになる」[42]のです。コンシャスネス・レイジングをインターセクショナリティの視点から考えるならば、男性を前にして自分の受けている抑圧を突き止めようともがいた女性がいたのとまさに同じように、人種や階級などによるさらなる抑圧に直面している女性はこうした別の権力システムのなかで動いている人々を前にして自らの抑圧を突き止めようともがいているのだと理解できるでしょう。[43]言い換えれば、白人女性は、家父長的構造においては相対的に無力でありながらも、人種差別的構造においては権力のある地位にいるということもあるのです。それに加えて、女性たちが経験するさまざまな抑圧というものが、否応なしに互いに似ているというわけでもないでしょう。

残念ながら、初期のコンシャスネス・レイジング・グループは、自分たちの手法や目標をインターセクショナリティの視点から考えていいいませんでした。そして、恋愛やセックスのような白人女性の甘ったれた悩みごとばかりに焦点を当てていると批判の対象になりました。アフリカおよびアジア系女性協会（OWAAD）の創設メンバーであるステラ・ダッジーは、「階級やバックグラウンド、教育」に関わる根本的な問題の議論をなおざりにした「ひとりよがりの思考」が、「白人女性運動」で起きていたことを指摘します。[44]一九七〇年代のコンシャスネス・レイジング・グループは、女性たちがさまざまな現れかたのもとで抑圧を経験している可能性を無視していました。ムカミ・マクラムは、一九七〇年代のコンシャスネス・レイジング・グループが、皆が平等に抑圧されているという前提から出発していたと説明します。しかし、「平等性は人によって異なる仕方で解釈される」以上、ほかならぬそうしたグループこそが誤った前提に基づき、それゆえに複数の面で役に立たないものとなってしまっていたのでした。[45]

ブリクストン黒人女性グループ（BWG）の元メンバー、ゲイル・ルイスもまた、この問題について振り返って語っています。BWGは「いわゆる私的な領域での不平等のパターンを捉える」ためにメンバー同士で経験を語り合うことを奨励するものでしたが、ルイスはBWGをコンシャスネス・レイジング・グループとみなすことには断固として反対したと述べています。[46] 似たような方法を採用しながらも、ルイスをはじめとするBWGのメンバーたちにとって、一九七〇年代のコンシャスネス・レイジング・グループは、黒人女性としての自分たちの経験を代弁するものではなかったのです。多様な抑圧を経験する女性たちの観点を包摂しなかったせいで、こうした初期のコンシャスネス・レイジング・グループで打ち立てられたさまざまな理念は、女性全体の声を本当に横断的に反映するものとなってはいませんでした。というよりもむしろ、一部の特権的な女性の声だけが反映されていたのです。

もっと最近だと、二〇一一年に連続抗議デモとしておこなわれた「スラット・ウォーク」というコンシャスネス・レイジング運動が、白人女性の経験を普遍化し、優先していると批判されました。スラット・ウォークは、大学生に「被害に遭いたくなければ、スラット（slut）〔性にオープンで活発な女性を貶める侮蔑語〕のような格好をしないように」と注意したトロントの警察官に対する反発として始まったものです。この運動で、女性たちは下着姿で行進することで、女性が自由を感じられるような服装をしているのを性行為の許容の印とみなす誤解に立ち向かいました。[47] しかしスラット・ウォークは、十分に多様性を実現できておらず、一部の女性たちを排除し、白人女性の経験を普遍化しているとして批判を受けました。この運動は「スラット」という言葉にまつわる白人女性の経験を風刺的に取り上げつつ、この言葉がポジティブに読み替えられないくらい否定的なものとして捉えられている社会集団おいてこの言葉がもつ意味を考えようとしていませんでした。[48] 普遍化は、昔も、今も、重い問題です。

#MeToo

さて、初期のコンシャスネス・レイジング・グループの時代から現代へと立ち返り、一九九七年のエピソードを取り上げることにしましょう。ニューヨークを拠点に活動するタナラ・バークが、十三歳の少女からこれまで耐えてきた性的虐待についての話をいままさに聞いているところです。バークは言葉も出ませんでした。伝えたいことはたくさんあるのに、うまい言葉が見つからないのです。「そのときの私には、彼女を助けるためにかける言葉も、為す術もなく、「私も（me too）」と言うことさえできなかったのです」[49]。その十年後にセクシュアルハラスメントや性的暴行の被害者を支援する非営利団体Just Be Incを設立したとき、バークはまだその十代の少女との会話に思いを巡らせていました。バークは、自分の組織の運動をMe Tooと名づけました。このときの彼女には、虐待を受けた十三歳の女の子と言葉を交わした二十年後に、この〝me too〟という言葉が性暴力に抵抗する巨大でしかもあちこちに広まった運動の略語になるとは、知る由もありませんでした。

#MeToo運動は、集団に共有された「性的暴行を許さない」という理念に基づき、レイプ文化を醸成・維持する家父長的構造に対抗することを目指すものです[50]。#MeToo運動の手法は、一九七〇年代のコンシャスネス・レイジング・グループの手法と非常によく似ています。第一に、#MeToo運動は、性暴力を受けてきた女性たちに、自分の体験を語るための——そしてそれによって他の人たちも自分の意識の歪みに気づけるようにするための——集団としての声を与えました。ウエストサイドのファイアストー

ンの住まいで自分の経験を語り合うために集った女性たちと同様に、ソーシャルメディアで自分の体験を語る女性たちは、それまで受け入れられてきた規範に疑問を投げかけ、集団的な気づきを深めているのです。

ソーシャルメディア上でおこなわれるコンシャスネス・レイジング運動は、はるかに多くの女性たちからの投稿を集め、彼女たちの体験をより多くの人の目に晒すことができる点で、個人が集まって体験を語り合う会合よりもずっと強力です。女性たちは、より多くの声が会話に加わるほど、自分の抑圧をより認識しやすくなるでしょう。また、そうした声が増えれば増えるほど、男性や権力のある地位にいる人々がその声を封殺することは難しくなります。#MeToo運動は、一九七〇年代のコンシャスネス・レイジング・グループに比べて、より広範で多様な女性のグループに届き、彼女たちの声を代弁するポテンシャルを持っています。以前のコンシャスネス・レイジング運動は、女性たちの幅広い経験をうまく取り込むことができていませんでしたが、#MeTooは自分と異なる文化の人々が自分と異なる見方をしている可能性に無自覚ではありません。#MeTooは、女性たちに家父長的構造がさまざまな文化を跨いで機能している仕方について率直に語ることを促すとともに、女性たちが直面する抑圧のあり方がありとあらゆる文化的要因に影響されて異なるものになることを認識しています[51]。このように、真に包摂的なコンシャスネス・レイジング運動は、多様な女性グループの幅広い経験を捉え、女性たちが家父長制の影響に対するさまざまな感情的反応を表現できるようにしたうえで、集団として理念を共有することへと導くものなのです。

ホセ・メディナは、コンシャスネス・レイジング運動を成功させるためには、「ネットワーク連帯」が必要だと述べています。すなわち、もっとも特権的な主体たちが、より多くの抑圧に直面している人々の声を包摂する責任をもつということです。これこそまさに#MeToo運動のなかで起きているのです。有名人が自分の受けた抑圧の経験と、その抑圧を認識した経験を語ることで、他の女性たちもそれに続くことになったのです。

終わりに

自分たちの経験について語ることが抑圧と闘うのに必要なすべてであるとか、#MeToo運動が家父長制を解体するためにさまざまな社会集団の女性たちを団結させることができると主張するとしたら、それは素朴すぎるかもしれません。とはいえ、ファイアストーンが女性たちに経験を共有して共通点を見つけようと求めたとき、たしかに彼女は重要な点を突いていました。また、一九七〇年代以降、私たちが大きな進展を遂げてきたことも事実です。#MeToo運動は、多様な所得階層や職業、地域、そして社会的バックグラウンドの女性たちを代弁するコンシャスネス・レイジング運動です。まだ道のりは長いけれども、コンシャスネス・レイジングは前向きな効果をもち続けていますし、抑圧に打ち勝つためのフェミニズムのプロジェクトにとって今なお極めて重要なものです。大会でファイアストーンの頭をなでた議長は間違っていました。女性の解放は、昔も、今も、そしてこれからも常に重要です。ファイアストーンとフリーマンはもっと重んじられるべきでした。そして、私たち全員ももっと重んじられるに値するのです。

［原注］

（1）Faludi (2013).

（2）Echols (1989, 49).

（3）Ibid.

（4）Ibid.

（5）Faludi (2013).

（6）リベラル・フェミニズムは、一九世紀から二〇世紀初頭にかけての第一波フェミニズムから生まれたものである。この運動の背景にあったのは、ジェンダー平等を達成するためには、男性と女性が平等な法的権利をもたなければならないという理念である。この思想は、女性の選挙権を求めるサフラジェット運動に影響を与えた。メアリー・ウルストンクラフト（『女性の権利の擁護』一九七二年）とヴァージニア・ウルフ（『自分ひとりの部屋』一九二九年／『三ギニー』一九三八年）は第一波フェミニズムを代表する二人である。

（7）Stone (2007, 140). 第二波フェミニズムを代表する人物として、シモーヌ・ド・ボーヴォワール（『第二の性』一九四九年）、ベティ・フリーダン（『女らしさの神話』一九六三年）、アンドレア・ドウォーキン（『ポルノグラフィ――女を所有する男たち』一九八一年／『インターコース――性的行為の政治学』一九八七年）が挙げられる。

（8）Lerner (1986, 6–7).

（9）MacKinnon (1987, 40).

（10）Kramer (1996).

（11）Ibid.

（12）Kramer (1970, 52–55).

（13）Ibid., 52.

（14）Freire (1970, 73). パウロ・フレイレは、一九七〇年代初頭におけるブラジルの貧しい人々の非識字率に対処するために批判的意識理論を発展させた。

（15）Freire (1970, 72).

（16）認識的前提とは、私たちが知識を獲得する仕方に関わる前提のことである。

（17）存在論的前提とは、この世界の本性に関わる前提のことである。

（18）Freire (1970, 81).

（19）MacKinnon (1982, 542).

（20）Hart (1985, 121).

（21）Freire (1970, 83).

（22）MacKinnon (1982, 520).

（23）Allen (1973, 273–274).

（24）Ibid., 274–276.

（25）Ibid., 276–277.

（26）Ibid.

（27）MacKinnon (1989, 120–121).

（28）Echols (1989, 45).

（29）Firestone (1970).

（30）Dotson (2011, 242 and 244).〔日本語訳、二一六、二一九頁〕

（31）Collins (2000).

(32) Greer (1999) in Chambers (2008, 30).
(33) Benson (1991, 388).
(34) MacKinnon (2011, 9).
(35) Roupenian (2017).
(36) Benson (1991, 397).
(37) Dotson (2011, 244).〔日本語訳、二一九頁〕
(38) Ibid., 244.〔日本語訳、二一九－二二〇頁〕
(39)「異性愛規範的」という言葉は、異性愛（ヘテロセクシュアリティ）をいわゆる「普通」の性的指向として奨励する見方を指す。
(40) Freeman (1970, 290).
(41) Payne (1970, 290).
(42) Crenshaw (1991, 1245).
(43) 初期のブラックフェミニズムは、この理由から分離主義的であった。黒人女性運動の体表的人物としては、メアリー・アン・ウェザーズ（「An Argument for Black Women's Liberation as a Revolutionary Force（革命的な力としての黒人女性の解放を支持する議論）」一九六九年）、パトリシア・ヒル・コリンズ（『Black Feminist Thought（黒人フェミニズム思想）』一九九〇年）、アンジェラ・デイヴィス（『Women, Race and Class（女性、人種、階級）』一九八一年）が挙げられる。
(44) Dadzie (2011).
(45) McCrum (2011).
(46) Lewis (2011).
(47) Carr (2013, 1).
(48) Ibid., 6.
(49) Garcia (2017).
(50)「レイプ文化」という言葉は、ジェンダーに関する人々の考え方によって性的関係における男性の暴力が正常なものと見なされ、それゆえにレイプを定義するのが困難になっているような社会を指す（MacKinnon 2016, 450）。
(51) Medina (2012, 192).

［訳注］

＊1「労働者の日」を意味するアメリカの祝日で、九月の第一月曜日と定められている。一九世紀末に労働運動の末定められた。

＊2 ドットソンの言う「証言的能力」とは、自分が相手から差し出された証言を適切に理解できるであろうことを相手に示す聞き手の能力のことを指す。

［参考文献］

Allen, P. 1973. "Free Space." In *Radical Feminism*, edited by A. Koedt, E. Levine, and A. Rapone, 271–279. London: Harper Collins.
Benson, P. 1991. "Autonomy and Oppressive Socialization." *Social Theory and Practice* 17, no. 3: 385–408.
Carr, J. 2013. "The SlutWalk Movement: A Study in Transnational Feminist Activism." *Journal of Feminist Scholarship* 4, no. 1: 1–9.

Collins, P. H. 2000. *Black Feminist Thought*. New York: Routledge.

Crenshaw, K. 1989. "Demarginalizing the Intersection of Race and Sex: A Black Feminist Critique of Antidiscrimination Doctrine, Feminist Theory and Antiracist Politics." *University of Chicago Legal Forum* 1, no. 8: 139–167.

Crenshaw, K. 1991. "Mapping the Margins: Intersectionality, Identity Politics, and Violence against Women of Color." *Stanford Law Review* 43, no. 6: 1241–1299.

Chambers, C. 2008. Sex, Culture and Justice. University Park: Penn State University Press. Dadzie, S. 2011. Interview for *Sisterhood and After: An Oral History of the Women's Liberation Movement*. London: British Library audio file, https://www.bl.uk/collectionitems/stella-dadzie-black-feminist-identity.

Dotson, K. 2011. "Tracking Epistemic Violence, Tracking Practices of Silencing." *Hypatia* 26, no. 2: 236–257. 〔クリスティ・ドットソン「認識的暴力を突き止め、声を封殺する実践を突き止める」小草泰・木下頌子・飯塚理恵訳、『分析フェミニズム基本論文集』所収、木下頌子・渡辺一暁・飯塚理恵・小草泰編訳、慶應義塾大学出版会、二〇二二年〕

Echols, A. 1989. "Prologue: The Re-Emergence of the 'Woman Question.'" In *Daring to be Bad: Radical Feminism in America 1967–1975*, 23–50. Minneapolis: University of Minnesota Press.

Faludi, S. 2013. "Death of a Revolutionary," *The New Yorker*, April 15, https://www.newyorker.com/magazine/2013/04/15/death-of-a-revolutionary.

Firestone, S. 1970. *The Dialectic of Sex: The Case for a Feminist Revolution*. New York: William Morrow. 〔シュラミス・ファイアストーン『性の弁証法——女性解放革命の場合』林弘子訳、評論社、一九七二年〕

Freeman, J. 1970. "The Tyranny of Structurelessness." In *Radical Feminism*, edited by A. Koedt, E. Levine, and A. Rapone, 285–299. London: Harper Collins.

Freire, P. 1970. *Pedagogy of the Oppressed*. Translated by M. B. Ramos. New York: Continuum. 〔パウロ・フレイレ『被抑圧者の教育学［五〇周年記念版］』三砂ちづる訳、亜紀書房、二〇一一年〕

Garcia, S. E. 2017. "The Woman Who Created #MeToo Long Before Hashtags." *New York Times*, October 20, https://www.nytimes.com/2017/10/20/us/me-too-movement- tarana-burke.html.

Hart, M. 1985. "Thematization of Power, the Search for Common Interests, and Self- Reflection: Towards a Comprehensive Concept of Emancipatory Education." *International Journal of Lifelong Education* 4, no. 2: 119–134.

Kramer, J. 1970. "Founding Cadre," *The New Yorker*, November 28, http://archives.newyorker.com/?i=1970-11-28#folio=052.

Kramer, J. 1996. "The Invisible Woman," *The New Yorker*, February 26, http://archives. newyorker.com/?i=1996-02-26#folio=136.

Lerner, G. 1986. *The Creation of Patriarchy*. New York: Oxford University Press. 〔ゲルダ・ラーナー『男性支配の起源と歴史』奥田暁子訳、三一書房、一九九六年〕

Lewis, G. 2011. Interview for *Sisterhood and After: An Oral History of the Women's Liberation Movement*. London: British Library audio file, https://www.bl.uk/collection- items/gail-lewis-brixton-black-womens-group.

MacKinnon, C. 1982. "Feminism, Marxism, Method, and the State: An Agenda for Theory." *Signs* 7, no. 3: 515–544.

MacKinnon, C. 1987. *Feminism Unmodified: Discourses on Life and Law*.

Cambridge, MA: Harvard University Press. 〔キャサリン・A・マッキノン『フェミニズムと表現の自由』奥田暁子・鈴木みどり・加藤春恵子・山崎美佳子訳、明石書店、一九九三年〕

MacKinnon, C. 1989. *Toward a Feminist Theory of the State*. Cambridge, MA: Harvard University Press.

MacKinnon, C. 2011. "X-Underrated: Living in a World the Pornographers Have Made." In *Big Porn Inc.: Exposing the Harms of the Global Pornography Industry*, edited by M. Reist and A. Bray, 9–15. Melbourne: Spinifex.

MacKinnon, C. 2016. "Rape Redefined," *Harvard Law & Policy Review* 10, no. 2: 431–477.

McCrum, M. 2011. Interview for *Sisterhood and After: An Oral History of the Women's Liberation Movement*. London: British Library audio file, https://www.bl.uk/collection- items/mukami-mccrum-collective-working.

Medina, J. 2012. *The Epistemology of Resistance: Gender and Racial Oppression, Epistemic Injustice, and the Social Imagination*. New York: Oxford University Press.

Payne, C. W. 1970. "Consciousness Raising: A Dead End?" In *Radical Feminism*, edited by A. Koedt, E. Levine, and A. Rapone, 282–284. London: Harper Collins.

Roupenian, K. 2017. "Cat Person," *The New Yorker*, December 4, https://www.newyorker.com/magazine/2017/12/11/cat-person.

Stone, A. 2007. "Essentialism." In *An Introduction to Feminist Philosophy*, 140–166. Cambridge: Polity.

Westlund, A. 2003. "Selflessness and Responsibility for Self. Is Deference Compatible with Autonomy?" *Philosophical Review* 112, no. 4: 37–77.

第18章 ツェデク——なすべきことをする

デヴォラ・シャピロ
鬼頭葉子 訳

昔、ヤエルという名の若い女性がいました。彼女は賢く、勇敢で、善良な人でした。またその美貌と美声で、村じゅうから注目されていました。ヤエルの美しさと声は、彼女が行く先々で評判になりましたが、彼女の他の資質を思い出す人はほとんどいませんでした。

その頃村人たちは、決して安全とはいえない日々を送っており、最近ではたくさんの家畜が姿を消していました。ある日の午後、広場で恐ろしいうなり声がしました。ヤエルが騒ぎのわけを確かめようと急いで広場に行ってみると、そこにはシセラという名前の虎がいました。シセラはうぬぼれ屋でしたが、力が強くどう猛でした。彼は自分の力を見せつけて、村人たちを従えようとやってきたのでした。

家畜を盗って味見していたのはシセラでした。そして彼はもっとこっぴどく脅してやろうともくろんでいたのです。シセラは広場で大声を上げ、村人たちに向かってこう言いました。「お前たち、この間はおいしい贈り物をありがとう。それから、お前たちが俺の食事の邪魔をしないように忠告する。万が一、邪魔しようなんて馬鹿なことを考えるやつがいたら、ひどい目にあわせてやるからな」。

村人たちはその場でうずくまり、絶望的な表情を浮かべて返事をすることすらできませんでした。人々は、シセラが小さい子どもたちに注意を向けるのではないかと不安で、子どもたちや家族の身を案じました。シセラはこの様子を満足気に見渡すと、恐怖に身を寄せあっている村人たちを残して立ち去りました。ですが村人たちの中には勇敢な者もいました。彼らが話し始めると、村人たちはその話に耳を傾け、すぐにある計画がまとまりました。夜に松明《たいまつ》の火と大きな音で虎を追いかけ、これっきり追い払ってしまおうというのです。

心配そうに見ていたヤエルでしたが、反対の声をあげました。「馬鹿なことを言っちゃいけないよ、かわいいヤエル！　おまえはわかっていないんだ。こんな恐ろしいことに頭を悩ませるんじゃない。うまくやる方法をわかっている人に任せておきなさい」。ヤエルは何も言えなくなり、一人で家に戻り気をもんでいました。翌朝、父親が戻ってきて狩りの一団が失敗したことを知らせましたが、ヤエルは驚きませんでした。そしていつものように歌いながら家事をこなしました。そのとき、今度はヤエルの家の前にシセラが再び姿を現しました。

「お前はなんてかわいいんだ。それにとてもいい声だ。ここらで餌を見つけようと思っていたが、今回だけは他をあたることにしよう」。ヤエルは顔を上げ、恐怖で震える手を隠しながらおだやかに微笑みました。「シセラさん、ありがとう。私の歌を楽しんでくれてよかった。みんなに恐れられて、誰も歌ったり楽しませたりしてくれないなんて、つらいでしょうね」。シセラはため息をつきゆっくりとうなずきましたが、戦士たちの物音に気づくと、笑ってうなり声をあげました。シセラが木々の向こうに姿を消したあと、村は大騒ぎになりました。

ちょうどそこにヤエルの父親が戻ってきました。父親はヤエルを問い詰めてこう言いました。「お前は何をしていたんだ？　食べられるところだったじゃないか！　そうなったらどうするんだ？　父さんたちはついさっき、畑で奴の犠牲者を見つけたばかりなんだぞ！」しかしヤエルは、今度はもうためらいませんでした。ヤエルは叫んで言いました。「どうすればいいかはわかっています！　よく聞いてください、私に計画があります！」それでも村人たちは耳を貸そうとせず、ヤエルの厚かましさを叱りました。「家に戻りなさい、ヤエル！　何をするか決めるのは戦士たちに任せておきなさい」。ヤエルはがっかりしましたが、覚悟を決めて家へと戻りました。その夜、戦士たちは虎を狩るため再び集まりました。ヤエルは戦士たちがいなくなるのを辛抱強く待ちました。彼らが行ってしまったのを確かめると、ヤエルは行動を起こす準備をしました。

ヤエルは洗濯物を集め、外で洗濯をしながら歌い始めました。歌いながら踊ったり掃除をしたりして、精一杯落ち着いているふりをしました。ちょうど家事が終わったとき、畑の中で静かにゆっくりと動くものが見えました。ヤエルは伸びをして歌い続けました。そしてシセラが近づいてきたので、ヤエルは歩み寄って彼を歓迎しました。シセラは怒って興奮しているように見えたので、ヤエルは思い切ってそのわけを尋ねました。「お前の村の戦士どものせいで眠れないんだ！　奴らはまたやってきたんだ！　俺に勝てないことくらいわかっているくせに。俺を愚弄するのは、きっと懲らしめられたいからだろうな」。シセラはさぐるような目でヤエルを見つめながら首を振り、舌なめずりをしました。

危険を察知したヤエルは、深呼吸して答えました。「あなたはなんて美しい虎なんでしょう！　どうぞ、ゆっくりしていってくださいね」。ヤエルはシセラを玄関から家の中へと案内しました。そしてミルクを出し、毛布を敷いて言いました。「シセラさん、どうぞ休んでいきませんか、それから飲み物でもいかがです？」シセラがミルクを飲んでいるあいだ、ヤエルはブラシを取ってシセラの毛並みを整え始め、彼がよく休めるように心を落ち着かせる歌を歌いました。シセラはあっという間に眠り込み、穏やかにゴロゴロと喉を鳴らしはじめました。ヤエルはブラシを置き、心地よい歌を歌い続けました。そして父親が天幕を固定するために使っていた、長くて鋭い犬釘[*1]にゆっくりと手を伸ばしました。ヤエルは片方の手で犬釘を、もう片方の手で父親の木槌を持ち上げ、シセラが眠くなる歌を歌いつづけました。

戦士たちが戻ってきたとき、ヤエルが歌っているのが聞こえました。その歌は美しく、澄んでいて、力強いものでした。戦士たちが、ヤエルが夜遅くに歌っている理由を確かめるためそこに行ってみると、彼女は犬釘と木槌を手に落ち着いて座っていました。そこで戦士たちは、シセラがヤエルの足元に横たわって死んでいるのを見つけました。ヤエルは自分のおこなった大変な行為のせいで泣いていましたが、ほっとしてもいました。ヤエルは、なさねばならないとわかっていたことをやり遂げたのです。[*2]

ツェデク――なすべきことをする

ユダヤ教の伝統に由来するツェデクという言葉は、「正義」と訳されることがよくあります。またツェダカー[*3]（慈善）という言葉の語根でもあります。しかしこれらの訳語は、ツェデクとよばれるこの美徳の意味を十分に表してはいません。ツェデクは「なすべきことをする」と捉えると、その意味をより深く理解することができます。ヤエルは安易なことをしませんでしたし、長老たちが言ったとおりに隠れたりもしませんでした。ヤエルは、お前は戦いに向いていない、狩りは女の子にふさわしくないと言われてきました。ヤエルにとって、父親の反対を押し切って実行することは難しいことでしたが、彼女は自分のやろうとしていることが正しいことだと確信していたので、なすべきことをしたのでした。なすべきことをするためには、自分と自分自身の行為に責任を持つことが求められます。そして、自分の行為を自らのものとすることが必要です。なすべきことをするとき、私たちは自分自身の人生の作者になるのです。あとで述べますが、このような当事者意識が私たちの統合性の本質なのです。

私たちの多くは、美徳あるいは「道徳的な生」といわれるもののうちで形成されています。私たちは与えられた方向に従うよう促され、教えにうまく合わせることができれば称賛されます。私たちが教わった道に従っていれば、私たちの行為が問題になったとしても、「私は教えられたことをしただけです」とか、「私はこうするのが正しいと心得るように育てられてきました」などと答えることができます。もし私たちが間違った行動をとったのではないかと心配になったら、私たちを導いてくれるもの、両親や共同体、宗教、リーダーなどが与えてくれた、確固たる地盤に頼ることができます。それらは私たちに何が善であるのかを教え、私たちはそれらが求めたことをしているのです。

しかし私たちがなすべきことをするときには、孤立してしまうことがあります。なすべきことをするためには、伝統をたずさえた権力の波や私たちが直面する審判に抵抗する砦――つまり防御――が必要です。それでも私たちは、自分はわかっているはずだと信じ、そして誰かが行動しなければならないことを知っています。私たちがその誰かにならねばなりません。私たちは自分自身のため、そして他者のために、なすべきことをする人でなければならないのです。私たちが前へ進もうとするとき、審判という潮の流れが私たちに押し寄せてきます。私たちはその波をかぶってずぶぬれになり、重苦しい気分になるかもしれません。その潮の流れでおぼれてしまうかもしれないと恐れます。しかし私たちは、そんな恐れに負けることなく、波に足を踏み入れ、必死で耐えます。そして私たちが断固とした態度を取るとき、その波は粉々のしぶきになって消えてしまうのです。

私たちが足を踏み入れる波とは、社会の権力と社会秩序のことです。すべての人は、この秩序の中に居場所を探すことを強いられています。子どもの頃から私たちは、社会に望まれている自分――プリンセスみたいで、かわいくて、控えめで、おとなしくて、素直で、人の役に立ち、思いやりがあって目上の人を敬い、面倒見がよく、礼儀正しい女の子――をイメージさせるような物語を聞かされます。私たちは保護されることを望み、大事にされることを願うべきなのだと教えられます。また、女の子は他者のことを配慮し育むことには価値があるのだと教えられます。結局のところ、美徳というのは社会によって割り振られたこれらの振る舞いにあるものです。世話をしたり、助けたり、育てたり、面倒を見たりすることに美徳があるのです。しかし、女の子がこれらの社会的期待と異なる行動をしたり、社会秩序における自分たちの場所から抜け出すような行動をとったりすると、そのような行為は「悪い」とか「間違っている」とか、「若い女性としてふさわしくない」などと言われます。このようなとき私たちは、自らの振る舞いを恥ずかしく思います。私たちは怖れ、拒絶されたように感じます。避けられ、見くびられていると感じます。これこそが、私たちが感じるべきだとされている感覚です。

時として、恥ずかしいと思うことが当然な場合もあるかもしれません。不当に他者を傷つけたり、善であると知っていることから故意に目を背けたりするような行為は、それを恥じるべきです。しかし、女の子や女性が恥への恐怖によって、従いたくない物語に縛られているとしたら、恥がコントロールの手段として使われてきたということになります。通常、女の子や女性は恥によってコントロールされていますが、私たち自身も、他者をそのようにコントロールしています。私たちはみな、お互いが歩調を合わせるように社会へと適応させられているのです。みなさんは、女の子が遊び場で他の子の見た目や行動をからかっているのを見たことがあるはずです。そんなときみなさんは、そこに加わって誰かをからかったり、自分がからかわれる対象にならなかったことにほっとしたりしたのではないでしょうか。これは相手に恥をかかせることです。私たちはこのようなことについて真剣に考え、そもそも恥ずかしい思いをした人が、からかわれて当然なことをしたのかどうかを問うべきです。ひょっとすると彼女は太りすぎていたとか、やせすぎていただけかもしれません。セクシーすぎたとか、かわいすぎたとか、あるいはたくましかったり、ボーイッシュだったりしただけかもしれません。おしゃべりだったとか、無口だっただけかもしれません。

　女の子や女性は、美しさと振る舞いについて、一連の基準と理想を与えられています。私たちは社会のせいで、この基準と理想を満たすことができれば価値を達成したことになり、もし満たすことができなければ失敗したのだ、と信じ込んでいます。私たちがこの基準を満たせないとき、自分は無力だと思わされます。そしてこの無力さがやがて、恥ずかしいという感情につながるのです。このような恥が[*4]、女の子や女性を社会的基準に順応させるために用いられ、ほかの人々が支配力を行使するための手段ともなっています。こういった社会的支配力は私たちの身体や振る舞いに対して行使され、女の子や女性は、恥に対する恐れから同調を拒否することが難しくなります。私たちは、人々からの承認を求めるように教えられますが、同調を拒否すればその人々の支持を失う恐れがあるかもしれません。もし女の子たち（やそれ以外の人たち）が、演じるように教えられてきた承認済みの役柄の外にはみ出してしまったとしたら、罰せられ、追放され、部外者だと感じさせられ、孤立してしまうでしょう。私たちは恥によって社会に従順になり、自分を受容してほしいという欲求に支配されるのです。このような社会的同調を要求されることは苦痛であり、自信を失わせます。少なくとも最初は、たとえ美徳を持つようにしたとしても、このような苦痛がなくなるわけではありませんし、他の人からの期待の圧力や、他の人の審判に対する恐れに抵抗するのが容易になるわけでもありません。しかしツェデクという美徳は、私たちが自分の生について主張し、私たちを「自分の場所」に無理に留めようとする恥の力に対して抵抗するのに役立つのです。

哲学者たちが「美徳」や「諸徳」と呼ぶものについては、多くの考え方があります。古代ギリシャの哲学者アリストテレスは、人間の生において諸徳を涵養する[*5]ことが重要だと考え、倫理学の議論を展開しました。アリストテレスは、世界にはさまざまな種の生き物や存在があると考えました。これらの種のそれぞれには、それを他のものから区別する特有の本質が含まれているか、または映し出されており、そうしたそれぞれ固有の本質には、固有の目的あるいは目標があります。あるものがうまく機能してその本質を体現するか、または発揮するとき、それはその種における有徳な例のひとつとなります。これらの種のひとつが人間であり、アリストテレスによれば、人間の目標とは理性をよくはたらかせることです。健全に理性をはたらかせ、さまざまな種類の美徳を涵養することによって自らの生を方向づけるなら、その人は繁栄します。アリストテレスは、『ニコマコス倫理学』のいたるところで、人間がなりうる最高のものとは、諸徳を有し、諸徳を発揮し、あるいは諸徳に従って行為する有徳な人間であると述べています。

　またアリストテレスは、人が体現し、実践しなければならない性格特性とは、まさによい世界につながる特性であるとも言います。しかし、よい世界、「繁栄した世界」が意味する内容については、哲学者たちの意見は異なります。例えばアリストテレスは、戦いにおいて勇敢であることは美徳であると示唆しています。[1] しかし、もし戦いにおける勇敢さが美徳なら、それはよい世界について何を語っているのでしょうか。もし戦いにおける勇敢さが有徳な世界をもたらすなら、そのような世界には戦いが含まれていなければなりません。しかし私たちの多くは、有徳な世界をそれとは違うように想像するでしょう。つまり、有徳な世界では平和が訪れており、戦いは必要なくなっていると想像するのではないでしょうか。したがって平和な世界では、戦いにおける勇敢さはすたれて不要になるかもしれませんし、あるいはむしろ間違った世界を生み出してしまうかもしれません。さらに私たちは、繁栄した世界につながる（あるいはその一部である）ある種の性格特性が、美徳や善であると考えます。だから私たちは、繁栄した世界をもたらす性格特性を明らかにするために、繁栄した世界とはどのようなものなのか、意見を一致させる必要があるのです。

　現代の徳倫理学者であるジュリア・アナスは、このような問いに対する答えを提示しています。そして私たちが善について考える手引きとしての、美徳の理論をどのように用いることができるかについて書いています。彼女は「美徳には理想を希求することが含まれている」[2]ことを示唆しています。それゆえ美徳とは、より有徳になるという目標をもって始め、周囲の人々（教師、両親、地域のリーダーなど）の美徳の事例を用い、美徳についての経験を積み、自分なりのやり方で、自分の考えた判断にしたがって美徳を発展させてゆく、という学びのプロセスなのです。私たちが、自分の経験やそれまでの行動から学ぶのとまったく同じように、まず有徳あるいは善になるという目標を認識し、そして次に美徳に基づいて行為する（つまり、私たちが思い描く、よりよい世界を実現するよう行為する）ために、できる限り自分自身を訓練することで、有徳であることを学ぶのです。アナスは次のように説明します。「繁栄する生き方とは活動、それも現在進行中の生の活動です。そして勇敢さや寛大さなどに生きることとは、繁栄する生き方の内実を明確化することです」。ここでは、アナスにとって繁栄することとは、出来事ではなく、生き方であるということが示されています。そして諸徳とは、「正義や仁愛といった、ある倫理的価値への深い関与を体現した」性格特性であり、それゆえ美徳は、「たんに、たまたま正義や仁愛やそういった何かにかなった振る舞いをするという問題ではなく[3]」、繁栄した世界を生み出すことへの有徳な深い関与に従って行為することを求めるのです。[*6]

これらの美徳へのアプローチに共通していることは、美徳が繁栄した世界を実現する一部分であるということです。私たちは、実際にやってみせてもらうことで美徳を教わり、有徳な特性を手本とすることによって学びます。人々が美徳を発揮し、あるいは有徳に行為するとき、私たちは、私たち自身と他者のために、世界をより健やかにしているのです。ツェデクはこのような美徳のひとつです。人々がツェデクを示すとき、なすべきことをすることによって、世界を健やかなものへと導いています。すべての人がこの美徳を同じように発揮するわけではないでしょう。ある人は世界で共同体の不正義と戦うように促されるでしょうし、またある人は自分を必要としている人の世話をすることでこの美徳を表すでしょう。さらに別の人はその両方をおこなうかもしれません。これら三者のいずれにも、他者のためと私たち自身のために、安易で簡単にこなせることを超えて進む努力、怠惰で利己的なままでいたいという無気力に抵抗する努力、そしてなすべきことをする努力があります。

したがって私たちが、「なすべきことをすること」を美徳として考えるとき、私たちはそれを、世界をよくしようとする人たちがしばしば持っているある種の性格特性であると考えています。私たちはそれを、希求しうまく見習うことができるようになる、ある種の性格の習慣であると考えるでしょう。そして私たちはそれを、繁栄した世界を生み出すことを目指すとき、そのような繁栄した世界の実現に参与するであろうある種の性格特性であると考えます。

もちろん私たちにとって自分が身を置いている世界は数多くあり、同様に私たちが実現を目指す世界も無数にあります。ツェデクは、私たちが置かれている状況や場所において、すべての人によりよい世界をもたらすために、なすべきことをすることを要求します。女の子と女性は、私たちの世界では必ずしも尊重されているわけではありません。私たちは、弱い者、分別がない者、軽薄な者、愚かな者として片付けられることがあります。私たちは、無視され、黙らされ、ないがしろにされることがあります。女の子たちはある意味で強くあるよう期待されていますが、私たちは「女の子みたいに投げる」[*7]ことをからかいます。私たちは、女の子たちもアスリートになれるといいながら、そのパフォーマンスが「女の子にしては」悪くないといいます。女の子や女性が、ステレオタイプな意味で男の子らしいあるいは男性的な身体活動をうまくこなしたりすると、私たちはしばしば、その優れた能力のことで彼女たちに恥ずかしい思いをさせます。私たちは彼女たちを男らしすぎるといってからかったり、彼女たちの悪口を言ったりします。そして彼女たちはふさわしい場所を外れていると言ったり、そもそも彼女たちのことを女の子や女性のうちに入れるべきなのか疑ったりします。

統合されていること（integrity）

ツェデクは、私たちがこのような抑圧的な考えに対して応答できるよう、力を与えてくれます。私たちがツェデクの美徳に従って行為するとき、他の人の期待が私たちのことを完全に決めるなどあってはならないということを思い出させてくれます。私たちは自分自身の作者であり、私たち一人ひとりが、自分は何者でどのように生きるかを定めるべきなのです。そうするとき、私たちはツェデクにしたがって行為することから生まれる統合性を示します。ツェデクは、統合性を強化し反映する美徳だからです。私たちは統合性を、全体性や完全性の状態、あるいは強さや堅さ、結合の状態と考えることができます。しかし女性や女の子はたいてい、矛盾した基準や不可能な理想を命じられたり、教え込まれたりするので、私たちは一人の統合された人間になることは不可能なのだと理解することになります。その代わりに私たちは、割り当てられた役割を果たすために、多くの自己にならなければいけません。両親や教師からの、優秀な生徒や強いリーダーになりなさいという励ましと、自分より強い男性に道を譲るようにという一見おだやかな命令は、完全に矛盾しています。女性と女の子は、守ってくれる男性のため道を譲るように命じられ、一部の仕事にはまったく向いていないということを受け入れるべきだと言われます。私たちは世間から、女性的であることとは情に流されやすいことや、男の子や男性を惹きつけることだと教わり、魅惑的であることや注目を集めることは自分の力であると学びます。しかし同時に、性的に魅力的であることは私たちを安っぽく見せ、自分の身体に恥じらいを持たないことは下品で自分の価値をおとしめることだと教わります。両方の期待を同時に満たすことはできないため、私たちが統合性を損なわない道はないのです。私たちは魅力的でなければなりませんが、それを隠さなければいけません。魅力をアピールしなければなりませんが、自分の魅力を知っていることをさらけ出してはいけません。私たちは、距離と礼節を保っていることを確かめながら、人を元気づけ、寛大でなければいけません。女の子や女性は、矛盾のかたまりであれと命じられているのです。

いっぺんにこれらの役割をすべて果たすことは誰にもできません。多くの人々をなだめ、自分以外の人々のニーズを満たすことが期待されているとき、統合された一人の自己であることは誰にもできません。しかし常々、強くありなさい、同調に抵抗しなさい、自分の意志を主張しなさいと教えられている人にとっては、統合された一人の自己であることはそれほど難しいことではありません。力と強さという美徳を見せられ、また教えられてきた人たちにとっては、不屈の意志と堅固な構造、そして確固とした目的が統合されていることは理にかなっています。このような統合性についての考え方は、家父長制と男らしさの理想を指針として構築されたもので、男性と男の子のために作られたものです。

しかし、統合性は別の方法で表すこともできます。自分自身を知り、自らの力を体現し、自らの意志を世界で表明する方法は他にもあります。ツェデクの美徳を発揮することは、世界を健やかなものに修復し、立て直すことの一部です。つまり責任を担い当事者意識を持つこと、そして自ら決断してこの世界でなすべき行為をすることによって、世界を変えていくのです。哲学者のリサ・テスマンは、次のように説明しています。「統合性を獲得するという課題は、抑圧に抵抗し、自分がどのような人になるかに責任を持つ（あるいはなりたい自分になれるよう、「自分を支援」できるようになる）ために必要です[4]」。女性や女の子は不完全な世界に生き（また、不完全な世界によって部分的に構成され、作られ）ていますが、なりたいと思う自分を選び、それを自分のものとして受け入れることができます。人々が痛々しく破壊されることを強いられない世界を実現するために、私たちにはなすべき仕事があるのです。

　このような広い意味での統合性から、私たちはどのような人になりたいのか、どのように行為したいのか、そのような人になるためには何をする必要があるのか、注意深く考える必要が生じます。テスマンが言うように、「将来的な意味で自分に責任を持つことは、自分から進んで責任を負おうとする人、自分が支持できるような価値や実践、気質を持っている人、そして自分自身に配慮できる人になることを求めます[5]」。この主張は、統合性とは自分自身と自分の将来の行為とを熟慮して選ぶこと、そしてその選択に責任を負うことに基礎づけられている、というフェミニスト哲学者クラウディア・カードの考えと関連しています。伝統的な考え方が教えるように、嵐に対抗するため要塞のように固められた島の上にこの統合性を構築することはできません。そうではなく、この統合性は、他の誰かが私たちの代わりに決定することに抵抗し、自分がなすべきことをすると主張する意志から生まれます。つまり、私たちの潜在能力や可能性を決定する権力を持った人たちがいて、そのような人たちが私たちに、おだやかでおとなしく、目上の人を敬うことを望むような世界の中で、私たちはなすべきことをするのです。

　私たちがツェデクの美徳を発揮するとき、慣習のせいで自分たちの課題を断念してはいけません。私たちは、強制や強要によって私たちの自己認識を掘り崩し、行為しようとする意志を無力化する外からの力に抵抗します。例えば、「汚い手を使う」〔英語ではこれを「hitting below the belt（下半身を攻撃する）」と言います〕ことを禁止するルールについて考えてみましょう。「下半身を攻撃すること」は文字通り、人間（たいていは男性）の性器を叩くことです。外性器を持っている人にとって、このような衝撃がもたらす痛みは耐えがたいものです。この言葉の起源は、英国でボクシングが盛んになった一八世紀にまでさかのぼります。時が経つにつれ、不公正な振る舞いを示す一般的な用法にまで拡大し、今日ではさまざまな用い方をされています。私たちはみな、下半身を攻撃することは恥ずべき間違ったことであり、卑怯者のやることだと教えられます。下半身を攻撃してはいけないというルールは、男性のもっとも弱いところを叩いてはいけないということです。私は幼いころ、遊び場での喧嘩で、「うっかり」男の子の下半身を蹴ってしまったことがありました。サッカーの試合に出るためには喧嘩に勝たなければならなかったので、仕方がなかったのです。その当時の私は、男の子と比べて小さいということもなく、身体的に弱いということもありませんでした。しかし成長するにつれて、自分の体格や体力が平均的な男性と比べて劣っていくのを見て、実際に自分が置かれている状況を理解しました。私が平均的な男性とスパーリングをするなら、「フェアな戦い」では負けてしまうでしょう。そのとき私は、このような場合はフェアな戦いが決して公正ではないということに気づきました。男性は平均的に女性より体重が重く、力も上回るのです。女の子や女性が平均的な男性との身体的な勝負で有利な点は、男性には外性器がありそれが男性に脆弱性をもたらしますが、女性にはそれがないことでしょう。女の子や女性が下半身を蹴ることができ、連携すれば、私たちは「勝てる」かもしれません。私たちは、下半身を攻撃することは間違っていると信じるように教えられてきました。しかしそれは、この禁止事項から保護を得られる者、つまり男性によってルールが作られたからです。

「汚い手を使う」ことの禁止は、社会の一部の集団の特権を維持するために、卑劣さや恥を恐れる気持ちがどのように用いられるのかを示すひとつの例です。下半身を攻撃するのを慎むよう女の子や女性を教育することは、文字通り、必要なときに自分のことを守ったり、かばったりすることをできなくしてしまいます。しかし私たちは、下半身を攻撃するという行為はとんでもないことで、そんな攻撃は間違っていると教えられます。その結果、多くの女の子たちは、自分より大きく強い男性と身体的に対決するとき、自分は無力だと考えるよう社会に適応させられてしまうのです。

ヤエルが示してくれたように、なすべきことをする必要がある状況では、自分の行動のあとにやってくる審判のことを無視しなければならないことがよくあります。一部の人たちは私たちに恥をかかせようとするかもしれませんが、この恥の重みを受け入れたり、それに耐えたりする必要はありません。もうひとつの例として、学校でのドレスコード[*8]について考えてみましょう。このドレスコードは、教室で男の子たちや教師たちの注意が散漫になることに対する「解決策」であるとされています。女の子は他の人たちを快適にするために、自分の身体を隠さなければならないというのです。しかしこの理屈を受け入れることは、女の子の身体をモノとしてしまうことであり、秘密やタブーにすることでそのモノのモノとしての価値を高めてしまいます。ある女の子は、ドレスコードに関する議論に参加することによって、このような制限に抵抗することを選択するかもしれません。別の女の子は、自分のセクシュアリティによってもっと力強く自分の意志を主張しようと、タブーとされた身体をとおして与えられている力を使うことを選択するかもしれません。この子たちの行為が、自分自身や他者のために世界をよくすることを目指しているならば、これらひとつひとつの行為はツェデクの表現だといえるかもしれません。

ここで私たちは、難しい領域に踏み込むことになります。もしある人が何かを善の一部だと主張したら、それがどんなものであっても美徳になりえるのでしょうか。答えは間違いなくノーです。皆がお手本にしたとしても、私たちを健全な世界から遠ざけたり、共同体の繁栄に害を与えたりするような行為をおこなったり、あるいはそのような性格特性を発揮したりするとき、私たちは有徳に行為してはいません。また、それがどのような行為であったとしても、個人の行為だけでは十分ではないのです。私たちが美徳に目を向けるとき、人々が長い時間をかけ一貫して涵養し、模範としてきた性格特性や、よりよい世界に適した性格特性に目を向けることになります。他者と周りの世界を傷つけ、自分だけを有利にするようなたんなる利己的な行為は、決して美徳の一部にはなりえず、「なすべきこと」をしているとは考えられません。ツェデクは、自己認識や知恵、決断力を持った人たちの美徳であり、自分自身と他者とを配慮できる人たちの美徳なのです。そこには思いやりと思慮深さが求められます。なすべきことをするとき、私たちはたんに自分に利益をもたらしているのではありません。なさねばならない行為は、それをおこなう人を強くし、そして世界の繁栄を助けるような行為となるのです。それは、どのような人物や世界が現れることが奨励されるのかを示す、他の人に対する模範となります。

しかし私たちはさらに、このように思うかもしれません。私は、どうすれば自分のなすことが正しいと知ることができるのだろうか。ヤエルは、何をどのようになすべきか、またそれをしなければいけないのは自分だということをどのように知ったのだろうか。この質問に対して、全員が満足するような答えはありません。例えばアナスは、何が正しいかを知ることの難しさについて、哲学者やその他の人々が懸念してきたことを丁寧に述べています。[6] どの行為がなされるべきかを、知ったり決めたりするための決定的な方法はありません。しかしヤエルの物語が示しているように、よく考えた上で自分が信じた行動をとることは、自分が作りたいと願う世界をもたらすために必要であり、有徳な世界を実現するために不可欠な要素なのです。理想的で正しい行為が何であるか、私たちがいつでも一点の疑いもなく知っているとは限りません。しかし実践され、改善され、よりよい世界をもたらすという目標が目指されるとき、ツェデクという性格特性が、世界をよりよくする影響を与えるものとなるのです。

ヤエルが自分自身の恐れにもかかわらず、慣習に抗して自由に行動し、共同体や父親の恥となるリスクを冒して行動することを選んだとき、彼女はツェデクの美徳を体現していました。ヤエルは慣習に立ち向かい、安易な道から離れるような、意志の力をもって行動しました。この行動は、ヤエルが自分の行動の作者として、自分自身の責任を引き受けたことを示しています。ヤエルは父親の忠告を拒み、自らを深く苦しめる行為に及びましたが、彼女は自分がしなければならないと決めたことをする道を選んだのです。これらの特徴はすべて、ツェデクという美徳の一部です。私たちは自分自身のことを知っており、自分自身を信頼しています。また私たちにはなすべきことがあり、それができる能力があると判断しています。だから私たちがツェデクに従って行為するとき、批判や恥、拒絶などのリスクを冒すのです。私たちは、自分にとっても他者にとってもよりよい世界を求めて行動し、自分で選択をして、その結果を受け入れます。ヤエルが見せてくれたように、ツェデクは容易なことではありません。たんに言われたことをするよりもはるかに難しいこともままあります。それでもなお、ときには、なすべきことをしようとする人にならなければいけないのです。

［原注］

（1）Aristotle (1999, 41–45).

（2）Annas (2004, 72).

（3）Annas (2009).

（4）Tessman (2000, 383).

（5）Tessman の前掲論文を参照。この論文ではクラウディア・カードの主張（Card 1996）について議論されている。

（6）Annas (2004 and 2014).

［訳注］

＊1 物を固定するためなどに使われる大型の釘。

＊2 ここに出てくるヤエルとシセラの物語は、もともと旧約聖書（「士師記」四章）に伝わる物語の一つであり、西洋絵画にも多く描かれてきた。なお旧約聖書では、シセラは虎ではなく敵の将軍である。ヤエルは、女性の士師（古代イスラエルにおける指導者）であるデボラとともにその勇敢さと賢さを称えられる聖書の中のヒロインである。

＊3 ツェダカーもツェデクと同様にヘブライ語で正義を意味し、旧約聖書の物語においては、共同体の慣習や社会通念に合わないような行為、常識や合理的判断に反した行為を状況に応じて、自らの能動的意志でおこなうことを含意している。ツェダカーは物事の正しさというより、他者との関係における神あるいは人の性質や価値であるとされる。ツェダカーもツェデクもどちらも名詞であるが、ツェダカーが個別の行為を指し、複数形としても表現されるのに対し、ツェデクは単数形のみで用いられ、より抽象度が高い規範や原理を指す語として捉えることができる。（参考：加藤久美子「信実なる正義——旧約聖書におけるツェダカー、ツェデク、ツァディーク」、聖心女子大学キリスト教文化研究所編、加藤信朗監修『共生と平和への道——報復の正義から赦しの正義へ』所収、春秋社、二〇〇五年）

＊4 筆者のシャピロはここで、先ほど例に挙げた「感じるべき恥」とは違う種類の恥のことを言っている。

＊5 水が自然に染み込んでいくように、何かをゆっくりと養い育てること。

＊6 誰かのことを思いやり、助けること。人をいつくしむこと。

＊7 「女の子みたいに投げる（throwing like a girl）」というのは、一般的に男の子に向かって言われる侮辱の意味を込めた言葉である。政治哲学者アイリス・マリオン・ヤング（一九四九－二〇〇六）は一九八〇年に同名の論文を発表しており、同論文はフェミニズム哲学の古典の一つと言われている。

＊8 学校での服装について決まりがあるのは日本だけではない。米国の学校の一部にはドレスコード（服装についての規定）があり、学校に着て行ってはいけないTシャツや下着について定めている学校もある。

［参考文献］

Annas, Julia. 2004. "Being Virtuous and Doing the Right Thing." *Proceedings and Addresses of the American Philosophical Association* 78, no. 2

(November): 61–75.

Annas, Julia. 2009. “Virtue Ethics.” In *The Oxford Handbook of Ethical Theory*, edited by David Copp, 515–536. Oxford: Oxford University Press.

Annas, Julia. 2014. “Applying Virtue to Ethics.” *Journal of Applied Philosophy*. December 2014. Doi: 10.1111/japp.12103.

Aristotle. 1999. *Nicomachean Ethics*. 2nd ed. Edited by Terence Irwin. Indianapolis: Hackett Publishing.

Card, Claudia. 1996. *The Unnatural Lottery: Character and Moral Luck*. Philadelphia: Temple University Press.

Tessman, Lisa. 2000. “Moral Luck and the Politics of Personal Transformation.” *Social Theory and Practice* 26, no. 3 (Fall): 375–395.

第19章
共感——人間と人間以外の動物との絡み合う関係性

ローリー・グルーエン
鬼頭葉子 訳

高い評価を受けているアフリカ系アメリカ人の作家、マヤ・アンジェロウの七冊の自伝のうちの最初の本には、次のような話が出てきます。三歳のマーガリート（マヤ）と四歳の兄ベイリーは、両親が離婚したあと、父親に列車に乗せられ、二人だけでアーカンソー州のスタンプスという町にやってきました。マーガリートとベイリーは、この町で商店を経営しているなかなか裕福な祖母の世話になることになっていました。マーガリートは、自分が体験した南部の深刻な人種差別と、白人のためにつくられた世界の中で黒人として成長していくことに、精神的にも肉体的にもどれほど苦闘したかを描いています。この物語では、マーガリートが暴力や錯誤、家族間の争い、自らの不安や疑念を克服し、最終的には、サンフランシスコの地で十代の強く自信に満ちた母親になる様子までが描かれますが、この物語はときに憤りを引き出し、ときに啓発的で、読者を奮い立たせてくれます。

この本はアメリカの公民権運動[*1]の真っ只中であった一九六九年に、『なぜ籠の鳥が歌うのかを知っている』[(1)]というタイトルで出版されました。また一九八三年にアンジェロウは「籠の鳥」という詩も書いていますが、その中には次のような一節があります。*2

籠の鳥は　夢の墓に立ち
その影は　悪夢のなか　叫びをあげる
その翼は　短く切られ　足は縛られている
だから鳥は　喉を開いて　歌う

籠の鳥　歌うよ
おずおずとした　さえずりで
また知らぬ　ものごとを
ずっと　待ち　焦がれてる
歌声は　響くよ
遠くの丘の　向こうまで
籠の鳥　歌うよ
それは　自由の　歌だから

アンジェロウにとって籠の鳥とは、黒人に対する人種差別という閉塞性と、すべての黒人が自分の人生を選んだとおり、思うがまま自由に生きられるようにという彼女の願いのメタファーでした。
アンジェロウ作品の研究者は、この本のタイトルには彼女の作品よりも前に作られた詩が影響を与えたと指摘しています。それは、広く認められた最初の黒人詩人で、解放奴隷[*3]の子どもでもあったポール・ローレンス・ダンバーが、一八九九年に書いた詩です。[*4] この詩の最後の一節には次のように詠《うた》われています。

私は　なぜ籠の鳥が歌うのか　知っている
あぁ、それは私
その翼は傷つき　その胸痛むとき
鉄の格子を叩き　自由になろうとするとき
それは　喜びや歓喜のさえずりではない
それは　心の底からいずる　祈り
それは　天に向かって　投げつけられる　嘆願
私は　なぜ籠の鳥が歌うのか　知っている！

ダンバーが書いたこの詩には「同情（Sympathy）」というタイトルがつけられています。この詩には、人種差別についていっさい言及されていませんが、奴隷制とその影響が引き起こしたひどい苦しみがはっきりと映し出されています。アンジェロウ同様、ダンバーはさまざまな形ではたらく抑圧について、人々に理解してもらうことに関心を持っていました。喜び、反抗、誇りといったものから、憂鬱、屈辱、苦痛まで、あらゆる経験を伝える強力な手段のひとつが、ダンバーが「同情（sympathy）」と呼び、私が「共感（empathy）」と呼んでいるものです。

私は本章で、共感が他者の異なる経験を理解するうえで果たしうる強力な役割に注目します。また籠の鳥や、その他の動物を利用したり閉じ込めたりすることについて、単なるメタファー以上のものとして検討したいと思います。しかしまずは、同情が共感とどのように違うのかを考えることから始めましょう。

同情と共感

同情と共感とは、しばしば道徳感情として考えられるものであり、またケアと気遣いという表現をとおして、他者に関心を向ける方法でもあります。しかし同情と共感は、実際にはまったく異なる視点を持っています。哲学者のハイディ・マイボムが言うように、同情とは、他者に起きている何か悪いことを認識し、結果としてその他者のために悲しい気持ちになることです。一方、共感とは、その他者であるとはどのようなことかを感じようとすることです。(2) 同情は、誰かに起こった不運で不快なことへの反応であり、その個人は自分の考え方や信念、感情をすべて保ったまま、その人に対して同情します。ですから、幼い子どもがお店で迷子になって泣き出したとき、その様子を見て同情している人は、その恐怖を認識してその子を安心させようとし、その子の保護者を探そうとするでしょう。あるいは友人が、本当に欲しかった賞を逃して腹を立てているとき、同情している人はその友人を励まそうとするでしょう（しかし内心では、賞を獲れなかったことを喜んでいる場合もありえます）。同情的な関わりの場合、同情している人は、子どもや友人が感じていることを、その人たちの視点で感じたり理解しようとする必要はありません。そしてたいていは、他者といっしょに何かを感じることはありません。同情している人はむしろ、不快な出来事や不運な出来事を、それを経験している個人にとっての不快や不運とみなしており、自分自身でそれを経験することはないのです。

同情は、自分自身の考え方を維持しつつ、そこに他者への気遣いを付け加えることを含んでいます。他者への同情は、いわゆる第三者的視点と呼ばれ、外部から感じるものです。私はあなたの状況に同情し、憐れみを抱くことさえできますが、あなたやあなたの状況とはまだ多少の距離を置いています。例えば、移民の女性とその子どもがアメリカの国境で苦しんでいるというニュースを見て、私は「あぁ、なんて気の毒に」と思うかもしれませんが、それをどうにかしようと行動することはないかもしれません。

しかし共感は、共感する人が他者の状況を理解しようとするプロセスをとおして、他者とのつながりを築きます。他者の状況に対する理解は、決して完全なものにはならないでしょうし、しばしば修正が必要となりますが、ここでの目標は、他者の状況や視点をできるだけ多く取り込むことです。共感は、他者といっしょに何かを感じるとき、自分自身の考え方や視点、関与を放棄することなく、他者の置かれている状況の特性を見きわめ、適切な問いを投げかけるための重要な観点を与えてくれます。

共感が求める配慮や反応を見定めるためには、自分自身にどういったことを問うのがよいでしょう？私たちの考え方が、共感を抱く人や存在の考え方とどのように異なっているかを問うてみたくなるかもしれません。自分たちの社会、文化、人種、宗教、ジェンダー、家族、経済、教育についての経験や、生き生きとした体験を持つことが、共感を抱く相手とどのように異なっており、それが私たちの考え方や選択にどれほど異なった影響を与えているのかを問うこともできるかもしれません。また、自分のような人々は、異なる他者に共感することが得意なのか苦手なのか、そのことは他者のおかれている状況を理解するよう努める際に、どのような意味があるのかといったことを知るのもよいと思います。

長い間、人々は同情という言葉を、より共感に近いものを指して用いてきました。ダンバーの詩のタイトルでも同じようなことが起こっていたのかもしれません。「共感（empathy）」という言葉が用いられるようになったのは比較的最近で、わずか百年あまり前のことです。共感に関する最初の体系的な分析は、テオドール・リップス[*5]の感情移入についての理論と関連づけられることが多くあります。一九〇〇年代の初頭に書かれた本の中でリップスは、共感とは世界とその中の他者を理解するための特有の知覚的方法であると示唆しています。ここ数十年、共感は倫理学においてますます注目を集めており、直近では動物倫理において、より詳細に議論されるようになってきました。

共感のさまざまな形

私たちはさまざまなとき、さまざまな仕方で共感を抱きます。人と動物の多くが共通して持っている共感のひとつに、「感情的共鳴」と呼ばれるものがあります。これは他者の感情に対する自発的で、やや反射的な反応です。犬と暮らしたことのある人ならこのような反応をよく知っていると思います。多くの犬は感情のスポンジです。飼い主がストレスを感じると犬もストレスを感じ、飼い主が悲しむと犬も悲しくなり、飼い主が喜ぶと犬も喜びます。(3) これは「共感」と呼ばれることもありますが、身近な他者(たち)に対する体に現れた反応であり、熟考したり概念化したりする必要はありませんし、理解する必要もありません。ここにはむしろ、他者の感情を直接的に認知することが含まれているのです。

私はいつも、心理学者たちが「物語的共感」と呼ぶものにとても魅了されてきました。これは感情的共鳴ほど自動的なものではないけれど、他者の実際の状況を理解することを伴いもしません。この共感は、実在する他者には適用されないからです。もっとも一般的な例は、子どもたちが自分を物語の登場人物に重ねる場合であり、その登場人物が苦しんだり怖がったりすると、子どもはその登場人物に対して共感するというものです。マヤ・アンジェロウのような、共感的な反応も呼び起こす自伝的な物語の場合とは異なり、物語的共感は架空の人物に適用されます。物語的共感がはたらくとき、共感している人はしばしば現実とフィクションの区別がつかなくなります。両親が動揺している子どもに「これはただの物語だよ」と言っても、その子が慰められないのは、物語的共感に巻き込まれているからかもしれません。子どもたちは現実とフィクションとの区別がつくようになると、現実の他者だけに共感的経験を限定することができるようになります。そして架空の人物に対する共感を、現実の人(あるいは動物)を傷つけることなく、共感能力を磨く手段として利用できるようになるのです。

しかし現実の他者を考える場合でも、共感する人が他者の感情を自分の感情に置き換えてしまうというプロセスがあるかもしれません。そこでは、他者が自分と異なる独自の視点を持っているということを認識するのではなく、一種の投影が起こっています。他者の立場に身を置くという考え方は、共感について議論するときによく使われる方法です。しかし、他者を理解しようとするのではなく、自分自身の考え方や信念を持ったままで他者の立場に身を置こうとすると、結局は他者の状況を見逃し、自分自身の状況と他者の状況を置き換えてしまうことがあります。これがしばしば投影と呼ばれるものですが、次に見るように、すべての共感が投影を伴うわけではありません。

通常このような共感において、共感する人は自分自身の感情、より一般的に言うと心理状態を、他者の感情あるいは心理状態と区別しません。私が知っているサラという名前のチンパンジーは、「心の理論」と呼ばれるものがチンパンジーにあるのかを解明する研究に参加していました。心の理論とは、他者が自分とは異なる感情や信念を持っている可能性があることを認識する能力のことです。サラは人間が一連の問題を解くのを助けるように頼まれ、たいていうまくできました。しかし研究者たちは、もしかしたらサラは自分のことを人間と区別したのではなく、問題を解こうとしていた人間の立場に身を置いて考えただけではないかと悩みました。実は研究者たちは、サラが人間に「共感している」のかもしれないと悩んでいたと言えます。しかしたとえそうだとしても、私はそのことに気をもんだりはしません。その場合でもサラは本当に驚くべきことをやっているのですから。研究者たちは、サラに大好きな人が解こうとしている問題と、そんなに好きでない人が解こうとしている問題を見せたところ、サラは好きでない人よりも、好きな人のことを多く助けるということがわかりました。このことから研究者たちは、サラは共感していたのではなく、「心の理論」を持っていたのだと結論づけました。しかし私は、サラは共感もしていたはずだし、心の理論も持っていたのではないかと考えています。というのも、いくつかの共感の形式では、自身の考え方と他者の考え方を分ける能力が必要になるからです。

私たちが自分自身と他者とを区別するとき、また私たちが意図的に他者の視点を模倣したり、他者の立場で考えたりするとき、異なる形の共感、「認知的共感」とも呼ばれるものが生まれます。このような共感には、他者の考え方を伴いつつ、その他者の状況に自分を置いたりその他者の気持ちになったりするような、想像力による反省的行為が含まれています。こういった共感により、共感する人は他者の好みや関心を把握できるだけでなく、共感の対象である存在に影響を与える状況の特徴を理解したり、そもそもどうやってその人はそのような状況に至ったのかという情報をつかんだりすることもできるのです。

私は、自分が倫理学にとって重要だと考える共感の形式として、「絡み合う共感（entangled empathy）」というものを考えてきました。絡み合う共感とは、言ってみれば、他者の感情を感じたり、相手の身になって想像したりという範囲を超えるものです。絡み合う共感には、ケア的な認知を発達させ洗練させる過程がまるごと含まれ、私たちがどんな他者とも無関係ではなく、この関係に応答する責任があると認識することも含まれます。私はフェミニストの科学哲学者カレン・バラッドにならい、私たちが社会的・物質的関係によって共に構成されているというあり方を捉えるために、「絡み合う」という言葉を使っています。社会的な絡み合いは、しばしば人間という種を超え、自分たちがいる地理的な位置をはるかに超えて拡大していきます。物質的な絡み合いには、例えば、私たちの社会経済的な機会と制約、私たち消費者の選択、私たちが食べるもの、私たちの物理的な環境の安全性（水、空気、粒子状物質、有害物質への曝露、気候変動など）といったあらゆる種類の関係が含まれます。これらの絡み合いは複雑であり、チョコレートの原料となるカカオを収穫するために奴隷状態で働かされている子どもたちと私たちとの関係や、私たちがパーム油やパーム製品を消費するせいで絶滅の危機に瀕しているオランウータンと私たちとの関係、安価な衣類を供給している搾取工場[*6]で働く人々と私たちとの関係、気候難民を生み出す温室効果ガスを排出する行為と私たちとの関係などが含まれます。これらのものはすべて、私たちの存在そのものを構成しています。私たちのアイデンティティは、たんに「社会的に構築されたものである」というだけではありません。むしろ私たちは、空間、種、物質を超えた、多様な関係における絡み合いのあらわれとして、ある特定の時代に存在しているのです[(4)]。

共感についての懸念

先ほど少し触れましたが、次のような懸念を表明する人もいるかもしれません。実際には、私たちは決して他者の視点や状況を理解することはできない、だから共感というものは、たんに私たち自身の関心や願望を、他者に対して「自己愛的に投影したもの」の一種にすぎないのではないか。これは深刻な懸念です。たとえ、個々人が真に他者の視点で考えようとしていても、また自己の基準の枠組み、自己の関心や欲望、あるいは善についての信念を、自分が共感している相手のものと置き換えてしまう危険に気を配っていたとしても、自己の視点と他者の視点とを適切に区別できていない可能性は常にあるのです。しかし私はこの懸念は克服できる、あるいは少なくとも最小限にすることができると考えています。自己の関心と他者の関心を区別することは、実際はもっと繊細で複雑なことかもしれませんが、たんに自分自身の関心や恐怖、希望、イデオロギーを、共感する相手の苦境への理解の代わりにするだけでは、結局のところ共感は失敗しています。このような失敗は修正できるし修正されるべきです。そして、他者の状況についてふさわしい問いを発することは、失敗を修正するためのよい出発点となります。

共感について私が聞いたことのあるもうひとつの懸念は、共感が感情や倫理を必要とする労働に*7ステレオタイプな性別役割分業*8を再度刻み込んでしまうのではないか、というものです。この種の反論は、特定のケアの倫理*9に対しても提起されてきました。なぜなら、女性と見なされる人たちには養育したりケアをしたりする能力が生まれつき備わっている、という思い込みがあるからです。これまで構築されてきた男性の役割と女性の役割という二つの性役割により、女性や「それ以外」と自認している人々は、共感を発達させ探求してきました。*10確かに、性別二元的な規範は、女性はもっとケアし共感の能力を発達させるべきだとみなしています。シスジェンダー*11の男性は、そのようなことに従事するのを妨げられたり、関わらないことを勧められたりします。また、ケア的な傾向の強い男性は「男らしくない」とみなされ、期待されているような共感を持たない女性は、しばしば欠陥があるとか危険だとかとみなされるのです。

私は、まわりからどのようなジェンダーと見なされていようと、共感する能力は根本的にはほとんどの社会的動物が持ちあわせている中心的な技能である、と認識することが重要であると考えます。先ほど述べたような基本的な形で、社会的存在は共感によって集団内の交流をうまく舵取りすることができます。言語を持たない場合、これはとりわけ重要な技能です。ごく基本的な感情表現の読み取りによって集団内の他者に共感できるおかげで、何が期待され、何が禁止されているのか、またどのようにすれば他者ともっとも安全な仕方で交流できるのかを学ぶことができます。共感は集団の規範を理解するために重要なのです。これらの規範は、あるジェンダーに特徴的なものと理解されるかもしれませんが、共感する能力自体は特定のジェンダーに結びつくものではありません。

認知的共感や絡み合う共感について言われているもうひとつの懸念は、これらの共感が自己と他者の二元論の維持を必要としているのではないかというものです。二元論の問題は、それが私たちの思考や他者とのつながりを制限してしまうことです。二元論が「価値二元論」——すなわち、二元論の一方の側を持ち上げもう一方の側を貶《おとし》めるような区別、例えば、自然と文化、ゲイとストレート、黒人と白人、女性と男性、動物と人間、といったよく知られている二元論と同じようなもの——になるとき、搾取的で抑圧的な行為に概念的な基盤を提供することにもなります。このことから一部の人たちは、自己と他者の二元論を含むすべての二元論から抜け出すべきだと主張するようになりました。

自己を成長させ維持するために苦闘してこなかった人たちにとって、自己をなくしてしまうのはいっそう簡単なことだと思います。しかし、主観性や行為主体性、経験を損なわれ、疑われ、あるいは否定されてきた人々にとって、自己アイデンティティを維持することは努力して手に入れた成果であり、簡単に諦められるものではないでしょう。自己と他者の区別は、両者を引き離すものではないし、支配や従属を要求する必要もなく、したがってこの区別は倫理的な方法で維持することができます。実際、共感をもって他者に関わるためには、バランスが取れた明確な自己の概念を持つことがもっとも重要です。差異を否定することは、二元論を維持することとまったく同じくらい、道徳的に問題となりえます。異なる他者に共感をもって関わることは、人間に尽きないより大きな世界が私たちに要求していることに焦点を当てるだけでなく、私たちが道徳的配慮を転換することを助けてくれるような、道徳的配慮の一形式なのです。例えば、私たちは動物のことを、世界における存在の仕方を共有する生き物として認識することができます。しかし、もし私たちが、動物と人間が同じように世界を経験していると考えてしまうと、自己愛的な投影をおこない、動物の視点から見て重要で価値があるものを見落としてしまいがちになります。エコフェミニスト[*12]の哲学者であるヴァル・プラムウッドは次のように言っています。

差異についての意識の強さと、その結果として生じる類似と非類似の間の緊張は、自然における他者との接触の経験をとりわけ強力なものとすることができる。[…]蛇が私を見つけたとほぼ同時に、私は水たまりの近くにいる蛇を見つけた。我々は両者とも蛙をじっと見つめているが、その目的は異なる。[…]我々の交流には、共通の期待(それゆえ相手のことを、さまざまなニーズをもつ存在で、それを満たそうと努力しているという点で類似したものとして認識すること)が含まれているが、差異について認識することとすなわち、自己の限界として、また抵抗や不透明さという独立した中心として他者を認識することも含まれている。(5)

自己と他者を区別することは、他者との関係における自己の耐久性と虚弱性の両者を際立たせてくれます。

また自己と他者を区別することは、共感に対するもっとも強力な反論――すなわち、私たちの共感の対象は、自分に似たものや近くの親しいものに否応《いやおう》なしに偏ってしまうのではないかという反論――に答える上でも重要です。私たちは自分に似ているものに対してはより強く感情を抱く一方、自分と異なるものは大切に扱う必要はないとか、重要ではないとか、配慮に値しないと感じてしまいます。近くにいるものと遠くにいるものを比べた場合でも同じことが言えます。絡み合う共感にとって中心的である自己と他者の区別は、他者の状況とは異なる自分自身の状況についてじっくり考えることを促します。私たちが熟考しはじめると、私たち自身の偏見や選好によって、私たちの反応が歪められている可能性についても、十分に考えることができるのです。すでにそれとなく述べたことですが、自己意識を持つことは、多くの人たちにとって成果のひとつであり、私たちが取り組み、考え、よくよく熟考すべきものです。このプロセスにより、他者に対して共感するプロセスが継続します。そして私たちは、自分自身の視点をもう一度精査するようになり、共感したあとで自分自身を変えるということが十分にありえます。私自身の場合、人間以外の動物たちとの共感的関係によって、根本的に違う自分に変わったのでした。

籠の鳥

私はサンクチュアリに暮らす動物たちと多くの時間を過ごしています。サンクチュアリとは、さまざまな危険な環境、多くは工場畜産や生物医学の研究施設から救出された動物のための避難場所のことです。私は大勢のチンパンジーたちと関係を築くことができました。また、牛、羊、山羊、鶏、エミュー、七面鳥、オウムとも一緒に時を過ごしてきました。私はルイジアナ州シュリーブポートにあるチンパンジーのサンクチュアリ「チンパンジー天国」をよく訪れますが、私にとってここはずっと、チンパンジーだけでなく、他の動物や人間に対する共感を深めてくれる場所です。バーモント州スプリングフィールドには、VINEと呼ばれるサンクチュアリがありますが、そこで私はまったく異なる他者に対する共感を築く機会をもらい、鳥たちについてもたくさんのことを教わりました（自分が牛のことを少し怖がっているということもわかりました。牛はとても大きいのです！）。VINEサンクチュアリは、パトリス・ジョーンズとミリアム・ジョーンズが鶏肉生産者のもっとも集中しているデルマーバ半島に住んでいたときに始まりました。ある推計によれば、デルマーバ半島では二〇一八年に六億羽以上の鶏が殺されたということです。ミリアムとパトリスは、数百羽の鶏たちが屠殺されるためにトラックで運ばれていくなかで、そこから落ちた一羽の鶏を助けました。この鶏を助けたあと、彼女らは闘鶏用の雄鶏を含むたくさんの鶏たちを救いました。彼女らがメリーランド州からバーモント州に移ったときには、以前に家畜だった動物たちや、ペットとして籠の中で飼われていた鳥たちを救出することができました。

サンクチュアリは、住人である動物たちの利益を最優先に設計されており、動物が人間の目的のために利用される施設よりもはるかに良い場所です。VINEのようなサンクチュアリでは、動物たちは自分と同じ種類の生き物だけでなく、人間を含む異なる種類の生き物とも交流し、友情とコミュニティを築くことができます。しかし動物たちはサンクチュアリでも捕われたままです。このような捕われた状態は、ほとんどの動物にとってはそれ以外の場所での扱いに比べるとはるかに良いものですが、救出した人の善い意図に関係なく、捕われていること自体に苦しむ動物もいます。ミリアム・ジョーンズは、アルバートと名づけられた野生の雄鶏との経験を回想しています。この経験は、たとえ動物たちが尊重され十分にケアされていても、捕われた状態には問題があるということを示しています。VINEはとても安全で楽しい場所だったので、野鳥が救出された鳥たちの仲間に加わることがよくあります。ある年、近所の人たちが野生の鶏を殺すと脅してきたので、VINEのスタッフたちは防御フェンスを設置し、鶏たちを近所の人たちの庭から遠ざけて被害に遭わないようにしました。フェンスを建てている間、スタッフたちはアルバートと十数羽の鶏たちを小さな納屋に閉じ込め、近所の人たちから安全に守りました。しかしアルバートはフェンスで囲われている間に脚を怪我してしまいました。スタッフたちは脚をくるんだり、マッサージや「ケージレスト」[*13]をしましたが、どうしても脚は治りませんでした。アルバートをケージの中に入れて六週間が過ぎたとき、スタッフたちはアルバートをもう一度、外に出した方がいいのではないかと考えました。ミリアムは次のように話しています。

アルバートは時間が経つにつれて、どんどん庭を歩き回るようになり、そこに暮らしていた雌鶏とも遊ぶようになりました。しかし彼は決して、野生の環境で野生の友だちと気ままに暮らしていたときのようにはなりませんでした。数か月後のある朝、私たちはアルバートが鶏小屋の中で死んでいるのを見つけました。何度もぶり返す脚の問題以外には、アルバートに病気や怪我はありませんでした。[…]彼は若かったのです――野生に生まれついた鶏で、ゆうに十年から十五年は生きられたはずでした。なぜ彼は死んだのでしょうか？　私にとってその理由は明らかでした。アルバートが二度とうまく歩けない――すなわち、二度と自由になれない――ことをいよいよ受け入れることになったとき、彼にとって生はまったく生きる価値のないものになってしまいました、だから彼は

死んだのです。(6)

捕えておくことはある種の抑制であり、かわいそうなアルバートのように、そのような制約が耐えがたいことがあります。捕われている環境は、場合によって相当異なります。収監された——すなわち、鉄格子、鎖、檻《おり》、刑務所、小屋、鍵のかかったドアなどにより閉じ込められた——人間や人間以外の動物たちは、もっとも基本的な自由を否定されています。彼らはたいてい自由に動くことはできず、自由に交際することも、自分が選ぶ生を自由に生きることもできません。もちろん、望んだような人生をそのとおりに生きられる人などほとんどいません。しかしある種の制約は、たんに欲求が満たされないという範囲を超え、物理的に閉じ込められることとまったく同じような制限になることがあります。もし私たちが、割り当てられたジェンダーと調和した仕方で自分のことを捉えていなければ、割り当てられたジェンダーに基づく制約は、閉じ込められているのと同じように耐えがたいものとなるでしょう。私たちは、健常主義[*14]的な社会の中で、さまざまな物質的、規範的な期待による制約も受けています。私たちは、国家権力やその他の政府機関、経済制度による制約を受けています。そして、アメリカのような奴隷制によって建てられた社会では、アンジェロウが力強く示したように、黒人に対する人種差別を耐えがたいほど抑圧的なものとして経験することがあります。

哲学者のマリリン・フライは、抑圧（とりわけ女性とみなされる人たちに対する抑圧）について考える際、抑圧の経験とは閉じ込めのひとつだと指摘しています。抑圧された人々は、組織だち、そのうえ特定の方向性を持った期待に従うように圧力をかけられていると感じており、従わなければ、邪魔をされたり罰を受けたりします。そして重要なのは、フライが言うように、彼女たちはさまざまな方向に動くことを否定されているということです。彼女たちは籠の中にいるのです。フライは鳥籠のメタファーを用いて、抑圧された人々を食い止めるようにはたらく相互に連動した力があり、その力を理解するやり方として、籠が組織的な構造をしていることを指摘します。

もしあなたが、檻や鳥籠のたった一本の針金をごく近くから見るならば、他の針金を見ることはできません。もしあなたが目の前のものについて、目先のことだけにとらわれて自分の考えを決めるならば、一本の針金を上から下まで眺めることはできても、籠の中の鳥がどこかに行きたいと思ったときに、どうして自由に針金のまわりを飛び回らないのかはわからないでしょう。[…]あなたが一歩下がり、一本一本の針金を微視的に見ることをやめ、鳥籠全体を巨視的に眺めたときにはじめて、鳥がどこにも飛んで行かない理由を知ることができるのです(7)。

それは、例えば特定の仕方で服を着ることができないとか、特定の仕方で振る舞うことができないとか、町の特定の場所に行けないとか、特定の種類の学問に従事できないといった、たんなる一本の針金ではありません。その人が妨げられているのは、貧しいとか、若いとか、黒人であるとか、女の子であるといった、その人の置かれている状況のひとつの特徴によるものではありません。たくさんの力、たくさんの針金が一体となってはたらき、籠を作り上げているのです。ときには、それは刑務所や動物園のような実際の檻かもしれません。しかし、それはまた、すべての針金が一体となってはたらき、誰かす。
がやりたいことをしたり、なりたい自分になったりするのを組織的に妨げる、比喩的な籠でもあるのです。

人間であれ人間以外の動物たちであれ、他者に共感するためには、どんな鉄格子がその者を妨げているのかを知り、抑圧の力を意識することが、先ほど述べたような落とし穴を避けるために必要なのです。絡み合う共感は、鳥のことや、学校で笑われている黒人の女の子のことや、周りに溶け込めていないように見えるジェンダー・ノンコンフォーミング[*15]の人のことを考えるよう、私たちを促すだけでなく、それらの繁栄を侵害している力に目を向けることも促します。異なる他者の状況を見出すことは、私たちがよりよく共感する助けになるだけでなく、私たち自身の「絡み合い」を考え、いかに私たちが迂闊《うかつ》にも他者を抑圧する障壁を擁護してしまっているかについて、熟考する助けにもなりえます。他者に共感することは、これらの障壁をこわし、多くの人間と人間以外の動物たちが、より満ち足りた自由な生を生きられるようにする試みの、最初の一歩なのです。

［原注］

（1）Angelou (1969).

（2）Maibom (2014).

（3）もちろんこれは一般論です。私の飼っている犬のタズは、引退したレーシンググレイハウンド〔ドッグレース用のグレイハウンドのこと。アメリカなどではギャンブルの対象としてドッグレースがおこなわれており、最速の犬種といわれるグレイハウンドが使われる〕ですが、こんなふうには反応しません。虐待されたり幼い頃にトラウマとなるような経験をした犬は、飼い主に対してこういった〔「感情的共鳴」と呼ばれるような〕反応をしません。また一部の犬種はそのように「調整され」ていません。にもかかわらず、犬と人間の共進化仮説が正しいとすれば、犬は人間に対して共感をもって反応することで、自分たちの生き残る可能性を高めていると考えられます。

（4）絡み合う共感に関する詳細な議論については（Gruen 2014）を参照。

（5）Plumwood (1993, 156–157).

（6）Jones in Gruen (2014, 91).

（7）Frye (1983, 18).

［訳注］

*1　一九五〇年代から六〇年代の米国で、マイノリティ〔主としてアフリカ系アメリカ人〕が差別に抗議し、合衆国憲法が保障する権利の実現を求めた運動。

*2　引用部の日本語訳は本章訳者による。

*3　米国では南北戦争（一八六一－一八六五年）の前後に解放された黒人奴隷を指す。

*4　ポール・ローレンス・ダンバー（Paul Laurence Dunbar、一八七二－一九〇六）は、米国の劇作家、詩人、小説家。彼の作品にはアフリカ系アメリカ人に特徴的な表現が用いられている。この詩は、Paul Laurence Dunbar, *The Collected Poetry of Paul Laurence Dunbar*, University of Virginia Press, 1993に収められている。

*5　テオドール・リップス（Theodor Lipps、一八五一－一九一四）は、ドイツの哲学者、心理学者。邦訳されている著作に、『倫理学の根本問題』（島田四郎訳、玉川大学出版部、一九八五年）、『心理学原論』（大脇義一訳、岩波文庫、一九五〇年）がある。

*6　英語ではsweat shopと呼ばれる。多くは開発途上国に置かれ、労働者を劣悪な環境や低賃金の条件のもと、違法な状態で働かせる工場のことであり、安価な衣類や食料品などを生産させている。

*7　グルーエンはここで、いわゆる「感情労働」の一部を示唆している。感情労働とは、その仕事をおこなううえで自らの感情を制御することによって、相手（顧客や患者）に安心や満足などの精神状態を生み出すことが求められる労働のこと。社会学者のホックシールド（Arlie Russell Hochschild）によって提唱された。具体的には、旅客機の客室乗務員、看護師、介護士、苦情処理窓口係、セックス

ワーカーなどが典型と言われる。

＊8 個々人の意志とは関係なく性別によって役割が固定化されているという考え方。日本では産業構造の変化により、高度経済成長期以降「男は仕事、女は家事・育児」といった性別役割分業が意識されるようになったと言われている。本書14章「ジェンダー」も参照。

＊9 倫理学者・発達心理学者であるキャロル・ギリガンの著書『もうひとつの声で』（一九八二年）とその後の議論から生まれた規範倫理学のひとつ。従来女性の特質とされてきた、他者に配慮・関心を持って関わることや相互依存関係にある他者との関わりを重視するようなケア的行為に着目した倫理学の潮流。フェミニズムと哲学・倫理学の交差点としての思想史的意味も有する。

＊10 ここで筆者のグルーエンは、社会においてその人が「女性」と見なされたとき、生物学的性とは無関係に「女性」としての役割を負わされることを示唆している。つまり、生物学的女性であれ「それ以外」（グルーエンによれば、ここにはトランス女性やノンバイナリーが含まれるという）であれ、「女性」としてケア的役割を発揮するように期待され、実際に共感を発達させてきたということである。

＊11 シスジェンダーとは、生まれたときに割り当てられた性と、自分の性をどのように認識しているかという性自認が一致している状態（または人）のこと。逆にこれらが一致していない状態（または人）をトランスジェンダーと言う。

＊12 エコフェミニストは、エコフェミニズムの立場に立つ人を指す。エコフェミニズムとは、ジェンダーの概念を用いて人間と自然との関係を考えるフェミニズムの一分野のことで、例えば女性への支配や抑圧は、自然環境や動物に対する搾取と関連すると捉える見解もみられる。フランスの作家フランソワーズ・ドボンヌが一九七四年の著書で最初に用いた語と言われている。

＊13 動物を一定期間ケージの中で安静にさせ、けがや病気の治癒をうながすこと。

＊14 健康で、生産的、理想的な身体を持つことに強い価値を置き、身体的・精神的・知的な障害を持つ人々を差別し、排除する社会システムのこと。

＊15 性に関する従来の固定観念やジェンダーの規範に合致しない（あるいは合致したくない）人のこと。性自認や性的指向といった性のありようだけでなく、服装や言動を通してジェンダーのステレオタイプに逆らう人など、広い意味でジェンダーの規範に抗する人のことも指す。例えばメイクをする男性や、あえてスカートを履かない女性などが含まれるかもしれない（ただし外見だけを指す言葉ではない）。

［**参考文献**］

Angelou, Maya. 1969. *I Know Why The Caged Bird Sings.* New York: Random House.［マヤ・アンジェロウ『歌え、翔べない鳥たちよ――マヤ・アンジェロウ自伝』矢島翠訳、青土社、二〇一八年］

Frye, Marilyn. 1983. *The Politics of Reality.* New York: Crossing Press.

Gruen, Lori. 2014. *Entangled Empathy*. New York: Lantern Press.

Jones, Miriam. 2014. "Captivity in the Context of a Sanctuary for Formerly Farmed Animals." In *The Ethics of Captivity*, edited by Lori Gruen. New York: Oxford University Press.

Maibom, Heidi (ed.) 2014. *Empathy and Morality*. New York: Oxford University Press.

Plumwood, Val. 1993. *Feminism and the Mastery of Nature*. London: Routledge.

第20章
勇気——作動する改善説

キンバリー・K・ガーチャー
酒井麻依子 訳

ごまかさないでおこう。私たちはお互いを台無しにしあっているのだ。もしそうでないとすれば、私たちには何かが欠けている。

——ジュディス・バトラー(1)

自分が自由であるなら誰か他の人を自由にする必要がある、それがあなたの本当の仕事であることをちゃんと覚えておいてください。もしあなたにいくらかの力があるのなら、あなたの仕事は誰か他の人を力づけることなのです。

——トニ・モリソン(2)

ハリエット・タブマンは、一八四九年、メーソン・ディクソン線をペンシルバニアへと抜けたときに、アメリカの奴隷制から逃れました。彼女が奴隷制から逃れたというのは、要するに、彼女は奴隷にされていたときに比べて自由になったということなのですが、とはいえ彼女は間違いなく、私たちが自由という概念で理解するほどには自由ではありませんでした。彼女は法の下での平等な扱いを保障されていなかったし、平等に尊重されてはいなかったし、完全な自律性を持ってはいなかったのです。なぜなら、彼女はもはや奴隷ではないにもかかわらず、彼女のあらゆる行動と選択は、いまだにミソジニーと白人優位の枠組みの中にのみ存在していたのですから。

タブマンはフィラデルフィアで静かな生活を築くこともできたかもしれません。そうする代わりに、彼女は、十分な自由とは言えないにせよ、自らの手にしたその自由を使って、地下鉄道組織〔逃亡奴隷の支援組織〕を活性化させました。彼女は十九回以上南部に戻り、三百人以上の奴隷を当時の北部で手に入れうる限りの自由へと導きました。彼女は今や、おそらく地下鉄道組織のもっとも有名な指導者です。そして彼女がフレデリック・ダグラスに誇りを持って説明した通り、彼女は「一人の乗客も失ったことはなかった」(3)のです。奴隷廃止論者であるジョン・ブラウンはかつて、タブマンを「この大陸でもっとも勇敢な人間の一人」(4)であると語っていました。

タブマンはのちに、南北戦争における北軍の斥候とスパイとして働き、戦後、女性の参政権運動において活躍しました。彼女の物語のどこをとっても、彼女の行動は立派で賞賛に値するものです。彼女はまさしく勇敢で、誠実で、寛大で、決してくじけず、思いやりがあり、信念のある人物でした。彼女は途方もなく賢い人でした。彼女について、フレデリック・ダグラスは「いつまでも思い出に残り続けるあのジョン・ブラウンを除くと、私は「タブマン」ほど、奴隷化された人々のために意欲的に危険や困難に立ち向かった人を知らない(5)」と述べています。彼女は抑圧に伴う苦しみを理解していたし、この苦しみを改善するために行動しました。正義と公正さと平等についての感覚のみならず、気遣いや共感や憐れみの情が彼女においては発揮されていました。彼女は改善論を実行に移していたわけです。彼女は勇気があったのです。

導入

シモーヌ・ド・ボーヴォワールは、私たちの人間的価値が葛藤を通じて初めて存在するようになることを理解していました。もし世界が完璧だったならば、あるいは私たちが完璧だったならば、私たちは完璧さしか知らないことになるし、それゆえ善さだけしか知らないことになります。私たちが経験するのはただ屈託のない百点満点の善さだけになるので、悪さ、不当さ、あるいは邪悪さについての感覚は存在しないことになるはずです。ボーヴォワールは「解決しなくてはならない問題が存在するときにのみ倫理は存在する」[6]と述べています。私たちの価値観は、この世界の多くの問題に私たちが取り組むとき、そこで生じる意見の不一致の中で発達し形成されます。私たちは何が正しくて何が間違っているのか、何が道徳的で何が不道徳的なのか、どの行動が賞賛されるべきでどの行動が咎められるべきなのかを、差異と不一致の経験を通じて切り分けていこうとするのです。そして私たちは、人生は何によって善くなったり悪くなったりするのかを理解しようとし、善いものを追い求め、そうではないものを避けようとします。このように善く生きることを探究し追求することこそが、ここで倫理学と呼ぶ哲学の一分野なのです。

ですが、倫理的であろうという努力は単に個人的なものにとどまりません。大雑把に言うと、倫理的相対主義とは、ことの善悪はどう決まるかというとそれは「その人次第なのだ」という学説です。この手の考え方は、突き詰めればいずれ自滅に至るか、さもなければ論理的矛盾という袋小路で立ち往生することになります。絶対的寛容――それぞれの人は自分自身の道徳規範を決めることができ、私たちはその人個人の決定を受け入れなくてはならないという信念――を採用したならば、私たちは不寛容という信念や不寛容な信念を受け入れなくてはならないことになります。不寛容な信念は寛容な信念があって初めて存在する余地があるとされているにもかかわらず、当の寛容な信念と矛盾し、それを骨抜きにしてしまいます。相対主義には論理的な問題があるわけですが、それとは別に、私たちが社会的な動物であるという点も挙げられます。ボーヴォワールが言及する発生的な問題[*1]は、私たちの避けがたい関係という枠組みの中で生じています。私たちはただ人間であるがゆえに、常にすでに互いに結びつけられているのです。倫理的な投企[*2]――善い生の探究と追求――は人間的投企であって、そうするとそれそのものが関係的な企図であるということになるはずです。私が何を善いと信じるかということは、直接的であれ間接的であれ他人に、そして彼女らの善い生の追求に影響を与えるし、彼女らの善い生の追求も、私に影響を与えます。さらに重要なことに、私の善い生は、山のようにあふれた悪の中には存在することができません。私は、他人が開花することによって、それでもって自分の開花を促したり、開花の土壌を作ったりすることができるのです。現代の哲学者ジュディス・バトラーは、九・一一[*3]以降のテクストをまとめた力強いエッセイ集の中でこのつながりを強調し、「私があなたに当惑させられるのなら、あなたはすでに私に属していて、あなたなしにはどこにもいないのだ」(7)と述べています。別の言い方をすれば、もし私があなたに混乱させられ、あなたと対立しているならば、私の混乱は、私が何者であるにせよ、あなたが根本的にその私なるものの一部をなし、それに結びつけられているのだということの証拠になるのです。さらに言えば、私は私をばらばらにすることなく、私個人の人格性《パーソンフッド》からあなたを切り離すことはできません。したがって、私たちの衝突の数々は、私とあなたが分かたれる契機ではなく、むしろ私たちが関係的な本性を持つことの証拠であり、それゆえそこにおいて価値が生まれるような契機なのです。

私たちが共に生涯を送るなかで、私たちには善を探究し追求することを可能にする方法がたくさんあります。実際、善い生涯を送るための方法はたくさんあるのです。この章では、倫理学のひとつの理論と方法論に焦点を当てることになりますが、それはすなわち徳の訓練と育成です。(8) 徳倫理学において、人は、徳を鍛え、研ぎ澄ませ、作動させることによって、道徳に関わる性格を養い、善い生を切り開くものとされます。私がここで特に関心を持っているのは勇気という徳です。他の徳と同様に、勇気もまた、それだけですべての行動を善いものにはしないし、勇気だけで個人を善くすることができないのもはっきりしています。勇気は他の徳と重なり合い、連携して作用しているわけで、勇気だけを切り分けて抜き出すのは困難です。詩人マヤ・アンジェロウが「勇気はすべての徳の中でもっとも重要なものです、なぜなら勇気なくしては他のどんな徳も実践し続けることはできないのですから。徳のどれかをまぐれあたりで実践していることはあるかもしれませんが、勇気がなければそれをずっと続けることはできません」(9)と述べるとき、勇気の複雑な本性をよく理解していたわけです。彼女は私と同様に、勇気を他の徳の基礎となる徳と見ているか、あるいはことによると他の徳をすべて包み込むような徳として見ているのかもしれません。勇気は、他の徳が世界の中でよりよく実践できるようにするという方向で育成されるのです。この章では、勇気という徳について、その概念を新たに解釈し直し、その具体的な内実をはっきり述べるよう努力するつもりです。つまり、勇気にとって、そして勇気ある行為にとって、重要な質や特性とはいったい何であるかを突きとめるのです。そうすることで、勇気を度胸があるという、しばしば勇気と一緒くたにされがちなものから、ちゃんと区別することになるでしょう。勇気とは共感が実行されたものであって、改善論が表に出たものなのです。

勇気という概念を新しく解釈し直す必要があるのはいくつかの理由があってのことです。第一に、この世界は壊れています。私たちの世界をなんとか直そうとするなら、我々には、勇気という概念と、それが持つ働きの両方が必要でしょう。第二に、刷新された勇気概念があれば、一部の徳や気質についてまわるステレオタイプ的にジェンダー化された前提や期待に対処しやすくなり、そこには（典型的に男性的とされる）度胸や（典型的に女性的とされる）ケアといったものも含まれるわけですが、それだけにとどまらず、こうした二つのステレオタイプを生み出す男女二元論への異議申し立てにもつながることになります。私たちは自分たちの文化を通じて編み上げられた二元論的なジェンダー規範をただ単に逃れるというわけにはいきませんが、勇気をこのように養うことで、私たちはこれらの前提を揺るがす入り口に立つ可能性を開けるかもしれません。ここで示されるように、勇気とは、ジェンダーに関係なく、すべての人が実践できるものですし、実践すべきものなのです。

勇気を再生する

人間の条件とは、ほかにどういう特徴を持っていたとしても、ともかくも、他のものとの関係のもとにあることであると言えます。一般に言われているように人間とは失敗をするものである、ということにもきっと賛同できるはずです。人々はときにはただ単に間違っています。私たちがいろいろな関係を脱ぎ捨てることができないのと同じように、私たちは失敗を免れることもできません。誤りやすいというのは、つまり間違ってしまう性分を備えているということですが、これは、関係的であることに加えて、人間というものに免れがたく備わっているもうひとつの側面なのです。それゆえ、私たちは思いやりを通じて互いに結びつけられるだけでなく、誤りを通じても互いに結びつけられることになります。こうした誤りは私たちの倫理的な投企の中にも存在することでしょうが、それは単純にその倫理的投企というのが人間的な投企だからであり、また人間たちが、その住んでいる世界と同じくらい壊れている（そして同じくらい美しい）からにほかなりません。ボーヴォワールは、倫理において「失敗は乗り越えられるのではなく引き受けられるのだ」[10]と述べています。悲しいことに、我々の過ちのいくつかは他人を傷つける原因になってしまいます。もし私たちの過ちが当たり障りのないものだった場合でも、そうした失敗の存在自体が、人間の成し遂げたどんな立派なものもなんらかの形で損なわれていること、そして不完全であることを思い出す理由になるのです。私たちは自分の投企の中で失敗してしまうこともあるでしょうが、こうした失敗は、たとえその際に落ち込んだり、ときには嘆き悲しんだりといった経路をたどることになるとしても、それでもきっと自分をふりかえるはずみになるはずです。ボーヴォワールは、「最も楽天的な倫理は、〔人々〕の条件に含まれた失敗の要素を強調することによって始まった。失敗がなければ倫理はない」[11]と主張します。失敗は、グレムリン[*4]のように私たちについて回り、私たちの目を静かに開かせることもあれば（静かにであっても目が開かれることに違いはありません）、大混乱や破壊、そして痛みを残すこともあるでしょう。それゆえ人間の条件とは、関係的で誤りやすいことにあります。そして、その条件がもつこの二つの側面は、ときどきどうしても、急に破裂するようにして、いきなりお互いに影響しあうことがあるのです。

それにもかかわらず、そして重要なことに、倫理というものは存在しています。私たちは物事――状況、交流、環境――が、たとえ不完全であったとしても、それまでよりも良くなったり悪くなったりすることがあると知っています。善くあることは可能なのであって、そして私たちは、一体善さとはなんなのかを議論する最中でさえ、最低限、善さに向かっていく義務を負っているのです。私たちの責務とは、たとえ完璧にはなれないとしても、これまでよりも良い人間になっていくことにほかなりません。ユダヤ教にはティックーン・オーラムという考え方があって、これは訳すなら「世界を修繕する」となりますが、この考え方がここでは役に立つでしょう。これは善くあるために相応しい振る舞いをしなさいという命令であり、たとえ私たちには本当に相当な仕方で物事を滅茶苦茶にしてしまう傾向があったとしても、それでも自分の生も他人の生も善いものにしていきたいと強く望む、その気持ちなのです。こうした発想は「ミシュナー[*5]」の次の箇所にも表れています。「世界の悲しみがあまりに大きいとひるんではならない。さあ、正義をおこなえ。さあ、慈悲を愛せ。さあ、謙虚に歩け。あなたにその仕事を仕上げる義務はないが、それを放棄する自由もないのだ[12]」。

私は、人間の姿を、不可避的にお互いに結びつけられており、失敗をしてしまうものとして描いてきました。ここで徳倫理学に話を戻しましょう。関係をもつことや誤りやすいことは、徳を探究したり追求したりする際には、いつだってどうしようもなく現れてくることになります。というのもやはり、私たちの人間的特徴は私たちのあらゆる企図と追求に現れるからです。徳とは学習や練習を通じて身につけられる特質であるという一般了解を超えた話になると、徳倫理学者のあいだで、徳とは何であるかについて合意はありませんし、それゆえ有徳であることが何を意味するかについても一致した見解はありません。アリストテレスから多くの哲学的ヒントを得て議論をおこなうジュリア・アナスという現代の哲学者がいますが、私は彼女に従い、徳を一つの行動様式として、自分自身を世界に対して提示したり、世界の中で応答したりする一つのやり方として理解します。アナスの説明によると、「徳とは、特定のやり方で筋道を立てて考え、物事を感じ取り、実際に行動する傾向性のことであり、この傾向性は、状況が変わっても似たような状況であれば安定していい結果をもたらしてくれるし、異なった状況であっても発揮され続けるものであり、またダイナミックで、今までにない状況にも注意深く目を光らせながら賢く順応していくものでもあって、そしてその人の生涯を通じて訓練され、それにつれて成長し続けるものでもある[13]」ということになります。徳を成長させるとは、何よりも、同じような状況に出会ったときに一貫性をもって習慣として反応する道徳的傾向を成長させることです。さらに徳の成長は、これがあれば今の状況が以前と同じようなものとなって、これがあれば以前と似ていないものとなるといった事柄に気づけるようになることでもあって、それによってその人の習慣的な反応が適切なものとなるのです。徳とは、人が他人や世界に接近するそのやり方に関わるものです。そしてそれは、その人の立ち振る舞いであり、その人の性格にほかなりません。また、徳はこれまでの経験に関わるのと同じくらい、将来の見通しにも関わるものです。徳とはその人がどういうあり方をしているかなのであり、ボーヴォワールに戻れば、「世界の中に自分自身を投げ入れる(14)」仕方なのです。人々は受け身のまま時間と空間を漂っているわけではありません。むしろ、先立つ成功や失敗から学んだことに導かれ、この世界の中で主体的に動き回るものです。そこでどの方向を目指すかについてはその人の徳が決める面もあるのです。

歴史的に、勇気は、度胸や戦士としての心持ちといった徳と同一視されることが多く、そのため恐れ知らずだとか、ややもすると危険に直面してもくじけないことだとかに当たるのだと考えられることもよくありました(15)。私が緩めようとしているのは、こうした連想の仕方なのです。人間は恐れ知らずで度胸のある行為ができるし、現にそのように行為してもいるのであり、そしてその行動が適切な場合、私たちは賞賛すべきものと認めなければなりません。私たちにはそのための言葉と概念があります。「度胸」、「恐れ知らず」、「不屈の精神」、「勇猛」などなど。ヒーローであるというのは、なかでもその度胸がもっとも誉れ高いかたちで認められた証であろうし、この言葉はしばしば、軍人や緊急救援隊員、医者など、他人の利益のために危険を承知でそこに身を投じる人々を表すのに使われます。勇気というのはそれとは違うもののはずです。勇気は戦士としての心持ちなどとしてではなく、改善論の観点から説明される方がふさわしいでしょう。勇気という概念が、誰かに立ち向かったり、喧嘩腰であったり、軍人的であったりといった仕方で捉えられたなら、そしてそれはこの家父長的な文化でそのような捉えかたをしてしまった場合には特に言えることなのですが、そのときその徳は他人と敵対したり他人を攻撃したりといったことを身につけた人々だけが手にできるものになってしまいます。このような訓練は女の子や女性たち（そして男性性のジェンダー規範に立ち向かうそのほか多くの人々）が、受けるものではたいていありません。[16] 私はここで、勇気という概念を第一に、私たちが本性上関係的であることを認めなければ得られないもの、特に私たちの関係こそが痛みと苦しみを生み出しているときにはそうした認識なしには手に入れようのないものであり、また第二に、その苦しみを含め、他人のニーズに対して改善論的な応答を試みずには得られないものとして、取り戻そうとしているのです。

間違いなく、勇気ある行為は他の徳の諸々の現れと重なり合うものですし、ことによるとそれらを含むものでもあるでしょう。勇気ある行為は勇猛さを含むことも含まないこともあるでしょう。失敗するかもしれないと知っているからこそ勇気ある行為は恐れ知らずの行為となるのかもしれません。勇気はときに傷を負わせるものでもあります。いつもそうだというわけではありませんが、そうなるときがあるのです。そうならない場合であれば、勇気をもって行為するとき、自分は正しいしこうするだけの理由もちゃんとあるのだと、そして自分は清廉潔白で力強いのだと感じることでしょう。そしてこれが重要なことなのですが、勇気は他の徳から切り離されて養われるのでもなければ、他の徳と別々に実践されるわけでもないのです。しかしそれでも、勇気は、度胸を含む他の徳とは区別されますし、それ単独で目を向ける価値を持っています。

私たちは戦士としての心持ちや攻撃性が世界を癒すことはないと知っています。人類の歴史をざっと見るだけでもこのことは裏づけられます。次の節で論じるのですが、共感だけでも十分ではありません。共感が通常、行動を要請するなどとは言えないからです。最後に、ケアやケアの倫理はこの世界で強力だとしても、勇気はケアを超えるものです。ケアはおそらく勇気ある行為において要請される種類の応答ではありません。私たちに必要なのは、勇敢さを男性に、ケアすることを女性に割り当てるジェンダーの二分法の罠に陥らないかたちでの、「世界を修繕する」という概念です。私たちに必要なのは、挑戦的で困難で恐怖を伴う行為の数々について、戦いや支配の隠喩に訴えてそれを記述するということなしに、それを考え、実践し、心構えを持つということができるようにしてくれる方法です。私たちに必要なのは、母性の隠喩を使わなくても、ケアリングと憐れみの情に基づいた行為を促し賞賛する方法です。私たちに必要なのは、積極的な共感を、言い換えると実地での改善論を理解したり教えたりする方法なのであって、そこには度胸や共感、ケアといったものもまた含まれていることもあれば、含まれていないこともあります。

共感的認知

他人のニーズに自分を合わせるように真っ先に教えられるのは、たいていの場合は女の子です。歴史的に見て、彼女たちは他人のことを察知する能力を養うべくしっかりと教え込まれてきたし、その結果として自分自身のニーズを重視する代わりに、他人のニーズに重きをおくことを身に着けています。さらに、女の子たちが自分を他人に合わせることには、次の節で取り上げるように、それに応じた仕方で他人をケアする反応をするよう決まって命じられるということも伴っているのですが、こうしたことは、学習と練習の結果身についた振る舞いであるにもかかわらずその姿を隠し、自然で生まれつき備わったものという仮面を被るようになります。こうして私たちは女の子が、共感的で思いやり深く、無私無欲で他人に目を向け、ケアギバーであることを期待するようになるのに対し、男の子や男性の場合そうならないのが自然だと思うようになるのです。

この捉え難く、しかし強力な社会的条件付けは感情に関わる訓練であることに加えて認識に関わる訓練でもあります。いみじくも、共感とはそもそも感情の一種として理解されていましたし、共感という語が「仲間意識」と同種のものを意味することは今でもよく知られています。共感できる人は、伝統的に、他人が感じ取ることを感じ取ると考えられていました。例えば、私が幸せな人物を見た場合、私は共感することで自分自身も幸せになるのです。共感するときの感覚にとどまらず、認知科学者たちは現在、ミラーニューロン[*6]などの神経学的ルートから共感というものを理解していて、感情がそれ自身で知識の源になりうることもわかっています。ここでローリー・グルーエンの言葉を拝借しましょう。彼女は現役の哲学者であり、「絡み合う共感」という概念を発展させ、共感を感情の活動と認知に関わる活動の両方を伴う過程として捉えた人物です。彼女はこう説明します。「絡み合う共感とは、さまざまな思考と感覚を一つにまとめ、それによって他者の状況について正しい見立てをおこなおうとし、もし何か私たちにすべきことがあるならばそれは何か理解しようとする、といった事柄を伴うプロセスだ[(17)]」。グルーエンの絡み合う共感という考え方では、知ることと感じることは互いに結びついていて、そしてこの共感は他の徳と同様、学んだり研ぎ澄ませたりすることのできる技能なのです。

共感的認知について大まかに示すなかで、私は、グルーエンの絡み合う共感のなかの感情に関わる要素をなおざりにはせず、しかしその認識論的側面に力点を置いて語ることにします。女の子たちはきちんと見て取ったり聞き取ったりといったことを教えられますが、これらの言葉は単に知覚にとどまらない何かを意味しています。この子たちが訓練されているのは、他人のニーズを、とりわけ世界の中で苦しんでいる人々のニーズを理解すること、つまり、知ることなのです。ですが、他人の窮乏や苦しみを本当に理解するということは、同時に自分が本来は不安定な存在であること、そして自分も苦しむ可能性があることを理解することでもあります。さらに、望むと望まざるとにかかわらず私たちがどのくらい他人を頼りにしているかは、苦しみの共感的認知が起こる場面で浮き彫りになるものです。バトラーは「自分とともに、他人も傷つく存在であること、そこからもたらされる省察のひとつに、あちら側にも自分が現在知らない、将来もけっして知りえないかもしれない他者が存在しており、その他者たちに私たち自身の生が依存しているということがある。匿名の他者たちに私たちが根本的に依存しているということ、この条件は私が自らの意思でなくしてしまうことのできるようなものではない[18]」と説明しています。痛みと受苦の瞬間に明らかになるこうした他者とのつながりを拒否することは、私たちの人間性を、良い面も悪い面も、拒否することにほかなりません。私の行動は他人に苦しみを引き起こし、他人の行動は私に苦しみを引き起こします。このことは、私たちが倫理的につながり合っているというさらなる証拠になるのです。

応答

共感的認知は勇気にとって必要不可欠な要素であり、簡単なことではないものの、教えたり学んだり、訓練したりといったことも可能です。とはいえ認知は勇気ある行動にとって十分ではありません。勇気は他人の痛みを理解し、それに向き合い、それに応答して行為することを必要とします。つまり、勇気は苦しみを認識したときにそれに応答するということを必要とするのです。

苦しみに対する適切な応答を学んだり訓練したりすることは、率直に言って、共感的認知の能力を育てるというのよりも難しいことです。勇気ある応答は、その状況だけが規定し形づくる特徴を必ずもつことになるので、あらかじめ決まった答えを指定するわけにもいきません。アリストテレス倫理学は、どのような状況においてもあまりにたくさんの要因と変数が作用するため、有徳な行動を達成するのは驚くほど難しい、と教えてくれます。それゆえ完全に正しいおこないができることはめったにありません。といってもがっかりすることではなくて、どんなことにせよ完全に正しいおこないをするというのは珍しいことであり、専門家ですら自分の技能を磨くために一生訓練をし続けるのですから。私たちは失敗を通して、そして何よりもふりかえって反省することを通じて、適切な応答を学んでいきます。つまり、試行錯誤を通じて私たちは多くのことを学ぶのです。科学という分野も何から何まで、結局のところは長い長い試行錯誤の積み重ねとなっています。さらに言えば、私たちは自分の人生のあらゆる点で理想に向かって努力しています。もしもこのことが勇気の成長にあてはまらないとしたら、おかしなことになるでしょう。そのタスクはとても大きなものとして迫ってきますが、だからと言って勇気を追求する義務が軽くなるわけではありません。「ミシュナー」がその要点を示してくれた私たちの責任を思い出してみましょう。「あなたにその仕事を仕上げる義務はないが、それを放棄する自由もない(19)」。

こうした応答が含意することを、その内容がさまざまであることを意識しつつよりよく理論化しようとするとき、まず、私たちは「応答」という言葉を二通りに概念化できるでしょう。第一に、応答は人類の開花を可能にする関係を築いたり修繕したりするものとして考えられるのではないでしょうか。その出発点として、私たちはこの関係をケアリング関係から考えてみることができますし、ケアの倫理学者たちに、つまり関係性をもっとも優先する人々に、ここで創造的刺激をもらってもよいでしょう。ケアの倫理は正当と認められる倫理学理論としては最近になってから新たに加わったもので、その始まりは一九八〇年代に、なかでもキャロル・ギリガンの『もうひとつの声で』の刊行にさかのぼることができます。ギリガンは、道徳的な問題解決に対する向き合い方には、少なくとも二つの枠組みがあるという見方を定式化しました。第一の枠組みは正義の枠組みと呼ばれます。この枠組みのなかで動く人は、正義、自律、個人、権利のような何かしら抽象的な概念を使って道徳問題に取り組みます。このような道徳的思考は西洋哲学史においては多くの人が語ってきた立場です。これに対して、ケアの枠組みはできてからまだ日が浅いものです。ギリガンは、つながり、関係性、親密さを優先することで道徳的な問題解決に取り組むこともできると考えました。このケアの枠組みは、正義の枠組みと対立しているのではなく、それぞれに存在しているものです。哲学者たちは、このケアする傾向が女性らしさ特有のものなのかどうか、あるいは女性らしさ特有であるべきものなのかどうかといった議論を積み重ねてきたのですが、ここでその議論には踏み込まないことにします。私の議論にとって確認しておく必要があるのは、ケアが人間の道徳的経験にとって必要で力強い特質であること、そして、ケアがたいていの場合に二分法的にジェンダー化されてきたという歴史をもつこと――つまり主に女性がケアギバーになってきたこと――だけです。それにもかかわらず、ケアの倫理は、私が思い描く共感的認知への適切な応答にとって一つのモデルとなるのです。

とはいえ、多くの人間関係は必ずしもケアの関係ではありません。それどころか、多くの関係は実際のところ正義と公正さという点から理解できるものとなっていて、私たちは壊れていたり抑圧されていたりする関係性を見ると、それを不正義の例だと受け取ります。自分自身の抑圧であれ他人の抑圧であれ、ともかくも抑圧についての共感的認知や理解があるからこそ勇気ある行動をしなければならなくなるということは多々あります。したがって、壊れた関係の立て直しを概念的に理解する第二の路線として正義というものがあるのであって、ぼんやりとしたものではあれど、正義というものへの理解がこうした勇気の隅々に、そしてその周囲にも取り巻いているのです。ここでは具体的な議論には踏み込まず、代わりに公正さという観点から見る正義について、そして人間とそれ以外のものたちが生きてその生を開花させ、自分の素質と能力を成長させる環境を生み出しつつ抑圧と戦うことについて、大まかな構図を描くことにしましょう。

人間の尊厳に対する本当にひどい侮辱行為を目撃することを通じて、勇気ある応答が形成されるのを想像することもできます。この場合、私たちはそれと気づかぬうちにその状況に対して抱く自らの道徳的な嫌悪感に折り合いをつけ、困っている人たちへの敬意、そしてその人たちの人間性を回復するための行動に移っている、ということもあるでしょう。私たちは、悲しいことですが、人間ではない動物たちに対しても、これと同じような虐待が起きていることを知っています。勇気ある人ならば人間の生命のみが尊厳をもつという考えに反対して、人間以外の生命の尊厳、あるいは生命一般の尊厳の回復のために行動するとしてもそれは当たり前のことでしょう。

バトラーは、勇気ある行動の目指すゴールが関係性の修繕——それがどのように起こるにしても——として現れるのを私たちに想像させてくれます。バトラーは「可傷性《ヴァルネラビリティ》と損失を基にした共同体の可能性」[21]に向けて私たちは励むべきだと説きます。私たちは、相手との関係で作られ、誤りやすさという特徴をもっていて、このことはつまり、私たちが根本的に傷つきやすい存在だということを意味しているのです。勇気は、私たちが痛みを、可傷性を、あるいは抑圧を認識し、その痛み、可傷性、抑圧を改善しようとするときに現れるものです。勇気とは、世界が壊れていることに対する能動的で改善的な応答と対になった共感的認知、あるいは共感的調律なのです。

帰ってきた勇気

ハリエット・タブマンの話に戻りましょう。疑いなく、彼女には度胸がありました。彼女はたくさんの場面でアメリカにおける人を人とも思わない奴隷制度やそれと結びついたレイシズムに立ち向かい、戦いました。その度胸は、タブマンが北軍と共に働いたときの仕事に文字通り見ることができます。彼女は戦士でありスパイであり、おそらく何度も危険で恐ろしい状況に置かれてきたに違いありません。しかし彼女は他者に対する抑圧とその人たちが抱える苦しみを知っており、それに共感をもって応答しました。彼女自身が説明するところでは、「私はそれまでずっと人々が涙を流すさまや嘆息を漏らすさまを見てきたし、そのうめき声も聞いてきた。だから、私の血管に流れる血の一滴一滴をすべて、彼らを解放するために捧げようと思ったのです[22]」。彼女の活動は正義に突き動かされたものでもありましたが、それと同じくらいに涙や嘆息にも突き動かされていました。タブマンは、私がここで勇気の徳について要約した意味で勇気ある人でした。つまり、彼女は改善論を実行に移したのです。

男女二分法にもとづくジェンダー規範に挑戦するような例を他にも考えてみましょう。例えば映画『マッドマックス 怒りのデスロード』の大隊長フュリオサです。フュリオサは、すさみきった、ディストピア的で（いまだに）家父長的な未来の真っ只中にいても、力強く、また抜け目なさも備えています。彼女は改造トレーラー「ウォー・リグ」の力を使いこなして複数の軍勢と戦い、五人の若い女性を守ろうとするのです。この女性たちは言うまでもなくすべての女の子と女性を表すような存在であり、だからこそフュリオサのとる行動はこれだけ重大な結果を持つことになるのです。ワンダーウーマンから『ロード・オブ・ザ・リング』シリーズのエオウィン、映画『スターウォーズ』シリーズのレイとレイア姫まで、激しい気性の女性キャラクターたちの数々をさらに考察してみましょう。こうした物語はどれも暴力や武力の行使にあふれています。この女性たちはたしかに戦士ではあるのですが、彼女たちにはただ度胸があるという以上の何かがあります。彼女たちは単に攻撃的で恐れ知らずなだけではないのです。彼女たちは暴力に「飲み込まれて」いるから暴力的なのではないし、ナショナリズムのような抽象的イデオロギーのために暴力をふるうわけでもありません。彼女たちがもつ攻撃性を突き動かしているのは、他者が、ときにはおびただしい数の他者が抑圧され苦しんでいるという事実なのです。彼女たちは他者のニーズに合わせて調律されていて、適切なかたちでそれに応答します。こうしたキャラクターは、ケアするという方法で正義と人間の尊厳という理念のために戦うこともあれば、武力に訴えて戦うこともあります。いずれにせよ、彼女たちに勇気があることは変わりません。

最後に、勇気をケアによって表現することについて、もっとはっきりと考えてみましょう。愛する者の死に立ち会うことは、私の考えでは、有限の命しかもたない私たちが経験する事柄のなかでももっとももつらいもののひとつです。それがつらい出来事なのは、その死が理不尽だと感じていて、そう感じる以上は死に打ち勝つことを望んでしまうからに他なりません。死は、もちろん、人間が何を望み何を欲しているかなどまったくおかまいなしに訪れるものです。私たちは死が訪れるのを遅らせることはできるけれど、結局のところ、死に対抗する有効な武器はありませんし、まっとうな戦いの土俵があるわけでもありません。勝ち目のない戦いに疲れきってしまうと、私たちにもできる応答として残されているのはケアと献身だけになってしまいますし、これらの行動は不十分なものに感じられるのが常なのです。その上、他者のニーズを共感的に認知する能力を研ぎ澄ました人にとって、死にゆく人の手を握るというのはつまり、自分もまたいつか同じニーズを持つのだと認識するということでもあります。ですが、おそらく、人の死を看取ることのもっとも困難な側面は、その慰めが現実には相手の命を救うことはないのに、それでも死にゆく人を慰めるというところかもしれません。息を引き取る寸前に寝ずの看病をすることは、おそらく一人の人がなしうるなかでももっとも恐ろしく、そしてもっとも勇気のあることのひとつではないでしょうか。死に立ち会う人は、他者の苦しみに背を向けることなく、それに向き合っています。この人たちは死に打ち勝つことはできなくても、苦しみを和らげることはできるのだと知っているのです。この人たちには勇気があります。

結論

私は、ここまでで、勇気を改善論の観点から概念化するべきだと提唱し、そのための議論を詳しく説明しました。それというのも私たちも、そして世界も、自分の苦しみを和らげ、そのほころびを繕うために、新たな考え方を必要としているからです。ここが、もしかするとこの章の中でももっともじれったいところかもしれません。語るべきだったのに語れていないことがもっとあるように思えるからです。実際、語るべきことはもっとたくさんあるのですが、他の話題から切り離してそのことだけを語ることはできないし、そもそもそれはこの章で論じられるようなことでもありません。共感的認知を養い、適切な応答を身につけるには、正確にはどのようにすべきなのか、と問いたくなるのは当たり前でしょう。私はこうした問いに対してこれだというひとつの答えやわかりやすい答えを示すことはできません。ですが確かに、共感的認知を養うための導きの糸を探せる場所というのは存在しています。例えば、看護の訓練を受ける人であれば共感的認知の訓練を幅広く受けることが少なくありません。適切な応答を学ぶのは、どんな応答もその状況特有のものである以上、それよりもさらに難しいこととなります。それでも、善い生を追求するために、私たちは学び、練習を積み重ねなくてはなりません。倫理の仕事に取りかからねばならないのです。

私たちを導いてくれる人たちはたくさんいます。実存主義者に目を向けることもできるでしょう。例えばシモーヌ・ド・ボーヴォワールと、先ほど引用した彼女の非凡な著作『両義性のモラル』があります。ジェーン・アダムスやジョサイア・ロイスのようなプラグマティズムの思想家、エヴァ・フェダー・キテイのようなケア倫理学者、ベル・フックスのような批判的理論家に目を向けてもよいでしょう。それに私たちは、ローリー・グルーエンを含め、この本の執筆陣に目を向けることもできるのです。グルーエンからは「絡み合う共感」というアイデアを借りましたし、グルーエンは人間以外の動物との関係の理解を深めてくれる人でもあります。ジリアン・ラッセルとシャンティ・チュウは、制度的で構造的な抑圧の論理を明らかにし、不正義にいっそう気づけるようにしてくれます。シャノン・ウィナブストは、人種が人の構築したものでありながら——いかに根本的に異なる哲学的立場のあいだの違いに関与しているかを、そしてこの違いが現実の世界でも残酷なかたちで、けれども十分に予見できるような仕方で展開しているのだということを、はっきり説明しています。実のところ、この本のすべての著者たちは暗黙のうちに、私たちが自らの生と世界において勇気を持って思考し行動するように問いかけているのです。勇気を持って行動するとは、自分に世界を立て直すことなど決してできないと知りつつ、それでも世界をより良くするために行動することです。勇気とは、完全に失敗したわけではない目的を追い求めることです。私たちが互いに関係し合い、依存し合いつつ、なおも間違いやすい動物であり続ける以上、世界から誤りと危害をなくすことはできません。それでも私たちもまた学ぶことができるし、ときにはより良い自分になる能力が、本当に目を見張るものであることもあります。そのことが、私にこの世界への心の底からの希望を与えてくれるのです。

［原注］

（1）Butler (2004, 23).〔日本語訳、五四頁〕

（2）トニ・モリソン、Houston（2003）で引用されている。〔https://www.oprah.com/omagazine/toni-morrison-talks-love/all.（二〇二三年二月二五日閲覧）〕

（3）WGBH (1998).

（4）Ibid.

（5）Ibid.

（6）De Beauvoir (1976, 18).〔日本語訳、一〇六頁〕

（7）Butler (2004, 49) 強調引用者。〔日本語訳、九五頁〕

（8）徳倫理学は本書の別の箇所で詳述されている。さらに知るためには、Aristotle（1999）〔日本語訳〕、MacIntyre（2007）、Annas（2011）を参照。

（9）マヤ・アンジェロウ、Graham (2006, 224) で引用されている。

（10）De Beauvoir (1976, 13).〔日本語訳、一〇二頁〕

（11）Ibid., 10.〔日本語訳、九九－一〇〇頁〕

（12）Shapiro (1995, 41). これはラビのターフォンがおこなったピルケ・アボス（ミシュナーの一書）二章二一節における研究をラビのラミ・シャピロが自身の解釈込みで翻訳したものである。そのテキストはミカ書六章八節についての注釈である。

（13）Annas (2011, 282).

（14）De Beauvoir (1976, 41).〔日本語訳、一二六頁〕

（15）例えばアメリカ軍の中心的価値観を考えよう。忠誠、義務、敬意、無私の奉仕、栄誉、誠実、そして一人ひとりの持つ勇気である。一人ひとりの持つ勇気は、「恐怖、危険（物理的あるいは精神的）逆境に立ち向かう能力と定義されており、［…］［そして］一人ひとりの持つ勇気は私たちの軍と長らく結びつけられてきました」(https://www.army.mil/values/.)。この定義は勇気よりもむしろ度胸にふさわしい。また、『軍事倫理学誌』のような学術誌には、勇気についてのいくつもの論考が見られる。例えば、ザヴァリーとアリスティドゥは「勇気は価値ある目的のために重大な損害の恐れを克服することにある」と主張する（Zavaliy and Aristidou 2014, 174. 強調原文）。

（16）たまたま男ではない人物が勇敢な行動をなしえたり勇敢に行為したりするということは確かにある。しかしながら、男性の兵士、男性のリーダー、男性のスーパーヒーローというイメージに対して異議が申し立てられるようになったのは最近になってようやくのことであり、そしてそれらの異議申し立ては必ずしも歓迎されていない。例えば、アメリカ軍に従軍するトランスジェンダーの人々に対して最近になって再び制定された入隊禁止措置のことを考えよ。〔二〇一九年にトランプ政権下でおこなわれた措置。続くバイデン政権下で二〇二一年にこの入隊禁止措置は撤廃された。〕

（17）Gruen (2014, 50).

（18）Butler (2004, xii).〔日本語訳、四－五頁〕〔引用者による誤植があったため、バトラーの原文及び邦訳に従った。〕

（19）Shapiro (1995, 41).

（20）私はこの議論が、人間でない動物を、そしておそらく私たちが生きるこの環境に含まれる他のさまざまな要素をも含むものへと容易に拡張できると考えている。

(21) Butler (2004, 20).〔日本語訳、四八頁〕

(22) WGBH (1998).

〔訳注〕

*1 発生という語は、フッサールの重要な用語であり、発生的現象学といった形で使用されるが、差し当たりここでは、発生的な問題は、ある人がその人として自己を形成したり、ある経験の構造が形成されたりすることを指しており、それらのことが周囲の人々との相互作用において成り立っているということが本文中で述べられている。

*2 投企とは、元はハイデガーの用語であるが、サルトルはこの語を、意識が自らの諸可能性に向かって即自（単なる対象としてのあり方）を脱出し、対自（主体）としての自らを獲得することをこう呼んだ。ボーヴォワールもまたサルトルと同様の仕方でこの語を用いている。

*3 二〇〇一年九月一一日にアメリカの航空機がハイジャックされニューヨークのワールドトレードセンターに突撃した事件を皮切りにおこなわれた一連の自爆テロ攻撃。イスラム過激派テロ組織アルカイダによる犯行であり、三千人近い死者を出した。この攻撃を機に当時のアメリカ大統領ジョージ・W・ブッシュは「テロとの戦争」を宣言し、アフガニスタン紛争（二〇〇一－二〇二一年）やイラク戦争（二〇〇三－二〇一一年）を開始した。日本では「アメリカ同時多発テロ」と呼ばれることが多い。

*4 グレムリンはイギリスの民間伝承に伝わる妖精の一種で、いたずらで機械を故障させてしまうとされる。アメリカで一九八四年に公開された映画『グレムリン』（ジョー・ダンテ監督）でも知られる。

*5 ミシュナーとは口伝えで少なくとも紀元前五世紀頃から代々引き継がれてきたユダヤ教の律法のこと。紀元三世紀ころユダ・ハナシによってまとめられた。農業、祭事、婚姻、刑法や民法、供物、清めの儀式などが扱われている。

*6 ミラーニューロンとは相手の行動を自分の脳の中で鏡のように写し出す細胞のこと。イタリアのジャコモ・リゾラッティのグループにより、サルの脳の運動前野の研究中発見された。研究者の手の動きを見て、サルは動いていないのに、手を動かす神経が反応した。

〔参考文献〕

Addams, Jane. 2009. *20 Years at Hull House*. Scotts Valley, CA: CreateSpace Independent Publishing Platform.

Annas, Julia. 2011. *Intelligent Virtue*. London: Oxford University Press.

Annas, Julia 2015. "Book Forum on Intelligent Virtue." *Journal of Value Inquiry* 49: 281–288.

Aristotle. 1999. *Nichomachean Ethics*, trans. Terence Irwin. Indianapolis: Hackett Publishing.〔アリストテレス『ニコマコス倫理学（上・下）』、渡辺邦夫・立花幸司訳、光文社古典新訳文庫、二〇一五－二〇一六年〕

Butler, Judith. 2004. *The Precarious Life*. London: Verso Press. 〔ジュディス・バトラー『生のあやうさ――哀悼と暴力の政治学』本橋哲也訳、以文社、二〇〇七年〕

De Beauvoir, Simone. 1965. *A Very Easy Death*. Trans. Patrick O'Brian. New York: Pantheon Books.

De Beauvoir, Simone. 1976. *The Ethics of Ambiguity*. Trans. Bernard Frechtman. New York: Citadel/Kensington Books. 〔シモーヌ・ド・ボーヴォワール「両義性のモラル」松浪信三郎・富永厚訳、『ボーヴォワール著作集：第二巻　人生について』人文書院、一九六八年〕

De Beauvoir, Simone. 2011. *The Second Sex*. Trans. Constance Borde. New York: Vintage. 〔シモーヌ・ド・ボーヴォワール『[決定版] 第二の性（Ⅰ）――事実と神話』、『第二の性』を原文で読み直す会、新潮社、二〇〇一年〕

Gilligan, Carol. 2016. *In a Different Voice*. Harvard, MA: Harvard University Press. 〔キャロル・ギリガン『もうひとつの声で――心理学の理論とケアの倫理』、川本隆史・山辺恵理子・米典子訳、風行社、二〇二二年〕

Graham, Stedman. 2006. *Diversity: Leaders Not Labels*. New York: Free Press.

Gruen, Lori. 2014. *Entangled Empathy*. New York: Lantern Books.

hooks, bell. 2003. *Teaching Community; A Pedagogy of Hope*. Philadelphia: Routledge Classics.

hooks, bell. 2006. *Outlaw Culture: Resisting Representations*. Philadelphia: Routledge Classics.

Houston, Pam. 2003. "Toni Morrison Talks Love." *O, The Oprah Magazine*, November. http://www.oraph.com/omagazine/toni-morrison-talks-love/4.

Kittay, Eva. 1999. *Love's labor: Essays on Women, Equality, and Dependency*. New York: Routledge. 〔エヴァ・フェダー・キテイ『愛の労働あるいは依存とケアの正義論』岡野八代・牟田和恵監訳、白澤社、二〇一〇年〕

Kittay, Eva. 2010, "The Personal is Philosophical is Political: A Philosopher and Mother of a Cognitively Disabled Person Sends Notes From the Battlefield." *Metaphilosophy* 40, nos. 3–4: 606–627.

Kittay, Eva, and Ellen K. Feder. 2003. *The Subject of Care: Feminist Perspectives on Dependency*. Totowa, NJ: Rowman and Littlefield.

MacIntyre, Alasdair. 2007. *After Virtue* Notre Dame: University of Notre Dame Press.

Mad Max: Fury Road. 2015. Dir. George Miller. Warner Bros. Pictures. Film. 〔『マッドマックス 怒りのデス・ロード』〕

Royce, Josiah. 1995[1908]. *The Philosophy of Loyalty*. Nashville, Tennessee: Vanderbilt University Press.

Royce, Josiah. 2001[1912]. *The Sources of Religious Insight*. Washington, DC: Catholic University of America Press.

Shapiro, Rami. 1995. *Wisdom of the Jewish Sages*. New York: Harmony / Bell Tower.

Star Wars (original trilogy). 1977–1983. Dirs. George Lucas, Irvin Kershner, Richard Marquand. 20th Century Fox. Film. 〔『スター・ウォーズ』（旧三部作）〕

Star Wars (sequal trilogy). 2015–2019. Dirs. J.J. Abrams, Rian Johnson, J.J. Abrams. Walt Disney Studios Motion Pictures. Film. 〔『スター・ウォーズ』

（続三部作）〕

The Lord of the Rings (trilogy). 2001-2003. Dir. Peter Jackson. New Line Cinema. Film.〔『ロード・オブ・ザ・リング』（三部作）〕

WGBH, Public Broadcasting System. Last modified 1998. "Africans in America: Harriet Tubman," http://www.pbs.org/wgbh/aia/part4/4p1535.html.

Zavaliy, Andre G., and Michael Aristidou. 2014. "Courage: A modern Look at an Ancient Virtue." *Journal of Military Ethics* 13, no. 2: 174–189.

監訳者あとがき

この本は、メリッサ・M・シューとキンバリー・K・ガーチャーが編集した *Philosophy for Girls: An Invitation to the Life of Thought*（Oxford University Press, 2020）を訳したものです。原書の発売直後から監訳者のふたりで「日本でもこの本を出したいね」という話をしていて、そこにフィルムアート社の薮崎今日子さんが興味を示してくれ、こうして刊行が実現しました。

原書は二十人もの女性の著者がそれぞれ別の章を担当していて、著者一覧を見るだけでも「哲学の世界にこんなに女性研究者がいるのか！」と実感できるようになっています。私たちは、日本語版でもその精神を引き継ぎたいと考えました。このくらいの分量の本だと慣例的にはひとりで訳すか、せいぜい数人で訳すかといったことが多いと思うのですが、この本には監訳者も含めるとなんと十四人もの女性研究者が関わっています。女性研究者の姿は普段はひょっとしたら見えづらいかもしれない、けれど確かに哲学に関連する分野で研究している女性たちはいるのだ、と実感できる本になっていたら、と思っています。

この本を終える前に、日本の哲学界の状況について簡単に紹介しておきたいと思います。日本でもさまざまな大学に哲学の研究室があります。大学院生や研究員、非常勤講師、常勤講師（助教、准教授、教授など）はいくつかの学会にも所属し、定期的に口頭発表をしたり、論文を投稿したりしています。

哲学関連の学会は複数あり、全国区のものだと日本哲学会、日本現象学会、日本イギリス哲学会、日本科学哲学会などがあります。日本カント協会やハイデガー・フォーラムのように、特定の哲学者に焦点を絞った学会もあります。そのなかでも最大の会員数を誇るのは日本哲学会です。日本哲学会は学会内や哲学界におけるジェンダーバランスに関わる継続的な調査もおこなっているので、ここでは日本哲学会の調査に基づくお話をしたいと思います。

日本哲学会では二〇〇五年に「男女共同参画ワーキンググループ」という組織が立ち上げられました。その最初の調査でいくつかの人文系学会の女性会員の比率が述べられています。それによると、二〇〇五年の日本哲学会の女性比率はなんとたったの八％でした。調査されているなかでこれより低いのは日本科学哲学会と科学基礎論学会の七％のみですが、残念ながら日本科学哲学会と科学基礎論学会も哲学系の学会です。これに対し、当時の日本社会学会の女性会員率は二九％、日本心理学会に至っては四〇％と、哲学系学会の女性比率の低さが際立っています。これほど少ない女性比率のなかジェンダー不平等の現実と向き合うワーキンググループの立ち上げにこぎつけた先人たち、そしてそこに至る道を踏み固めてきたそれ以前のたくさんの女性哲学者や、哲学を志しながら諦め、去っていった女性たちの苦労ははかりしれません。

それにしても、なぜこんなふうに女性比率が低いのでしょう？　二〇一三年の日本哲学会による調査をまとめている小島優子「ジェンダーの公正さについて」(『ぷらくしす』、二〇一九年、一〇三―一一二頁)はその点で示唆的です。それによると、哲学分野の女子学生比率は学部生で四九%なのに対し、大学院以降は修士課程で四〇%、博士課程で二四%と、だんだんと落ちていっているそうです。これはこの本の「はじめに」でまとめられていたこととも一致する傾向です。つまり、「女性は哲学に興味がない」といったことが理由なのではなく、興味を持って大学では学ぶのだけれど、大学院にあまり進学しない/できない状況にあったのだと推測されます。

日本哲学会男女共同参画ワーキンググループの立ち上げから二十年近く経ついま、状況はどう変わっているのでしょうか? いまもって哲学界が女性比率の少ない場所であることは変わっていません。けれど、それを改善し、女性が自由に哲学をおこなえるようにする取り組みが積み重ねられてはいます。例えば、日本哲学会も含むいくつかの学会では託児補助制度が設けられるようになりました。子どもの世話に性別は関係ないでしょ?と思うひともいるでしょうが、日本では六歳未満の子がいる家庭の場合、女性が家事育児をする時間は男性に比べて四・五倍長いのが現実です(総務省二〇二二年「我が国における家事関連時間の男女の差」より)。託児補助が「女性」支援ではなく「子育て」支援と呼べる社会にしていきたいものです。また、差別やハラスメントに関するガイドラインを制定する学会も増えてきました。そのなかでは性別だけでなく、セクシュアリティやジェンダー・アイデンティティに関する差別やハラスメントに加え、人種やルーツに基づくレイシズム等を禁じる内容が盛り込まれることが多くなっています。同じ女性のなかでも、異性愛者でなかったり、障害があったり、日本人以外のルーツをもっていたりすると、学問の場はなおさら敵対的な場所になってしまいがちですから、こうした取り組みは大切な第一一歩でしょう。日本哲学会が採用した「日本哲学会ハラスメント防止ガイドライン」もオンラインで読めるるかたちで公開されています。

学会の外でも哲学界の男性中心的な空気を変えていこうという努力がなされています。とりわけ重要な活動をしているのはWOMEN: WOVENという集まりでしょう。当時まだかけだしの研究者だった青田麻未さん、津田栞里さん、槇野沙央理さんの三名を中心に発足したものです。二〇二〇年のコロナ禍以降、哲学会でも学会をオンラインで開催したり、若手研究者同士の交流の場をオンラインで設けたりといった試みがなされてきました。そのひとつに「哲学オンラインセミナー」がありますが、二〇二〇年末にそのセミナーの関連イベントとして、女子学生に向けて女性研究者たちが哲学研究について語る「女子学生のための哲学研究者ウィンタースクール」が開催されました。それが発展してできたのがWOMEN: WOVENで、定期的に学生も含む女性研究者たちの交流の場を設けています。また、専用slackに登録し、そこで互いに相談をするなどもできるようになっています。匿名参加可で、参加資格は『女性』、ただしその基準は問いません」とされており、トランスジェンダーの女性、「女性」として扱われた経験を持つトランスジェンダーの男性やノンバイナリーの人々など、幅広いひとに門戸を開く工夫もなされています。

そんなわけで、まだ十分ではないけれど、それでもこれから哲学の研究へと進みたい女性や女の子たちが歩ける道をいま必死で作ろうとしている女性研究者たちは何人もいます。そしてこの本も、そうした道を少しでも広げるための一助となってほしいと思っています。

この翻訳書が出るまでに、たくさんの方にお世話になりました。まず何よりも、本書の理念に共感し、翻訳を引き受けてくださった訳者たちにお礼を言いたいと思います。監訳に予想外に時間がかかり、予定より出版が大幅に遅れてしまって申し訳ありません。また、装丁を引き受けてくれたデザイナーの畑ユリエさん、装画を担当してくれた渡辺明日香さんにもお礼を申し上げます。各章の翻訳のプロセスで協力してくださった池田誠さん、大西琢朗さん、佐々木尽さん、和田渡さんにも、お礼を言わせてください。そして何より、本書を手に取ってくださった読者のみなさんに、「ありがとう」と伝えたく思っています。本書がきっかけとなって哲学に関心を持ってもらえたら、これ以上の喜びはありません。

最後になりますが、第6章の訳者である山森真衣子さんがこの本の準備中だった二〇二二年四月七日に逝去されました。監訳者たちにとって心優しい素敵な友人であり、ともに研究をする仲間であり、将来を期待される哲学者であった山森さんを失ったこと、そして完成したこの本を見せることができなかったことが、残念でなりません。山森さんは亡くなる直前まで翻訳に携わってくださり、すでに原稿をいちど監訳者たちでチェックをし、修正稿に取り掛かっていただいている段階でした。最終的には監訳者たちの手も入ったかたちでの訳文となっていますが、できる限り山森さん自身の訳文を尊重し、山森さんの声が聞こえる文章のままにすることを心がけています。二〇二四年には山森さんの業績と人となりを偲び、後進の研究者を支援する山森真衣子基金が設立されました。この本もまた、山森さんが哲学を実践したしるしのひとつとして残り続けるよう望んでいます。

二〇二四年二月一日

三木那由他・西條玲奈

著者紹介

（アルファベット順）

◎**エリザベス・キャンプ**（Elizabeth Camp）

ニュージャージー州ニューブランスウィックのラトガース大学哲学教授。専門は言語哲学、心の哲学、美学。命題計算機械という標準的な哲学的モデルから外れた思考や発言の形式が研究の中心。コミュニケーションの分野では、隠喩、皮肉、中傷、当てこすりなどの現象も対象に含まれる。心の分野では、地図、人間以外の動物の認知、想像力、情動が対象に入る。エリザベス・ハーマンとジル・ノースとともに、「Atena in Action（行動する女神アテナ）」を運営し、哲学の女性大学院生に向けた指導助言ワークショップをおこなう。

◎**ミーシャ・チェリー**（Myisha Cherry）

リバーサイドのカリフォルニア大学哲学助教。研究テーマは道徳倫理学と社会哲学および政治哲学の交差する領域。『Hypatia』や『Critical Philosophy of Race』といった学術誌に論文が掲載されている。『ロサンゼルス・タイムス』紙、『ボストン・レビュー』誌、「ハフィントン・ポスト」、「サロン・ドットコム」、『New Philosopher』などにも寄稿。著書にオーウェン・フラガナンとの共同編集『The Moral Psychology of Anger（怒りの道徳心理学）』、『UnMuted: Conversation on Prejudice, Oppression, and Social Justice（沈黙から言葉をつむぐ：偏見・抑圧・社会正義についての会話）』がある。ポッドキャスト「UnMuted」のホストを務め、現代の社会や政治の問題について哲学者にインタビューをおこなう。

◎**シャンティ・チュウ**（Shanti Chu）

シカゴ郊外のコミュニティカレッジ、レイク大学常勤講師。担当教科は哲学。同大学で哲学クラブを取りまとめる。マイアミ大学で修士号を取得。身体化のフェミニスト理論、ポストコロニアル理論、プラントベースの食生活についての教育研究に従事。哲学を身近に感じてもらうために二つのブログを運営している。一つは倫理的でお金をかけないベジタリアン食に関するもの（chiveg.com）。もう一つは、人種、文化、ジェンダーに関するタンブラーのブログ。シャンティはシカゴで「ひと匙の哲学を添えたコーヒー／ティーツアー」を運営し、コーヒーや紅茶の試飲をしながら哲学にもっと親しんでもらう機会を提供している。

◎ジュリアン・チャン（Julianne Chung）
ヨーク大学哲学助教。専門分野は認識論、言語哲学、美学、心の哲学。特に比較哲学や文化横断的な哲学が多様な主題をどのように描き出すかに関心がある。『Oxford Studies in Epistemology（オックスフォードスタディーズ：認識論）』シリーズの共同編集者、アメリカ美学会ロッキー山脈部会の会長。また、アメリカ哲学会のアジア系哲学者およびアジア系アメリカ人哲学者とその哲学委員を務める。

◎ミーナ・ダンダ（Meena Dhanda）
イギリスのウルヴァーハンプトン大学哲学教授およびカルチュラル・ポリティクス教授。オックスフォード大学ベリオールカレッジで哲学の博士号取得コース向け奨学金のコモンウェルス・スカラシップを獲得し、一九八七年インドのパンジャブからイギリスに移住。二十八年に渡りイギリスで道徳哲学、政治哲学、フェミニスト哲学を教えている。彼女の学識は英国の階級制度による差別や反階級主義の哲学的基礎づけから学術的な哲学業界の人種差別の問題などまで多岐にわたる。社会に働きかける哲学者でもあり、実用的な目的で哲学を追究する。長期的な反差別の研究と実践が認められて二〇一八年に英国アムネスティ・インターナショナルのサフラジェット・スピリット・マップに掲載された。著書に『The Negotiation of Personal Identity（ひとのアイデンティティを論じること）』や、編者を務めた『Reservations for Women（女性用の椅子）』がある。最新の研究プロジェクトとして「Freedom From Caste: The Political Thought of Periyar E. V. Ramasamy in a Global Context（カーストからの自由：グローバルな文脈における政治思想家ペリアー・E・V・ラマサミー）」がホライゾン2020マリー・スクウォドフスカ＝キュリー・アクション・インディペンデント・フェローシップの助成を受け、二〇二〇年秋に開始。

◎キンバリー・K・ガーチャー（Kimberly K. Garchar）
ケント州立大学系列大学のノースイースト・オハイオ医科大学大学院哲学准教授。専門はアメリカプラグマティズム、倫理学、臨床倫理、特に死と終末期。現在の研究プロジェクトは、人間の苦しみについての洞察であり、苦しみとは何を意味するものでどのように人はそれに反応するのかを研究している。数学をきっかけに哲学に興味をもち、教育とキャリアを通じてジェンダー問題とジェンダー平等に目を向けてきた。夏になると自分のうちの庭にいたり、カヤックを漕いだりしているか、最高の水泳場所を探してふらふらしている。

◎ローリー・グルーエン（Lori Gruen）

ウェズリアン大学哲学ウィリアム・グリフィン教授。またフェミニスト／ジェンダー／セクシュアリティ・スタディーズ、「社会のなかの科学」研究プログラムの教授を務め、ウェズリアン・アニマル・スタディーズの統括を担う。『Entangled Empathy（絡み合う共感）』、『アニマル・スタディーズ29の基本概念』（大橋洋一監訳、平凡社、二〇二三年）、『動物倫理入門』（河島基弘訳、大月書店、二〇一五年）など十一冊の編著書を上梓。グルーエンの仕事は倫理学理論、政治理論、実践の交差するところにあり、特に伝統的な倫理的探究で見過ごされやすかったものたち、たとえば、女性、有色の人々、収監された人々、人間以外の動物などに影響する問題を扱う。

◎セレン・J・カダー（Serene J. Khader）

ニューヨーク市立大学大学院センター哲学教授および同大学ブルックリンカレッジ内文化の哲学ジェイ・ニューマン・チェア。著書に『Decolonizing Universalism: A Transnational Feminist Ethic（普遍主義を脱植民地化する：トランスナショナル・フェミニスト倫理学）』、『Adaptive Preferences and Women's Empowerment（適応的選好と女性のエンパワメント）』ほか多数の論考がある。アン・ゲイリーおよびアリソン・ストーンとの共編に『Routledge Companion to Feminist Philosophy（ラウトレッジ版 フェミニスト哲学の手引き）』がある。哲学から離れているときは、政治的なアクティビズムに関わっているか、重量挙げをしているか、幼い我が子との新しい世界を体験している。

◎タバサ・レゲット（Tabatha Leggett）

ロンドン大学バークベック・カレッジで修士号を取得。修士論文では同意の問題と一九六〇年代と一九七〇年代の意識覚醒グループと現代の#MeToo運動の類似点を論じた。ケンブリッジ大学から哲学で学士号を取得。卒業論文ではポルノグラフィーと芸術の関係に着目した。タバサはデジタルメディアでキャリアを築いており、フィンランド国営放送、英国版

GQ、BuzzFeed UKでの経歴をもつ。BuzzFeed UKでは五年間トップを務めた。哲学、ジェンダー、デジタルメディアのほか言語や文学にも関心をもつ。現在はフィンランドのヘルシンキで文学エージェントとして活躍中。

◎パトリシア・M・ロック（Patricia M. Locke）

メリーランド州アナポリスのセント・ジョンズ・カレッジ上級準講師。セント・ジョンズのカリキュラムではすべてが必修科目なので、ほぼすべての科目を教えており日々新たなことを学んでいる。特に好きな科目は哲学と文学の演習授業と実験科学。くわえて、フランスのエクス＝アン＝プロヴァンスにあるマシュウツ・スクール・オブ・アートのMFA批判理論アドバイザーを務める。ロック博士はボストン大学で哲学の博士号を取得、同時に美術も学ぶ。好んで絵を描き、マーシャルアーツとして太極拳を実践する。プルースト作品の夜に起こる現象についての著作を上梓し、美術・文学・生物学の現象学について記事を出版。現在の主な研究上の問題は「自分であるとは何を意味するのか」や「私たちは他者とどのように結びつくのか」といったもの。

◎クラウディア・ミルズ（Claudia Mills）

ボルダー郡のコロラド大学哲学名誉准教授。専門は道徳哲学と政治哲学で家族に関する主題。成長した子どもが老いた親のおかげで得るものとは何だろうか、子どもをもちたい理由で道徳的に問題含みのものはあるか、子どもに対して行動が変容する医薬品を処方することが増えると倫理的な問題が生じるか、といった主題について論考を発表。また子ども向けの著作を多数執筆している。ミルズの二つのキャリアの重なりは豊かなものになっており、児童文学から引用した事例を大学の倫理学の授業に使い、子ども向けの本では生活の中で倫理的ジレンマに直面する子どもたちを描いている。

◎モニカ・C・プール（Monica C. Poole）

マサチューセッツ州ボストンのバンカーヒル・コミュニティカレッジの歴史・社会科学学際学部教授兼主任。哲学と宗教学を学生に教えるとともに、学生から教わっている。コミュニティカレッジで準学士号を取得後、ハーバード大学で修士号を取得し、いずれも同じくらい誇りに思っている。現在進行中のプロジェクトとして、聖書で語られているイエスの復活に対する社会反応のありかたがいかに現代のトラウマサバイバーへの社会反応に教訓を与えてくれるかを探求する文章、孤独と想像と慢性疾患に関する文章、正しさを取り戻すことについての論文を執筆中。

◎ジリアン・ラッセル（Gillian Russell）

オーストラリア、メルボルンのオーストラリア・カソリック大学ディアノイア哲学研究所の哲学教授。著書に『Truth in Virtue of Meaning（意味のための真理）』、編著に『New Waves in Philosophical Logic（哲学的論理学の新潮流）』（グレッグ・レストールと共編）、『Routledge Companion to Philosophy of Logic（ラウトレッジ版 論理学の哲学の手引き）』（デリア・グラフ・ファラと共編）がある。現在はヒュームの法則（「である」から「べき」は引き出せないという説）についての本を準備中。

◎デヴォラ・シャピロ（Devora Shapiro）

南オレゴン大学哲学准教授。オナーズカレッジとジェンダー・セクシュアリティ・女性研究プログラムのために設立されたヘルスケア研究プログラム提携講座の共同コーディネーターも務める。マサチューセッツのミネソタ大学で哲学博士号、テネシー大学で臨床医療倫理修士号、ジョンズホプキンス大学で学士号を取得。研究分野はフェミニスト認識論、科学哲学、医学の哲学。経験的知識や認識的理想としての客観性の問題点といったテーマで執筆をしている。現在の研究「インターセクショナリティと患者」では、診断や治療といった文脈における医療、知識、正義の交錯について、インターセクショナルな視点から注目している。

◎メリッサ・M・シュー（Melissa M. Shew）

マーケット大学客員助教。専門、関心領域は古代ギリシャ哲学から現代哲学、文学と芸術の哲学、さらには教育学まで多岐にわたる。研究においては学生たちと同様に、真正性、対話、偶然、さらには人生を一変させる出来事が持つ力の理解といった事柄に立ち戻るようにしている。大学で十五年間教壇に立ち、さらに女子大付属高校で五年間にわたって教鞭をとり、教育を通じて若い女性や女の子をエンパワーすることへの強い信念を現実のものとしている。哲学には文学、音楽、神話、政治学、芸術を通じて触れるようになった。

◎サブリナ・E・スミス（Subrena E. Smith）

ニューハンプシャー大学哲学助教。生物学の哲学を専門とし、人間の行動の変異、人間の個体差の捉え方、人間の行動に対する進化論的説明の方法論的問題、生物という概念に焦点を当てた研究をしている。コーネル大学にて博士号取得。

◎カレン・ストール（Karen Stohr）

ジョージタウン大学哲学准教授兼ジョージタウン・ケネディ倫理学研究所の主任研究員。主に倫理学の分野で執筆をおこない、特に社会慣習が持つ道徳的な次元に注目している。現在までに『On Manners（マナーについて）』と『Minding the Gap: Moral Ideals and Moral Improvement（ギャップに留意する：道徳的理想と道徳的進歩）』という二冊の単著があり、現在はカントの倫理学についての三冊目の本に着手している。もし哲学者になれていなかったら、人生相談コーナーのコラムニストかプロの園芸家になりたかった。どこから見ても立派なジェーン・オースティンのファンで、『ハリー・ポッター』とミュージカル『ハミルトン』とドラマ『グッド・プレイス』が大好き。夫、ふたりの十代の娘、元気があふれかえっているゴールデンレトリバーと一緒にメリーランドで暮らしている。

◎シャノン・ウィナブスト（Shannon Winnubst）

オハイオ州立大学の女性学、ジェンダー、セクシュアリティ研究主任教授。これまでに『Way Too Cool: Selling Out Race and Ethics（かっこよすぎ：人種の切り売りと倫理について）』、『Queering Freedom（自由をクィアする）』という二冊の単著があり、またフェミニズム理論、クィア理論、二〇世紀フランス哲学にまたがるような論文や記事を多数執筆。いくつかのプロジェクトで編者を務めており、特に重要なのは『philoSOPHIA: A Journal of transContinental Feminism（フィロ＝ソフィア：大陸横断的フェミニズムジャーナル）』（2013–2018）と『Reading Bataille Now（いまバタイユを読む）』（Indiana 2007）である。現在は人格、ヘロイン、かつての奴隷貿易の拠点知にある記念碑「帰らざる門」の歴史を超えた力といった形象について研究している。

◎シャーロット・ウィット（Charlotte Witt）

ニューハンプシャー大学哲学・人文学教授。関心のあるテーマは社会存在論、フェミニズム理論、アリストテレス。著書に『The Metaphysics of Gender（ジェンダーの形而上学）』や『Feminist Metaphysics: Explorations in the Ontology of Sex, Gender, and the Self（フェミニズム形而上学：セックス、ジェンダー、自己の存在論の探求）』がある。ジョージタウン大学から博士号を取得しており、現在は家族とともにメイン州で暮らしている。

◎ロビン・L・ゼブロフスキー（Robin L. Zebrowski）

ベロイト・カレッジ認知科学准教授。ここ二十年ほどは心の形而上学と人工知能の研究に、特に身体化された認知に注目しながら取り組んでいる。これまでの研究は技術の哲学やサイボーグ研究にも密接にかかわるものとなっており、また技術倫理とも重なっている。哲学教育に強いコミットメントを持ち、すぐにでもこの本を学生や自分の子どもに見せたくてたまらない。

訳者紹介

（五十音順）

◎**青田麻未**（あおた・まみ）

群馬県立女子大学文学部専任講師。東京大学大学院人文社会系研究科単位取得退学。日本学術振興会特別研究員ＰＤ（成城大学）を経て、現職。専門は環境美学・日常美学で、私たちの暮らしのなかでの感性のはたらきについて哲学的な探究をおこなっている。主な著作に『環境を批評する――英米系環境美学の展開』（春風社）、『「ふつうの暮らし」を美学する――家から考える「日常美学」入門』（光文社新書）、主な論文に「生活のリズム――現代の日常美学とジョン・デューイ」（『美学』二六四号）、「都市のモビリティによる「セレンディピティ」の美的経験――ネットワークベースの都市的発見」（『Contemporary and Applied Philosophy』一五巻）などがある。

◎**安倍里美**（あべ・さとみ）

神戸大学大学院人文学研究科の講師。専門はメタ倫理学。特に規範的理由と道徳性の関係に関しての議論を続けている。主な著作、論文に『3STEPシリーズ 応用哲学』「第9章 予防医療――私たちが目指す「健康」とはどのようなものか」（昭和堂、分担執筆）、『3STEPシリーズ 倫理学』「第13章 理由――「道徳性」ではなく「規範性」から出発する」（昭和堂、分担執筆）、「義務の規範性と理由の規範性――J・ラズの排除的理由と義務についての議論の検討」（『イギリス哲学研究』四二号）などがある。

◎**飯塚理恵**（いいづか・りえ）

広島大学共創科学基盤センター特任助教。認識論と倫理学とフェミニスト哲学が交差する領域に興味を持ち、徳認識論や認識的不正義の研究をおこなってきた。近刊の「*Jishin*: Intellectual Confidence Has a Prominent Place in Understanding Epistemic Flourishing for Japanese Women」（*Alternative Virtues*, Edited by Koji Tachibana, Routledge所収）では、日本人女性にとっての認識徳（善く知るために必要な性格）として、自信の重要性を説いた。近年は、新規科学技術が社会にもたらす倫理的・法的・社会的課題（ＥＬＳＩ）の研究をおこなっているが、その際、自身ががん患者・遺伝病の当事者であることを生かし、当事者の視点を社会にどう反映させられるかという観点から取り組んでいる。

◎鬼頭葉子（きとう・ようこ）

同志社大学文学部哲学科准教授。専門は宗教哲学、キリスト教学、倫理学。著書に『動物という隣人――共感と宗教から考える動物倫理』（新教出版社）、『時間と空間の相克――後期ティリッヒ思想再考』（ナカニシヤ出版）他。宗教哲学者ティリッヒに倣い、哲学とキリスト教学とのあいだに立って思索することを目指している。近年、宗教哲学の観点から考える動物倫理や、ヒューム哲学における宗教と、（宗教なしに成立する）道徳の関係に関心を持っている。趣味は散歩に出かけ、素敵な野生の鳥たちに出会うこと。散歩の途中で野良暮らしの猫にも出会ってしまい、シニア猫を二匹引き取ることに。彼女らのケアや介護に明け暮れている。

◎木下頌子（きのした・しょうこ）

桐朋学園大学音楽学部ほか非常勤講師。専門は分析哲学。論文に「種名の指示の理論に基づく形而上学的方法論の評価」（『科学哲学』五二巻一号）、「現実に立ち向かうための分析フェミニズム」（『現代思想』二〇二〇年三月臨時増刊号〈特集＝フェミニズムの現在〉）。翻訳に『分析フェミニズム基本論文集』（慶應義塾大学出版会、共編訳）、セオドア・グレイシック『音楽の哲学入門』（慶應義塾大学出版会、共訳）など。

◎権瞳（くぉん・ひとみ）

阪南大学国際学部国際コミュニケーション学科教授。大学では英語教育、多文化共生に関するゼミなどを担当。編著に『公立学校の外国籍教員――教員の生（ライヴズ）、「法理」という壁』（共編著、明石書店）がある。アメリカの黒人学校の成立や現状、日本においては在日コリアンらを含むマイノリティの教育に関心がある。ブラック・ミュージック好きで、アメリカ史や文化・社会についても音楽から多くを学んでおり、現在も継続中。

◎西條玲奈（さいじょう・れいな）

東京電機大学工学部人間科学系列助教。専門は分析フェミニズムやロボット倫理学。技術者倫理学や研究倫理の授業にフェミニズムの観点を取り込んだり、学会でのハラスメント対策に従事したり、差別による排除を取り除く試みをおこなう。共著に『〈ひと〉から問うジェンダーの世界史［第3巻］「世界」をどう問うか？』（大阪大学出版会）、『クリティカル・ワード　ファッションスタディーズ——私と社会と衣服の関係』（フィルムアート社）がある。学会出張などではいつもぬいぐるみを連れていく。他にぬいぐるみ連れの参加者を見かけるとぬいぐるみ同士の写真を撮らせてもらうこともある。

◎**酒井麻依子**（さかい・まいこ）
立命館大学衣笠総合研究機構、間文化現象学研究センター助教。専門は現象学と二〇世紀フランス思想。著書に『メルロ＝ポンティ　現れる他者／消える他者——「子どもの心理学・教育学」講義から』（晃洋書房）、共著に『フェミニスト現象学——経験が響きあう場所へ』（ナカニシヤ出版）、『メルロ＝ポンティ読本』（法政大学出版）、共訳にメルロ＝ポンティ『子どもの心理‐社会学　ソルボンヌ講義2』（みすず書房）、ヘレン・ンゴ『人種差別の習慣——人種化された身体の現象学』（青土社）などがある。異なりつつも重なるところを持つ人間たちが共に生きているということについての関心を一貫して持っており、現在は批判的現象学の立場から研究を進めている。

◎**清水晶子**（しみず・あきこ）
東京大学大学院総合文化研究科教授。専門はフェミニズム／クィア理論。私たちがどのような言葉やイメージ、どのような枠組みで、自分の欲望や身体を理解し、生きているのかを、文化的な歴史や社会・経済的な背景、政治的諸力との関わりから考えている。主な著書に『フェミニズムってなんですか？』（文春新書）、『ポリティカル・コレクトネスからどこへ』（共著、有斐閣）、『読むことのクィア——続 愛の技法』（共著、中央大学出版部）など。政治よりも大事なのは飼い犬。

◎**筒井晴香**（つつい・はるか）
実践女子大学人間社会学部社会デザイン学科准教授。専門は哲学、応用倫理学、ジェンダー研究。「2・5次元」や「推し」文化といったポピュラーカルチャーに関する批評・研究もおこなっており、今日のメディア技術の中で生きる人々の自己や親密性のあり方に関心を持つ。共著に『入門 科学技術と社会』（ナカニシヤ出版）、『アイドルについて葛藤しながら考えてみた——ジェンダー／パーソナリティ／〈推し〉』（青弓社）など。自身もオタクであり、アニメやマンガのキャラクターの生き様に胸打たれる中でジェンダー・セクシュアリティや自律の問題を考えるようになった。ミュージカル『テニスの王子様』が大好き。

◎三木那由他（みき・なゆた）
大阪大学大学院人文学研究科講師。専門は分析哲学。もともとはコミュニケーションの成立条件について考えていたが、最近はそれから発展して、コミュニケーションがときに不当なものや抑圧的なものになる仕組みに関心を持っている。著書に『話し手の意味の心理性と公共性』（勁草書房）、『グライス　理性の哲学』（勁草書房）、『会話を哲学する』（光文社新書）や、『言葉の展望台』、『言葉の風景、哲学のレンズ』、『言葉の道具箱』（いずれも講談社）がある。トランスジェンダー当事者として『反トランス差別ブックレット』（現代書館）などにも寄稿している。漫画やゲームが好きで、疲れているときには黙々とゲームをしがち。

◎村上祐子（むらかみ・ゆうこ）
立教大学大学院人工知能科学研究科教授。専門は論理学だったはずが、気づくと論理学者の伝記の翻訳をはじめとして何でも屋になっており、なかでもずっと需給バランスが崩れている情報科学技術まわりの哲学・倫理周辺の受注が増える一方となっている。五十歳で始めたバイオリンが全然練習していないピアノ（二歳から）のレベルにたどり着くことを願う。

◎山森真衣子（やまもり・まいこ）
東京大学大学院総合文化研究科・日本学術振興会特別研究員（ＰＤ）。関西大学非常勤講師。専門は自己言及のパラドクスを中心とする哲学的論理学。主な論文に「Critique of Previous Comprehensive Studies of Self-referential Paradoxes」(*Tetsugaku* (3) 2019)、「広義の自己言及のパラドクスの一般構造と解決方法」（『哲學研究』六〇五号、二〇一九年）など。国際学会での発表多数。おいしいものが大好き。二〇二二年四月七日没。二〇二四年一月その遺志を引き継ぐ山森真衣子基金が設立される。
＊二〇二二年四月当時のプロフィールをもとに監訳者が近親者の承諾を得て作成。

◎横田祐美子（よこた・ゆみこ）
横浜美術大学美術学部美術・デザイン学科教養科目研究室助教。立命館大学衣笠総合研究機構専門研究員、同研究機構助教を経て現職。専門は現代フランス哲学で、ジョルジュ・バタイユの思想や脱構築思想、エクリチュール・フェミニンなどの研究をおこなっている。著書に『脱ぎ去りの思考――バタイユにおける思考のエロティシズム』（人文書院）、共訳書にカトリーヌ・マラブー『抹消された快楽――クリトリスと思考』（法政大学出版局）、『泥棒！――アナキズムと哲学』（青土社）など。

索引

各章末に掲載している原注および訳注に該当する場合は「n」を、
参考文献に該当する場合は「b」をノンブルに付して記載した。

あ行

か行

さ行

た行

な行

は行

ま行

や行

ら行

女の子のための西洋哲学入門
思考する人生へ

2024年11月30日　初版発行
2025年3月30日　第4刷

編　メリッサ・M・シュー／キンバリー・K・ガーチャー
監訳　三木那由他・西條玲奈

装丁　畑ユリエ
装画　渡辺明日香
編集　藪崎今日子

発行者　上原哲郎
発行所　株式会社フィルムアート社
〒150-0022
東京都渋谷区恵比寿南1丁目20番6号　プレファス恵比寿南
TEL　03-5725-2001
FAX　03-5725-2626
https://www.filmart.co.jp

印刷・製本　シナノ印刷株式会社

Printed in Japan
ISBN978-4-8459-2107-2　C0010